D1666950

Stephen & Ondrea Levine

In Liebe umarmen

© Copyright: 1995, Stephen & Ondrea Levine
(Original)   Veröffentlicht mit Genehmigung von Bantam
      Doubleday Dell Publishing Group, Inc.
      Broadway, New York, USA

© Copyright: 1995, Context Verlag
(deutsche Ausg.) Postfach 100850
      33508 Bielefeld
      Tel. 0521/67179
      Fax 0521/68771

1. Auflage: 1995 / 3.000

Übersetzung: Matthias Wendt

CIP-Einheitsaufnahme

Levine, Stephen:
In Liebe umarmen : Partnerschaft als Weg spiritueller
Selbstverwirklichung / Stephen & Ondrea Levine.
[Übers. Matthias Wendt. Bearb. Hans-Jürgen Zander].
– 1. Aufl. – Bielefeld : Context-Verl., 1995
  Einheitssacht.: Embracing the beloved <dt.>
  ISBN 3-926257-21-0
  NE: Levine, Ondrea:; Zander, Hans-Jürgen [Bearb.]

Bearbeitung: Hans-Jürgen Zander
Satz/Gestaltung: Context+ GmbH
Herstellung: Clausen & Bosse GmbH

Stephen & Ondrea Levine

In Liebe umarmen

Der spirituelle Wegweiser für Liebende

Originaltitel:

Embracing the Beloved
– Relationship as a Path of Awakening –

context Verlag

Inhalt

TEIL II: DIE EINTRACHT VERTIEFEN

TEIL III: AUF DEM FESTEN BODEN DES PFADES

TEIL VI: WAS EINEN ANFANG HAT, HAT AUCH EIN ENDE

Einführung

Nur wenige Menschen erkennen, wie machtvoll eine Liebesbeziehung als ein Medium gemeinsamer Heilung sein kann – sowohl im körperlichen als auch im emotionalen oder spirituellen Sinne. Ebenso selten sind wir uns der Kraft des „treuen Herzens" bewußt, uns aus der emotionalen Trance zu erwekken, die eine Beziehung bisweilen hervorruft. Auch sind wir kaum der Möglichkeit gewahr, unseren Liebespartner als den Göttlichen Geliebten, als die Göttliche Geliebte* zu erfahren.

Dieses Buch handelt nicht davon, wie man zu einer „netten" Partnerschaft findet, sondern beschäftigt sich damit, wie man eine Partnerschaft als Mittel zu tiefgreifendem inneren Wachstum einsetzen kann. Zum großen Teil befaßt es sich damit, den leidenden Verstandesgeist in die Arme zu schließen, der es einfach nur „nett haben" möchte, der zur Wahrung eines sicheren Territoriums in der Ecke hockt und keine Lust hat, sich mit den Ursachen seiner Angst und seiner Unbesonnenheit zu beschäftigen. In diesem Buch geht es darum, eine Liebesbezie-

---

* Der/die Leser/in möge sich vor Augen halten, daß diesem Begriff *(the Beloved)* eigentlich kein grammatisches Geschlecht zuzuordnen ist, die Grenzen der deutschen Sprache jedoch eine solche Zuordnung verlangen. So wird in diesem Buch zwischen männlichem und weiblichem Genus gewechselt – in derselben Weise, die der Autor später gebraucht, um eine geschlechtliche Fixierung des ichbezogenen Geistesaspektes „Narziß" zu umgehen. (Anm. d. Übers.)

hung zu entwickeln, die den denkenden Geist erleichtert und das Herz entflammt. Es geht um die Erleuchtung der Beziehung. Alles hier Dargelegte betrachtet die Liebesbeziehung als spirituelle Praxis. Und es läßt die Techniken zur Klärung des Geistes und zur Öffnung des Herzens verschmelzen. Es bietet die Chance heilender Partnerschaft – einer Vereinigung auf dem Pfad zum Herzen, wo die Wunden der Vergangenheit und die Wirrnisse der Gegenwart von Güte und Gewahrsein empfangen werden. Eine Beziehung, die uns vollständig in die Gegenwart bringt, die es uns erlaubt, unsere wahre Natur zu vollenden.

Es geht darum, wie man eine Beziehung nutzen kann, um das Bewußtsein zu erkunden und eine Achtsamkeit und Herzenswärme zu entfalten, die auf immer neue Stufen der Einsicht führt. Und die vielleicht jedem Partner die seltene Möglichkeit bietet, in die eigenen Tiefen vorzustoßen, indem sie uns in einer mystischen Vereinigung mit etwas Größerem in beiden verbindet.

Wir wollen damit nicht sagen, daß eine Beziehung der einzige Weg sei oder auch nur ein besserer Weg als die ernsthaft unternommene Reise eines einzelnen, suchenden Herzens. Was wir hier mit den Lesern teilen möchten, läßt sich in Wahrheit auf einen Beziehungskreis anwenden, der weit über unsere normale „Paarbindung" hinausreicht. Auch an der Seite des Partners geht jeder auf einem eigenen Weg.

Was wir hier vermitteln möchten, ist ein „Überlebenstraining am Rande der flachen Erdscheibe". Es fordert uns dazu heraus, einen Schritt weiterzugehen, über sicheres Territorium hinauszuschreiten und in die Unermeßlichkeit zu gelangen. Unsere Angst vor dem Fallen hinter uns zu lassen. Die Furcht des Geistes zu beobachten, der meint, beim nächsten Schritt allen Halt zu verlieren und in die Tiefe zu stürzen. Und zu erkennen, daß wir mit diesem außergewöhnlichen Schritt ins All völlig in unser Leben eingedrungen sind – in die Erforschung unserer Urnatur, die jenseits unserer Grenzen in der unermeßlichen Weite schwebt. Und statt zu fallen, erheben wir uns sanft, lösen uns von unserem Leid und werden gewahr, daß es nur unsere Angst ist, die jene Schwerkraft, jene Bedrückung rings um unser Herz erzeugt.

So sind wir weder erschrocken noch deprimiert, wenn wir hören, daß fünfzig Prozent aller Eheschließungen in einer

Scheidung enden. Statt dessen bestätigt dies eine tiefe Hoffnung, daß die Hälfte der Menschen, die heute heiraten, ihrem Liebespartner vielleicht auch noch am Totenbett zur Seite stehen werden. Die Hälfte aller heutigen Ehepartner werden also ihr ganzes Leben miteinander verbringen! Das Glas ist halb gefüllt, und jeder von uns erhält genug. Für den kleinen Geist sind fünfzig Prozent des Lebens zu wenig. Für den großen Geist aber ist es schon eine Gnade, wenn die Hälfte zur Verfügung steht.

Und wenn wir entdecken, daß unsere Beziehung alle Kraft einer spirituellen Praxis in sich bergen kann, weil in ihr die Erkundungen von Körper, Geist und Herz zu einer einzigen Praxis zusammenfließen, dann kann sich, zuerst nur für Augenblicke und später für Tage oder sogar Jahre, eine unbeugsame Verbundenheit, eine seelische Interexistenz entwickeln. Diese mystische Verbindung ist die Frucht einer bewußten, engagierten Beziehung.

Solche Beziehungen sind selten und lohnen alle Mühe, die wir auf sie verwenden. Sie laufen nach ihrem eigenen Zeitplan ab. Am Anfang fordern sie von uns alles, was wir haben. Kommen sie zur Reife, verlangen sie alles, was wir sind.

Daß dieses Buch in der ersten Person verfaßt wurde, folgt allein aus der Einzelrolle des Schreibenden. Sein Inhalt, der auf jahrelangem Experimentieren und Forschen beruht, leitet sich hauptsächlich von Aufzeichnungen ab, in denen Ondrea und ich die Erfahrungen unseres lebendigen Austausches festgehalten haben. Unsere Bindung an das Manuskript zwang uns dazu, die intuitiven, manchmal präverbalen Vorgänge unseres gemeinsamen Prozesses aus der Tiefe heraus in die Form der Sprache zu bringen. Aus dieser Formalisierung für die Praxis und vielleicht auch zum Nutzen anderer haben wir eine Menge gelernt.

Ondrea und ich arbeiten in der Weise, daß wir erst ein Brainstorming über ein Thema durchführen und unserem Geist Gelegenheit geben, die Strukturen und Nuancen dieses Themas zu ergründen. Dann ermuntern wir das Herz dazu, dies auf Papier zu reflektieren. Anschließend „essen und verdauen" wir es. Und sehen zu, was sich offenbart!

Das Pronomen „Ich" findet so oft Verwendung, weil Stephen – wie Ganesha von Vishnu – die gemeinsame Erfahrung eines vereinten Forschens überträgt. Das „Ich", welches diese (an einem guten Tag) niederschreibt, ist nur ein Bote aus dem Herzen jener Zusammenarbeit.

Als wir nach einer Bezeichnung für unseren gemeinsamen Prozeß suchten, erwogen wir zuerst den Begriff „Tandem", verwarfen ihn dann aber wieder. Denn das Wörterbuch definierte ihn als ein Individuum, das ein anderes führt. Dennoch: wie bei zwei Kletterern an einem einzigen Seil geht einer von zweien oft voraus und erleichtert dem anderen sein Weiterkommen. Und da man morgens nie vorhersehen kann, wer an diesem Tag ein wenig heller und klarer sein wird, erscheint uns die Bezeichnung „Tandem" gar nicht einmal so unpassend.

In Wahrheit brauche ich, wenn irgendein Aufstieg zu bewältigen ist, nur den Kopf zu wenden, um Ondrea zu sehen, die sich über dieselbe schroffe Felskuppe emporzieht. Meist hängt das Seil locker zwischen uns.

Heilende Annäherung

Kapitel 1
Den Pfad beschreiten

Dieses Buch ist nicht allein dazu bestimmt, in einer geradlinigen Weise gelesen zu werden. Es bietet oftmals einen experimentellen Prozeß. Satz für Satz, Bild für Bild innerlich aufgenommen, läßt es Heilung in Herz, Geist und Körper fließen. Wir teilen den Prozeß, aus dem wir täglich lernen, zum Nutzen all derer, die ihre Beziehung als Pfad der Selbstergründung nutzen wollen. Diese Arbeit kann man nicht auf die leichte Schulter nehmen. Dies ist ein Buch über partnerschaftliche Verpflichtung, nicht über partnerschaftliche Abhängigkeit. Und die Techniken lassen sich nicht auf Beziehungen alten Stils anwenden, die von einseitiger Dominanz geprägt wurden und unser allzu menschliches Leid so lange aufrechterhalten haben.

Wenn sich treue Herzen aufrichtig verbinden, findet eine mystische Vereinigung statt. Es ist eine Verbindung zweier Wesen in ihrer Ganzheit, die das Fundament für weitreichende Einsicht und Entwicklung bildet. Es ist eine heilende Zusammenarbeit.

Obwohl wir oft die Begriffe des Verschmelzens, des Einswerdens oder des Aufgehens in der Einheit verwenden, geht es hier nicht darum, daß sich eine Person für eine andere aufgibt. Es geht nicht um „ein Beschränken, ein wechselseitiges Einwilligen, das den einen oder beide Partner der Möglichkeit völliger Freiheit und Entfaltung beraubt", so wie es der große deutsche Dichter Rilke bei solchen Bindungen fürchtete.

Solange zwei Menschen nur versuchen, eins zu werden, werden sie möglicherweise die Orientierung verlieren. Wenn ihr höchster Anspruch aber in der Einheit jenseits solcher Konzepte besteht – wenn beide Herzen dem universalen Herzen, unserem Geburtsrecht, unserer Urnatur verpflichtet sind – dann kommen beide voran. Und dieser beständige Hochseilakt ist atemberaubend.

Wenn Rilke sagt, man könne im besten Falle erwarten, daß „zwei Einsamkeiten einander schützen, grenzen und grüßen", dann spricht er davon, was normalerweise erreichbar ist. Man entbrennt nicht für die Göttliche Geliebte. Man liebt einander noch ein wenig mehr als die Wahrheit. Man scheut davor zurück, alles hinzugeben – und den Segen neuer Horizonte zu erschauen.

Der Abstand, den du zu deinem Schmerz, deiner Trauer, deinen vernachlässigten Wunden einnimmst, ist auch der Abstand, den du zu deinem Partner hast. Und der Abstand von deinem Partner bezeichnet deinen Abstand von der lebendigen Wahrheit, deiner eigenen großen Natur. Was auch immer diese Distanz, diese Trennung von uns selbst und unseren Lieben aufrechterhalten mag, es sollte teilnahmsvoll und bewußt erkundet werden. Diese Distanz wird nicht überwunden, indem der eine dem anderen „seinen Freiraum opfert", sondern indem beide Partner gemeinsam in das Unbekannte eindringen, das zwischen ihnen liegt. Der Geist erschafft den Abgrund, aber das Herz überquert ihn.

Durch eine bewußte Beziehung lernen wir, uns selbst wie auch andere so zu behandeln wie unser einziges Kind. Und achtsam dabei zu sein. Sie läßt uns das Herz nicht brechen. Eine bewußte Beziehung ist in einem Maße heilend und lebensbejahend, wie eine unbewußte Beziehung alten Stils hinderlich und lebensverneinend sein kann. Der ungünstige Effekt solch einer unbewußten Beziehung besteht darin, daß wir so klein in ihr bleiben, weil unser Glück von äußeren Umständen abhängt. Es sind eher Bedürfnisse als Geschenke, die in eine solche Verstrickung eingewoben werden. Eine bewußte Beziehung aber bietet die Möglichkeit, über die Kluft von *mir* und *dem anderen* hinweg eine Verbindung ins Herz des geliebten Wesens zu schaffen. Sie gestattet uns Gewahrsein inmitten des Beziehungsgeflechtes. Und dann sieht alles gleich ganz anders aus.

Kapitel 2
Den Göttlichen Geliebten erkennen

Vor einigen Jahren bat man uns, einen Vortrag über Heilung zu halten, dessen Termin, wie sich herausstellte, auf den Valentinstag fiel. Als wir aus der Stille unseres Refugiums in den Bergen in die Betriebsamkeit der „großen Stadt" eingetaucht waren und den Vortragsraum erreichten, waren wir tief beeindruckt von der Aufmerksamkeit und Herzlichkeit, die unter den eintreffenden Zuhörern zu beobachten war. Viele Paare waren einander behilflich. Wer allein war, wurde von denen, die jüngst einen Angehörigen oder Gefährten verloren hatten, zu einem Sitz geführt. Wir sahen die müden, fast durchscheinenden Gesichter vertrauter Patienten, alter Freunde und Kollegen und anderer, die von Krankheit gezeichnet oder in ihren Sorgen ergraut waren. Viele waren wiedergekommen und hatten ihre Familie mitgebracht, ihre Freunde und Partner. Es waren Männer und Frauen ganz unterschiedlichen Gepräges – Teenager und Achtzigjährige, Hausmeister und Ärzte, Autoverkäufer und Poeten; sie waren schwarz, braun, gelb und weiß, es gab Schwule und Heteros, Gesunde und Kranke, Liebende und Geliebte – und sie alle hatten sich einem gemeinsamen Prozeß verpflichtet. Überall raunten die Stimmen, überall war Liebe. Fünfhundert Menschen hatten sich versammelt, um in dieser wunderschönen, alten, steinernen Kirche nach der Heilung zu forschen.

Ihre wachen Gesichter und der außergewöhnliche, fast weihevolle Tag, den wir bereits erlebt hatten, überwältigten uns mit Gefühlen liebevoller Güte.

Und wir dachten daran, wie perfekt sich dieser Tag dazu eignen würde, über die menschliche Güte und vielleicht sogar über jenes Wort zu sprechen, das wir insgeheim so sehr liebten, aber noch nie öffentlich verwendet hatten: der Göttliche Geliebte. Ein Wort, welches das heilige Herz mit einer tiefen Würdigung unseres innersten Wesens vereinigt. Ein Wort, das eine kontinuierliche Stärkung der spirituellen Praxis bewirkt, die aus unserer Beziehung entstand – und das unsere Praxis, die Arbeit an uns selbst zum innersten Kern unserer Verbundenheit macht.

Einige Male fragten wir uns, ob wir nun über Heilung sprechen mußten oder einfach von der Göttlichen Geliebten erzählen konnten – bis wir erkannten, daß diese Frage gegenstandslos war. Es gab keinen Unterschied. Wenn sich die Heilung immer weiter vertieft, erwächst daraus ein klareres Gefühl des *Seins*. Aus diesem Seinsgefühl heraus kristallisiert sich die Fähigkeit, „präsent zu sein". Sind wir präsent, gelangen wir in „die Gegenwart" – in den Raum, von dem der Prozeß getragen wird: der Göttliche Geliebte.

Wir halten den Begriff des/der „Göttlichen Geliebten" aus mehreren Gründen für recht zweckmäßig. Zum einen besteht eine deutliche Parallele zwischen der Verwandtschaft des Herzens mit einer solchen Vorstellung und dem Hingezogensein des Persönlichen zum Universalen, zum anderen spiegelt sich darin natürlich unsere Praxis wider, dem Liebespartner als dem/der Göttlichen Geliebten zu begegnen.

Es ist ein Begriff, der in vielen spirituellen Traditionen zu finden ist und insbesondere in der Sufi-Tradition oft herangezogen wird, deren mystischer, devotionaler Aspekt die „verborgenen Geheimnisse" zu ergründen und unmittelbar zu erfahren sucht, was man „den Göttlichen Geliebten" nennt. In den vielleicht bedeutendsten Zeugnissen devotionaler Poesie, nämlich den außergewöhnlichen Dichtungen von Rumi, Kabir, Miribai und Rabia ist es einzig die Göttliche Geliebte, nach der gesucht wird. Dieser Geliebte ist der Kontext, in den die Verwundeten und Verängstigten eintreten können, diese ewig unverletzte und unverletzliche Unermeßlichkeit, die ihren Schmerz umarmt und in Güte verwandelt. Und alle, die ihr wahres Selbst suchen – seien sie nun Sufis oder Buddhisten, Christen oder Juden, Dschainas, Indianer oder Agnostiker – finden in der Göttlichen Geliebten die ewig erfahrbare Weite unseres wahren Herzens, unserer Urnatur. Jeder entdeckt hier den Zugang zur Freiheit, zur göttlichen Kraft, die unseren See der Tränen in den Ozean des Mitempfindens verwandelt.

Der Göttliche Geliebte ist weder eine Person noch ein Ort. Er ist die Erfahrung tieferer und tiefster Ebenen des Seins, letztlich der Istheit selbst – der Grenzenlosigkeit deiner eigenen erhabenen Natur, deren Entzücken, deren absolute Unermeßlichkeit das Wort „Liebe" zum Ausdruck bringt. Es geschieht nicht um des Begriffes, sondern um der Erfahrung willen, daß wir den Terminus der „Göttlichen Geliebten" verwenden. Die Erfahrung dieser Urgewalt, der auch die Bezeichnung „göttlich" nicht gerecht werden kann, ist die Erfahrung bedingungsloser Liebe. Sie ist absolutes Offensein, unbegrenztes Erbarmen und Mitempfinden. Wir gebrauchen dieses Konzept nicht, um die unnennbare Weite des Seins – unsere höchste Freude – zu benennen, sondern um die inneren Wunder und Heilungen anzuerkennen und als unser Geburtsrecht in Anspruch zu nehmen.

Als wir am Abend jenes Valentinstages zu sprechen begannen, ging mit den Worten „der Göttliche Geliebte" ein Seufzen über unsere Lippen – eine sanfte Verneigung vor den im Raum Versammelten und vor jenem Raum in uns allen, der nur Liebe und grenzenloses Sein ist.

Und wir vereinten uns mit den Teilnehmern zu einer Erkundung der Ganzheit. Jener Ganzheit, die unsere Unvollkommenheit trägt, der tiefen Quelle des Seins, die jenseits aller Konzeptionen liegt und deren Atem reine Liebe ist – und welche wir auf unserer verzweifelten Suche nach etwas, das ihre Unermeßlichkeit umfassen kann, die Göttliche Geliebte nennen. Doch dieser Geliebte ist nicht etwas, das wir kennen, sondern das, was wir sind. Es ist nicht etwas, worüber du nachdenken kannst. Es ist das, worin die Gedanken schweben, und zugleich das, was alles Denken übersteigt. Es ist das Herz des Seins, wo reines Gewahrsein und reine Liebe nicht voneinander zu unterscheiden sind. Dein/e Geliebte/r ist ein Gedanke, aber der Göttliche Geliebte ist der Raum, in dem jener geliebte Gedanke schwebt.

Dieses Gefühl der Präsenz, des Nur-Seins führt uns, wenn wir es erkunden, zur Erfahrung der Göttlichen Geliebten. Zuweilen geht das Herz in Flammen auf, und der Geist ist sanft und klar. Gewöhnlich aber ist es einfach eine schlichte Weiträumigkeit und Gelassenheit, welche die Gedanken in der Güte und im Gewahrsein schweben läßt und das evolutionäre Streben in jedem Wesen erkennt, dem sie begegnet. Der gottestrunkene Dichter Kabir flüstert uns zu, daß der Göttliche Geliebte „der Atem innerhalb des Atems" sei. Daß dein Herz gleich der Sonne immer erstrahle. Doch wie bei der Sonne wird auch die Wärme des Herzens von jedem flüchtigen Schatten verdeckt. Es genügt eine langsam ziehende Wolke oder ein ungebetener Gedanke, um ihre Wahrnehmung zu verhindern. Indessen scheint die Sonne ohne jede Mühe, und auch wir brauchen nichts zu tun, um die Göttliche Geliebte zu erwecken. Der Geliebte *ist* einfach. Tatsächlich entdecken wir den Geliebten bei unserem Forschen im Zentrum dieses unbeschreiblichen Gefühls des Nur-Seins, der *Istheit* völlig spontan – als aus sich selbst heraus strahlend, als die Gegenwart innerhalb der Gegenwart. Um der Göttlichen Geliebten zu begegnen, brauchen wir uns nur sanft von allem zu lösen, was nicht liebt, was bewertet und von alten Eindrücken und überlebten Verhaftungen des Geistes ausgebrütet wurde. Alles wird dann in der natürlichen Weite Heilung finden, die jenseits unserer erworbenen Konditionierung beginnt.

Doch sind wir so benebelt von den vermeintlichen Identitäten unserer oberflächlichen Konditionierung, daß wir nur sehr wenig von dem erkennen, was wir aus unserer Tiefe heraus tatsächlich mit dem anderen teilen können.

Ein unglückliches Beispiel für das profunde Unwissen über unser wahres Selbst liefern uns die Geschichten der Nahtod-Erfahrungen, die heute recht verbreitet sind. Oft hören wir von Erlebnissen, in denen Leute ihren Körper verlassen, von oben her auf ihn herabblicken können und sich durch einen Kanal oder Tunnel bewegen, wonach sie schließlich in ein gewaltiges Gefühl der Präsenz, in ein großes Licht eintreten. Viele von denen, die so etwas erlebten und in ihren Körper zurückkehrten, berichten davon, daß sie Jesus oder Buddha begegnet seien, daß sie Maria oder Gaia (die Erdgöttin) erfahren hätten. Vor einigen Jahren erzählten Kinder, die eine Nahtoderfahrung gemacht hatten, sie hätten Mr. Spock getroffen. Heute ist es

Donatello von den Mutant Ninja Turtles, der in ihren Geschichten auftaucht. Es sind Verkörperungen der Allmacht, der gewaltigen Stärke. Aber der Inhaber göttlicher Kräfte oder großer Weisheit wird immer wieder als ein anderer oder etwas anderes personifiziert. Es ist interessant, wie wenige zurückkehren und berichten, daß sie dieses gewaltige Licht, dieses erfüllende Gefühl von endlosem Sein, von heiliger Soheit als ihr eigenes wahres Wesen erkannt hätten: „Ich selbst war es, ich war der Göttliche Geliebte." Die meisten hingegen, ihres eigenen erhabenen Wesens entfremdet, erzählen nach ihrer Rückkehr, daß sie einer Gottheit begegnet seien, denn sie hätten diesen Frieden und diese Klarheit niemals als ihr eigenes leuchtendes Zentrum begreifen können, als das Licht ihres grenzenlosen Bewußtseins, gebündelt zu einem einzigen strahlenden Glanz – als ihr eigenes wahres Wesen, das nicht länger eingegrenzt war und von Natur aus auch niemals einzugrenzen ist.

Normalerweise gleicht unser Bewußtsein dem Licht eines durchschnittlichen Tages. Es ist ziellos und diffus, es beleuchtet nur die freiliegende Oberfläche, auf die es zufällig fällt – einen Baum, einen Felsen, eine Person, ein Wort, einen Duft, einen Geschmack, einen Sinnesreiz. Dieses schwache Licht wirft merkliche Schatten, läßt aber kaum die Einzelheiten des Objektes erkennen, die es bescheint. Indessen ist es selbst an den kältesten Wintertagen möglich, dieses Licht mit einem Vergrößerungsglas zu sammeln, so daß ein blendender Lichtpunkt entsteht, der alles, was er trifft, entzünden kann. Selbst das diffuse Licht des allerkältesten Tages wird, wenn es in einem einzigen Punkt fokussiert wird, zur „Flamme des Gewahrseins" und vermag die dunklen Winkel und das strahlende Tor zu erleuchten. Ebenso wie dieses weit zerstreute, ungebündelte Licht gleitet das Bewußtsein gewöhnlich von Objekt zu Objekt, ohne seine eigene Präsenz richtig zu erfahren. Sobald dieses Licht aber fokussiert wird, sobald das Gewahrsein empfänglich und konzentriert ist, klärt es den Weg zum Herzen. Dies ist das Licht, das wir vor uns erblicken, wenn wir uns nach dem Tod unserem wahren Herzen nähern. Es ist die Göttliche Geliebte. Es ist das, was wir wirklich sind, wenn wir das Licht nicht mehr in seine prismatischen Komponenten zerlegen wollen, um leuchtende „Komplementärfarben" für die fahle Maske unseres kleinen Geistes zu gewinnen.

So wie es nur wenige Menschen gibt, die ihr eigenes Wesen als den Göttlichen Geliebten erkennen, so sind es auf der anderen Seite viele, die des Wesens nicht gewahr sind, das ihnen am Frühstückstisch gegenübersitzt. Nur wenige sind dem Herzen so tief verbunden, daß keine Achtlosigkeit das Erkennen ihres wahren Wesens oder gar des innersten Wesen ihres Liebespartners trübt. Die meisten leben ihr Leben ohne nennenswertes Bewußtsein der Unermeßlichkeit, die in der gemeinsamen Weiträumigkeit des Seins zur Verfügung steht – jener grenzenlosen Ruhe, die tiefer reicht als jeder Gedanke und uns immer miteinander verbindet – in der wir in Wechselbeziehung treten und unsere Heilung auf Ebenen fördern können, die uns zuvor verschlossen waren.

Vielleicht ertragen wir es einfach nicht, klar zu erkennen, wieviel wir versäumen. Vielleicht können wir einfach nicht glauben, daß wir wirklich die Göttliche Geliebte sind. In gewisser Weise vermute ich, daß eine geistige Stimme uns sagt, wir seien dieser Verantwortung nicht gewachsen. Wir haben uns wohl allzusehr an unseren Schmerz gewöhnt, haben unser Wohlergehen schon allzulange gegen vertrautes und definierbares Leid eingetauscht.

Kapitel 3
Erwachende Möglichkeiten

Viele Menschen leiden unter der Altersschwäche ihrer Beziehung. Der Geist ist von seinen Anstrengungen völlig erschöpft. Das Bedürfnis nach Sicherheit und die Abneigung gegen neue Erfahrungen (Widerstand) haben Verwirrung in uns hinterlassen, obgleich wir nach wie vor unser Verständnis beteuern. Viele sind ausgebrannt und entmutigt. Das Herz trägt die Narben alter Wunden. Der Geist hat sich fest verschlossen. Der Körper verkümmert in hartleibigem Mißtrauen. Doch das Gefühl des Verlustes und des Verlorenseins erweckt schließlich doch unsere Aufmerksamkeit, und wir erkennen, daß uns niemand anders glücklich machen kann als wir selbst. Allmählich sind wir bereit, Verantwortung zu übernehmen. Wir entwickeln mehr und mehr die Fähigkeit, zu antworten statt zu reagieren. Wir konzentrieren uns auf unseren Widerstand und werden gewahr, daß eine Beziehung Arbeit an uns selbst bedeutet. Was ein Freund einmal „diese ganze Beziehungs-Katastrophe" nannte, integrieren wir in das gütige Herz und in den forschenden Geist, so daß sich bei der nächsten Gelegenheit nicht nochmals das alte Spiel wiederholt.

Und wir verschreiben uns einer „lebendigen Zweiheit", einer geweihten Partnerbeziehung, einer Beziehung zum Bewußtsein, in der die Kraft einer bewußten Beziehung klar wahrgenommen wird. Wir arbeiten an uns selbst – gemeinsam.

Auf dem Friedhof all unserer früheren, unglücklichen Beziehungen – die uns Stück für Stück gelehrt haben, was glückliches Verbundensein bedeutet – haben wir *an* jener anderen Person gearbeitet. Wir schmähten sie, wenn sie nicht dem entsprach, was wir zähneknirschend bei uns selbst vermißten. Wir drangsalierten den anderen und zugleich uns selbst im Schatten unseres unbereinigten Kummers. Endlich aber hören wir damit auf, eine Beziehung herzustellen – wir lassen sie einfach zu. Wir beginnen die Chancen und Möglichkeiten zu erahnen, die wir in den Momenten verpaßten, als wir unser Herz dem Leid des anderen verschlossen, als es uns wichtiger erschien, „recht" zu haben als weitherzig zu sein. Es waren Momente unverarbeiteten Kummers, in deren allzu lautem Tonfall jede Liebe unterging. Weil wir erkennen, daß unklare Absichten unbefriedigende Resultate produzieren, gehen wir dem schmerzhaften Kreislauf von Unversöhnlichkeit und Groll auf den Grund. Wir erkunden die unerledigten Geschäfte, die passive Aggression und die aggressive Passivität, die fortwährend die Trennlinie zwischen *mir* und dem *anderen* markiert – die Angst um unser bedrohtes Selbstbild. Die ständige Verdrängung der Gegenwart durch die Schatten der Vergangenheit. Das Bedürfnis, begehrt zu werden, das sich knirschend an dem Begehren reibt, bedürfnislos zu sein. Streitigkeiten. Machtspiele. Der Widerwille gegen jedes Nachgeben.

Das Gräberfeld der Beziehungen zu durchforsten, so spüren wir, „funktionierte" nicht. Wir erwachen wie aus einem ständig wiederkehrenden Traum, und unsere Beziehung wandelt sich zu der „Arbeit, die zu tun ist", um Buddhas Worte zu gebrauchen.

Dies bedeutet, dort loszulassen, wo unsere Grenzen beginnen – uns aus dem sicheren Territorium hinaus in das Unerforschte und oft tief Verneinte zu wagen. Es bedeutet, eine Liebe noch größer zu machen als unsere Angst davor, uns als ungeliebt und unliebenswert zu entblößen. Die Liebe stärker zu machen als unsere Angst vor Schmerz.

Wenn wir uns für Praktiken entscheiden, die den Geist klären und das Herz offenbaren – wie Achtsamkeit, Vergebung und liebevolle Güte – dann kann das, was einmal unentwirrbar erschien, zum eigentlichen Kern unserer Beziehung werden. Mag in solchen Momenten auch nur eine minimale Bewegung, eine geringe Linderung unseres Kummers möglich sein, so wird doch schon der winzigste Schritt als große Bewegung belohnt. Bereits unsere Absicht birgt ein bedeutendes heilendes Potential. Die bloße Bereitschaft, nicht zu leiden oder dem anderen Schmerz zuzufügen, weitet sich zu einem Raum, der Heilung und Frieden ermöglicht. Zu einem Freiraum, in dem auch unser Liebespartner loslassen kann. Indem wir dem eigenen Kummer in unserem Herzen Raum geben, öffnen wir unser Herz auch für den Kummer des anderen.

Unsere schrittweise Annäherung an den Göttlichen Geliebten erinnert uns stets daran, daß wir alle im selben Boot sitzen. Wie sagt doch Kabir:

Der Geliebte ist in dir, und er ist auch in mir;
du weißt, daß sich der Sproß im Samen verbirgt.
Wir alle mühen uns ab, doch niemand hat es weit gebracht.
Laß ab von deinem Hochmut und sieh dich im Inneren um.

Der blaue Himmel öffnet sich weiter und weiter,
das stete Gefühl des Scheiterns versiegt,
der Schaden, den ich mir und anderen zufügte, verblaßt,
und Millionen Sonnen treten in ihrem Licht hervor,
wenn ich unerschütterlich in jener Welt ruhe.

Ich höre Glocken klingen, die niemand läutete,
die „Liebe" birgt eine Freude, die all unser Wissen über-
*   steigt.*
Regen fällt herab, obwohl der Himmel frei von Wolken ist.
Ich sehe Flüsse aus reinem Licht.
Alle Räume des Universums sind durchdrungen von einer
*   einzigen Liebe.*
Wie schwer ist es doch, diese Freude in all unseren Körpern
*   zu fühlen!*

Die auf ihren Verstand hoffen, gehen fehl.
Der Hochmut des Verstandes hat uns von jener Liebe ge-
*   trennt.*
Allein mit dem Wort „Verstand" fühlst du dich meilenweit
*   entfernt.*

Kabir erinnert uns noch einmal daran, daß jedes Liebesverhältnis eine Beziehung zur Göttlichen Geliebten ist. Er beendet sein

Gedicht, indem er sagt, daß diese Arbeit „von zwei Seelen kündet, die einander begegnen" – jenseits des Lebens und sogar jenseits des Todes. Daß eine Beziehung einfach die Begegnung eines Seins mit einem anderen in reiner Istheit bedeutet. Daß unsere Weigerung, entschlossen zu erkunden, was diese Begegnung beschränkt, uns zutiefst unglücklich macht. Und daß wir unsere Ganzheit in einem barmherzigen Gewahrsein finden, das an nichts haftet und nichts beurteilt – in einer reinen Präsenz, die den natürlichen Strom liebevoller Güte durch nichts behindert.

Paar-Meditation über den Göttlichen Geliebten

Nimm eine oder zwei Armlängen entfernt gegenüber deinem Partner Platz und schließe deine Augen.

Vergegenwärtige dir das Gesicht deines Partners. Versuche, dich auf Einzelheiten zu konzentrieren: auf seine/ihre Augenbrauen, die Form der Lippen, der Ohrläppchen, die Augenfarbe, die Hauttönung.

Verweile einen Augenblick, damit sein/ihr Bild in deinem Geist Gestalt annehmen kann.

Achte, während sich das Bild deines Partners in dir formt, bewußt auf diesen Prozeß. Bemerkst du irgendeine Angst oder Abgrenzung? Gibt es Momente des Angezogenseins oder der Abwehr? Erkunde diesen Prozeß, während das Bild im Geiste weiter Gestalt annimmt.

Öffnet nun beide die Augen und blickt einander an.

Löse dich vom äußerlichen Haften an bestimmten Erscheinungen im Gesicht deines Partners und versenke dich völlig in das Licht, das in den Augen dieses anderen Wesens strahlt.

Mache dich frei davon, dieses Wesen zu *erdenken* – tauche in sein Wesen ein. Welche früheren Vorstellungen von deinem Partner oder dir selbst auch im Geiste gespeichert sind – akzeptiere sie und weihe sie der tiefen Resonanz des Heiligen in seinen Augen.

Welche Gefühle der Unwürdigkeit oder des Zweifels auch in dir aufkommen mögen – beobachte, wie sie dich vom Göttlichen Geliebten in dir selbst und im anderen trennen.

Laß dich erkennen.

Laß alles los, was deinen Partner davon abhält, dich als heilige Soheit anzusehen.

Laß dich von der Göttlichen Geliebten als der Göttliche Geliebte erkennen.

Spüre ihre heilige Unermeßlichkeit.

Blicke in diese Augen und löse dich von allen Gedanken oder Gefühlen, die deine Fähigkeit beschränken, dieses Wesen als leuchtende Unendlichkeit zu erfahren – seine unsterbliche Essenz zu erkennen.

Laß los. Löse dich von allem, was trennt.

Auch wenn ein Gedanke trennt – laß ihn los und ruhe im Sein mit dem Göttlichen Geliebten.

Schaue in die Augen der Göttlichen Geliebten. Es ist nur der denkende Geist, der Trennung erzeugt. Löse dich von ihm. Laß ihn im Herzen versinken. In der grenzenlosen Weite gemeinsamen Seins gibt es keine Trennung.

Du bist grenzenloser Raum – du bist die Unermeßlichkeit des Seins, in der dieses Bild deines/r Liebsten schwebt.

Entspanne Körper und Geist. Laß die Grenzen, die Konzepte, die Meinungen in diesem machtvollen Vermächtnis der Liebe und der Sorge um das Wohlergehen deines Partners vergehen.

Du bist der Göttliche Geliebte, der in den Spiegel der Istheit blickt, und der in den Augen deines/r Liebsten reflektiert wird.

Du bist die Göttliche Geliebte auf der Suche nach dem Suchenden.

Laß dich in den Augen des Göttlichen Geliebten versinken.

Begegnet euch in heiliger Leere. Begegnet euch im gemeinsamen Herzen des Seins.

Empfange Heilung. Empfange Gnade aus den Augen der Göttlichen Geliebten.

Laß dich durchtränken von der unermeßlichen Sorge deines Partners um dein Wohlergehen.

Laß sie in dich ein. Nimm die Heilung an.

Laß dich der/die Liebste des Göttlichen Geliebten sein.

Laß dich Liebe sein.

Du kannst die ganze Welt durchmessen und wirst doch niemanden finden, der die Liebe mehr verdiente als du.

Laß dich lieben.

Laß dich geliebt werden.

Du schaust in die Augen der Göttlichen Geliebten. Und der Göttliche Geliebte schaut in dich hinein.

Ruht im Raum des Seins, in dem eure einzelnen Wesen schweben.

Laßt alles Trennende los und tretet in das Herz der Göttlichen Geliebten ein.

Geht gemeinsam in den Göttlichen Geliebten ein.

Kapitel 4
Die Geburt vollenden

Geboren zu werden heißt, in Beziehungen zu leben. Die Schmerzen unserer Geburt sind ein Teil jeder Begegnung, jedes Augenblicks, in dem sich Blicke berühren. Schon vor der Geburt entwickelt sich eine körperliche, emotionale und spirituelle Interaktion mit unseren Eltern. Die ersten Anziehungskräfte einer neuen Runde persönlicher Geschichte manifestieren sich. Die ersten Impulse einer neuen, „langen Reise".

Im Kontrakt der Geburt ist der Tod nicht ausgeklammert. Entweder wird das Kind einst den Tod seiner Eltern erleben, oder die Eltern werden ihr Kind verlieren. Eine Mutter sagte an der Seite ihres sterbenden Sohnes einmal, daß dies ihre „letzten und schlimmsten Geburtswehen" seien. Unser Anfang birgt auch unser Ende. Dies ist die Natur jeder Beziehung zu einem anderen Herzen oder zu diesem flüchtigen Augenblick: nur diese kostbare Gegenwart ist „wirklich". Alles Übrige ist ein Traum, an den wir uns auf dem Totenbett vage erinnern. Ein Traum, im Entbindungszimmer geboren.

Damit sich dieser Traum erfüllt, müssen wir erwachen. Wir müssen unsere Geburt vollenden, müssen ganz und gar lebendig werden. Verantwortlich für Schmerz und Freude, für die Welt und über sie hinaus.

Manche vertreten die Theorie, daß das Gefühl eines isolierten Selbst zum ersten Mal erwacht, wenn dem Säugling die Brust verweigert wird. Andere meinen, dies würde bereits mit der Geburtserfahrung geschehen. Viele glauben, daß dieser Eindruck des Getrenntseins, des dem *anderen* gegenüberstehenden *Ich* mit dem eigenen Territorium verknüpft sei: dem Körper. Und manche denken, daß diese Empfindung entsteht, wenn das Gewahrsein mit dem Bewußtsein verwechselt wird, wenn die schattenhaften Objekte auf der Leinwand mit dem Licht verwechselt werden, das sie erzeugt. Wenn der auf den Mond weisende Finger für das Mondlicht gehalten wird, das ihn sichtbar macht. Doch was auch immer der Ursprung dieser selbst-bewußten, sich selbst beschuldigenden und verherrlichenden Isolierung sein mag, sie wird von neuem in die Möglichkeit hineingeboren, *mit* dem anderen statt *zu* dem anderen in Beziehung zu treten. Vielleicht setzt durch jenes erste Gefühl des Getrenntseins von innen heraus ein Erkennen ein, das den Anstoß in Richtung der Einheit auslöst. Das die Sehnsucht steigert, dieses *Ich* und der *andere* mögen auf dem Weg zur Einheit Eines werden.

Je tiefer die Anerkennung unserer Isolation, desto stärker die Tendenz, zur Geburt im heilenden Herzen fortzuschreiten.

Geburt bewegt sich nach außen. Um diese Geburt aber zu vollenden, um völlig geboren zu werden, wandern wir nach innen, erkunden die Natur von Körper und Geist, das Wesen des Herzens und der Dinge jenseits von ihm. Je intensiver wir mit jenen außergewöhnlichen geistigen Ebenen, die wir das „Herz" nennen, verbunden sind, desto eher sind wir in der Lage, unsere Beziehungen in die Weite des Seins zu tragen, die hinter unseren scheinbar individuellen Trivialitäten beginnt.

Wenn uns jene Sehnsucht nach Vollendung bewußt macht, wie unvollendet, wie begrenzt unsere Beziehungen gewesen sind, öffnet sich ein Weg, auf dem sich Geist und Herz dem anderen in einer bewußten, engagierten Partnerschaft zuwenden können. Und wir erkennen allmählich, daß die Art und Weise, in der wir mit Geist und Körper in Beziehung stehen, auch unsere Beziehung zum Leben bestimmt. Der Grad, in dem wir des anderen Schmerz teilnahmsvoll berühren können – aktives Mitempfinden – entscheidet darüber, wie groß unser Spielraum ist, um das Alte hinter uns zu lassen und völlig in das Leben einzutauchen. Es ist diese Berufung zur Achtsamkeit und zur Bejahung inneren Wachstums, die Körper und Geist zu einem Laboratorium statt zu einer Gefängniszelle macht.

Und es gibt noch ein weiteres Geborenwerden, das auf die Geburt folgt. Es ist die „Selbstwerdung", eine Individuation, die uns Lebensqualitäten und Bewußtseinsebenen erschließt, die wir bislang nicht kannten. Es ist eine Geburt, die sich vollzieht, wenn Körper und Geist, in das Getrenntsein hineingeboren, auf neue Ebenen des Daseins stoßen. Diese tiefere Geburt findet statt, wenn das Geborene das entdeckt, was man im Buddhismus „das Ungeborene" nennt – jenes, was der Geburt vorangeht und den Tod überschreitet – die unsterbliche Wahrheit seiner wahren Natur.

Unserer Erfahrung nach resultiert ein großer Teil dessen, was sich auf dem Totenbett vollzieht, aus dem Kampf eines Lebens, das ganz geboren werden will. Es scheint tatsächlich, als seien nur wenige vor ihrem Tod ganz und gar geboren worden. Die meisten leben „zur Probe" und zögern, beide Beine auf den Boden zu stellen. Viele springen herum und stecken mit einem Bein noch im Mutterschoß. Und sie wundern sich, warum Tod und Beziehung sie so belasten. Ihre Standfestigkeit reicht nicht aus, um die Sondierungen, Erkundungen und die Hingabe zuzulassen, die für das Überschreiten der kleinen, überlebten Verstandesmuster notwendig sind, welche das Gleichgewicht des Lebens stören.

Manche Menschen jedoch akzeptieren jene tiefe Sehnsucht nach Vollendung und setzen alles daran, sich zu befreien. Sie weichen vor den Schatten nicht zurück, die der Geist auf das Herz wirft. Und es ist keine leichte Aufgabe, sich selbst „zur Welt zu bringen". Es bedeutet, die Wesensmerkmale der Aufrichtigkeit, der Geduld, der Wachsamkeit, der Vergebung, der Güte, der Abenteuerlust zu entwickeln und zu einer wirklichen Geburt bereit zu sein, ungeachtet der mit ihr verbundenen Geburtsschmerzen und Ängste, die uns leicht dazu verleiten könnten, auf dem sicheren Territorium familiären Kummers und weitschweifiger Konfusionen zu bleiben. Es bedeutet, die Fähigkeit zu entwickeln, als Teil der Arbeit an sich selbst auch mit dem lange aufgespeicherten Kummer des Liebespartners zu arbeiten. In einer Beziehung zu leben bedeutet, sich auf der Reise ins eigene Innere dem Lebensschmerz des anderen zu öffnen.

Die meisten stoßen, während sie den todesverachtenden Akt der völligen Geburt in Angriff nehmen, auf einen Pfad, der sie zum Herzen, zu einem Potential bedingungsloser Liebe führt. Erst wenn Herz und Geist übereinstimmen, ist unsere Geburt endlich vollendet.

Viele Menschen finden Gefallen an den sogenannten „Risikosportarten", weil sie sich dabei „so lebendig" fühlen, wie sie sagen. Um zu überleben, müssen sie präsent sein, und diese wachsende Präsenz schafft ein immer tieferes Gefühl der Lebendigkeit. Doch mit einem an den Füßen befestigten Gummiband von einer Klippe zu springen oder mit einem seidenen „Taschentuch" über dem Kopf von einem Berg zu segeln, sind nicht die einzigen Methoden, um das Gewahrsein im Augenblick zu zentrieren. Auch die notwendige Präsenz in einer Beziehung verlangt von uns, um des Überlebens willen hellwach zu sein. Sie verankert uns im lebendigen Augenblick und erzeugt die gleiche „extreme Lebendigkeit", die Bungee-Springer, Gleitschirmflieger und Freikletterer rühmen, wenn sie von der eigentlichen Faszination ihrer Sportart sprechen. Ebenso wie eine Geburt in dieser oft gewalttätigen und kriegerischen Welt beanspruchen die Ungewißheiten einer Beziehung unsere volle Aufmerksamkeit und verlangen, daß wir uns auf den Boden unter unseren Füßen und auf den Raum in unserem Geist konzentrieren.

So wird deutlich, daß der ultimative Risikosport – die Herausforderung des Lebens – in inniger, bewußter und engagierter Partnerschaft besteht. Sie enthüllt unsere tiefsten Sehnsüchte und Ängste ebenso wie unsere elementarste Sorge und Aufmerksamkeit füreinander. Sie offenbart sowohl dasjenige in uns, was bereits geboren wurde, als auch das, was der Vollendung entgegensieht. Sie läßt uns, wenn wir über die Klippe springen und der Schwerkraft trotzen, die Leichtigkeit des Seins erleben, die immer stärker in uns schwingt – ein weit ausgedehntes Gefühl der Präsenz, das wir, wenn wir es bis ins Tiefste ergründen, vielleicht „Gott" nennen werden.

Als ich elf Jahre alt war, entdeckte ich während eines sommerlichen Ferienaufenthaltes in New England an der Mauer eines Bauernhauses die alte Inschrift: „Gott ist Liebe." Sie erschien meinem kleinen, alttestamentlichen Gemüt damals äußerst bizarr. Doch eine bessere Definition ist mir auch nach meiner fünfunddreißigjährigen spirituellen Praxis nicht eingefallen. Dies ist der Gott, den wir suchen: bedingungslose Liebe – die Göttliche Geliebte, die uns innewohnende Unermeßlichkeit. Für viele Menschen aber sind Geist und Herz voneinander getrennt, und jeder sucht Gott auf seine Weise. Für den Geist ist Gott *das* Höchste Wesen. So sucht der Geist sein „persönliches Optimum", sein größtes individuelles Potential, sein höchstes Sein. Für das Herz aber ist Gott weniger das Höchste Sein als vielmehr das Sein als höchster Zustand. Daher möchte es das Universale erfahren, seine natürliche, essentielle Natur, der einzig das Wort „Liebe" gerecht werden kann.

Man sagt, daß wir zwischen zwei Inkarnationen die Möglichkeit hätten, unser „wahres Gesicht" zu erkennen. (Vielleicht gilt das ja ebenso für die Pause zwischen zwei Beziehungen.) Mag dies nun eine Vision unseres durch periodische, intensive psychologische Arbeit offenbarten Persönlichkeitskerns sein oder die direkte Erfahrung unserer essentiellen Natur infolge fortschreitender spiritueller Erforschung – auf jeden Fall ist es ein Augenblick des Hinausblickens über „das Bekannte", über unsere winzige Welt. Eine Ahnung, daß etwas von neuem geboren wird. Es sind Geburten, denen wir in der Poesie oft begegnen:

Was war dein Gesicht, bevor du geboren wurdest?

Wenn das Herz in Flammen aufgeht,
hört alle Vergangenheit auf
und der Blitz fährt nieder auf den Ozean
in jeder Zelle.

Und dort, vor allem Anfang,
wo die Doppelhelix
wie eine Stimmgabel angeschlagen wird,
ertönt ein Summen,
im dem das All mitschwingt.

Solcherart ist das Potential, wenn sich zwei Menschen auf ihre Menschlichkeit konzentrieren und ein Dreieck bilden, dessen Scheitelpunkt die lang gesuchte Wahrheit und deren Basis das solide Fundament einer bewußten, engagierten Partnerschaft ist. Dieses Netz trigonometrischer Punkte richtet sich auf die Heilung, für die sie Geburt annahmen. Auf eine Inkarnation des Geistes. Eine Verkörperung des Herzens.

Kapitel 5
Bewußte Partnerschaft

Viele, die den spirituellen Pfad betreten haben, wissen nicht recht, wie sie die geistigen Übungen der Bewußtseinsklarheit mit den devotionalen Praktiken der Herzensöffnung verschmelzen können. Es fällt schwer, unser wachsendes, mühsam errungenes Gefühl der Präsenz mit einer grenzenlosen Dankbarkeit gegenüber dem heiligen Unbekannten auszubalancieren. Bei jenen, die in einer bewußten, engagierten Beziehung leben, treffen diese beiden Wege zusammen. Dies ist auch der Grund, weshalb eine solche Beziehung sowohl Prüfstein als auch Höhepunkt eines großen Teils der spirituellen Praxis ist.

Die achtsame Arbeit mit allen Erscheinungen des Geistes, die das Herz verdunkeln, ist der Pfad, auf dem Herz und Geist zusammentreffen. Während wir all das, was sich in einer Beziehung entfaltet, in die Arbeit an uns selbst integrieren und als Schrot für die Mühle inneren Fortschritts verwenden, dringt auch das leiseste Geflüster an unser Ohr: das „Unbewußte" wird uns „bewußt".

Der Verstandesgeist unterteilt die Welt in Millionen Bruchstücke. Das Herz vereint sie zu einem Ganzen. Ein „präsentes Herz" zu entwickeln, ist die Grundbedingung für das Empfangen der unvergleichlichen Gaben, die eine Partnerschaft uns bietet – in spiritueller wie auch psychologischer Hinsicht. Darin besteht eine der Intentionen dieser Arbeit: die faszinierende Klarheit eines innerlich zentrierten Gewahrseins mit dem Drang nach der Vereinigung mit dem Mysterium, mit dem Heiligen zu harmonisieren – als Göttlicher Geliebter, als Elternteil, als Kind, als Baum, als Himmel, als Großmutter Erde. In einer bewußten Beziehung verschmelzen diese beiden wesentlichen Elemente. Achtsamkeit, die Übung der Konzentration des Gewahrseins auf den gegenwärtigen Augenblick, erweckt eine tiefe Bereitschaft, alte mechanische Muster, Zwänge und Abwehrhaltungen zu überschreiten. Wie auf einer Blindenschrift tasten wir uns weiter zur elementaren Wirklichkeit, erspüren unsere Route von Augenblick zu Augenblick, bemerken jeden Winkel und jede Ritze und dringen behutsam bis ins Zentrum vor. Diese Fähigkeit der Erkundung erlaubt es einer bewußten Beziehung, bewußt zu bleiben und das Auf und Ab des Geistes aufmerksam zu verfolgen, dessen schwankende Dichte das Herz der Einheit und Freude so leicht verschleiern kann.

Die devotionale Qualität einer bewußten Beziehung läßt uns den Partner nicht als den *anderen*, sondern als Selbst erkennen. Dann öffnen wir uns diesem „anderen Selbst" als dem Liebespartner. Durch den devotionalen Charakter der Beziehung sieht man den Liebespartner als die reine Essenz des Seins und entdeckt das Göttliche sogar in der Entfaltung der geistigen Prozesse – was die Gedanken durch den Geist bewegt, erweist sich als exakt dieselbe Energie, die auch die Sterne über den Himmel ziehen läßt. Im Strom des Bewußtseins erblicken wir die Zehntausend Manifestationen des Heiligen. Wenn man auf diese Weise schaut, wird offenbar, daß der andere nicht perfekt sein muß, um für dich perfekt zu sein. Und der Alptraum der Perfektion, der die Schönheit eines erlesenen Herzens verzerrt, schwindet mehr und mehr. Man erkennt den anderen als göttliches Geschenk, als Mitverschworenen auf dem Pfad in die unbeschreibliche Weite. Größer als der Geist, ja sogar größer als das Herz sind Liebende, die ohne Vorbehalt füreinander da sind – und dennoch dem Göttlichen Geliebten ihre tiefste Aufmerksamkeit schenken.

Vielleicht erfahren wir dann wie Ondrea in tiefer Meditation die Göttliche Mutter, die Barmherzige Mutter, die sich uns nähert und flüstert: „Du bist immer in meinen Armen geborgen. Du brauchst nur deinen Kopf an meine Schulter zu lehnen." Und wir werden überwältigt von Dankbarkeit gegenüber unserer wahren Natur – für unsere wahre Natur. Tränen der

Freude fließen, wenn wir erkennen, daß die Freiheit so nah ist wie der nächste Atemzug. So nah wie der Atem innerhalb des Atems. Achtsamkeit zeigt uns die Natur des Schattens, Herzensgüte zeigt uns die Natur des Lichtes. Ohne die Balance dieser Qualitäten entwickeln wir uns entweder mit blinden Augen in der Dunkelheit oder in einem Licht, das uns blendet. Hier wie dort sind wir unfähig, die subtilen Spannungen des Geistes und seiner Impulse im schimmernden Nebel unserer Begierde nach mehr und unserer Sehnsucht nach einem Ende des Leidens wahrzunehmen. Wenn wir aber geradeaus blicken wollen, müssen wir den Schatten mit dem Licht umarmen. Wir lehnen unseren weltverdrossenen und eigensüchtigen Kopf an die heilige Schulter – und in der Umarmung mit der Göttlichen Geliebten löst sich unser Leid in Tränen auf. Das Licht existiert aus sich selbst heraus, der Schatten ist eine Störung des Lichtes durch etwas scheinbar Massives. Mit der Erkundung dieser scheinbaren Massivität der Dinge verliert auch der Schatten seine Konturen, löst sich auf und zerrinnt im präsenten Herzen.

Das Ausbalancieren von Herzenswärme und Achtsamkeit verleiht der Partnerbeziehung eine Qualität der Praktikabilität und Großzügigkeit, die Zuversicht und Freude in den Prozeß unserer Heilung bringt. In den Prozeß, der uns jenseits des Geistes mit der unaussprechlichen Schönheit des Herzens, mit dem Göttlichen Geliebten verschmelzen läßt.

Die bewußte Beziehung kann ein Pfad sein, auf dem wir durch das Verschmelzen der Übungen zur Geistesklarheit mit einer umfassenden Teilhabe am Herzen ganz und gar lebendig werden. Sie ist eine Aufforderung zur Erkundung sowohl jener ständig ablaufenden Konditionierung der kognitiven Mechanismen, die wir „Verstand" nennen, als auch des starken Heimwehs nach Gott, das uns zur Ganzheit zieht. Wir entwickeln die devotionale Wesensart, die den *anderen* als unseren Nächsten, die unsere/n Liebste/n als die Göttliche Geliebte erkennt. In dieser Weise vollzieht sich der Ablauf und die Technik des Loslassens unseres Leidens (die schwerste Arbeit unseres Lebens) im gemeinsamen Herzen unserer Suche nach Vollendung – als eine Mixtur aus konstantem Gewahrsein und zeitloser Präsenz.

Unsere Aufgabe ist es, präsent zu bleiben, offen für das Universum und verletzbar für die Wahrheit. Wenn wir vollkommen präsent sind und den konditionierten Geist studieren, dann wird der, der wir nicht sind, von dem erkannt, der wir tatsächlich sind. Jenseits alter Vorstellungen vom Selbst, so als befänden wir uns zwischen zwei Inkarnationen, entdecken wir uns selbst als den reinen Lebensfunken, der noch keine Form angenommen hat – der noch nicht männlich oder weiblich, reich oder arm, verwundet oder geheilt ist, der noch nicht den Trennungen des Geistes unterliegt. Es ist einfach unser wirkliches Herz, unser universales Sein. Bereit, zu lieben und geliebt zu werden, von Augenblick zu Augenblick für die unbeschreibliche Reise des Geistes zum Geiste neu geboren.

Wenn wir diese tieferen Ebenen des Bewußtseins, die wir als „Herz" bezeichnen, mit anderen teilen, entdecken wir hinter unserem konditionierten Selbstbild, wer wir tatsächlich sind. Alles, was uns in der Isolation festhält, wird im gemeinsamen Herzen unserer Heilung erfahren. Der eigentliche Akt dieser Befreiung von unserem Leid im heilenden Raum der Beziehung ist ein Akt der gemeinsamen Bindung an die „Heilung, für die wir Geburt annahmen".

Viele glauben, sie müßten eine Entscheidung treffen zwischen dem Pfad geistiger Kontemplation, den psychologischen, weisheits- und achtsamkeitsorientierten Yoga-Richtungen und dem Pfad des andächtigen Herzens, dem Mysterium, der bedingungslosen Liebe, der Hingabe an den Göttlichen Geliebten, dem Hohelied der Liebe. Doch die Beziehung ist ein Pfad, der alle anderen Richtungen einbezieht.

In Wahrheit sind Unterscheidungen wie die zwischen Herz und Geist ausgesprochen willkürlich. Das Herz ist einfach eine tiefere Ebene des Geistes, ein Kanal zu unserer elementaren Natur. Sobald wir über unsere begrenzte Konditionierung, über unseren alltäglichen Geist hinausgehen, gelangen wir in die bedingungslose Liebe – in das Herz.

Die Partnerbeziehung ist einer der höchsten und schwierigsten Yogas. Yoga bedeutet buchstäblich „Vereinigung". Alles Getrennte soll mit dem Einen verschmelzen. Ein Aspekt des Yoga ist darauf gerichtet, die einzelnen Teile des Körpers im Großen Körper zu vereinen. Ein weiterer eint den Großen Geist. Und auf einer noch tieferen Ebene vollzieht sich die Vereinigung der „Seele" mit der Göttlichen Geliebten, des Persönlichen mit dem Universalen. Am Anfang begegnen sich zwei Wesen als Liebende. Dies vertieft und erweitert sich, bis die

Liebenden in ihrem Herzen zum Göttlichen Geliebten werden. Hier treffen wir auf die mystische Vereinigung, die in vielen heiligen Schriften angesprochen wird. Es ist die Alchimie der Herzen, die gleich den eng verflochtenen Hemisphären des Gehirns als zwei Hälften eines einzigen Körpers verschmelzen. Hier werden zwei zu einem: zur Göttlichen Geliebten. Es ist die Vereinigung von Geist und Herz, die Heilung, nach der wir Leben um Leben gesucht haben. Diese Einheit vollzieht sich nicht einfach mit einem Partner, sondern mit dem Mysterium selbst, mit unserer grenzenlosen essentiellen Natur. Sie geschieht im Reich der Hingabe, wo diese Hingabe keine Niederlage bedeutet, sondern ein Loslassen des Widerstandes gegen den nächsten Augenblick, die nächste Inkarnation. Widerstand heißt, sich gegen das Weitergehen zu sträuben. So verlangt der Yoga der Beziehung die Bereitschaft, über unseren Widerstand, unsere Grenzen, unser sicheres Territorium hinauszugehen. Eine bewußte, engagierte Partnerschaft bewegt sich jenseits der Theorie, jenseits bequemer Methoden und leidvoller Verhaltensmuster hin zum Praktizieren der lebendigen Wahrheit. Sie läßt die Blicke der Liebenden über den Frühstückstisch hinweg ineinander verschmelzen.

Eine bewußte Beziehung ist der Weg, auf dem der Geist im Herzen versinkt, auf dem unsere angstvollen und separatistischen Neigungen in der Weiträumigkeit unseres wahren Herzens Heilung finden. Sie gestattet eine mystische Vereinigung von solcher Kraft, daß die Unterschiede zwischen *mir* und dem *anderen* verschwinden und eine Einheit mit allem entsteht, was ist. Sie dringt in das Geheimnis der Einheit reinen Gewahrseins und reiner Liebe ein. Sie riskiert alles.

Kapitel 6
Beziehung als Heilung

Als Ondrea und ich einander begegneten, hatte sie bereits zwei Krebsoperationen hinter sich. Bei der ersten Operation wurden Zervix und Uterus entfernt. Bei der zweiten exzidierte man Tumore aus ihrer Blase. Es lag auf der Hand, daß unser gemeinsamer Eintritt in das weite Potential emotionaler und spiritueller Heilung, das sich in unserer Zusammenarbeit anzubieten schien, erst einmal bedeuten würde, daß wir uns auf den physischen Körper konzentrieren mußten. Nachdem wir beide also jemanden gefunden hatten, mit dem wir den partnerschaftlichen Weg vollenden konnten, jemanden, der sich verpflichtet hatte, mit uns durch dick und dünn zu gehen, bestand unsere erste Aufgabe darin, unsere tägliche Aufmerksamkeit im Erforschen immer tieferer gemeinsamer Ebenen auf die Heilung des Physischen zu richten. Hier wartete etwas so Kostbares, daß es sich lohnte, unsere gesamte Energie zu investieren: eine heilende Partnerschaft.

In den ersten Jahren war die Heilung des Körpers täglicher Bestandteil unserer Lebensweise. Lang gehütete, halb verstandene Konzepte über das Kranksein, über den Körper und auch über die „Gesundheit" zerrannen eines nach dem anderen, während uns die zunehmende Einsicht in die wirkliche Tragweite einer Heilung für Ebenen des Lebens öffnete, die der Mutlosigkeit eine Brücke zum Herzen schlugen. Gesundung war das, was uns bekannt und doch zugleich weit entfernt war. Heilung war das Mysterium, das immer Gegenwärtige. Gesundung schien allein auf den Körper beschränkt zu sein, Heilung dagegen fortschreitend, zeitlich unbegrenzt, vieldimensional. Wenn wir unserem Pfad mit dem Herzen folgten, würde, so spürten wir, sich der Körper anschließen. Die Prioritäten jedenfalls waren geklärt. Gewissermaßen suchte Ondrea, suchten wir beide nicht mehr nach einer eigenen, persönlichen Heilung, sondern nach einer Heilung *füreinander*, für die Erkundung, auf die wir uns eingelassen hatten – und letztlich auch für die fühlenden Wesen, denen sie vielleicht dienen konnte. Indem wir uns gemeinsam der Heilung anvertrauten, für die wir Geburt angenommen hatten, zogen sich Isolation und Angst immer mehr aus der Krankheit zurück. Auf jeder neuen Ebene tieferen Gewahrseins begann auch eine Heilung – das Geheimnis lüftete sich ein wenig, und die unbeschreibliche Eintracht unserer Herzen verband uns immer stärker.

Natürlich durchlebten wir in diesen ersten Jahren auch den Tanz der Körper und Seelen, die einander (und damit auch sich selbst) entdeckten und näherkamen. Belanglose und überlebte Beziehungsformen wurden durchgespielt und fallengelassen. Doch selbst in den Zeiten, in denen unsere Gemüter getrübt waren, bestand jenseits dieser Konfusionen die ewig gegenwärtige, konkrete Verbundenheit und Verpflichtung, die uns immer daran erinnerte, geradewegs auf das Herz der Heilung zuzugehen. Manchmal war es schwer zu entscheiden, ob wir nun Pilger auf einem Pfad oder Clowns in einem Zirkus waren, aber der nächste Schritt war immer der gleiche: in die Liebe hinein loszulassen, Erbarmen und Gewahrsein zu vertiefen, jede mögliche Last von unseren Schultern zu nehmen, Augenblick für Augenblick. Die Bürde leichter zu machen. Zu heilen.

Das Potential einer heilenden Beziehung besteht in ihrem Vermögen, sich vor dem Hintergrund völligen „Nichtwissens" durch Triangulation auf das Mysterium zuzubewegen. Es umfaßt eine seelische Offenheit, die nicht länger am „Gewußten" und Unzureichenden haftet – einen Geist, welcher der Wahrheit gegenüber verwundbar ist.

Etwa zwei Jahre nach Beginn dieses Prozesses erfuhr Ondrea von einem sehr engen Freund, einem Fachmann auf dem Gebiet fernöstlicher Medizin, daß sie mit ziemlicher Sicherheit davon ausgehen könne, innerhalb des nächsten halben Jahres zu sterben. Er war ein erfahrener Akupunkteur, dessen Behandlung wir uns zweifellos anvertraut hätten – doch wir wohnten über 1600 Kilometer von ihm entfernt. Er war aufrichtig um Ondreas Wohlergehen bemüht und zeigte mir mit einem Stift die Akupunkturpunkte an ihrem Körper, die seinem Gefühl nach regelmäßig stimuliert werden müßten, damit ihr Körper sich re-orientieren und selbst heilen konnte. Obwohl ich die Akupunktur niemals zuvor praktiziert hatte, schenkte er mir einen Satz Nadeln und sagte: „Das ist zwar nicht ganz die Art, die ich mir wünschen würde, aber wenn man den Ernst der Situation bedenkt, dann habt ihr wirklich nichts zu verlieren. Sei einfach empfindsam und vertraue deinem inneren Gefühl."

Während des folgenden Jahres setzte ich die Nadeln mindestens dreimal in der Woche in extrem empfindliche Bereiche auf Ondreas Rücken, ihren Knien und ihrem Unterleib. Wir hofften, dies würde Energie in die Bezirke physischer Unausgeglichenheit leiten. Manchmal verliefen diese Sitzungen sehr sanft, und Ondrea fühlte sich auf der Stelle neu belebt. Manchmal zuckte sie aber auch unter Schmerzen zusammen und fühlte sich innerlich wie von einer Stichflamme getroffen, weil ich mich mit den Nadeln ungeschickt anstellte. Es war eine der außergewöhnlichsten Situationen meines ganzen Lebens – ich mußte ausgerechnet dem Menschen Schmerz zufügen, dem ich am meisten wünschte, davon frei zu sein. Es war eine unbeschreibliche Lektion in Hilflosigkeit, die auf der anderen Seite aber unser Vertrauen und unsere Bindung vertiefte.

Wir verließen uns auf der physischen Ebene darauf, was wir auf der mentalen Ebene entdeckt hatten: daß durch Erbarmen und Gewahrsein Heilung in jene Bereiche fließt, aus denen wir uns seit langem furchtsam und ärgerlich zurückgezogen haben. So folgten wir dem Pfad der Anerkennung des Schmerzes, indem wir uns ihm näherten – seinen Gram, seinen verkalkten, äußeren Ring des Denkens und des Widerstandes erforschten und mit liebevoller Güte auf ihn eingingen. Wir ließen den Schmerz von Augenblick zu Augenblick in Achtsamkeit und zeitloser Güte schweben. So wie dieser Prozeß stets die Erleichterung und Heilung mentaler Schmerzen gefördert hatte, so schien er auch die Entspannung und Linderung physischer Beschwerden zu unterstützen. Während wir die Ebenen schmerzender Verklammerungen und ausgedienter Abwehrhaltungen schrittweise freilegten, erlebten wir die Freude, einfach zu *sein* – gesund oder krank, geheilt oder ungeheilt. Still lauschend, welcher Schritt als nächster sinnvoll sein mochte. Manchmal mußten wir fast weinen, wenn ich eine Nadel drehen oder eine andere tiefer setzen mußte. Hin und wieder kamen die Kinder ins Schlafzimmer und sahen Ondrea auf dem Bauch liegen, mit einem Dutzend Nadeln im Rücken, die wie Stacheln aufragten. Dann zogen sie ihre Schultern oft bis an die Ohren, als wollten sie die Bestürzung von sich fernhalten, und schlichen wieder hinaus. Es geschah aber auch, daß sie sich trotz ihrer Abneigung gegen alles, was mit Schmerz zu tun hatte, zu uns ins Zimmer setzten und schwatzten – etwas tief in ihrem Inneren vertraute der Liebe, die sich ausgebreitet hatte.

Die Notwendigkeit, völlig loszulassen und dem Prozeß „nichtwissend" zu vertrauen, wurde zu einer machtvollen Komponente unseres Yogas heilender Partnerschaft. Es war eine wirklich außergewöhnliche Periode.

Nun, da diese Phase von „Himmel und Hölle" einige Jahre zurückliegt, ist Ondreas Körper vom Krebs und den lebensbedrohenden Giftstoffen befreit. Wir können aus heutiger Sicht nicht sagen, ob es der Akupunktur oder der gemeinsamen, grenzenlosen Liebe zu verdanken war, daß diese Heilung möglich wurde. Vielleicht kam beides zusammen – wurde unterstützt von Ondreas wachsender Fähigkeit, sich selbst das zu schenken, was sie anderen Leidenden in den langen Jahren ihres Dienstes in Krankenhäusern und Pflegeheimen vermittelt hatte.

Fragte man uns jetzt, fünfzehn Jahre nach Ondreas letzter Krebs-Diagnose, wie sie den Krebs aus ihrem Körper verbannt habe, hätte keiner von uns eine Antwort darauf – wir „wissen es nicht". Aber es scheint eine Kombination unserer Liebe und unserer Bereitschaft gewesen zu sein, ein gütiges Gewahrsein auf die zu heilenden Bereiche zu konzentrieren – wir hatten die Krankheit nicht geächtet oder Zorn auf sie ausgestrahlt, sondern sie in den Reichtum des Augenblicks aufgenommen.

Es gibt eine Denkrichtung, die zunehmend Ansehen gewinnt und das tiefgreifende Potential erforscht, welches eine familiäre und partnerschaftliche Umgebung für die körperliche Heilung bietet. Wenn das Ausstrahlen von Güte und heilendem Gewahrsein auf die eigene Krankheit, auf den eigenen Schmerz schon so wirksam ist, erscheint es naheliegend, daß sich dieses

Potential immens verstärken kann, wenn auch andere ihre liebevolle Zuwendung und Anteilnahme auf dieses Ziel richten. Wir können uns vorstellen, wie heilsam es auf vielerlei Ebenen sein müßte, wenn sich die Seelen und Herzen mehrerer Menschen auf einen leidenden Angehörigen oder Freund konzentrieren würden. Es wäre ein gemeinsames Schöpfen aus der Quelle. Sowohl die kleine oder große Familie als auch eine Zweierbeziehung bergen einen bedeutenden Vorrat tiefer, heilender Kräfte.

Als sich unsere Experimente mit der Heilung erweiterten, benutzten wir zum Erproben dieser Techniken gewissermaßen unsere Körper als Laboratorien. Da wir in einem großen Lehmziegelhaus mit Holzöfen lebten, gerieten wir mit den Armen natürlich des öfteren an das glühendheiße Metall, wenn wir Brennstoff nachlegten oder umschichteten. Indem wir uns aber direkt in den Schmerz hineinversetzten, konnten wir das Nachlassen der ersten, schreckhaften Anspannung beobachten. Wir milderten unsere heftigen Reaktionen auf den Schmerz und stellten fest, daß die entstandenen Brandwunden sehr schnell heilten, wenn Vergebung und liebevolle Güte in die oft beißenden und stechenden Empfindungen geleitet wurden. Oft blieb nach einer oder zwei Stunden nur ein roter Fleck, gelegentlich auch eine Blase zurück. Und innerhalb einiger Tage war die Stelle vollkommen abgeheilt. Um dieses Akzeptieren einer normalerweise verabscheuten Empfindung zu testen, ließen wir umgekehrt auch die hartnäckigen Reaktionen angstvollen Zurückschreckens geschehen, indem wir auf unsere Techniken verzichteten. Dabei beobachteten wir, daß die Brandblasen viel ausgeprägter und schmerzhafter waren und mindestens eine Woche zu ihrer Heilung brauchten. Bei diesem Leben im Laboratorium wurde es fast schon zu einem Spiel, der einen Wunde Liebe zu übermitteln und der anderen nicht – um in uns selbst und für uns selbst zu erkennen, was dieser Heilungsvorgang bedeuten mochte.

Es ergaben sich auch weniger subtile Gelegenheiten, um die Effektivität dieses Prozesses zu testen. Wir arbeiteten mit meinem Nierenstein (dem zweiten innerhalb von zehn Jahren), saßen auf unseren Meditationskissen und konzentrierten uns intensiv auf die Empfindungen in meiner Harnröhre, wo der scharfkantige Stein große Beschwerden verursachte. Nach zwei Stunden war er zu einem feinen Pulver zerfallen, das leicht ausgeschieden werden konnte. Hätte ich bei meinem ersten Nierenstein schon etwas von der Möglichkeit geahnt, einem so heftigen Schmerz mit so viel Güte zu begegnen, wäre mir eine sehr harte Lektion über das Verstärken von Schmerzen infolge inneren Widerstandes erspart geblieben. Doch ich vermute, daß gerade diese erste Lehre für die zweite notwendig war.

Wir benutzten die heilende Kraft eines barmherzigen Gewahrseins auch weiterhin mit überraschendem Erfolg, indem wir diese Energie über die Jahre hinweg beispielsweise in einen angebrochenen Knochen, eine Halsentzündung, einen eingeklemmten Nerv oder in verschiedene Schnittwunden und Quetschungen leiteten. Anfangs glaubten wir noch, daß die positiven Resultate „einfach gar nicht wahr" sein konnten, daß wir auf irgendeine Art von trivialer „Magie" gestoßen seien. Was wir aber bei fortgesetzter Anwendung dieser Methoden schließlich entdeckten, war die Magie eines tief konzentrierten Gewahrseins und die ehrfurchtgebietende Kraft der Vergebung und Güte, etwas zu durchdringen, was verschlossen, betäubt oder auch wund gewesen war.

Und es gab noch weitere Möglichkeiten. Mit neunzehn Jahren hatte ich erfahren, daß ich an einer „angeborenen Wirbelsäulenschwäche" litt. Ich hatte mir im College Bandscheibenrisse im Bereich des vierten und fünften Lendenwirbels zugezogen und zwecks einer Notoperation nach Hause zurückkehren müssen. In den folgenden Jahren machten mir Beschwerden im unteren Rücken, denen ich mit Aspirin und Bewegungseinschränkung beizukommen suchte, immer wieder zu schaffen. In meinen Vierzigern kam eine Bandscheibenlockerung im Halswirbelbereich dazu, die erhebliche Schmerzen verursachte und meine Bewegungsfähigkeit weiter herabsetzte. Meine erste Reaktion bestand darin, entzündungshemmende Medikamente zu nehmen und auf Besserung zu hoffen. Diese Hoffnung erfüllte sich jedoch nicht. Mein Arm wurde taub, und Schmerzen strahlten bis in mein rechtes Auge aus.

Während der ersten Monate feilschte ich mit meinen Beschwerden. Mein Widerstand suchte nach Methoden, die mir Erleichterung bringen könnten, aber verhärtet wie ich war, glich das eher dem Versuch, einem rasenden Hund ein Stück Fleisch zuzuwerfen, um sich ihn einige Momente lang vom Leibe zu halten. Meine Beschwerden blieben unverändert. Ich klammerte mich an Praktiken, die meinen Geist ablenken sollten – anstatt das zu erkunden, was die Widerwärtigkeit dieser Erfahrung überhaupt so immens steigerte. Schließlich besuchte ich einen meiner Lehrer, um ihn zu fragen, wie ich den Schmerz loswerden könne. Doch statt sich in meine Fluchtmechanismen hineinziehen zu lassen, sagte er: „Suche nicht nach Erleichterung. Suche nach der Wahrheit!" Dieser Ratschlag ist zu einer treibenden Kraft unseres Forschens geworden.

Gemeinsam gingen wir daran, die Empfindungen zu erkunden und Vergebung auf den Schmerz auszustrahlen. Indem wir ihm teilnahmsvoll antworteten statt wütend auf ihn zu reagieren, erwachte neues Vertrauen in unsere Heilfähigkeit. Wir bemerkten, wie sich Zweifel und Gefühle des Scheiterns in einem tieferen Glauben an den Prozeß verloren, und die Schmerzen ließen allmählich nach. Auch konnte ich meinen Hals nun leichter bewegen. Neue Röntgenaufnahmen riefen allerdings beim Arzt nur ein Stirnrunzeln hervor. Sein Vorschlag, endlich eine Operation vorzunehmen, verblaßte wieder einmal in der Leere des „Nichtwissens", in der Aussicht, etwas zu überschreiten, was andere schlichtweg für unheilbar erklärten. Und heute, nach einigen Jahren, verursacht das, was mich damals außer Gefecht zu setzen drohte, nur noch gelegentliche, leichte Beschwerden. Die spinale Degeneration ist offenbar nicht weiter fortgeschritten, und von einem Mangel an Flexibilität oder anderen Symptomen ist die meiste Zeit über nichts mehr zu spüren.

Jedes zunehmende Schmerzgefühl im gemeinsamen Körper/Herzen mahnt uns nun zum Gewahrsein, zur Güte, führt zwei Herzen in einem einzigen Brennpunkt zusammen. Wir können summend im Laboratorium verweilen, uns der Heilung öffnen und den Tanz fortsetzen, der sich langsam dem Göttlichen Geliebten nähert.

Wir alle sind verwundete Heiler/innen auf dem Weg zur Vollendung, die dicht unter der Oberfläche äußerer Verhaftungen den Zugang zu ihrer Ganzheit finden. Das gemeinsame Erkunden der Sorgen und Schmerzen führt uns zu einem Gefühl der Befriedigung und Ganzheit. In diesem Laboratorium wird das Leben zu einem Experiment der Wahrheit.

Im Verlauf einer harmonischen Liebesbeziehung entwickelt sich eine Einstimmung, welche romantische Liebe in eine spirituelle Beziehung verwandelt. Dies erweitert unser Potential für einfühlsame, synchrone Heilung. Auf der Ebene, wo wir im

Mysterium verbunden sind – dieser unbekannten Unermeßlichkeit jenseits unseres dürftigen „Wissens" – gibt es die Möglichkeit subtiler Interaktionen, die Körper, Verstand und Geist der Liebenden erheblich beeinflussen. Wenn sich Herzen berühren, scheinen sich auch andere Ebenen zu öffnen, und es kommt immer wieder zu einem subtilen gegenseitigen Durchdringen des Gewahrseins, zu einer Übereinstimmung des Bewußtseins. Dort, wo Heilung nötig ist, schwindet das Gefühl der Isolation. Es entsteht eine heilende Zusammenarbeit, die sich mit dem gemeinsamen Herzen auf den gemeinsamen Körper konzentriert. Manchmal kann man tatsächlich nicht sagen, von wessen Verstand/Körper bestimmte Gedanken, Gefühle oder Empfindungen ausgegangen sind. Und Interaktionen auf Ebenen, die aufgrund ihrer Subtilität bislang nicht wahrgenommen wurden, werden zu einer gemeinschaftlichen Erfahrung.

Diese Fähigkeit, den Prozeß des Partners unmittelbar zu erleben, schafft eine Bindung, die es uns erlaubt, seinen Verstand/Körper/Geist zu erfahren. Und sie erlaubt es sogar, gesundheitliche Einschränkungen zu erkennen, die diagnostisch noch nicht erkannt, später jedoch von Ärzten bestätigt werden. Dieser Spiegeleffekt, sei er erwünscht oder unerwünscht, ist einfach ein weiterer Aspekt dessen, was der Dichter David Whyte das „Leben unter den Konsequenzen der Liebe" nannte.

In mancherlei Hinsicht gleicht die Verwirklichung der enormen Potentiale und diffizilen Heilungen tieferer Ebenen in einer bewußten Liebesbeziehung dem, was manchmal mit dem „Aufsetzen der Psycho-Kappe" bezeichnet wird. In Workshops fragen wir die Teilnehmer, wer von ihnen als erster freiwillig bereit wäre, eine Kappe aufzusetzen, die seine Gedanken im Umkreis von hundert Metern auf alle anderen Menschen ausstrahlen würde. Noch nie hat jemand seine Hand erhoben. Doch eben diese Aufforderung ist Zeichen einer engagierten Partnerschaft. Wie lange werden wir uns sträuben, diese Kappe der Wahrheit aufzusetzen? Wie lange wollen wir es ertragen, uns so unsicher zu fühlen, nur um uns die Illusion der Sicherheit zu bewahren – die nichtigste Regung des kleinen Geistes?

Und wir fragen auch *dich* sehr behutsam, was dich davon abhält, diese Kappe zu tragen? Hast du Angst davor, daß jemand deine Befangenheit, deine sexuellen Phantasien, deine wütenden Kommentare, deine sorgenvollen Gebete belauschen könnte? Welche Bereiche unseres Lebens glauben wir verdrängen zu müssen, um am Leben zu bleiben? Welches Erbarmen hat diesen geheimen Schmerz, diese Sehnsucht bisher berührt?

Eine derartige Bindung an die tiefsten Ebenen der Partnerschaft, diese Bereitschaft zum Tragen der „Psycho-Kappe", kommt wohl in der Geschichte eines Freundes zum Ausdruck, der durch Indien reiste. Während einer Pause zwischen zwei Meditationsretreats schlenderte unser nahezu mittelloser Freund durch die Straßen von Benares, als sich ihm ein Bettler näherte, der sehr nachdrücklich forderte: „Gib mir Geld!" Worauf unser Freund erwiderte: „Das würde ich tun, wenn es möglich wäre, mein Freund, aber ich habe keines." Er verneigte sich leicht und wollte seinen Weg fortsetzen. Aber kaum daß er einen Schritt tun konnte, zog ihn der Bettler an seinem Ärmel und sagte abermals: „Gib mir Geld! Gib mir Geld!" Unser Freund blickte ihm freundlich in die Augen und sagte: „Ich würde dir Geld geben, wenn ich welches hätte. Aber ich habe nichts." Und zum Beweis schüttelte er einen leeren Geldbeutel. Als er langsam weiterging, stellte sich ihm der Bettler wieder in den Weg und forderte noch einmal: „Gib mir Geld!" Unser Freund, von weichem Bauch und offenem Herzen, erwiderte sanft, daß es ihm große Freude bereiten würde, wenn er seine Habe teilen könne, aber nachdem er ein halbes Jahr in Indien meditiert habe, sei ihm nichts weiter geblieben als sein Herz. Und er wünschte dem Mann von ganzer Seele Glück. Der Bettler schwieg für einen Moment und sah ihm tief in die Augen. Dann ließ er seinen Ärmel los und flüsterte lächelnd: „Wenn du Gott in allen Menschen siehst, dann werden alle Menschen Gott in dir sehen." Und er verschwand in der Menge. Nichts, was dieser Fremde geäußert hatte – weder Aggression noch Zorn noch unverhüllte Not – konnte das Herz unseres Freundes für diesen gemeinsamen Moment verschließen. Er war einfach präsent. Wenn wir die anderen als Göttliche Geliebte sehen, dann werden sie uns auf die gleiche Weise betrachten. Wenn du jemandem, der sich dir in aufdringlicher Weise nähert und für den du vielleicht überhaupt nichts tun kannst, voller Güte antwortest – wenn nicht einmal Hilflosigkeit deine Liebe und dein Gefühl des Verbundenseins trüben kann – dann wirst du zum Geliebten der Göttlichen Geliebten. Du wirst zur Liebe selbst, zum Mysterium. Es ist wahrhaftig so, wie Rilke schrieb:

„Liebhaben von Mensch zu Mensch: das ist vielleicht das Schwerste, was uns aufgegeben ist, das Äußerste, die letzte Probe und Prüfung, die Arbeit, für die alle andere Arbeit nur Vorbereitung ist. ... Lieben ist zunächst nichts, was aufgehen, hingeben und sich mit einem Zweiten vereinen heißt – es ist ein erhabener Anlaß für den Einzelnen, zu reifen, in sich etwas zu werden, Welt zu werden, Welt zu werden für sich um eines anderen willen, es ist ein großer, unbescheidener Anspruch an ihn, etwas, was ihn auserwählt und zu Weitem beruft."

Gemeinsame
Heilmeditation

Diese Übung wird von zwei Partnern ausgeführt, die sich darauf
einigen, daß der eine vorübergehend als Sender und der andere als Empfänger der heilenden Energien dient, die in diesem
Experiment fließen. Sie sitzen sich gegenüber und sehen einander in die Augen.

Sitze bequem – und blicke in die Augen deines Partners.

Fühle die Präsenz, die lebendige Soheit in diesen Augen.

Laß dich sehen.

Laß dich gesehen werden.

Spüre diesen Menschen, der dir gegenübersitzt. Und auch dieses
Wesen, das den einzigen Wunsch hat, glücklich zu sein – den
Wunsch, frei zu sein von Leid.

Die Person, die du jetzt anschaust, ist vergänglich. Eines Tages wird
sie sterben.

Und sie sieht dich auf die gleiche Weise.

Spüre diese gemeinsame Situation, diese Unbeständigkeit, diesen
ständig wiederkehrenden Schmerz des Menschseins.

Teile diesen Schmerz mit dem anderen auf dem Weg zu einer neuen
Heilung.

Sender: Spüre im Körper deines Partners jeden Bereich, der vielleicht nach Heilung verlangt. Registriere in deinem eigenen Körper alle Empfindungen, in denen sich die Erfahrung des anderen widerspiegelt.

Nähere dich diesen Beschwerden im gemeinsamen Körper voller Güte. Empfange in deinem, in eurem Körper teilnahmsvoll die Mutlosigkeit des anderen.

Empfänger: Laß es zu, daß sichtbar wird, was in dir nach Heilung ruft. Öffne dich dieser Heilung. Laß sie ein.

Laß deinen Partner durch dein Herz wissen, welcher Teil des Körpers, welcher Aspekt der Seele der Harmonie bedarf.

Du brauchst nichts zu formulieren. Laß dich einfach vom anderen empfangen.

Decke die Wunde auf, die Heilung ersehnt.

Das Bedürfnis, sich zu schützen, diese Anspannung im Bauch immer festzuhalten, fällt viel zu schwer. Das Leid ist zu groß.

Laß es los. Laß es im Herzen deines Partners ruhen.

Sender: Nähere dich barmherzig dem Schmerz deines Partners.

Erkenne den körperlichen, seelischen und spirituellen Kummer an, der sich in ihm verbirgt.

Registriere, in welchem Maß die Empfindungen von Körper und Geist deines Partners in dir widerklingen.

Begegne diesen Gefühlen, diesen Empfindungen mit Erbarmen und liebevoller Güte.

Beachte von Augenblick zu Augenblick den Strom der Empfindung in jenem Bereich.

Begegne jeder Empfindung in jedem Augenblick sanft und barmherzig.

Löse die Spannung rings um die Empfindungen, um die Gedanken – laß sie in Geist und Körper schweben.

Laß sie im barmherzigen Gewahrsein schweben.

Erkenne, daß es in deinem Partner etwas gibt, das willig ist, zu sterben, zu entfliehen – das der Welt müde ist und sich aus diesem schmerzerfüllten Leben zurückziehen möchte. Manche Bereiche unseres Körpers hat der Kummer gefühllos gemacht. Erfülle diese Bereiche, die deine Umarmung ersehnen, allmählich mit liebevoller Güte.

Konzentriere eine Anteilnahme am Wohlergehen deines Partners in seinem Körper, die seinen Schmerz mit Liebe statt mit Furcht berührt. Die ihm nicht mit kleinlichem Mitleid, sondern mit unermeßlichem Mitgefühl begegnet.

Folge dabei nicht so sehr deinem Verstand. Laß einfach die Energie deines Herzens in die Bedürfnisse des Körpers deines Partners fließen.

Eine heilende Osmose beginnt, die sowohl den Sendenden als auch den Empfangenden im Herzen der Heilung stärkt.

Erspüre einen schmerzenden Bezirk in deinem Partner und sende dieses Erbarmen und diese Heilung durch deine Augen direkt in sein Unbehagen.

Empfänger: Registriere jeden Bereich, der deine Bereitschaft beschränkt, dem Partner deinen Schmerz zu offenbaren – jede Regung, die seiner Liebe den Zugang zu deinem Leid verwehrt.

Nimm die Heilung an. Laß die Liebe des anderen ein.

Es ist so isolierend, so einsam, mit seinem Schmerz allein zu sein. Teile ihn mit dem Erbarmen.

Nimm die Herzensgüte an, nimm sie in deiner Bereitschaft zur Heilung auf.

Öffne deinen Schmerz für die Aussicht auf Heilung. Für die Möglichkeit neuer Wärme, neuer Sanftheit.

Beobachte, wie das Tor zwischen deinem Schmerz und der heilenden Güte durch den Zweifel blockiert und durch die Erwartung begrenzt werden kann. Laß die Güte ein.

Sender: Vertiefe die Intensität dieser Absicht zum Heilen. Richte dein Gewahrsein von Augenblick zu Augenblick auf die Empfindungen, die im Körper des anderen zu erahnen, wenn nicht sogar zu spüren sind.

Welle auf Welle heilender Güte strahlt in den Schmerz deines Partners hinein. Und jede dieser Wellen wird von seinem Schmerz empfangen.

Langsam kann sich dieser eingeschlossene Schmerz entspannen.

Ruhig breitet sich die sanfte Heilung aus und umfängt die Empfindung wie der zärtliche Arm der Barmherzigen Mutter oder das Herz des Göttlichen Geliebten.

Empfänger: Laß es zu, daß dein Körper erfüllt wird von der Anteilnahme deines Partners an deinem Wohlergehen, von seinem Mitgefühl und seiner Herzensgüte. Erlaube deinem Schmerz, in das gemeinsame Herz der Heilung zu gelangen.

Laß deinen Partner an deiner Heilung teilhaben.

Empfange dieses Erbarmen, das wir uns selbst so schwer entgegenbringen können. Öffne dich dieser Fürsorge. Nimm diese tiefe Liebe an.

Laß sie ein. Empfange sie.

Sender: Achte auf jeden Widerstand oder Zweifel, der deine Kraft beschränkt, an der Heilung teilzuhaben.

Laß das machtvolle Streben nach dem Wohlergehen deines Partners jeden Kummer durchdringen, der in ihm zurückgeblieben ist. Habe Erbarmen mit ihm und mit dir selbst.

Erinnere dich an die Kraft, an die gewaltige Kraft deiner eigenen großen Natur.

Ihr Klang ist wie das Gebrüll von zehntausend Löwen.

Diese Kraft kannst du in jenen Schmerz hineinfließen lassen.

Molekül für Molekül heilt diese Kraft das Fleisch, das den Schmerz umklammert – und den Geist, der an seinem Leid haftet.

Fühle dich mit Erbarmen und liebevoller Güte in das ein, was immer wieder bewertet und angstvoll verneint wurde. Laß die Heilung ein.

Zentriere dich von Augenblick zu Augenblick in den Empfindungen deines Körpers und strahle in jedem Augenblick den tiefen Wunsch nach Gesundheit und Heilung deines Partners auf die Regionen aus, die ihr Gleichgewicht wiederfinden möchten.

Empfänger: Registriere alles, was die Möglichkeit der Heilung beschränkt. Laß es los. Kein Zweifel, keine Furcht, kein Zorn. Nichts davon lohnt die Mühe, daran festzuhalten. Dies ist der Moment, für den du Geburt angenommen hast.

Beobachte, wie selbst Gleichgültigkeit etwas so Kostbares, so Wesentliches blockieren kann. Löse dich davon.

Konzentriere dich immer wieder auf das Annehmen dieser Fürsorge, dieser Anteilnahme an deinem Wohlergehen.

Fühle, wie das mächtige Tosen im Herzen des Partners in deinem Herzen widerhallt.

Laß dieses Tosen seines unermeßlichen Wunsches nach deinem Wohlergehen den Schmerz und die Müdigkeit verdrängen.

Laß die Heilung ausstrahlen. Nimm die Heilung auf.

Achte auf jede Furcht davor, eine solche Liebe zu empfangen. Laß sie ein.

Beachte auch die Furcht, eine solche Liebe zu verströmen. Laß sie durch dich hindurchfließen.

Laßt die Heilung, für die wir alle Geburt annahmen, im Herzen des Partners schweben.

Laßt sie frei in seiner großen Natur fließen.

Nehmt sie in eurem großen Herzen auf.

Schließt nun beide eure Augen. Laßt sie ruhen.

Laßt das Herz einfach schlagen.

Laßt den Atem einfach atmen.

Ruht einfach im Sein, in eurer eigenen großen Natur.

Wenn du bisher die Rolle des Sendenden gespielt hast, dann richte die Aufmerksamkeit auf den Punkt in deinem Verstand, in deinem Körper, in deinem Geist, wo ein Kummer, ein Schmerz zu spüren ist, der nach Heilung verlangt. Löse dich von dem „Ort der Macht", aus dem heraus du gesendet hast, und sei einfach der Empfangende. Öffne dich der Heilung, die von deinem Partner ausstrahlt.

Laß deine Aufmerksamkeit die Region im Körper, im Geist, im Herzen umarmen, die Heilung ersehnt.

Laß los. Öffne dich.

Setze deinen Schmerz der Heilung aus. Entspanne dich gegenüber dem Schmerz. Stelle einen Kontakt zu den Empfindungen in deinem Körper her, damit sie nun für das Erbarmen und die Fürsorge deines Partners empfänglich werden.

Wenn du bisher die Rolle des Empfangenden gespielt hast, dann laß dich jetzt von der mächtigen Kraft des Herzens durchdringen.

Erfülle dein Herz mit der tiefen Fürsorge, mit der grenzenlosen Anteilnahme am Wohlergehen des anderen.

Was du zuvor empfangen hast, strahlst du nun aus. Konzentriere allmählich die Kraft deiner liebevollen Güte in dir.

Berühre den Schmerz deines Partners mit heilendem Erbarmen.

Erspüre seinen Schmerz und strahle Wellen der Anteilnahme an seinem Wohlergehen auf ihn aus.

Sende in den Brennpunkt von Empfindungen und Gefühlen in seinem Körper eine Sanftheit, ein weites Gewahrsein, das sie ganz und gar in sich aufnimmt.

Laß deine Fürsorge zu, strahle sie aus.

Empfänger: Laß die Fürsorge des Partners zu, empfange sie.

Diese Verbindung ist so machtvoll. Du denkst sie nicht, du *bist* sie.

Laß sie zu. Laß sie ein.

Nimm diese tiefe Liebe an. Laß sie ein. Habe Erbarmen mit dir selbst.

Spüre, wie Anteilnahme und Herzensgüte deinen Schmerz berühren. Laß sie ein.

Nichts lohnt die Mühe, das Erbarmen von deinem Schmerz fernzuhalten. Nichts ist dieser Mühe wert. Öffne dich.

Laß die gewaltige Kraft der Fürsorge, diese Wellen der liebevolle Güte, die vom Herzen deines Partners durch seine Augen strahlen, direkt in deine Heilung fließen.

Sender: Laß dich von der Urgewalt deiner Liebe nicht verwirren. Laß sie durch dich hindurchfließen. Laß sie hinausfließen. Habe teil an der Heilung deines Partners. Mit jedem Herzschlag, mit jedem Atemzug strahlen Wellen von dir aus. Durchtränke ihn mit Erbarmen und liebevoller Güte. Erfülle ihn mit deiner Fürsorge. Entsende und empfange deine Heilung, dein Geburtsrecht.

Schließt nun eure Augen. Verweilt einfach beieinander.

Spürt gemeinsam dieses Wesen, mit dem ihr euer Herz teilt. Fühlt dieses Geschenk. Fühlt die Dankbarkeit. Dankbarkeit dafür, diesen Augenblick mit diesem Wesen verbringen zu können. Einen so kostbaren Moment.

Verbündete der Heilung. Gefährten im Herzen.

Kapitel 7
Auf dem Friedhof des Göttlichen Geliebten

Beim Verfassen eines Buches wie diesem, das sich mit dem außergewöhnlichen Heilungspotential und den erstaunlichen psychologischen und spirituellen Einsichten beschäftigt, die das Ergebnis einer bewußten, engagierten Beziehung sind, ist es wichtig, diesen Prozeß nicht zu idealisieren. Auf dem Papier mag dies alles sehr schön aussehen – seine Verwirklichung aber ist eine wahre Lebensaufgabe. Es ist ein 24-Stunden-Training der Selbstoffenbarung, der Erforschung, der Einsicht, der Befreiung und der Heilung. Niemand ist darin perfekt. Jeder bringt sich so gut wie möglich ein, mit der Klarheit und Hingabe, die er in diesem Augenblick aufbringen kann. Ist man in diesem Augenblick präsent, ist man auch dort, wo Heilung und Göttliche Geliebte zu finden sind.

Manchmal erscheint es so, als sei eine solche Praxis der gemeinsamen Erkundung des spirituellen Wesens einer Liebesbeziehung die Aufgabe, derentwegen wir auf die Welt gekommen sind. Man ahnt, daß die verstreichende Zeit dabei keine Rolle spielt, wenn der Pfad erst einmal beschritten und der Blick in zunehmender Ruhe auf das Licht gerichtet wurde. Mit dem Erscheinen neuer Entfaltungsmöglichkeiten entsteht das Gefühl, sehr viel leichter mit allem zurechtzukommen.

Zu anderen Zeiten wachen wir vielleicht morgens auf, verspüren eine unmotivierte Sorge und blicken uns verwirrt im Zimmer um. Ist von unserer Praxis nichts mehr zu spüren? Was ist aus unserer Weitherzigkeit, aus unserem Selbstvertrauen geworden? Wir liegen da, fühlen uns hilflos und enttäuscht – wie konnten wir nur glauben, daß so etwas funktionieren würde?!

Diese Momente, in denen es nicht recht laufen will, sind es, da du auf eine schwere Probe gestellt wirst. Zweifel, Schamgefühle, Erschöpfung, Wut und Bewertung lassen den Eingang zum Herzen veröden, verringern die Kraft zur Klarheit und Anteilnahme. Von unserer Furcht geschwächt, klammern wir uns an Gewohntes, an unser ursprüngliches Leid. Wir greifen zurück auf die vertraute Hölle. Wir destillieren Leid aus unserem Schmerz. Wir verkriechen uns in unseren Wunden.

Solche Augenblicke eines verschlossenen und vom Kummer verschleierten Herzens bedeuten für viele den Ruin einer Beziehung. Andere jedoch, die ihren Schmerz überschreiten wollen, um das eigentliche Leben zu entdecken, betrachten die Schwierigkeiten einer Partnerschaft nicht als Fluch, sondern als Segen. Sie sehen eine Gelegenheit, den *anderen* als *sich selbst* zu erkennen – und zu begreifen, daß jene Dualität keineswegs so real und definierbar ist, wie der rationale Geist behauptet. Sie entdecken, daß sich das Herz öffnet, wenn wir die Ursache seines Verschlossenseins erkunden, und sie erfahren, um Thomas Mertons Worte zu gebrauchen, daß wir „die wahre Liebe und das wahre Gebet erst dann erlernen, wenn wir des Betens nicht mehr fähig sind und das Herz zu einem Stein geworden ist."

Manche beklagen, daß es die Mißverständnisse, das Auf und Ab der Gefühle, die ständig wechselnden Grenzen auf unseren privaten Landkarten, die Balance zwischen Zuwendung und Eigeninteressen, die schmorenden Überreste mißlungener Interaktionen seien, was „den Tod einer Beziehung" herbeiführe. Und sie üben sich in Skepsis und dumpfer Hilflosigkeit. Doch für das engagierte Herz, das über den Geist des Leidens hinausgelangen will, bietet sich gerade hier Gelegenheit, Kaltherzigkeit und individuellen Kummer bewußt loszulassen. Hier wartet ein reifes Feld der Erkundung, ein Tor zu neuem Leben.

Kürzlich erhob einer der Teilnehmer eines Workshops die Hand und sagte, er wolle über etwas sprechen, was er den „Friedhof" seiner früheren, gescheiterten Beziehungen nannte. Er erzählte mit einer gewissen Verlegenheit, daß er bereits fünfmal verheiratet gewesen sei und sich gerade bewußt werde, an diesen Scheidungen „wohl nicht ganz unschuldig" gewesen zu sein. Er habe auf die „auf dem Schlachtfeld liegengebliebenen Skelette" seiner einstigen Partnerschaften zurückgeblickt und mit Schaudern die bodenlose Unbewußtheit erkannt, mit der er in jede menschliche Interaktion hineingegangen sei. Schließlich war sein Schmerz so groß, daß er ihn nicht länger ignorieren konnte. Er fühlte nun, daß sein verschlossenes Herz kein geeigneter Navigator auf dem Weg zur Heilung und zum Glück war, nach dem er immer so verzweifelt gesucht hatte. Seine nächste Beziehung wird wahrscheinlich seine erste sein.

Wir sind in den Jahren unserer spirituellen Wanderschaft vielen außergewöhnlichen Frauen und Männern begegnet, aber es war niemand dabei, der sagen konnte, daß ihm „Beziehungsprobleme" vollkommen unbekannt seien. Um bedingungslos lieben zu können, müssen wir über Bedingungen und Bedingtsein hinausgehen. Dann erneuert sich unsere Liebe in jedem Augenblick und ist so lebendig, daß wir sie eine *unbedingte* Liebe nennen können – eine Liebe, die von früheren Enttäuschungen unbeeinflußt bleibt. Eine mühelose Äußerung des „präsenten Herzens".

Die Probleme einer Beziehung als Mittel zur Vertiefung der Verbindung zwischen Herz und Geist, zwischen *mir* und dem *anderen*, zwischen dem Liebespartner und dem Göttlichen Geliebten zu gebrauchen, umfaßt das Bemühen, den gegenwärtigen Moment Teilchen für Teilchen, Molekül für Molekül, Sekunde für Sekunde zu erforschen – so wie er ist. Dabei erkennen wir jenseits von Ablehnung und Furcht, was uns verschließt, aber ebenso, was unser Offensein bewahrt. Und es entwickelt sich eine Aufrichtigkeit, die so stark sein kann, daß sie uns hin und wieder verletzt. Wir müssen bereit sein, in die Liebe hineinzusterben und den Geist vollständig dem Herzen auszuliefern.

Ein solches „Sterben" des Geistes im Herzen, jenseits der scheinbaren Trennlinien des Selbst, wird wundervoll in William Bucks bemerkenswerter Übersetzung des *Ramayana* illustriert, jener klassischen heiligen Schrift der Hindus, in der vom Dämonenkönig Ravana erzählt wird, der Ramas Braut Sita entführt (Rama ist der spirituelle Prinz). Der Schattenkönig hat sich der Geliebten bemächtigt. Die Geschichte schildert ausführlich Ramas Heldentaten und seinen unaufhaltsamen Tatendrang, das Licht – Sita, die Braut des Herzens – wiederzugewinnen, was es auch kosten möge. Nach ausgedehnten Kämpfen und zahllosen Opfern stehen sich der heilige Rama und der frevelhafte Ravana in einer erbitterten Schlacht gegenüber. Nach gewaltiger Anstrengung gelingt es dem Licht, den Schatten zu durchdringen. Ravana wird getötet.

Am nächsten Tag überbringt einer der Untertanen des besiegten Dämonen Rama eine Nachricht, den sogenannten „Stein-Brief". Rama erbricht den Brief und liest, was Ravana ihm am Vorabend seines Todes geschrieben hat. Ravana preist Ramas außergewöhnliche Hingabe an die heiligen Welten des Lichtes und der Heilung. Und er schreibt weiter, daß er sich zwar an den Schattenreichen ergötzt und sogar die Macht über die wilden Tiere des Geistes erlangt habe, aber nicht in der Lage gewesen sei, die Unermeßlichkeit des Herzens zu erleben. Er glaube, daß er in den zutiefst unbefriedigenden Sphären der Herrschaft und Macht sein Möglichstes getan, daß er seine Aufgabe nun erfüllt habe und nur noch darauf warte, „von Gott getötet zu werden". Er verkündet, daß seine eigentliche Absicht beim Raub der Geliebten Ramas und im Ausfechten der hitzigen Schlachten darin bestanden habe, getötet zu werden und so durch den Göttlichen Geliebten, durch dieses gewaltige Licht von seinen finsteren Verlangen befreit zu werden. Ravana verkörpert die Hindernisse auf dem Weg zum Herzen. Es ist jener Teil von uns, der nach Heilung ruft und einzig danach verlangt, in der Umarmung des Heiligen zu vergehen.

Es sollte hier nicht unerwähnt bleiben, daß die Vorstellung, „von Gott getötet zu werden" – ein gern benutztes Bild in Teilen der spirituellen Literatur – zwar in bestimmten romantischen Gefilden von Herz und Geist Resonanz hervorruft, dennoch aber irreführend sein kann. Die dahinterstehende Idee vertritt nicht etwa eine Konspiration des Leidens, die darauf zielt, „das Ego zu töten" und oft zu einer Art spiritueller Verstopfung führt. Sie dient indes der Erinnerung an die Macht des Göttlichen Geliebten zur Heilung des Ungeliebten. Vielleicht werden wir eines Tages den Versuch aufgeben, bestimmte Seiten in uns zu eliminieren und entdecken, was es bedeutet, tatsächlich *eine Ganzheit* zu sein. Wir mögen gewahr werden, daß wir dem in uns, was verwirrt ist und seine Existenz ständig beweisen will, mit Güte begegnen können. Daß zur Ausrottung des persönlichen Selbst eine Alternative besteht: eine Heilung, eine Integration dieser schmerzhaften Einbildung in ein freudigeres Ganzes. Wir töten das Ego nicht, sondern bieten ihm den Frieden an, bringen es ganz und gar der Göttlichen Geliebten dar. Und für dieses Geschenk bietet uns der Geliebte eine Rose, mit der wir den Körper unserer Leiden und uralten Verklammerungen auflösen können, um uns daran zu erinnern, wer wir wirklich sind, wenn wir uns von Zorn, Angst und Selbstverachtung lösen. Wenn wir uns jenseits unseres Kummers dem Herzen nähern, das keinen „anderen" kennt, sondern nur sich selbst – wohin es den Blick auch wendet.

Dies sind der Tanz und das Wissen um den Gebrauch der Partnerschaft zur Befreiung des Herzens.

In der alten chinesischen Schrift gibt es für „Herz" und „Geist" nur ein einziges Ideogramm. Die Partnerbeziehung ist der Pfad, auf dem wir diese Wahrheit nicht nur erkennen, sondern direkt erfahren.

Verständnis reicht nicht aus. Es kann nur ein Anfang sein. Erst Partnerschaft führt unser Verständnis auf den festen Boden des Seins.

Kapitel 8

Kleiner Geist, kleines Herz – großer Geist, großes Herz

Wenn wir vom „Beziehungskummer", von einem Problem in unserer Liebesbeziehung sprechen, dann vertreten wir gewöhnlich einen Standpunkt, wo wir auf *meinen* Kummer, auf *mein* Beziehungsproblem bezogen sind. In einem Kummer, den ich solchermaßen mit „mir" gleichsetze, bleibt für den „anderen" nur wenig Raum, ganz zu schweigen vom Göttlichen Geliebten. Da fehlt jeglicher größere Kontext. Alle Erfahrung beschränkt sich auf ein persönliches Gefühl der Abgrenzung, auf ein kleines Ich, das sich mit seinen separaten Inhalten identifiziert. In der Zen-Praxis nennt man dies den kleinen Geist – den Geist, dessen Kontext allein in seiner Vorstellung von sich selbst besteht.

Wie ein Kind, das bei einem Wutanfall puterrot wird und die Luft anhält, weigern wir uns, das Leid loszulassen, das wir aus unserem Kummer schaffen. Wir verwandeln die ganze Welt in „*meinen* Kummer". Dann aber, kurz bevor wir ausatmen, wird uns bewußt, daß dieses Festhalten nur auf tiefere Ebenen der Unbewußtheit führt. Und während wir ausatmen, fließt der große Seufzer des Loslassens über die winzige Welt *meines* Kummers, *meiner* Probleme hinaus in die Universalität *des* Kummers, *der* Probleme. Dies ist der große Geist.

Der kleine Geist ist das Persönliche. Der große Geist ist das Universale.

Der kleine Geist ist *auf* seine Inhalte bezogen. Der große Geist steht in Beziehung *zu* seinen Inhalten.

Der Zen-Meister Suzuki Roshi, der uns diese Begriffe näherbrachte, sagte, daß „alle Dinge" im großen Geist vorhanden sind.

Wenn die Tendenz des kleinen Geistes, sich um seinen Schmerz zusammenzuziehen, in einem gütigen Gewahrsein aufgelöst wird, entsteht ein neuer Kontext, ein neuer Bezugsrahmen. *Mein* Geist wird zu *dem* Geist – der kleine Geist wird zum großen Geist. Denn der Raum all unserer problematischen Erfahrungen wird in einen erweiterten, in diesem Augenblick ruhenden Brennpunkt einbezogen. In diesem größeren Raum vollzieht sich eine Verminderung des Widerstandes, ein Preisgeben unseres Leidens an etwas Sanfteres und Urteilsfreieres, das alte Fluchtreflexe und Aggressionen, Schauspielereien und Aversionen überschreiten möchte.

Der kleine Geist identifiziert sich nur mit seinem Inhalt. Der große Geist identifiziert nur den Prozeß.

Wenn wir eine leidvolle Liebesbeziehung betrachten, gleichzeitig aber das Leid in uns selbst beobachten und einfach den Prozeß zu erkennen beginnen, der sich hier entfaltet, dann öffnet sich rings um die bedrückenden Emotionen ein Raum. Und wir entdecken, daß daß es nicht lediglich um *unseren* Schmerz, um *unser* Problem geht, sondern um *das* ureigene Problem des separatistischen Geistes, der im Hinblick auf die völlige Teilhabe an der Beziehung mit der Forderung konfrontiert wird, sich selbst nicht länger den Weg zu versperren. Es geht um das Problem, in einem Geist zu leben, der noch immer mit Konditionierungen befrachtet, noch immer so ungeheilt und verletzt, so kummerbeladen ist – so verdichtet, daß unsere wahre Natur verschleiert wird. Indem wir über die Fokussierung auf *meinen* Geist in den Prozeß *des* Geistes eintauchen, erwacht in uns die Ahnung, daß wir Teil einer großen Familie von Wesen sind, die in diesem einen Augenblick in diesem einen Geist und Körper mit diesem einen Problem zu kämpfen haben. Und „mein" Schmerz, „mein" Problem wird zu „dem" Schmerz, zu „dem" Problem, in einer Beziehung zu leben. Und nun ist auch der Raum für die Göttliche Geliebte vorhanden – selbst inmitten einer Krise.

Wenn uns klar wird, daß der Schmerz, mit dem wir uns alle auseinandersetzen, ein Aspekt unseres subjektiven Kummers und fast ausweglos im kleinen Geist eingeschlossen ist, dann gelangen wir in den großen Geist und nehmen unseren Kummer nicht mehr so persönlich. Beobachten wir konstant die Kollisionen zwischen dem Wunschbild unser selbst und den realen Gegebenheiten, fühlen wir uns genötigt, Ergebnisse herbeizuträumen. Im Gewahrsein des großen Geistes aber, wo der reale Augenblick zählt, gibt es keinen Widerstand gegen unseren Widerstand. Wenn wir uns im Negativen nicht mehr negativ verhalten, uns von den Schatten des alten Geistes nicht länger überraschen oder zu Bewertungen verleiten lassen, erkennen wir, daß es weder die Arbeit unseres Partners noch *unsere* Arbeit ist, die zu tun ist, sondern einfach nur *die* Arbeit. Sie gibt uns auf, unsere Verantwortung für diese Inkarnation zu akzeptieren. Sie erfordert die Fähigkeit, aus dem großen Geist heraus zu antworten, statt zwanghaft auf den kleinen Geist zu reagieren. Und sie bedarf eines voll und ganz gelebten Lebens, in dem wir nicht länger bereit sind, in den alten Posen des ungebändigten Kummers zu verharren, den wir alle in uns tragen.

Meinen Egoismus zu betrachten, dürfte sich nur schwer ertragen lassen. *Meine* kalte Gleichgültigkeit. *Meine* Furcht vor Intimität. Erkennen wir aber *die* Furcht vor Intimität, *die* kalte Gleichgültigkeit, *die* Furchtsamkeit *des* Geistes, so wird uns allmählich die Universalität unserer individuellen Heilung bewußt.

Als man Mutter Teresa fragte, wie sie inmitten einer so schwierigen Situation arbeiten könne, sagte sie, daß sie ihre kranken und sterbenden Patienten nur als „Jesus in seiner leidvollen Verkleidung" sähe. Ähnlich sehen wir auf der anderen Seite des Frühstückstisches jemanden sitzen, der die Grenzen seines Schmerzes auslotet und an der Heilung lebenslanger Konfusionen und Sorgen arbeitet – und allmählich erkennen wir das Problem der Partnerschaft in dem Schmerz, den wir in uns tragen. Betrachten wir also unseren Partner in den Zeiten von Wirrnissen und Sorgen einfach als „den Göttlichen Geliebten in seiner leidvollen Verkleidung".

Während sich das Herz den Sorgen des Geistes öffnet, zerfließen die Konturen des kleinen Geistes im Kontext unserer menschlichen Situation und Bedingtheit, unserer alltäglichen Trauer, die nun dem großen Geist begegnet und schließlich von ihm getragen wird. Wenn sich der kleine Geist jenseits seines isolierten Leidens dieser universalen Teilhabe öffnet, wird er zum großen Geist, dem Pfad zur Göttlichen Geliebten.

Jesus sagte, daß er sich mitten unter den Menschen befände, die sich in seinem Namen versammeln. Wenn sich zwei Menschen gemeinsam dem Heiligen zuwenden, umgibt sie die Gnade als latente Kraft. Wenn wir mit barmherzigem Gewahrsein an allem teilhaben, was uns begegnet, ohne irgendetwas festzuhalten oder zu verurteilen, erhalten wir direkte Einsicht in die Natur des Bewußtseins selbst. In den Prozeß, der *unseren* Prozeß trägt. Und wir können einander *erfahren*, statt uns nur zu „kennen". Wir tauschen die „lebendige Wahrheit" nicht mehr gegen ein altersschwaches Denkmodell ein, gegen irgendeine überlebte Vorstellung, die unser Gefühl für jenes Wesen auf der anderen Seite des Frühstückstisches trübt.

Wenn zwei Menschen gemeinsam dem Göttlichen Geliebten entgegenstreben, ist der Boden geweiht, und Prioritäten werden absolut klar.

Und dann tauchen wir in die Perspektiven jener großartigen christlichen Vorstellung ein, die besagt, daß wir alle Zellen im Körper Christi sind. So wunderbar allein schon diese Vorstellung ist – sie wird von ihrer Erfahrung noch weit übertroffen. Wir alle sind Luftblasen im Buddha-Geist. Buddha perlt im Körper der Leere – Teilchen der Unermeßlichkeit.

Anandamaji Ma, eine große indische Heilige und die Verkörperung reiner Hingabe, sagte einmal: „Die Leute kommen zu mir und fragen: 'Ma, was möchtest Du?' Sie wissen, was ich möchte, aber was da fragt, ist einfach ihr Ego. Wirklich, das Einzige, was sie mir geben können, ist, daß sie das von der Göttlichen Geliebten Trennende aus ihrer Frage entfernen, und erkennen, wer sie wirklich sind." Wenn wir unserem spirituellen Partner etwas geben möchten, das ihm zeigt, „wie sehr wir ihn *wirklich* lieben", dann besteht das passendste Geschenk immer im Aufheben jener Trennlinie, über die hinweg Geschenke dargeboten werden.

Und unterscheidet sich dies so sehr von dem, was der Heilige Franziskus meinte, als er uns aufforderte: „Begehrt nicht danach, geliebt zu werden, sondern zu lieben"? Wir sollten nicht nur Geliebter oder Geliebte sein, sondern *der/die* Göttliche Geliebte. Wir sollten die Liebe nicht erstreben, sondern Liebe *sein*.

Nisargadatta, ein meisterhafter Lehrer der heiligen Leere und reinen Nichtdualität, dessen Name interessanterweise „Herr Natürlich" bedeutet, wurde einmal gefragt, wie man mit den separatistischen Eigenschaften umgehen solle, die der kleine Geist in Beziehungen so oft manifestiert. Er sagte: „Laßt jeden Gedanken los außer 'Ich bin Gott und du bist Gott'." Er verschenkte eine Schnellzugfahrkarte. Er machte den Göttlichen Geliebten zum Bahnschaffner. Doch auch bei dieser Schnellzugreise mußt du, wenn die letzte Station erreicht ist, den Rest des Weges zu Fuß zurücklegen.

Dieses Loslassen in die große Liebe ist das kostbare Geschenk der Partnerbeziehung, wenn wir unsere Prioritäten auf unser Geburtsrecht, die unerschöpfliche Heilung richten. Wir akzeptieren die kleinen Triumphe und Niederlagen unserer ewig wechselhaften Vergangenheit und lösen uns von ihnen. Dies ist der kleine Geist, aufgelöst im großen Geist, erfüllt von der Entdeckung des gemeinsamen Weges zur Göttlichen Geliebten – zur Erfahrung, dieser Geliebte zu sein.

Kapitel 9
Korrekte Grammatik

Die Göttliche Geliebte ist kein Substantiv, sondern ein Verb – Istheit, die sich unaufhörlich entfaltet. Es ist reine *Binheit*. In der gleichen Weise und auf der gleichen Ebene bist auch du kein Substantiv, sondern ein sich entfaltender Prozeß. Auch du bist der Göttliche Geliebte, die energetische Soheit, auf die sich weite Teile der devotionalen Literatur, der Dichtkunst und der Heiligen Schriften beziehen, wenn es um den Ausdruck persönlicher Erfahrungen des Göttlichen geht.

Wenn wir unseren Partner als ein Substantiv betrachten, ist er irgendwie nicht ganz so lebendig wie wir. Er ist zu einem Modell, zu einem in unserem Geist eingefrorenen Objekt geworden, statt das Subjekt unseres Herzens zu sein. Wir haben die lebendige Wahrheit durch eine Vorstellung ersetzt, in deren Enge kein Platz für die Göttliche Geliebte bleibt.

Gleich einer geschlossenen Faust hat der kleine Geist den Kontakt zu seiner essentiellen Offenheit verloren. Er hat sich krampfhaft verengt und empfindet jede Lockerung als schmerzhaft. Es erscheint ihm schwierig, die Finger zu lösen, die so lange eine imaginäre Bedrohung des imaginären Selbst umklammert haben. Der kleine Geist wird ständig von seiner ängstlichen Isolation belauert. Er steht nur mit einem Fuß auf dem Boden. Er weigert sich, ganz geboren zu werden. Es ist sein Kummer, der ihn in eine Partnerbeziehung zieht. Er mißt die Welt an seinem eigenen Leid. Doch mit der Zeit läßt jene

Verkrampfung Muskeln verkümmern, und wenn uns die Aussicht auf Liebe zu freudigen Pirouetten oder Sprüngen beflügelt, bemerken wir, daß wir nicht beweglich oder stark genug sind. Der kleine Geist erweist sich als zu klein für unsere Träume. Offenbar bedarf die namenlose Unermeßlichkeit, der das heimwehkranke Herz entgegenstrebt, eines größeren Geistes, um sich entfalten zu können.

Für den kleinen Geist ist der Göttliche Geliebte nur eine Vorstellung. Ein neues Rätsel. Doch der große Geist jenseits der Isolation ist entschlossen, keiner Sache auszuweichen und nichts beiseitezuschieben – und nirgendwo stehenzubleiben. Für den kleinen Geist ist eine „angenehme Beziehung" das höchste der Gefühle. Für den großen Geist ist sie nur ein Startpunkt, nur ein Basislager, von dem aus der Aufstieg erfolgt. Das vertraute Gelände, wo die Forschungsreise zu den verfeinerten Ebenen beginnt, die uns erwarten.

Für den kleinen Geist ist die Göttliche Geliebte bestenfalls ein Ziel – noch etwas, das er nicht „hat", ein weiterer Mangel, eine weitere Verengung seiner Grenzen. Für den großen Geist ist der Göttliche Geliebte eine Erfahrung, eine beständige Möglichkeit, eine ständige Präsenz. Der kleine Geist denkt die Göttliche Geliebte. Der große Geist verwirklicht ihn.

Der kleine Geist hält sich selbst für seine Gedanken. Der große Geist beobachtet, wie sich die Gedanken von selbst denken.

Der große Geist, so drückte es Suzuki Roshi aus, versorgt die Verlangen des Geistes wie eine ausgedehnte Weide ein wildes Pferd. Wenn wir dieses Wildpferd – unseren alltäglichen Kummer, unsere mürrische Verlegenheit – in einen engen Stall (den kleinen Geist) sperren würden, so sagte er, dann würde es wie wild ausschlagen und die Holzlatten zertrümmern – eine Gefahr für andere und sich selbst. Überließen wir diesem Pferd aber die saftigen grünen Auen und wildblühenden Gefilde einer großen Weide (des großen Geistes), würde es vielleicht anfangs etwas bocken und schnauben, sich schließlich jedoch niederlassen, im Grase wälzen und friedlich ruhen.

Der kleine Geist hat nur Raum für Einen. Und auch hier wird der Platz schon etwas knapp. Der große Geist aber hat für alles Raum, auch für euch beide. Der kleine Geist bewältigt kaum zwei Dinge zur gleichen Zeit. Der große Geist hat Raum für alle

Zeit und für den stetigen Fluß aller Dinge. Im großen Geist schwebt der kleine Geist recht bequem dahin.

Wenn du ein Verb bist, wirst du nicht mehr von deinen Beschränkungen, von deinen Kapazitäten und Dualitäten definiert. Und das grenzenlose Sein, die unvergleichliche Ruhe und Erfüllung deines wahren Herzens bilden keine Bedrohung mehr. Die Tragödie besteht in Wahrheit nicht darin, daß wir eines Tages sterben müssen, sondern darin, daß wir uns in unserem Leben so oft der Apathie überlassen. Wen wundert es, daß uns dumpfe Sorgen begleiten, wenn wir in einem so unermeßlichen Universum ein so triviales Leben suchen. Wen wundert es, wenn Beziehungen manchmal zu Problemen führen.

Kapitel 10
Ich und der Andere

Mit dem Eintritt in eine Partnerschaft gelangen wir in einen der energiereichsten Bereiche des Geistes – in die heilige/unheilige Sphäre von *mir* und *anderem*. Dies *andere* bildet unsere Entfremdung. Und mit *mir*, so zeigt es sich, verhält es sich ebenso.

Die Synapse zwischen *mir* und *anderem* ist bevölkert von mythischen Schlangen und vertrauten Dämonen. Sie markiert die Distanz zwischen Herz und Verstand.

Im Verlauf einer Beziehung muß dieses verwilderte Terrain erkundet werden. Dabei sollte klar sein, daß auf derselben Ebene, wo unser Gefühl eines isolierten Selbst angesiedelt ist, auch ein kollektiver Kummer, eine Urangst wohnt: jemand könnte entdecken, daß wir in Wirklichkeit überhaupt nicht existieren.

Das *Ich* erschafft das *Andere* bereits in der Infrastruktur der Wahrnehmung. Diese ermüdende Befangenheit verflüchtigt sich nicht von selbst. Wir müssen sie behutsam bis an ihre Wurzeln ergründen, andernfalls wirken die Posen, die sie verschleiern sollen, verstärkend auf ihre Tendenz, unsere/n Liebste/n – und auch uns selbst – als *Anderen* zu sehen. Das Erforschen dieses Gefühls der Isolation als ein schmerzhaftes, gleichzeitig aber auch natürliches Geistesphänomen (dem Element eines Entfaltungsprozesses) liefert uns den Schlüssel für eine bewußte Beziehung zu uns selbst und zum menschlichen Herzen. Wenn wir jenes Selbstgefühl ohne Selbstbewußtheit erforschen, wenn wir uns eingestehen, wie lange wir uns selbst schon als *Anderen* betrachten, dann lösen sich *Ich* und *der Andere* in einer mystischen Vereinigung auf.

Wo es nichts *anderes* gibt, läßt sich das *Ich* nicht mehr von der Göttlichen Geliebten trennen. Es ist nun das Ego des leeren Raumes. Es ist der Körper der Sternensysteme. Mag der Verstand auch weiterhin seine separatistischen Vorstellungen und Neigungen produzieren – es tritt kaum der Wunsch auf, seine plumpen Reizmittel und schnörkelhaften Lichteffekte zu beachten. Die emotionale „Ich-und-der-Andere"-Trance wird gestoppt und abgelöst von einer Kontinuität des Herzens, die über den Verstand hinausgeht, um die Ganzheit des Lebens zu entdecken.

Wenn wir der „Ich-und-der-Andere"-Verschwörung ein Ende setzen, steigt eine Ahnung des Mysteriums auf. Indem wir uns nicht länger auf den *Anderen* berufen, um unser *Ich* zu definieren, nähern wir uns jenem Aspekt des Geistes, den wir (je nach Stimmung) Ego, Narziß oder Selbst nennen. Wer, so fragst du dich, ist denn dieses in die Schatten des kleinen Geistes gekauerte Etwas, das seine Trivialität behütet und seine Sorgen bis zum bitteren Leid verteidigt? Wer ist es, der sich fragt, was er ist – und stets stolpert, wenn er sich selbst „auf Händen tragen" will?

Wer ist es, der sich selbst in der Beziehung zum Geschenk macht?

Bevor wir völlig verstehen können, was der *Andere* ist, müssen wir erforschen, was *Ich* bedeutet. Wir müssen untersuchen, worauf wir uns beziehen, wenn wir sagen „*Ich bin*".

Wir entspannen uns, beobachten diesen inneren Dialog, den wir *Ich* nennen, und finden heraus, daß es sich um einen fortlaufenden Kommentar des Verstandes über sich selbst zu handeln scheint. Um einen sich ständig entfaltenden Bewußtseinsstrom, der sich aus Gedanken, Gefühlen und Empfindungen zusammensetzt, aus Erinnerungen an und Vorstellungen über den, der all diese Gedanken denkt. Wir untersuchen die ständig wechselnden Inhalte des Geistes und erkennen, daß nichts von dem, was wir *Ich* nennen, lange Bestand hat. Daß alles Erfahrene in einem Zustand stetiger Wandlung ist. Daß dieses sogenannte *Ich*, dieses Bewußtsein, ein Prozeß ist. Wie sollte es beim *Anderen* anders sein?! Wir stellen fest, daß jeder Gedanke, jede Emotion, jede Erfahrung, die ihren Anfang nimmt, auch ein Ende hat. Daß jeder Augenblick des Vergnügens, jeder Augenblick des Schmerzes, jede Sinneserfahrung, jeder Gedanke und jedes Gefühl unbeständig war. Was Wunder, daß unser Selbstbild oft keinen Platz findet und keinen festen Boden unter den Füßen hat. Wenn wir versuchen, der ewig wechselnden Entfaltung Stabilität zu verleihen, macht uns das starr und unsicher.

Wenn ich dich fragen würde, worauf sich dieses *Ich bin* bezieht, hätte der Verstand ein Dutzend zeitlicher Identitäten auf Lager: ich bin dies, ich bin das – ich bin ein Tischler, ich bin eine Mutter, ich bin ein spiritueller Mensch, ich bin eine Frau, ich bin ein Held, ich bin ein Vater. Doch sobald unser essentielles *Ich bin* mit irgendetwas verknüpft wird, spüren wir, daß wir nur die halbe Wahrheit sagen und fast einer leichten Klaustrophobie verfallen. Alles „Dies und Das", an dem wir haften, sind unsere zerbeulten Modelle korrekten Benehmens, die Sackgassen unseres Geistes. Sobald wir irgendetwas mit unserer essentiellen *Binheit* verknüpfen, geben wir den unermeßlichen Fluß des Seins für etwas auf, das wir festhalten und gerade noch unter Kontrolle halten können. Doch alles, was wir mit *Ich bin* verbinden, ist unbeständig, und unsere Verhaftung daran ist die Wurzel unseres fortwährenden Leidens. Alles, was unsere wahre, mit *Ich bin* verbundene Identität verschleiert, verstärkt den Kummer und Schrecken von Tod und Verlust ebenso wie unsere Angst vor dem Erleben einer Partnerschaft.

Während wir die Frage „Wer bin ich?" immer umfassender zu beantworten suchen und bereits ein Dutzend Möglichkeiten auf dem Tisch ausgebreitet haben, finden wir nichts, was von einer Konditionierung oder Veränderung unbeeinflußt wäre – nichts, was so dauerhaft wäre, daß wir uns „daran festhalten" könnten. Also blicken wir noch tiefer und durchstöbern Gedanken auf Gedanken, Gefühl auf Gefühl, Empfindung auf Empfindung, immer auf der Suche nach etwas, das so dauerhaft und stabil ist, daß wir uns damit identifizieren können und einen echten Beweis für unsere Existenz erhalten.

Wenn wir erforschen, worauf sich *Ich bin* bezieht, ahnen wir schließlich, daß das Gesuchte vielleicht gar nicht in diesem winzigen *Ich* zu finden ist, sondern vielmehr in der Unermeßlichkeit des Seins, in der *Binheit* selbst. Daß *Ich* dem Persönlichen angehört, *Binheit* aber das Universale ist. Wollten wir tatsächlich „korrekte Grammatik" üben, könnten wir sagen, daß sich das *Ich* auf das „persönlich Unbeständige" und *bin* auf das „universal Unermeßliche" bezieht.

Alle Erfahrungen des Lebens sind nicht von Dauer gewesen – eine einzige ausgenommen. Von dem Augenblick an, wo du deines Gewahrseins gewahr wurdest – sei dies im Mutterleib, an der Mutterbrust oder erst vorgestern gewesen – hat es eine einzige, unaufhörliche Erfahrung gegeben: die Erfahrung bloßen Seins. Es ist jene Erfahrung, die übrigbleibt, wenn wir Ruhe in uns entstehen lassen und uns von allen anderen Erfahrungen lösen. Inmitten dieser leuchtenden *Gegenwart* schwebend ahnen wir, daß wir mehr sind als jenes ewig wandelbare *Ich*. Indem wir die Gedanken loslassen, welche diese Gegenwart definieren wollen – und die Gefühle, die Besitz von ihr ergreifen wollen – tauchen wir direkt in diese konstante Erfahrung ein, die im Zentrum einer jeden Körperzelle vibriert. Wir erkunden dieses Gefühl der Gegenwart, aus dem die Vermutung unserer Existenz entspringt.

Würde ich dich aber um eine entsprechende Definition, um eine Antwort auf die Frage bitten, wer du letzten Endes bist, könntest du wahrscheinlich keine Antwort geben. Aus den Tiefen dieser namenlosen Soheit, aus der Mitte des „Summens der Kontinuität" käme einfach nur „Ah" – der sanfte Ausruf der gestaltlosen Essenz, die sich in der Form wiederfindet. Dieser tiefe Atemstoß auf der Suche nach einem Namen für das, was Körper und Geist beseelt und zugleich übersteigt, endet in tiefer Irritation.

Nimmt *Ah* Geburt an? Nimmt es Tod an? Oder ist es der Ozean, in dem diese Wellen geboren werden? Und in dem sie wieder versinken?

Dieses *Ah*, dieses grundlegende Gefühl der Gegenwart ist die einzige Erfahrung des Lebens, die sich nicht gewandelt hat. Es ist der Raum, in dem die Wandlungen schweben. Das *Ah* unserer universalen *Binheit* ist die einzige Konstante inmitten der Unwägbarkeiten des Lebens.

Jedes Menschen *Ich* ist anders, aber die *Binheit* ist bei allen dieselbe. Die Erfahrung der *Binheit*, des reinen Seins, wandelt sich tatsächlich niemals. Es spielt keine Rolle, ob du drei, dreiunddreißig oder dreiundachtzig Jahre alt bist. Und die Erfahrung der Binheit war bei allen Menschen – vom Hunnenkönig Attila bis zu Mutter Teresa – immer absolut identisch. Es war immer nur *Ah*, nur absolutes Sein.

Und so erkennen wir bei unserer immer tiefer dringenden Frage „Wer bin ich?", daß alles Vergängliche, das wir mit dem *Ich* verknüpfen, nicht zu unserer dauerhaften Befreiung führen kann. Daß wir nur in der *Binheit* frei sind. Hier, in diesem Zentrum der Erfahrung, wo das Bewußtsein entsteht, ertönt das Summen unendlichen Seins.

Wir setzen unsere Erkundung dieses Gefühls ewiger Soheit fort und begegnen dem Leben selbst, das leuchtend im Zentrum vibriert. Und wir betreten das, was keinen Anfang und kein Ende hat: die Unsterblichkeit unserer absoluten Natur, unsere essentielle *Binheit*. Das *Ah* unbegrenzten Seins, das wir in Ermangelung eines anschaulicheren Begriffes den Göttlichen Geliebten nennen.

Aber selbst mit dem Namen *Ah* nähern wir uns bereits einem heiligen Krieg. Das Benennen des Namenlosen spricht die Tendenz des kleinen Geistes an, beim „Verstehen" haltzumachen. Doch Verständnis reicht nicht aus. Es ist nur der Anfang. Die Vorstellung von der Göttlichen Geliebten gleicht einer Luftblase, die in seinem endlosen Ozean schwimmt.

Wenn uns bewußt wird, daß alles außer unserer wahren Natur vergänglich ist, daß wir die *Binheit* in ihrer leidvollen Verkleidung sind, lösen wir uns ein wenig von unserem Leid, von unserem stets behüteten Ich, von unserer defensiven Kleinlichkeit. Wenn wir uns der *Binheit* ergeben, wenn wir im Sein ruhen, öffnen wir uns dem Göttlichen Geliebten, unserer gemeinsamen Soheit, und sehen, wie jedes Gefühl von Trennung im Untrennbaren zerrinnt.

Wir hören vom „Kampf der Geschlechter" oder von Menschen, die „mit der Welt auf Kriegsfuß" stehen, aber alle Geplänkel werden einzig zwischen *mir* und dem *Anderen* ausgefochten. Der *Andere* ist der Ausgangspunkt jeder Grausamkeit, jedes Fanatismus, jedes Krieges. Um jemandem schaden zu können, um ihn belügen, bestehlen oder gar töten zu können, mußt du ihn erst einmal als *Anderen* betrachten – entweder ist er von anderer Rasse, von anderem Geschlecht, von anderer politischer Meinung, hat eine andere ethnische Zugehörigkeit, eine andere Moral, eine andere Religion oder eine andere Persönlichkeit. Wenn der kleine Geist das Mißtrauen gegen sich selbst auf jemand anderen projiziert, fällt es ihm leicht, jene Person als *nicht gleich* wahrzunehmen: als Nicht-Familie, Nicht-

Freund, Nicht-Partner, Nicht-Mensch, nicht-fühlendes Geschöpf.

Und wir verstehen, daß unsere Beziehung zu einem *anderen* Menschen im Grunde die Beziehung zum Selbst ist: ein weiterer Aspekt der *Binheit*. Insofern wir den anderen beurteilen, beurteilen wir auch uns selbst. Jesus moralisierte nicht etwa, als er sagte: „Richtet nicht, auf daß ihr nicht gerichtet werdet." Er wußte, daß der urteilende Geist keinen Unterschied zwischen „mir" und dem „anderen" kennt. Sein Urteil trifft alles, was nicht in sein Selbstbild paßt.

Die Erkundung der *Binheit* setzt dem heiligen Krieg zwischen *mir* und dem *anderen* ein Ende. Sie steht wie Arjuna in der *Bhagavad Gita* zwischen streitenden Stämmen, welche die Wehrhaftigkeit und Taktik der Gegenseite abzuschätzen suchen. Sie erkennt den Krieg als die unerledigten Geschäfte unseres unerforschten Kummers. Sie beendet den Krieg, indem sie die aus der grundsätzlichen Trennung zwischen mir und dem anderen resultierende Angst ergründet. Sie weiß: Wenn du „ich" sagst und wenn ich „ich" sage, dann werden die Flaggen entrollt, die Trompeten schmettern und die Waffen klirren. Sie weiß auch: Wenn wir gemeinsam in der *Binheit* ruhen, dann *sind* wir der Friede. Welche Distanz dann auch zwischen Individuen bestehen mag, sie wird ausgefüllt von Güte und von der Sorge um das Wohlergehen des anderen. Wir versuchen nicht länger, unseren „Freiraum zu wahren", sondern tauchen in die namenlose Soheit ein, die der Atem der Göttlichen Geliebten ist.

Im Zen-Buddhismus hält der Lehrer vielleicht zwei Gegenstände hoch – zum Beispiel eine Glocke und ein Buch – und fragt den Schüler: „Sind diese Dinge dasselbe oder verschieden voneinander?" Wenn der Schüler antwortet „dasselbe", liegt er falsch. Wenn er sagt „verschieden", irrt er ebenso. Ein alter Zen-Meister sagte: „Solche Unterscheidungen entfernen Himmel und Hölle unendlich weit voneinander." Oft besteht die angemessene Antwort einfach darin, die Glocke zu läuten oder im Buch zu lesen. Sie sind das, was sie sind! Beide besitzen ihr eigenes inneres Wesen, das sich in äußerlich unterschiedlicher Weise manifestiert. Jeder Mensch ist die Buddha-Natur auf einem Kostümball. Jeder ist anfällig für Definitionen. Jeder ist in exakt der gleichen Weise der *Andere*.

Also mag der Zen-Meister fragen: „Sind *Ich* und *Anderer* dasselbe oder verschieden?" Sage nichts! Antworte nicht allzu voreilig! Antwortest du aus dem *Ich* und sagst „verschieden", sagst du nicht die volle Wahrheit. Antwortest du aus der *Binheit* und sagst „dasselbe", unterliegst du ebenfalls einem Irrtum. Die Antwort besteht natürlich darin, die Antwort nicht zu äußern, sondern zu sein. Sie besteht darin, der psychologischen Arbeit („verschieden") ebenso wie der spirituellen Erforschung („dasselbe") nachzugehen, um zu einer ganzheitlichen Beziehung zu gelangen. Rama Krishna sagt, eines der Dinge, die Gott zum Lachen brächten, wären zwei zankende Liebende, die meinten, sie hätten nichts miteinander gemein. Sind sie dasselbe oder verschieden? Sie sind dasselbe in ihrem Disput über Unterschiede. Dieselben Unterschiede!

Und es gibt keinen Bereich, wo diese *selben Unterschiede* klarer beobachtet werden könnten als in Meinungsverschiedenheiten über persönliche Wahrnehmungen. Nichts verschlimmert das Gefühl von *mir* und *anderem* mehr und erschafft eine tiefere emotionale Trance als zwei Leute, die sich nicht darüber einigen können, was während einer gemeinsamen Erfahrung geschehen ist. Sich über unterschiedliche Betrachtungsweisen zu streiten, bedeutet, blind zu sein. Darüber zu diskutieren, was jeder herausgehört hat, macht taub. Sich über Gefühle zu zanken, bedeutet, empfindungslos zu sein. Wenn es zu individuellen Wahrnehmungen kommt, ist dem kleinen Geist eine Verständigung oft fast unmöglich. Wer hat recht? Wenn man sich uneins ist, keiner von beiden – und beide gleichermaßen, wenn sie sich achselzuckend dem „großen Nichtwissen" überlassen.

Es ist exakt dieses aufrichtige, gelassene „Ich weiß es nicht", das der Zen-Meister zu stimulieren versucht, wenn er fragt: „Dasselbe oder verschieden?" Es ist die über das Konzeptualisieren hinausgehende Offenheit für die Wahrheit – so wie sie sich präsentiert. In diesem „Ich weiß es nicht", in der Wahrnehmung des großen Geistes, schweben *Ich* und der *Andere* in *Binheit*.

Bei der mystischen Hochzeit, der wahren Vereinigung wahrer Herzen, fragt man das Paar nicht: „Willst du diese Person...?" Statt dessen wird es gefragt: „Dasselbe oder verschieden?" Und man überläßt euch den Rest des Lebens, um zu antworten – um die Dualität zu beenden, die den Verstand vom Herzen, zwei Herzen voneinander und *mich* vom *anderen* trennt. *Ich* und der *Andere* verschmelzen auf dem gemeinsamen Grund des Seins, in der Gleichgestimmtheit und Harmonie, die hier erwacht.

Was ist der denkende Geist, wenn er im Herzen versinkt: Dasselbe oder verschieden?

Kapitel 11
Ein Bewußtseinsexperiment – Ein klassischer Akt der Hingabe

Berühre mit deiner Stirn die Füße deiner/s Liebsten.
Sende ihr/ihm in der Stille des Herzens Dank und Segen zu.
Empfinde die Berührung deiner Stirn mit den Füßen der/des Liebsten als einen Akt liebevoller Hingabe. Empfinde sie/ihn als die Barmherzige Mutter. Empfinde sie/ihn als die Füße Krishnas oder Buddhas, Jesu oder Marias – oder wer auch immer dein Herz verkörpert.
Sei dir bewußt, daß du die Füße Gottes berührst.

Wasche diese Füße.
Auch Jesus war sich nicht zu schade dafür.
Sprich langsam und ruhig – oder singe auch, wenn du möchtest – im sanften Ton liebevoller Güte und Verbundenheit von der heiligen Gemeinschaft eurer Herzen. Trockne zärtlich ihre/seine Füße, so als säßest du am Fuße des Kreuzes, unter Buddhas Bodhibaum oder in Milarepas Höhle. Wasche die Füße Gandhis, Mutter Teresas, deiner/s Liebsten, deiner Kinder.
Sitze dem Göttlichen Geliebten gegenüber und verneige dich tief in Dankbarkeit und Anerkennung. Laß los, was dich an der Verneigung hindert. Hingabe ist keine Niederlage. Es ist ein Überschreiten des Widerstandes. Es ist der Geist, der im Herzen versinkt. Der kleine Geist verneigt sich vor dem großen Geist – und taucht ein in das Herz.

Du berührst die Füße mit der Stirn. Du wäschst die Füße deiner/s Geliebten – der Göttlichen Geliebten.

Mit einer Verneigung würdigst du ihre/seine wahre Natur, ihr/sein heiliges inneres Wesen. Du sagst in deinem Herzen: „Ich verneige mich vor dem Raum in dir und in mir, wo wir gemeinsamen Anteil am Göttlichen Geliebten haben, wo wir eine Einheit sind."

Und grüße sie/ihn so, wie man sich oftmals im Osten begrüßt oder voneinander verabschiedet: „Achte dich selbst."

Kapitel 12
Ein Experiment mystischer Vereinigung

Seit unser jüngster Sohn vor mehr als sieben Jahren das Haus verließ, haben wir uns einem sehr interaktiven und konsequenten partnerschaftlichen Experiment verschrieben. Wir hatten die Stadt Taos, wo unsere drei Kinder aufwuchsen, verlassen und waren in das fast sechzig Kilometer entfernte Bergland im Norden New Mexicos übergesiedelt. Dort, in der fast völligen Abgeschiedenheit der weiten Pinien- und Kiefernwälder, wo wir ohne Telefonverbindung lebten und und durch fast nichts abgelenkt wurden, widmeten wir uns einem Experiment bewußter Gemeinschaft. Und dieser Prozeß wurde kaum unterbrochen, wenn man von einem gelegentlichen Gast sowie den sporadischen Gelegenheiten absieht, wo wir uns einem „Kulturschock" aussetzten und eine Woche lang für Workshops und Vorträge „nach draußen" gingen.

Wir hatten uns immer vorgestellt, daß wir unsere Praxis intensivieren würden, sobald unsere Kinder erwachsen wären und ihre eigenen Wege gingen. Nun waren diese Umstände eingetreten, und wir hatten uns auf einem Stück Land angesiedelt, wo in unserem Gesichtskreis, der bis zu den hundert Kilometer entfernten, schneebedeckten Berggipfeln reichte, kein einziges Licht von anderen Bewohnern kündete. Das nächtliche Firmament war ebenso unbegreiflich wie der Geist und spiegelte ihn perfekt wider: scheinbar fest und dicht, stetig wandernd, von unbekanntem Ursprung und um seines Glanzes willen geschätzt. Tausendfältiges Schimmern und Lichterspiel im Wasser des waldbesäumten Flüßchens. Grün in hundert Schattierungen. Der freie Südwesthimmel so blau wie Krishna, so endlos wie die Seele unseres unergründlichen Buddhas. Überall bot sich unserem Blick das kunstvolle Werk der Schöpfung. Eine Schönheit, so überwältigend in ihrer Einfachheit und Perfektion, daß uns ein unlängst erfolgter Besuch des Museums für Moderne Kunst, jenem vertrauten Tummelplatz aus alten New Yorker Tagen, wie ein Streifzug durch die Gänge einer Farbenhandlung erschien. Was da an den Wänden hing, waren eher Erfindungen als Schöpfungen. Es war niemals mit einer dreihundertjährigen Goldkiefer oder einem Salamander zu vergleichen, dessen Emportauchen im Teich das Spiegelbild Narzissens zerbrach. Am Ufer des Flusses, vor dem Panorama des hinter unserem Haus ansteigenden Berges, kam uns die Erkenntnis, daß der oft zitierte Ausspruch „Buddha ist der blaue Himmel und das grüne Gras" keineswegs eine Metapher ist. Daß jenes, was wir „Berg" nennen oder mit „Bewußtsein" bezeichnen, nichts anderes als unterschiedliche Verdichtungen derselben Entfaltung sind – die „Natur" und das, was wir als „Buddha" wahrnehmen, sind nur Aspekte einer einzigen Soheit. Uns wurde klar, daß wir in der Erfahrung des absoluten Wesens des Berges und des Himmels unser eigenes absolutes Wesen erfahren.

Bei unseren allerersten Überlegungen hatten wir dieses Experiment der Stille und Abgeschiedenheit immer mit Begriffen wie „Meditationsretreat" verbunden. Als sich nun das Gewahrsein verfeinerte und das Herz weitete, wurde uns mehr und mehr bewußt, daß dieser Prozeß weit mehr umfaßte als eine „spirituelle Praxis". Was wir da im Grunde beabsichtigten, hatte kaum etwas mit unserem Wissen oder unserem Handeln zu tun, es war einfach das immer tiefere Erfahren dessen, was wir *waren* – reine Istheit. In all ihren leidvollen Verkleidungen. Viel eher als ein intensiver Meditationskurs war es ein regelrechtes Beziehungs-Retreat. Eine tägliche Disziplin des Präsent-Bleibens – und ebenso eine Anerkennung der Momente, in denen wir unbesonnen waren. Und es bedeutete, uns in den Perioden, wo wir zur gleichen Zeit die gleiche Ebene erreichten, an diesem „Einklang der Herzen" zu erfreuen. Es war die Verpflichtung, das Erwachen aus langen Träumen der Achtlosigkeit und der selbstbetrügerischen Selbstzufriedenheit zu erproben. Die lästigen Krämpfe des alten, furchtsamen Geistes hinter uns zu lassen. Während wir uns zuerst *mit* dem Mysterium und schließlich *im* Mysterium verbanden, erforschten wir jenseits von Furcht und Rationalität den Verstand/Körper/Geist des Augenblicks. Und es erstaunte uns während der täglichen Arbeit im Laboratorium der Partnerschaft immer wieder, daß die erwarteten Früchte ausgedehnter Meditationsperioden in schlichten Momenten der Stille und flüchtigen Blicken in Erscheinung traten, welche von inniger Verbundenheit und dem Glanz der Göttlichen Geliebten erfüllt waren. Wenn unsere Meditationspraxis im Verlauf der Jahre auch von Krankheiten und anderen Faktoren unterbrochen wurde, so schien sich der eigentliche Prozeß doch nie zu verlangsamen. Die Kraft, die Dynamik und die Tiefe ausgedehnter Perioden der Klarheit und Einsicht übertraf die Erfahrungen unserer jahrzehntelangen konventionellen Praxis bei weitem. Der Yoga der Partnerschaft definierte sich selbst.

Als unsere Praxis in ein schlichtes Ruhen im Sein überging, entfalteten auch ganz gewöhnliche Dinge ihre Faszination. Das achtsame Verfolgen des letzten Atemzuges vor dem Einschlafen und des ersten nach dem Aufwachen führte uns zu Experimenten mit luziden Träumen und anderen Techniken, die dem Lernen aus Träumen dienen. Es gab eine Periode, wo wir nach dem Erwachen völlig reglos blieben und zwanzig Minuten oder auch vier Stunden lang über den Traum- und Wachzustand meditierten. Allergewöhnlichste Erfahrungen wurden dem Mysterium geweiht. Zum Beispiel erforschten wir die Beziehung des begehrenden Körpers nach Nahrung und den Zusammenhang von Nahrung und Lebensprozeß. Monatelang praktizierten wir die „Eine-Schüssel"-Übung und beließen es bei einer Mahlzeit pro Tag. Bei einem weiteren Experiment aßen wir lange Zeit täglich dasselbe und beobachteten sehr genau den Vorgang des Essens. Wir besannen uns auf das Heilige, was gegessen wird (und was ißt). Der Schlaf glich zu Zeiten dem Besuch in der „Höhle der Weisen". Das Essen glich dem Geborenwerden in jedem einzelnen Augenblick.

Während dieser sieben experimentellen Jahre fungierten Ram Dass und Jack Kornfield, zwei alte Freunde und Kollegen, gelegentlich als Resonatoren für unseren Prozeß – ihre Perspektiven erlaubten uns eine verläßliche Feinabstimmung. Als Ram Dass unser kleines Refugium besuchte, zog er uns indessen damit auf, daß wir mittlerweile unseren „fünfzigsten" Hochzeitstag feiern könnten, da wir jede Minute unseres Zurückgezogenseins gemeinsam verbrächten. Und er fügte hinzu, daß er kein interessanteres Beziehungsexperiment kenne als unseren Zweierprozeß. Und Jack, der unsere ungewöhnlichen physischen, mentalen und spirituellen Heilungen kannte, hatte schon wenige Jahre nach Beginn des Experimentes gesagt: „Na, das ist ja wohl klar, daß ihr Wunder erlebt. Ihr lebt ja wie ein altes, tibetisches Paar in seiner Höhle." Das schmeichelte unserem agilen Ego – doch in Wahrheit ähneln wir eher zwei zeitweise schneeblinden Bergsteigern, die von den fernen Klängen einer Flöte unwiderstehlich angezogen werden.

Aber wir waren keineswegs nur von Trompetenfanfaren und herabschwebenden Engeln umgeben. Eine Menge Schmerz, der unter den unüberhörbaren Grübeleien des Geistes schlummerte, kam an die Oberfläche. Es war eine Gelegenheit zur Heilung, eine Chance, fast ohne jede Störung oder Überlagerung durch äußere Faktoren in viele Ebenen unseres Lebens einzutauchen. Dabei begegneten wir nicht nur dem Leid unserer gemeinsamen, fünfzehnjährigen Arbeit mit Sterbenden, deren schmale, zarte Gesichter wir in den allerersten Monaten manchmal in den orange, gelb und schwarz gemusterten Flechtenteppichen der aufsteigenden Felsformationen zu erkennen glaubten. In dieser Stille waren auch die subtilsten Leiden ungezählter Lebensjahre zu vernehmen, die sich in dieser immer weiter ausbreitenden Ruhe nun ungefährdet äußern durften.

Gelegentlich zeigte sich dieser Schmerz, diese unerledigten Geschäfte mit uns selbst in einer Verwirrung der Herzen, besonders dann, wenn wir die Bewußtseinsebene wechselten und auf Ängste stießen, die sich an die alte, brüchige Sicherheit einst erfolgreicher Strategien klammerten.

Wenn wir von unserem Experiment mystischer Vereinigung sprechen, möchten wir damit keineswegs eine trügerische Hoffnung auf „mythische Eintracht" fördern. Wir wollen diesen Weg weder komplizierter noch einfacher darstellen als er ist. Selbst in einer wachstumsorientierten, spirituellen Partnerschaft gibt es Zeiten, wo sich das Paar nicht im Einklang befindet. Wo man sich fragt, ob man eigentlich noch dieselbe Sprache spricht. Dabei gibt es genügend Anlässe für entspannte Fassungslosigkeit und Gelächter.

Wachstumserfahrungen, die manchmal sehr subtil und manchmal recht extrem verlaufen können, stellen sich völlig spontan, auf unterschiedliche Weise und zu ganz unterschiedlichen Zeiten ein. Bei jedem vollzieht sich die Heilung nach einem eigenen Rhythmus und im eigenen Tempo. Unterschiedliche Energieströme, Heilungen, Öffnungen und Blockaden können bewirken, daß zwei Personen vorübergehend auf unterschiedlichen Frequenzen kommunizieren. Uneinigkeit kann auftreten, wenn einer von beiden schon eine bestimmte Vorstellung durchbrochen hat, während der andere sich gerade in versteckten Geistesregionen auf einen großen Schritt vorbereitet. Die anstehende Arbeit zeigt sich in schmerzlicher Deutlichkeit. Nur mit Güte und Gewahrsein kann sie vollbracht werden.

Diese Augenblicke der Uneinigkeit werden am ehesten von zwei Herzen aufgefangen, die bereit sind, alte Verhaftungen und Ängste zu überschreiten – die eine so unerklärbar tiefe Dankbarkeit und Zuversicht entwickelt haben, daß sie über die grundlegenden Intentionen des anderen kaum in Zweifel geraten. Sie erfahren eine Liebe, die sich natürlich und mühelos entfaltet.

Wenn wir hier über den Weg mystischer Vereinigung sprechen, wollen wir aus der Liebesbeziehung keineswegs einen Mythos machen, vielmehr die in ihr erreichbaren Tiefen entmystifizieren. Eine mystische Vereinigung erwächst aus einer gemeinsamen Würdigung des Mysteriums und einer Hingabe an die Koevolution des Bewußtseins. Unsere Beziehung besteht, seit wir uns vor fünfzehn Jahren zum ersten Mal begegneten, und wird von einer Hingabe und Liebe getragen, wie wir sie in dieser Mächtigkeit niemals zuvor erfahren hatten.

Unsere Begegnung war trotz aller Intensität stets von einer Art kosmischem Spiel begleitet, welches das Herz zum Mysterium führte. Gleich in der ersten Nacht, die wir zusammen verbrachten, geschah etwas Bemerkenswertes. Wir hatten uns wenige Tage zuvor auf einem Workshop über bewußtes Leben und Sterben kennengelernt, wo sich Ondrea, die an Krebs erkrankt war, auf ihren Tod vorbereiten wollte. Ein Freund hatte uns bei sich aufgenommen, und als wir uns gerade zur Ruhe begeben wollten, bemerkten wir einen Nachtfalter. Er hatte sich auf einem Bild Maharajjis – der Stimme unseres Herzens – das auf der anderen Zimmerseite an den Spiegel einer Frisierkommode gelehnt war, niedergelassen. Ondrea und mir kam gleichzeitig der Gedanke, daß eigentlich sowohl Maharajji als auch der Nachtfalter phototropisch waren – unwiderstehlich angezogen vom Licht. Einige Stunden später weckte uns ein Geräusch, das sich anhörte, als würde ein großer Vogel – vielleicht ein Adler – auf dem Terrazzofußboden mit den Flügeln schlagen. Es klang wie ein wildes, angebundenes Tier, das verzweifelt um seine Freiheit kämpfte. Als wir in der Dunkelheit dieses Rütteln auf dem gefliesten Boden hörten und uns anfaßten, um uns unserer Wachheit zu vergewissern, hörten wir aus dem Rauschen der Flügel die Botschaft an uns: „Nur Angst kann diese Beziehung zerstören." Schweigend lauschten wir eine Weile und fielen dann wieder in Schlaf. Als wir unsere Wahrnehmungen am nächsten Morgen verglichen, zeigte sich, daß wir Wort für Wort dieselbe Botschaft gehört und exakt die gleiche Erfahrung gemacht hatten. Im morgendlichen Dämmerlicht war der Falter im völlig verschlossenen Zimmer nirgends zu entdecken. Aber es gab auch keinen Grund dafür, ihn zu finden. Denn der Falter jenes Augenblicks hatte uns alles gesagt, was wir wissen mußten. Das Übrige blieb uns überlassen. Die Erinnerung an diese Warnung hat es uns seitdem schon tausendmal erleichtert, den Geist zu klären und das Herz wieder zu öffnen.

Dies war die erste Lehre in der Alchimie der Partnerschaft: das Furchtsame, Isolierte und Erstarrte in das Zuversichtliche, Einende und sinnlich Gefühlte zu transformieren. Es hieß, mit der Verwandlung unseres alltäglichen Kummers und Getrenntseins in eine Untrennbarkeit der Herzen das Gewöhnliche ins Außergewöhnliche umzuwandeln.

Wir dachten des öfteren daran, daß in Franklin Roosevelts Aussage „Du brauchst nichts zu fürchten als allein die Furcht" eine bedeutsame Einsicht enthalten sei. Später aber fanden wir heraus, daß nicht einmal die Furcht gefürchtet werden muß. Daß auch sie nur weiteres, „flüchtiges Schauspiel" ist, ein weiterer Güterwagen im Zug der Gedanken. Und die Angst verkehrte sich von einem Aufruf zur Flucht in eine Mahnung, präsent zu sein. Es gab nichts, das der Trennung oder des Schutzes unserer Herzen wert gewesen wäre. Wir lernten, der Angst ihre natürliche Unbeständigkeit zuzugestehen und sie nicht zu umklammern oder zu verdammen, sondern in etwas unendlich viel Größerem schweben zu lassen: im verpflichteten Herzen.

Als wir in die Wälder zogen, war unsere Triangulation bereits erprobt. Wir waren auf der Herzensebene zur großen Freude harmonischer Liebe vorgedrungen. Es war die Liebe zweier Wesen, die ihr Sein miteinander teilen – eine Liebe, welche die Liebe jenseits aller „Erkenntnis" kennt. Ein Beispiel für den Unterschied zwischen der Dualität, die „jemanden liebt", und der Erfahrung des In-der-Liebe-Seins (der Verschmelzung jenseits aller Verschiedenheit im Herzen des Göttlichen Geliebten) versinnbildlichte sich für uns vor einigen Jahren am Erntedankfest. Ich sah hinüber zu Ondrea, die mit unserem Enkelsohn auf dem Schoß neben ihren Eltern saß und auf der anderen Seite unsere Enkelin im Arm hielt. Daneben saß unsere strahlende, gerade Mutter gewordene Tochter, und gegenüber auf dem Fußboden vergnügten sich unsere beiden erwachsenen Söhne mit den Hunden. Ich beobachtete diese anrührende Familienszene und seufzte im stillen: „Ach, es könnte nicht schöner sein!" Doch nach einigen Momenten der sehnsuchtsvollen Betrachtung dieser heilenden Harmonie einer wiedervereinten Familie konnte mein Herz nicht verleugnen, daß es unseren wahren Herzen trotz aller Befriedigung auf diesen persönlichen Ebenen noch immer an Anerkennung fehlte. Das tiefste Heimweh war noch ungestillt. Mein Herz sagte: „Ja, es könnte schöner nicht sein. Aber es kann eben auch *nur* so schön sein!" Alle im Zimmer Versammelten liebten einander von ganzer Seele – und doch gab es Ebenen müheloser Gemeinsamkeit, die noch immer von der puren Verhaftung an dieser oberflächlichen Perfektion verschleiert waren. Es war ein Augenblick von nahezu leuchtender Schönheit, dem aber noch ein Funken jener Freude und Verbundenheit fehlte, die aus der gemeinsamen, untrennbaren Einheit des Seins entspringt. Die mehr offeriert als das, womit wir uns normalerweise unter der Bezeichnung „Liebe" zufriedengeben. Gleich einem ekstatischen Geisteszustand war diese Liebe, diese Situation zerbrechlich und hing ausschlaggebend von den Bedingungen ab, unter denen sie sich entfaltete. Ein oder zwei falsche Worte hätten sie gelähmt. Es war eher eine Begegnung der Geister als ein freies, gegenseitiges Durchdringen der Herzen. Der Geist war restlos erfüllt, aber dem Herzen, das noch tiefere Ebenen der Verbundenheit kennt, erschien dies alles dürftig und kurzlebig. Es erinnerte mich an die Worte des Buddha, daß selbst die tiefsten Zustände der Konzentration und des Friedens, die man in der Meditation erreichen kann, neben der unaussprechlichen Stille unserer vollkommenen Natur wie eine nervöse Unruhe wirken.

In den letzten sieben Jahren haben wir gelernt, daß wir immer dann leiden, wenn wir irgendetwas anderes sind als die Göttliche Geliebte, unsere wahre Natur. Alles, was schwerer ist als unsere ursprüngliche Leichtheit, wird zu einer fast unerträglichen Last.

Die Verpflichtung zur Ganzheit erhebt die Beziehung in mystische Höhen. Wenn wir uns vom Lieben eines anderen Wesens zum Sein der Liebe weiten, entfalten sich neue Alternativen der Heilung und Einsicht. Die Heilung wird unermeßlich. Hoffnung verwandelt sich in Überzeugung. Furcht wird zu furchtloser Achtsamkeit. Und die Freude, die manchmal selbst die außergewöhnlichsten Wesen vermissen lassen, wird zu einem ganz alltäglichen Zustand. Das Herz öffnet sich jenseits des betrübten Geistes. Die Lotosblüte erhebt sich aus dunklen Wassern.

Die Eintracht vertiefen

vertiefen

Kapitel 13
Mit dem Göttlichen Geliebten allein

Von den Möglichkeiten einer bewußten Partnerschaft und den Potentialen der Triangulation zur Wahrheit fasziniert, vergessen wir leicht, daß unsere Beziehung zu dieser Wahrheit im wesentlichen eine „Zweierbeziehung" ist. Wir lassen gern außer acht, daß die anstehende Arbeit wie auch die Früchte dieser Anstrengungen in der einsamen Stille des Herzens durchlebt werden. Daß allein unsere persönliche Praxis, unsere fortschreitende Erkundung des Geistes und unsere Hingabe ans Herz zur Vertiefung der Beziehungen führen. Einer unserer Lehrer pflegte zu sagen: „Dein einziger Freund ist Gott." In einer sehr realen Weise sind wir immer mit dem Göttlichen Geliebten allein.

Viele sprechen von einer zermürbenden Einsamkeit, die den Geist so verdunkelt, daß das Herz nichts mehr erkennen kann. Manche ziehen das vor, was sie eine „unbefriedigende Partnerschaft" nennen, um nicht mit der Göttlichen Geliebten allein sein zu müssen. Wir fürchten unsere Einsamkeit, suchen nach Ablenkungen und schnellem Genuß. Sobald man sich jedoch hinsetzt und sich ein wenig Zeit nimmt, um dieses oft so beherrschende Gefühl der Einsamkeit zu betrachten, lassen sich bemerkenswerte Entdeckungen machen. Wir lösen uns vom Widerstehen gegen diesen Zustand, heißen ihn willkommen und vertrauen uns den Wahrnehmungen an, die bei dieser Erkundung in uns aufsteigen. Wir sitzen einfach mit der Einsamkeit zusammen und lassen uns lebendig von ihr verschlingen. Wir erfahren Augenblick für Augenblick die wechselnden Eigenschaften, die diesen Zustand namens „Einsamkeit" ausmachen. Seine körperliche Struktur. Den Ton seiner Stimme. Die Art seines Vokabulars. Seine wiederholten Absichten und Ansprüche. Seinen Wunschmechanismus. Wir sitzen einfach da und lassen die Einsamkeit *sein*, so wie sie ist. Und das Herz, standhaft wie der Buddha unter dem Bodhi-Baum, flüstert: „Wenn ich vor Einsamkeit sterbe, so mag es geschehen. Ich werde weiter forschen, bis ich klare Einsicht habe." Wie der Buddha die Erde als Zeugen anruft, so berühren wir den Boden und lassen nicht davon ab, uns dieser Empfindung der Einsamkeit zu öffnen, zu der wir so selten in Beziehung traten – auf die wir indes so oft bezogen waren. Und die Einsamkeit dringt tiefer. Sie wird zwingender. Wir meinen, auch nicht einen Moment länger so hoffnungslos isoliert dasitzen zu können, so von aller Welt verlassen. Einsam, einsam und noch einmal einsam – bis die Einsamkeit in dieser Bereitschaft zum schlichten Sein schließlich in einen Zustand des Alleinseins übergeht. In ein absolutes Alleinsein, das zu einem Alleinsein mit dem Absoluten wird. Zu einem Alleinsein mit dem Universum. Unsere Einsamkeit verwandelt sich in das Große Alleinsein, wo nur noch du und der Göttliche Geliebte existieren. Du bist mit der Göttlichen Geliebten allein.

Wenn die Einsamkeit zu einem Alleinsein mit der lebendigen Wahrheit wird, führt sie uns zur Geduld. Wir warten nicht mehr auf die nächste Liebesbeziehung. Wir sind nur einfach offen dafür. Und in der Zwischenzeit sind wir mit dem Göttlichen Geliebten allein. Nun verstehen wir vielleicht das Herz jener ergrauten, fünfundsechzigjährigen Frau, die zum ersten Mal in ihrem Leben heiratete und sagte: „Nur eine wirklich gute Beziehung ist besser als überhaupt keine Beziehung." Sie war nicht bereit, sich zufriedenzugeben – nur der Göttliche Geliebte war ihr genug.

Wenn wir diese Wahrheit erforschen und uns in ihr verankern, wird uns klar, daß wir nicht für einen anderen Menschen präsent sein können, wenn wir nicht auch das Alleinsein mit der Göttlichen Geliebten ertragen. Solange wir nicht das geliebte Wesen unserer wahren Natur erkennen, die heilige Unermeßlichkeit des Seins, vermögen wir es uns nicht gänzlich zuzugestehen, der Göttliche Geliebte für den Partner zu sein.

Wir beenden unsere Workshops oft mit einem Sufi-Tanz. Die jeweiligen Partner legen ihre Hand aufs Herz und schauen einander tief in die Augen. Mit der freien Hand ergreifen sie die des Partners und drehen sich langsam im Kreis, um schließlich mit der Hand, die auf ihrem Herzen lag, den nächsten Partner zu begrüßen. So setzt sich der Prozeß fort, und sanften Blickes begegnet man einer Person nach der anderen. Weil aber jedes Paar unterschiedlich lange verweilt, findet eine frei gewordene Hand nicht immer sofort einen neuen Partner, und daher schlagen wir vor, daß man in diesem Fall beide Hände auf sein Herz legt und sich selbst das schenkt, was man vom anderen erhofft.

Wir fordern die Teilnehmer dazu auf, sich nicht hastig einen neuen Partner zu greifen, sondern einfach geduldig zu sein. Und fügen hinzu: „Das soll aber nicht unbedingt die Lektion fürs Leben sein oder so etwas!" Dann erklingt meist herzliches Lachen.

Sei mit der Göttlichen Geliebten allein, bis du auf deinen Liebespartner triffst. Teile dann mit ihm den Göttlichen Geliebten in der Meditation, bei der Gartenarbeit, beim Musizieren, Schreiben, Singen, Beobachten und Atmen. Erst die Zeit, die wir im Alleinsein mit der Göttlichen Geliebten verbrachten, macht uns zu dem Partner, den der andere suchte.

Seit ich meine erste Liebesgeschichte hörte,
begann ich nach dir Ausschau zu halten und wußte nicht,
wie töricht das war.

Liebende treffen sich nicht endlich irgendwo.
Sie haben sich längst im Innern gefunden.

Rumi

Kapitel 14
Ebenen bewußter Verbindung

Wir existieren auf vielen Ebenen. Wir sind mehr, als das „Ich" offenbart. Unser Sein besteht aus zahlreichen Schichten. Wir leben in physischen, mentalen, emotionalen und spirituellen Bereichen. Das sind die Ebenen des *Seins*, die sich als Bewußtseinsebenen manifestieren: als körperliches Bewußtsein, als mentales und emotionales Bewußtsein und als jene vielfältigen Erfahrungen und Äußerungen der geistigen Tiefen, die wir als „Herz" bezeichnen. Und jenseits dessen beginnt das Mysterium.

Die Bewußtseinsebenen entsprechen den Ebenen der Verpflichtung und Hingabe. Sie laufen synchron mit den Entwicklungsstufen, die wir als „Wachstumsprozeß" bezeichnen und in den Stufen des Überlebens, des Menschlichen, der Engelssphäre und des Mysteriums wiederfinden. Mit der Vertiefung der Bewußtseinsebenen erweitern sich auch die Rezeptoren für menschliche Beziehungen.

Wir sind auf vielen Ebenen miteinander verbunden. Dabei wirken verschiedene Qualitäten aufeinander. Normalerweise spielt sich eine Beziehung nur an der Oberfläche ab, wenngleich uns ein grenzenloser Raum gemeinsam ist. Erst in ihm öffnet sich das ungebundene Herz unserer wahren Natur.

Die erste Verbindungsebene ist die physische. Es ist die biochemisch/neuroelektrische Ebene. Sie ist Ausdruck des irdischen, des geborenen Körpers. Sie ist sinnlich und sehr farbenprächtig. Meist vollzieht sich ein Austausch auf der Ebene der Sinneswahrnehmung, und auf dieser schafft das Spannungsfeld „Ich und der andere" wenig Probleme, da dieser andere kaum existiert.

Als Bewußtseinsebene ist dieses die Stufe sinnlicher Wahrnehmung: Körpergewahrsein, Aufmerksamkeit gegenüber Sinnesreizen, Körperhaltungen und Bewegungen. Auf dieser dichten Ebene läßt sich leicht beobachten, wie die Identifikation des Bewußtseins mit seinen Sinnesobjekten abläuft – und wie es dazu tendiert, auf seine Genüsse bezogen zu sein. Als Wachstumsebene ist sie die erste, auf das Überleben konzentrierte Stufe. Sie ist von wesentlicher Bedeutung für den Umgang mit den groben und feinen Energien auf dieser Ebene, denn hier kann sich ein Zusammenspiel tiefer Freude und großer Verwirrung in Szene setzen. Auf dieser Stufe wirken die Entspannung des Bauches und die Offenheit des Herzens interaktiv.

Obgleich man auf dieser Ebene viel „Spaß" haben kann, vermag sie auch das Bewußtsein in hohem Maße dazu zu verführen, sich mit den Sinnesreizen als den „realsten aller Wirklichkeiten" zu identifizieren. Befriedigung erwächst hier vorwiegend aus dem Aneinanderreiben von kleinem Geist und kleinem Körper, und oft wird sie gleichermaßen von Einsamkeit wie von Lust gesteuert.

Sobald du auf dieser sensualistischen Stufe entdeckst, daß dein Sein (wie auch das der/ des anderen) mehr umfaßt als den Körper, öffnest du dich tieferen Geistesebenen.

Es darf nicht unerwähnt bleiben, daß jede dieser Stufen ein beträchtliches Potential der Einsicht bietet. Sie alle offenbaren, sofern bis an ihre Wurzeln ergründet, dieselben Wahrheiten. Sie können zeigen, daß wir mehr sind als wir glauben oder wissen. Keine Ebene ist weisheitsträchtiger als eine andere, denn jede hält die Lehre der Unbeständigkeit, des Fortschreitens und der Gnade bereit. Wenn das Gewahrsein von einer dieser Ebenen Besitz ergreift, schreitet es weiter zur nächsten. Das Mysterium verbirgt sich ebenso in den Sinnesreizen wie die Sinnesreize im Mysterium.

Diese Weiterentwicklung ist kein linearer, sondern ein expansiver Prozeß, der nicht so sehr aus dem Wechsel zu einer neuen Ebene, sondern aus dem Einbeziehen tieferer Schichten besteht. Jede dieser Ebenen oder Stufen kann jederzeit und aus zahlreichen Gründen wirksam werden. Man kann seine persönliche Evolution nicht an den Elementen der jeweiligen Stufe abmessen, sondern höchstens an der Dominanz und dem Wiedererscheinen immer tieferer Stufen. In den harmonischsten Beziehungen offenbart jede dieser Ebenen Geheimnisse, die sich zur Erforschung und zur Integration in den Gesamtprozeß manifestieren. Und immer klarer zeigt sich der Raum, in dem all diese Stufen schweben: der Göttliche Geliebte.

Die zweite Verbindungsebene ist die mentale. Sie ist die psychologische Ebene – ein Ausdruck des mental-emotionalen Körpers. Die Befriedigung auf dieser Ebene entspringt zum Großteil aus der von anderen eingehandelten Bestätigung des Selbstbildes. Diese Stufe leidet an der verwechselten Identität zerbrochener Träume und aufbewahrter Enttäuschungen. Wenn man eine Beziehung einzig auf dieser Ebene etabliert, Schutz vor Stürmen sucht und Wasser mit Feuer verwechselt, landet man leicht in einer Zweier-Gefängniszelle. Hier vollzieht sich dann ein Wechselspiel zwischen Geistern, deren Gefühle vorwiegend darum kreisen, geliebt zu werden und Liebespartner zu sein. Fiktion und Friktion (Reibung) liegen hier dicht beieinander.

Obwohl man den „anderen" auf dieser Stufe als Kandidat für die Rolle des Liebespartners betrachten möchte, wird die Szene von weitgehender Isolation und individuellen Tagesordnungen bestimmt. Seelische Verwicklungen ergeben sich. Der spielerische Tanz fällt manchmal schwer. Emotionale Höhen und Tiefen wechseln einander ab.

Auf dieser Stufe herrscht das Thema „ich und der andere". Es werden Grenzen gezogen und kleinere Grenzgeplänkel ausgetragen. Wenn wir auf dieser Ebene nicht achtsam sind, verlieren wir uns in Schablonen und Erwartungen. Es ist jener Horizont, über den die meisten Beziehungen nicht hinausgelangen.

Hinsichtlich des Bewußtseins vollzieht sich auf dieser Ebene die Erkundung des konditionierten Geistes. Man übt Achtsamkeit gegenüber Gedanken und Gefühlen, Verlangen, Erinnerungen und Absichten. Der Inhalt von Körper und Geist wird mit barmherzigem Gewahrsein betrachtet und erforscht.

Auf der mentalen Ebene, wo sich der größte Teil unseres Lebens in engen Grenzen bewegt, begegnen wir dem, was wir das Unterbewußte nennen, lediglich in Form zunehmend subtilerer Geistesebenen – es bleibt das „Unter-Bewußte", weil wir nur „Unter-Aufmerksamkeit" darauf verwenden. Im Sinne einer Wachstumsstufe sprechen wir hier von der menschlichen Ebene, auf der psychologische Wesen einander entdecken. Es ist die Ebene, wo alte Wunden und Kümmernisse in tieferen Bewußtseinsstufen Heilung finden. Auf dieser Heilungsebene integrieren wir unsere unvereinbaren inneren Aspekte in eine Ganzheit – in eine Fülle des Seins, die wir schließlich voll in unsere Beziehung einbringen. Es ist der Bereich, wo sich die Verschlossenheit des kleinen Geistes allmählich dem Herzen des großen Geistesprozesses öffnet.

Von dieser mentalen Ebene heißt es: „Wenn du es hier schaffst, dann schaffst du es überall!" Wenn du auf der mentalen Ebene entdeckst, daß du mehr bist als der denkende Geist, öffnest du dich dem Herzen. Du schreitest fort zur nächsten Stufe liebevoller Individuation.

Die dritte Verbindungsebene ist das Herz. Sie ist die vereinigende Ebene. Hier wird *romantische* Liebe in *harmonische* Liebe umgewandelt. Gegenüber der romantischen Verhaftung an physischen und emotionalen Attraktionen, wie sie auf den ersten beiden Ebenen dominiert, verkörpert diese Liebe keinen Geisteszustand, sondern einen Zustand des Seins. Diese harmonische Verschmelzung ist die natürliche Erscheinungsform der Bewußtseinsebene, die wir als „Herz" bezeichnen. Die Redensart „das Herz öffnen" bedeutet eigentlich für das Bewußtsein, sich bis zu dieser Ebene zu vertiefen. In diesem offenen Raum werden Körper und Geist eher als Prozeß denn als Inhalt erfahren. Hier entfaltet sich die Arbeit des Wiedereintritts in den Körper und der Klärung des Geistes, die auf den ersten beiden Ebenen begann, zur mühelosen Liebe einer engagierten und bewußten Beziehung. Die innige Verhaftung der früheren Stufen, das wachsende Gefühl der Verbundenheit – all dies fließt mit einem großen Schritt des Glaubens in die Verpflichtung ein, die Herzen verbindet und Seelen befreit.

Die Liebe auf dieser Stufe verwandelt deinen Liebespartner in deine/n Geliebte/n – und deine/n Geliebte/n schließlich in die Göttliche Geliebte. Hier sind Geist und Körper wie auch du und dein Liebespartner spirituelle Gefährten. Auf dieser Ebene engagierten Verbundenseins kommt unsere Verpflichtung von ganzem Herzen und ist keiner Stagnation mehr unterworfen.

Wir können tatsächlich erfahren, was es mit der romantischen Vorstellung der „Magie der Liebe" auf sich hat. Wenn zwei Seelen im Herzen verschmelzen, vermischen sich Gedanken und Gefühle. Die beiden Geister bilden ein vielfältiges Gewebe mit einer ganz neuen Struktur. Es entsteht eine Einheit der Perspektiven und Gefühle, die an einem einzigen Gobelin des Herzens wirken. Was die Tanzfläche begrenzt, schwindet. Was unsere Musik bewahrt, nimmt zu. Wir verweben uns und tanzen, tanzen und verweben uns. Und irgendwo nahe dem Herzen fließt das Denken in die Intuition, während sich neue Ebenen der Gemeinschaft und Verbundenheit spontan manifestieren. Man kann beinahe die Musik der Sphären hören.

Liebe macht die Chemie zur Alchimie. Sie zieht alle früheren Ebenen zum Herzen empor. Die wechselseitige Bindung vollzieht sich auf dieser Ebene ganz natürlich und spontan, während die Heilung auf den unteren Ebenen unsere vereinten Energien weiter forciert.

Auf dieser Ebene erlangen wir Sicherheit in der Technik des Triangulierens. Das Prinzip „Ich und der andere" gibt sich als ein praktikabler Faktor zu erkennen und stärkt nicht länger das Gefühl der Isolation in der Welt.

Bei dieser Alchimie der Herzen nähern sich die Seelen einander und schaffen ein Ganzes, welches größer ist als die Summe seiner Teile. Dies bewirkt eine Verpflichtung zur Erforschung und Befreiung, die so unerwartet intensiv ist, daß sie das Gewahrsein zurück auf das Bewußtsein lenken und das eigentliche Wesen des Bewußtseins enthüllen kann. Sie löst die Geheimnisse des denkenden Geistes und erfährt direkt den simplen Charakter seiner scheinbar komplizierten Tätigkeit. Gewahrsein und Güte fügen sich wie die Hälften eines zerbrochenen Herzens zusammen. Achtsamkeit und Herzenswärme halten die Verbindung frisch und lebendig. Die Sicht auf das Mysterium wird ein wenig klarer.

Spätestens auf dieser Stufe sollten die Partner ein Team bilden, um anderen Menschen zu dienen – sei es im geschäftlichen, gesundheitlichen, pädagogischen Bereich oder einfach im Leben.

Wenn wir den kleinen Geist an den großen Geist und unsere kleinen Zuneigungen an unsere große Liebe verschenken, erforschen wir diese Bewußtseinsebene durch direktes Eintauchen in ihren Prozeß. Dabei ergreifen wir nicht einen Gedanken nach dem anderen, sondern lassen sie alle auf natürlichem Wege im Strom des Bewußtseins zerrinnen. Wir entdecken neue Dimensionen der Herzensgüte, des Erbarmens und der Vergebung, die vom Licht unserer unerschöpflichen Natur erhellt werden.

Als Wachstumsstufe ist es die Engelssphäre, eine Manifestation des Herzenskörpers. Es ist der Körper des Mitempfindens, der von einem Gefühl tiefer innerer Ruhe und klarer Offenheit gekennzeichnet wird. Er führt die Beziehung zuverlässig in den göttlichen Wesenskern und leitet sie in die nächste Transformation. Wenn du entdeckst, daß dein Sein selbst über das Herz hinausgeht, gehst du ganz im Mysterium auf.

Die vierte Verbindungs- oder Bewußtseinsebene ist das Mysterium. Es ist die Stufe, auf der sich eine mystische Vereinigung vollzieht. „Mystische Vereinigung" ist ein Begriff, der in devotionalen Praktiken oft verwendet wird, um die innere Vereinigung eines Einzelwesens mit Gott zu bezeichnen. Wenn wir diesen Begriff hier benutzen, schließen wir jedoch auch die Vereinigung mit dem Göttlichen in allen anderen Menschen ein. Er umfaßt die essentielle Gemeinschaft von Herzen, die sich im „Tiefenbewußtsein" vereinen. Diese Stufe ist eine Äußerung dessen, was wir den „Himmelskörper" nennen – der Raum, in dem der Prozeß des Herzens wie auch die Inhalte von Geist und Körper schweben.

Auf dieser Ebene werden wahre Liebende in der grenzenlosen Weite vermählt, die sich ganz von selbst als Weisheit und Liebe offenbart. Und die Göttliche Geliebte wird zu einem beständigen Kontext, in dem sich der Prozeß ihrer Liebe entfaltet.

Es ist die Ebene, wo wir außergewöhnliche Heilungen, Wechselwirkungen von Träumen, seelischen Fernkontakt und intuitive spirituelle Einheit erleben. Mit der Zeit können viele Paare oft die Sätze ihres Partners vervollständigen, doch wenn sich die Mysterien verbinden, sind sie vielleicht sogar in der Lage, die Sätze des anderen zu beginnen. Es kommt vor, daß ich mich im stillen an irgendeinen Lehrer oder an eine Literaturquelle zu erinnern versuche, und Ondrea blickt auf und sagt: „Mir fällt es auch nicht ein!" Auch läßt es sich manchmal nicht bestimmen, ob der andere etwas gesagt oder nur gedacht hat. Wenn die Intuition zu einem mysteriösen, wechselseitigen „Erfahren" heranreift, kann der Prozeß so intensiv werden, daß man anfangs regelrecht erschauert.

Eine solche mystische Verbindung vollzieht sich in einem Raum, der „Vereinigung der Gegensätze" genannt wird. Scheinbar Getrenntes verschmilzt zu einem unverkennbaren Ganzen. Es ist der Raum, in dem sich alle Gegensätze und Widersprüche auflösen, Ganzheit ohne jede Grenze. In partnerschaftlicher Hinsicht markiert diese Stufe den Punkt, den „zwei" maximal erreichen können. Der nächste Schritt ist nur in der *Einheit* möglich. Hier verläuft die Grenze der Dualität, wo Gewahrsein und Mitgefühl nicht mehr zu unterscheiden sind. Hier öffnet sich die Weite unseres großen Seins.

Eines sei hier erwähnt: Bevor wir das durchschreiten, was im Zen „das torlose Tor" der letzten Stufe genannt wird, gibt es tatsächlich keine Möglichkeit, den Prozeß zu beschleunigen. Wir können uns ihm nur öffnen, indem wir uns den Wegen der Gnade ergeben. Bevor man eine neue Entwicklungsstufe betreten kann, müssen alle Geschäfte, die auf den zurückliegenden Ebenen unerledigt blieben, zur Heilung gebracht werden. Dieser Integrationsprozeß braucht seine Zeit, und nur Achtsamkeit und Herzenswärme können ihn erleichtern. Er erinnert uns daran, daß wir uns über nichts hinwegsetzen können, daß nichts ungetan und unvollendet bleiben kann.

Die fünfte Bewußtseinssphäre schließlich widersetzt sich jedem Versuch, sie zu benennen oder zu bezeichnen. Sie liegt jenseits aller Stufen. Sie ist die Wahrheit, die bestehen bleibt, wenn sich alle Dualitäten – alle „Ichs" und „Andere", alles „dies und das", alle Gewinne und Verluste, alle Liebe und aller Haß – in sich selbst auflösen und wir uns nicht mehr *auf* sie beziehen oder *zu* ihnen Beziehung haben, sondern uns *als* den Raum erleben, in dem sie sich entfalten.

In diesem ausgedehnten Gewahrsein kommunizieren wir nicht mehr *mit* dem Göttlichen Geliebten, sondern *als* Göttliche Geliebte. Das *Ich* wird zu reiner *Binheit*. Wir sind nicht mehr zwei. Wir sind einfach Wesen in einer Beziehung in Gestalt einer Beziehung zum Sein.

Dies ist die Ebene der Istheit selbst. Der farblose, formlose Ursprung aller Formen und Farben. Ahnungen dieser essentiellen Realität sind mit diversen Namen belegt worden: Selbstverwirklichung, Satori, Kensho, Reine Schau, Samadhi oder einfach Universales Bewußtsein.

In einem etwas paradoxen Sinne ist diese stufenlose Stufe wie jede andere Ebene eine „individuelle Erfahrung". Wenn aber beide Partner an einer mystischen Synchronizität partizipieren, der sie unaufhörlich hingegeben sind, dann werden sie zu einer einzigen Soheit. Sie sind reines Sein und verneigen sich an der Grenze zwischen Form und Formlosigkeit, zwischen Bekanntem und Unbekanntem. Sie sind in einem Raum verbunden, wo nichts *anderes* existiert. Sie sind jeder Teil des Ganzen, sind jeder das alles enthaltende Ganze, sind das Enthaltensein im Ganzen. Es ist das Wunder unserer gemeinsamen Existenz, erfahren im Einen Geist, im Einen Körper unserer wahren Natur. Es ist ein Ausdruck der Körpers der Soheit oder, wie man vorsichtig sagen könnte, der Wirkliche Körper, der formlose Körper reinen Gewahrseins. Unser geborener Körper verhält sich zum Wirklichen Körper wie der Gedanke zum Geist.

In dieser Weiträumigkeit, in diesem Mysterium erscheint eigentlich nichts wirklich mysteriös. Es ist nur ein Wechselspiel der Energien – du gehst nirgendwo hin, bis du gegangen bist. Das Mysterium erscheint eigentlich nur als ein solches, wenn man es von außen betrachtet.

Und bitte denke daran, daß diese letzte Stufe, die *Einheit*, diejenige ist, die der ersten vorausgeht.

Ebenso wie die Stadien des Geborenwerdens und Sterbens stellen all diese Ebenen eine Weiterentwicklung vom Einzelnen zum Universalen, von der Isolation zur Allverbundenheit dar. Jede Stufe des Bewußtseins oder Wachstums oder der Heilung kann zu einer Ebene bewußter Verpflichtung werden.

All diese Ebenen gelten für die Beziehung sowohl zu uns selbst als auch zum anderen. Es sind Erfahrungsstufen, die in den Tiefen unseres Menschseins verfügbar sind. Sie sind das enorme Potential dessen, was wir einst für ein so kleines Leben hielten.

Haben wir unser kleines Leben dem Unsichtbaren geöffnet, dessen leise Ahnung uns so oft streifte, wird dieses Leben groß. Es bietet schließlich genügend Raum für den anderen und uns selbst. Es spiegelt die Urnatur des Herzens wider – weit, teilnahmsvoll, wach.

Kapitel 15
Romantische Liebe, harmonische Liebe

Wenn sich zwei Herzen blindlings in die Arme laufen, kommt es zu einer Kollision und gegenseitigen Durchdringung des Bewußtseins, die den Körper erleuchtet und den Geist entflammt. Mit diesem Verliebtsein beginnt die Reise. Natürlich müssen nicht alle Beziehungen, die letztlich in eine mystische Vereinigung führen, einer romantischen Verliebtheit entspringen. Einige wahrhaft bemerkenswerte Beziehungen begannen – in Asien häufig – als arrangierte Eheschließungen. Nichtsdestoweniger führte die Verpflichtung zum Wachstum, auf den Kern der Beziehung konzentriert, diese Paare in einer höchst erlesenen und einzigartigen Weise zusammen.

Bei den meisten von uns entsteht nach dem ersten Aufeinandertreffen von Körper und Geist eine intensive Leidenschaft und Hochstimmung, die beide zueinander zieht. Wir „fallen" buchstäblich in die Liebe hinein (*to fall in love* ist der englische Begriff für das Sich-Verlieben, Anm. d. Übers.). Wir haben den festen Boden verlassen und werden von heftigen Verlangen und uferlosen Gefühlen fortgetragen. Aber diese chemische Euphorie hält nicht ewig an. Wenn die im Stoffwechselprozeß entstandenen Dopamine, Noradrenaline und insbesondere die Phenyläthylamine – wie jede andere Droge – nach ein oder zwei Jahren chemisch neutralisiert worden sind, verliert sich die Hochstimmung solch romantischer Liebe.

Die chemische Komponente dieser genußvollen Hysterie fesselt zwar unsere Aufmerksamkeit, aber es hängt von der Art und Weise unseres Umgangs mit dieser Aufmerksamkeit ab, ob ein tieferes Engagement entsteht oder gebremst wird. Wie bewußt eine Beziehung wird, beruht darauf, inwieweit die noch „unbewußten" Faktoren in den Brennpunkt rücken. Romantische Liebe ergötzt sich auf den physischen und mentalen Ebenen und träumt sich in orgiastischen Vorstellungen zukünftigen Paradiesen entgegen. Sobald wir jedoch gemeinsam das subtile Tauziehen der Herzen erkunden, die sich der Grenze zu tieferer Bindung nähern, bewegen wir uns von der *romantischen* zur *harmonischen* Liebe. Hier erleben wir nicht den reizvollen Zwist einer Romanze, sondern eine Harmonie der Herzen, welche nun auch die unentbehrlichen Schmerzen unserer fortwährenden Geburten umfaßt. Und die *mitfühlende Freude* – eine von Buddhas „großen Gaben des Herzens" – die im Glücklichsein über das Glück des anderen besteht. Eine gleichgestimmte, teilnahmsvolle Zuwendung.

Romantische Liebe ist voller Bekenntnisse und Schwindeleien. Harmonische Liebe ist ein tiefer Einklang, bei dem „ich" und der „andere" auf eine Verschmelzung mit dem Göttlichen Geliebten ausgerichtet sind. Romantische Liebe ist impulsiv und voller Illusionen und Sorgen. Harmonische Liebe ist präsent und wach. Was in der romantischen Liebe weniger ein Verhältnis *mit* als vielmehr ein Bezogensein *auf* den Partner ist, kommt aus der Vorstellung, die man von ihm hat. Harmonische Liebe erfährt ihn im eigenen Inneren, so wie er ist.

So nahe, wie wir der Göttlichen Geliebten ohne besondere Mühe kommen können, so nah ist uns auch die Liebe. Sie manifestiert zahlreiche Qualitäten des Heiligen. Sie wird von Hingabe, Verzückung, Treue, selbstloser Großzügigkeit, Freude, ungebundener Zuneigung, tiefer, einigender Stille und einem Mitgefühl charakterisiert, das über einfaches Verstehen weit hinausgeht.

Unsere Nähe zur romantischen Liebe entspricht der ohne wirkliche Bindung erreichbaren Nähe zur harmonischen Liebe. Wir wundern uns vielleicht, warum unsere Liebe nachläßt, warum das sich öffnende Herz in seinen Spuren festgefroren ist. Sobald wir uns einmal ruhig hinsetzen, diese Frage auf uns wirken lassen und die Probleme wie auch unsere Reaktionen überdenken, erkennen wir allmählich Entwicklungsmöglichkeiten, die umfassender sind als das biochemische Potential heißer Sehnsuchtsbegegnungen. Statt über die Kurzlebigkeit romantischer Liebe zu klagen, beginnen wir nun allmählich, ihre Intention zu vertiefen, und gelangen zu der Erkenntnis, daß eine Romanze nur so lange währt, wie unser (spiritueller, seelischer und körperlicher) Kummer braucht, um wieder an die Oberfläche zu gelangen.

Inmitten unserer Unsicherheit, die keinen anderen Ausweg erkennen läßt als ein für allemal im Kummer zu versinken, erkunden wir sanft und urteilsfrei die Elemente, die unserer Liebe Grenzen setzen. Die meisten romantischen Anziehungskräfte entspringen weit unterhalb der Schwelle unseres normalen Gewahrseins. Die Beziehungsgleichung wird von einem Wunschmechanismus berechnet, der so tief verborgen liegt, daß er für ein herkömmlich fokussiertes Gewahrsein nicht erkennbar ist. Sobald sich das Gewahrsein aber in tieferen Schichten konzentriert, wird der Zugang zu den Signalen des Unterbewußten leichter. Und die Perspektive bewußter Liebe manifestiert sich von selbst.

Romantische Liebe glaubt, daß sie besitzt, was ihr angehört. Sie entführt Körper und Geist. Sie ahmt das Bild nach, das sie vom Herzen hat. Ein subtilerer Geist erinnert uns jedoch daran, daß wir Liebe nicht besitzen, sondern nur *sein* können. Die Liebe kann uns nicht gehören – wohl aber wir der Liebe.

Kapitel 16
Bindung

Spricht man von bewußter Partnerschaft, entsteht leicht ein Hang zum Träumen. Wir versetzen uns geistig in eine „glückliche Beziehung", wo uns der Duft von Jasmin umweht und uns ein Orchester mit himmlischen Melodien begleitet. Bevor wir aber das Potential einer bewußten Beziehung erforschen können, müssen wir gemeinsam eine Grundlage der Verpflichtung zur inneren Entwicklung und zur Fürsorge gegenüber dem Partner schaffen. Das Flugtraining wird auf dem festen Boden unserer Bereitschaft zur Heilung absolviert.

Viele Leute, deren Liebesverhältnis in heillose Unordnung geraten ist, stürzen sich förmlich auf die Idee einer bewußten Partnerschaft. Sie denken an eine „spirituelle Interaktion", an etwas – ganz egal, was – das ihre leidvolle Problematik irgendwie vermindern kann. Doch bevor wir uns auf eine bewußte Partnerschaft – das heißt, auf eine engagierte Offenheit und eine Kontinuität des Herzens – einlassen können, müssen wir zunächst ein solides Fundament der Verantwortlichkeit und der Sondierungsbereitschaft errichten. Wir müssen die geistige Festigung und das Öffnen des Herzens in unserer Beziehung zur wichtigsten Aufgabe machen. Wir müssen zu einer Reife gelangen, die auf natürliche Weise in die Bindung führt. Wenn die gegenseitige Verpflichtung sondiert wurde und die rechte Zeit gekommen ist, bietet sich eine wirkungsvolle Übung des Zusammenhalts an, die bisweilen eine teilweise Überlagerung des Bewußtseins zuläßt – ein Erspüren der inneren Regungen des Partners, das eine Verbundenheit der Herzen schafft, die der Geist nicht so leicht stören kann.

Viele Menschen spüren trotz ihres Zusammenseins keine allzu tiefe Zusammengehörigkeit. Doch wenn das Bewußtsein nicht mehr Wache hält, sondern von den Schutzwällen zurückgezogen wird, weitet es sich, und der zukünftige Weg wird klarer. Indem man sich einige Wochen lang alle paar Tage der Bindungs-Meditation für Paare widmet, entfaltet sich eine beträchtliche Energie gemeinsamer Verpflichtung, die erahnen läßt, welche Möglichkeiten zwei Menschen haben, zu einer grenzenlosen Einheit zu gelangen.

In Asien kennt man zwei Arten des Karma, des Lebensimpulses. Auf der einen Seite gibt es den *gegebenen* Impuls, in den wir hineingeboren werden – Eltern, Kinder, Temperament, Körpertyp etc. Doch die Mehrzahl der Faktoren, denen wir begegnen, betrachten wir als *erworbene* Impulse – Liebespartner, Freunde, Tätigkeiten, Erziehung. In der heutigen „Wegwerf-Gesellschaft" schneller Lösungen werden die meisten Beziehungen als erworbene und eigentlich entbehrliche Impulse angesehen, die eher eine Option als eine Gegebenheit darstellen. Lassen wir uns jedoch auf eine bewußte Partnerschaft ein, verstehen wir unseren Partner eher als einen *gegebenen* denn als einen *erworbenen* Teil unseres Daseins. Solange wir unsere Beziehungen noch für erworben halten, sind sie austauschbar und oberflächlich. Immer stehen wir mit einem Fuß außerhalb des Kreises, und unsere Koffer haben wir nie ganz ausgepackt. Bindung wandelt Erworbenes in Gegebenes um. Und die Ebene der Verantwortung – die Fähigkeit, achtsam zu antworten statt mechanisch zu reagieren – weitet den Raum für tieferes Forschen noch mehr. Wenn die Beziehung zu unserem Liebespartner, zu unserer/m Geliebten einen fortschreitenden Aspekt unseres Prozesses widerspiegelt, gewinnen wir ein Vermögen umfassender Vergebung, spürbaren Wachstums und oft unbändiger Heiterkeit. Wir werden gewahr, daß unser Liebespartner nicht einfach ein vorübergehender Gast, ein Besucher auf der Durchreise ist, sondern ein ständiger Hausgenosse. In der Tat, man „teilt die Miete" für dieses vorläufige Domizil namens Körper, für diese flüchtigen Geisteszustände, in denen wir versuchsweise leben. Die Beziehung wird nicht länger von der Zeit eingefangen oder verfolgt. Was wir suchen, ist die zeitlose Qualität ihrer ursprünglichen Natur, die schon bestand, als noch keine Konditionierung das Licht zu erstaunlichen prismatischen Geisteseffekten verzerrte. Jeder dringt durch das zur Zeit offene Tor in jene Restriktionen und Kümmernisse ein, die den weiteren Zugang zum Liebespartner und zu sich selbst versperren.

Wir sollten diese Verpflichtung nicht auf die leichte Schulter nehmen. Jede Bewußtseinsebene bedarf der Eingliederung. An der „Arbeit, die zu tun ist", führt kein Weg vorbei. Du kannst keine Stufe überspringen. Weil wir uns nicht durch eine geradlinige Erkundung, sondern durch einen fortwährend wechselnden Zustand bewegen, in dem jeweils unterschiedliche Qualitäten (angenehme und unangenehme) dominieren, führt nur die sanfte Fühlungnahme eines teilnahmsvollen Gewahrseins zum Ziel. Es ist die Bereitschaft, den Sorgen-Teich des anderen zu durchschwimmen. Und deine eigenen mit ihm zu teilen. Alle Nichtigkeiten und Freuden zu teilen, die unsere Entwicklung begleiten, wenn wir uns auf die lange Reise eingelassen haben. Während wir gemeinsam die Fixierungen erkunden, die eine Beziehung normalerweise in zwei getrennte Wunschmechanismen spalten, wandern wir allmählich über das Zeitliche und Bedingte hinaus zu einer unbedingten Liebe, die sich ganz von selbst einfindet, wenn nichts mehr sie blockiert.

Aus der Perspektive einer ganz normalen Beziehung mögen Übungen der Bindung überaus reizvoll erscheinen – solange aber die Widerstände gegen die erstrebte Bindung oder Versöhnung nicht erforscht sind, kann zunächst das Üben der Vergebung geeigneter sein.

Wir müssen uns nicht von hier nach dort begeben. Nimm dieses Buch nicht zum Anlaß, ein Denkmodell in dir zu schaffen, das dir vorgibt, wer du sein und wohin du gehen solltest. Wenn das Herz offen ist, kennt es den Weg auswendig.

Manche fürchten die „gegenseitige Abhängigkeit" – ein Ungleichgewicht gemeinsamer Verpflichtung – und stellen die rückhaltlose Hingabe und Unterstützung, wie sie als feste Grundlage einer bewußten Beziehung erforderlich ist, in Frage. Gewiß dürfte in einer Beziehung, die nicht auf gemeinsamem Engagement für die lebendige Wahrheit beruht, eine derartige Hingabe wenig förderlich sein! Gegenseitige Abhängigkeit ist keine Bindung, sondern eine Verstrickung. Eine bewußte, engagierte Partnerschaft indes gleicht der Großen Waage, von der in den Schriften der alten Ägypter die Rede ist: die himmlischen Gottheiten wiegen mit ihr das Herz gegen die Feder der Wahrheit auf. Eine derart feine Balance ist notwendig, und sie erfordert fortwährende Aufmerksamkeit. Sie bestärkt den Geist darin, sich ins Herz einzufühlen und perfekt mit der „reinen Wahrheit" auszubalancieren. Jeder erstrebt diese Balance zum Wohle des Ganzen. Bei einer gegenseitigen Abhängigkeit werden die Waagschalen ständig angestoßen. Oft muß der eine erst „down" sein, bevor der andere ein „High" erreicht. Hier gibt es kein Gleichgewicht, sondern nur die gefürchtete Schwerkraft. Dagegen findet sich in einer ausbalancierten Beziehung kein „dominanter" Partner, denn die Rollen wechseln ständig. Wer heute gerade den sichersten Halt findet, klettert beim Aufstieg voran.

Paradoxerweise offenbart gerade die gegenseitige Abhängigkeit eine Sucht nach Schmerz, während die bewußte Beziehung heilende Entwöhnung praktiziert. Es ist so ähnlich wie bei einem befreundeten buddhistischen Mönch, der seinen Lehrer fragte, ob Meditation eine Art Hypnose sei. Die Antwort war: „Nein, sie enthypnotisiert!" Auch die bewußte Beziehung kann eine derartige Methode zur Entmagnetisierung unseres Leidens sein.

Nichts bindet uns so stark wie die Wahrheit. Nichts verbannt das Mißtrauen so wirksam wie das offenbarte Herz. Bindung ist die Bereitschaft zur Offenbarung, zum bloßen *Sein* im Herzen des anderen. Man ist bereit, die eigenen Unzulänglichkeitsgefühle und Selbstzweifel loszulassen und seinem Kummer im Herzen Raum zu schaffen, damit auch der des anderen dort einkehren kann. Man erkennt, daß in dieser Frau alle Frauen und in diesem Mann alle Männer sind. Und daß dieser Moment der einzige ist, den wir haben, um die gemeinsame Essenz zu finden. In einer bewußten, verantwortlichen Partnerschaft verbinden sich zwei „ganze" menschliche Wesen und suchen den gemeinsamen Weg in ihre teilnahmsvolle Menschlichkeit.

Die Bindungs-Meditation für Paare

Eine Übung, die viele Menschen als hilfreich erachteten, um ihre Beziehung zu vertiefen und die Bewußtseinsebenen zu ergründen, auf denen sich die für eine bewußte Interaktion nötige Bindung spontan manifestiert, ist die Verbindende Atem-Meditation. Diese Übung vermag, sofern sie für längere Zeit mehrmals in der Woche ausgeführt wird, Ebenen der Beziehung zu erschließen, derer man sich zuvor nicht bewußt war. Auch mit seinen Kindern, Eltern und Freunden kann man sie sinnvoll praktizieren, denn sie führt bisweilen zu einer wechselseitigen Überschneidung des Bewußtseins, die den anderen im Herzen fühlbar und wahrnehmbar werden läßt und die Distanz zu ihm weitgehend oder gänzlich aufhebt. Man kann manchmal tatsächlich nicht sagen, ob es der eigene Gedanke oder der des Partners ist, der einem durch den Kopf geht. Diese Übung dient auch als diagnostisches Instrument für unsere Abgrenzung und Isoliertheit, für unsere Abneigung gegen die Hingabe und gegen eine teilnahmsvolle Herzensbindung.

Unlängst wandte sich auf einem Workshop nach der Verbindenden Atem-Meditation eine Frau an uns und sagte mit Tränen in den Augen: „Ich bin schon neun Jahre verheiratet, aber ausgerechnet in dieser absurden Situation, wo wir mit fünfhundert Leuten in einem Raum sitzen, sind wir uns mit dieser Meditation so nahe gekommen wie niemals zuvor – und das zeigt mir, wie weit wir voneinander entfernt gewesen sind. Wie kann nur eine solche Kleinigkeit so viel bewegen?" Dies ist eine der einfachsten und wirksamsten Übungen, um das uns allen gemeinsame Herz, den einen Geist des Seins zu erspüren. Sie erlaubt uns das Erfahren mehrerer Ebenen des Verbundenseins. Sie kann uns durch den Geist hindurch über ihn hinausführen. Sie läßt zwei Menschen „mit sanften Augen sehen", welche Ebenen der Vertrautheit und Hingabe einem ungetrübten Gewahrsein zugänglich sind.

Viele nutzen diese Übung, um den Zusammenhalt im Bereich ihrer Beziehungen zu vertiefen – mit Liebespartnern, Kindern, Eltern, Erkrankten und allen, denen man wirklich dienen möchte. Sie ist eine Führerin zur Offenheit, die uns eine Ahnung unserer essentiellen Weiträumigkeit vermitteln kann.

Die Meditation wird zwanzig bis fünfundvierzig Minuten lang von zwei Personen geübt. Die Dauer wie auch die eigentliche Erfahrung dieser Erkundung können variieren. Um sich die Technik innerlich anzueignen, ist es wichtig, mit den Erfahrungen sowohl des aktiv wie auch des passiv Beteiligten vertraut zu werden – obgleich Gebender und Empfangender am tiefsten Punkt dieser Übung in der Einheit aufgehen, die jenseits des separatistischen Geistes wartet.

Laß dich von der Einfachheit dieser Technik nicht dazu verleiten, ihr Potential der Vereinigung einer Zweiheit zu unterschätzen.

Seng Ts'an, der Dritte Patriarch des Zen, sagt über diesen grenzenlosen, nichtdualistischen Zustand:

Für den geeinten Geist, der sich
im Einklang mit Dem Weg befindet,
hört alles ichbezogene Streben auf.
Zweifel und Unentschlossenheit verlieren sich,
und ein Leben in wahrem Glauben wird möglich.
Mit einem einzigen Hieb sind wir von der Fessel befreit;
nichts haftet uns an und nichts halten wir fest.
Alles ist leer, klar, selbsterleuchtend,
ohne Einsatz geistiger Kraft.
Hier sind Gedanke, Gefühl, Wissen und Vorstellung
ohne Wert.
In dieser Welt der Soheit gibt es weder ein Selbst noch
etwas anderes als das Selbst.

Willst du dich mit dieser Realität direkt in Einklang bringen,
so sage einfach, wenn sich Zweifel in dir erhebt:
„Nicht zwei. "
In diesem „Nicht zwei" ist nichts voneinander getrennt,
und nichts ist ausgeschlossen.
Ganz gleich, wann oder wo:
Erleuchtung heißt, in diese Wahrheit einzudringen.
Und diese Wahrheit liegt jenseits einer Erweiterung oder
Verminderung von Zeit oder Raum;
in ihr sind zehntausend Jahre ein einziger Gedanke.

Bei dieser Atemübung bittet man die Person, mit der man in Verbindung treten möchte, sich in bequemer Haltung ganz nach Belieben auf ein Bett oder auf den Boden zu legen und den Körper zu entspannen. Ein Gürtel sollte geöffnet, eine Brille abgenommen werden, die Arme liegen locker am Körper, die Beine ruhen nebeneinander. Ihr seid beide völlig gelöst und atmet ganz natürlich, ohne den Gedanken, etwas tun zu müssen. Fühlt einfach, was geschieht.

Du sitzt in der Nähe der Körpermitte deines Partners und achtest auf seine Atemzüge, indem du den Blick auf das Heben und Senken seines Bauches richtest. Bestärke ihn darin, ganz natürlich zu atmen. Er muß den Atem nicht kontrollieren, reduzieren oder anpassen, sondern soll sich auf ganz natürliche Weise entspannen. Ohne weitere Kommunikation löst du dich nun von deinem eigenen Atemrhythmus und atmest so wie dein Partner. Wenn du das Heben seines Bauches bemerkst, atmest du ein. Wenn du das Senken des Bauches wahrnimmst, atmest du aus. Löse dich vollständig von deinem eigenen Atem und gleiche deine Atmung völlig der seinen an. Atme seinen Atem in deinem Körper.

Wenn du dich erst einmal auf die Atmung des anderen eingestimmt hast, ist es wichtig, daß du nicht „abschaltest", sondern deinen Blick stetig auf das Heben und Senken seines Bauches richtest, um dich auch den feinsten Veränderungen seiner Atmung anpassen zu können, wenn er von wechselnden Geisteszuständen und Gefühlen bewegt wird. Auch wenn dich ein tiefes Gefühl des Friedens überkommt, darfst du deine Augen nicht schließen und die Verbindung zu deinem Partner unterbrechen. Richte deine Aufmerksamkeit sehr genau auf die subtilsten Veränderungen im Heben und Senken seines Bauches, so daß sich auch dein Atem diesen Veränderungen anpassen kann.

Nach vielleicht acht oder zehn gemeinsamen Atemzügen beginnst du den Atem deines Partners in deinem eigenen Körper zu atmen. Während ihr beide ausatmet, läßt du jedesmal ein AHHHH erklingen. AHHHH ist der große Klang des Loslassens. Ermögliche es diesem Klang, sich mit jedem Ausatmen tiefer und tiefer in deinen Körper hinabzusenken, bis auch dein Bauch das AHHHH im Einklang mit deinem Partner atmet. Wichtig ist, daß der andere dein AHHHH hören kann, daß es deutlich zu vernehmen ist. Laß dich nicht in ein unhörbar geflüstertes AHHHH forttragen, das zwar angenehm für dich sein mag, die Verbindung zu deinem Partner aber unterbricht.

Jedes gemeinsame Atemholen wird lautlos vollzogen. Während der neben dir liegende Partner still ausatmet, ertönt aus deinem Mund von deinem Bauch her, am Herzen vorbei dieser große Klang des Loslassens, das tiefe AHHHH der Befreiung, das vom anderen so vernommen wird, als käme es von ihm selbst. Er selbst braucht das AHHHH nicht zu äußern.

Wie bei all solchen Meditationen ist es wichtig, daß du sie dir ganz zu eigen machst – jede Art des Experimentierens ist erlaubt. Wenn du aber die ersten Male mit einem Partner arbeitest, dann erlaube ihm, Stille zu bewahren. Finde in dir selbst dies tiefste, natürliche AHHHH, das innigste Seinlassen des mächtigen inneren Klanges.

Halte diese Atemverbindung solange aufrecht, wie es angenehm für dich ist, den Atem deines Partners in deinem Körper zu atmen und das AHHHH bei jedem Ausatmen zu äußern. Im Verlauf dieser Übung können vielfältige Geisteszustände auftreten. Manche Menschen spüren einen Frieden, der alles Begreifen übersteigt. Andere nehmen im Herannahen dieses Friedens wahr, wie sich unerwartete Ängste vor der Intimität, sexuelle Energien oder Gefühle des Zweifels aus dem Atem heraus bilden und wieder auflösen. Registriere dies voller Ruhe. Laß die neben dir liegende Person wissen, daß sie die Kontrolle behält und dir durch das Heben ihrer Hand signalisieren kann, daß sie die Übung abbrechen möchte.

Es hat sich gezeigt, daß diese vermeintlich simple Übung für viele von außerordentlichem Nutzen ist. Wir kennen zahlreiche Krankenschwestern und Ärzte, die mit dieser Technik der körperlichen Entspannung und inneren Erweiterung im Krankenhaus arbeiten, wenn Patienten unter starken Beklemmungen und Spannungen leiden. Indessen kann es nach halb vollzogener Meditation des öfteren passieren, daß der Partner, dessen Alltagsspannungen sich allmählich lösen, wohlig zu schnarchen beginnt. Laß es geschehen. Du brauchst keine Ergebnisse zu erzwingen. Laß die Meditation selbst die Lehrerin sein. Betrachte alle vorgefaßten Meinungen einfach als weitere Gedanken, als weitere Seifenblasen, die durch die ineinanderfließenden Weiten einer gemeinsamen Realität schweben. Manche erzählen, daß sie gar nicht unterscheiden konnten, wessen Gefühl es eigentlich war, das irgendwann während des Übungsverlaufs in Erscheinung trat. Ein Erfahrungsaustausch darüber, was auf den verschiedenen Stufen der Übung geschehen ist, kann die Verbindung zwischen den Partnern weiter verfeinern.

Wir kennen viele, die mit schwerkranken Patienten gearbeitet und diese Übung angewendet haben, um ihnen das Offensein für die Heilung und ein Lösen von seelischer und körperlicher Angst zu erleichtern. Sie scheint auch dann Wirkung zu zeigen, wenn der Patient im Koma liegt. Selbst im Augenblick des Todes war bei verschiedenen Patienten ein Zeichen der Erfüllung wahrzunehmen, wenn das AHHHH immer tiefer und weiter und ihr Atem schwächer und schwächer wurde, bis schließlich der sanfte Hauch des AHHHH den Körper verließ und das Leben mit sich forttrug. Viele, die einem sterbenden Menschen zur Seite standen, haben die erstaunliche Möglichkeit entdeckt, an seinem Tod im tiefen AHHHH eines innigen Loslassens teilzuhaben, das ihn bis zur Schwelle begleitet und sie schließlich sanft überschreiten läßt. Es ist eine Übung, deren zahlreiche Anwendungsmöglichkeiten jeder für sich selbst entdecken wird, während er tiefer in sie eindringt.

Wenn du den Atem des anderen in deinem Körper atmest, dann widmest du ihm vielleicht eine größere Aufmerksamkeit als jemals zuvor. Kaum einmal lauschen wir jeder Silbe, die ein anderer spricht, und noch viel weniger stimmen wir uns auf die mikroskopische Ebene jedes einzelnen Atemzuges ein, der beginnt, innehält und nach dem Ausatmen wieder in der Stille endet. Diese tiefe Aufmerksamkeit läßt uns erkennen, daß wir nicht zwanzig Jahre in einer Höhle sitzen müssen, um einen Schimmer unserer gemeinsamen Natur zu erleben.

110

Die AHHHH-Atemübung ist eine Form der Mitmeditation, ein tiefes Lauschen auf den Atem und eine umfassende Befreiung von inneren Fesseln, die keines Dogmas und keiner Philosophie bedarf. Die Wahrheit liegt in der Wahrheit dessen, was ist. Was auch immer erfahren wird, muß voll und ganz erfahren werden.

Hingerissen vom Göttlichen Geliebten

Ich bin hingerissen vom Geliebten.
Ein Körnchen Staub ist
das Universum, die Zeit, und alles
Tun und Denken
vom Mineral zum Menschen,
nicht mal ein Splitter in meinem Auge,
das geöffnet ist für die erschreckende
Unermeßlichkeit, die Gnade, die
unser zaghaftes Begreifen verwirrt
und das wartende Herz zerspringen läßt.

Ich weiß nicht,
was ich weiß.
Es tritt ein durch eine andere Tür –
selbst Gott und das Herz
können es nicht umfassen.
Und doch ist es hier,
verborgen in jedem Atemzug,
offenbart jenseits der Vernunft
und der vertrauten Form der Dinge.

Laß dich nicht betrügen
von Philosophien und Erleuchtungen -
die Wahrheit zerstört alle Bedeutungen,
je früher, desto besser.
Laß das klare Verrücktsein zu!
Dies göttliche Heilsein, dem niemand
sich entziehen kann.

Kapitel 17
Triangulation

Die Triangulation ist eine Technik, mit der man herausfinden kann, wo man sich im Verhältnis zum Mysterium befindet. Es ist ein trigonometrisches Verfahren, um einen „entfernten Standort" auf der Grundlage der Perspektiven „zweier Fixpunkte, deren Distanz zueinander bekannt ist", zu lokalisieren. In einer Partnerschaft ist die Distanz zwischen diesen Punkten durch die Achtsamkeit „bekannt" und von der Herzenswärme „fixiert". Das Maß der Abgrenzung gegeneinander definiert unsere Distanz zur Wahrheit.

In der Funktechnik dient Triangulations-Technik der Ortsbestimmung eines „unbekannten Objektes". Zwei exakt plazierte Empfangsgeräte helfen bei der Lösung des Problems. Ebenso wie ein Auge zum Sehen genügt, jedoch erst beide eine Perspektive, eine „räumliche Tiefe" ermöglichen, so finden auch zwei Herzen in einem kombinierten Brennpunkt leichter den Zugang zum Großen Herzen, zum Göttlichen Geliebten.

Auch in unserem Alltag ist das Triangulieren ein durchaus gebräuchliches Mittel der Problemlösung. Man denke an das blühende Geschäft der Partnerberatung – die Kunst, bei der sich zwei Wesen an ein drittes wenden, um Weisheit und Einsicht zu gewinnen. Die beiden ziehen mit dieser Methode eine dritte Perspektive heran, um die Beziehung zueinander zu bestimmen.

Bei der „weltlichen" Triangulation blicken wir auf den Eheberater, den Geistlichen oder den Mentor. Bei der „spirituellen" Triangulation wenden wir uns dem Einen zu. In diesem Kontext fragen wir nicht mehr: „Wie bekomme ich das, was mir zusteht?", sondern: „Wie werden wir gemeinsam zu all dem, was wir eigentlich sein könnten?"

Wenn die Bindung erst einmal gefestigt, die Grundlinie des Dreiecks gezogen und alles Trennende einem gemeinsamen Heilungsprozeß anvertraut wurde, können Distanz und Richtung zur Göttlichen Geliebten, zu unserer wahren Natur, leicht ermittelt werden.

Eine Beziehung ist sicherlich nicht die einfachste Methode, um Frieden – unser wahres Herz – zu finden, aber sie stellt eines der effektivsten Mittel dar, um zu erkennen, was diesen Frieden blockiert.

An Anfang der Einrichtung des Dreiecks einer Beziehung ist der Scheitelpunkt die Beziehung selbst. Wenn Vertrauen und Engagement im gemeinsamen Herzen Wurzeln fassen, nimmt der Göttliche Geliebte seinen korrekten Platz ein, und die Beziehung wird zu einem Element der Basis des Dreiecks.

Wenn wir durch eine Zusammenarbeit der Herzen verbunden sind, lernen wir die reine Süße der Istheit kennen. Wir sind nicht dies oder das. Wir sind einfach das *Brausen* des Seins, gemeinsam, als zwei Aspekte einer einzigen Wirklichkeit.

Wenn die Beziehung in einem Kontext des Mitgefühls steht und sich der Schmerz des anderen untrennbar mit der eigenen Heilung verbindet, wird dein Herz zu einem mit dem Mysterium perfekt triangulierten diagnostischen Instrument. Ist die Beziehung vom Kontext der Unsterblichkeit umgeben, liegt aller Sinn allein in der Liebe.

Ein Freund sagte einmal: „Der Monotheismus hat alles zerstört!" Gerade als wir im Begriff waren, unseren Dualismus zu überschreiten, blieben wir beim Einen stehen und übersahen die grenzenlose Einheit jenseits von ihm. Diese Einheit jenseits des Einen ist das an keine Form oder Bedeutung gebundene Mysterium. Also werden die Partner in einer Beziehung, wenn sich der Prozeß der Triangulation verfeinert hat, nicht zögern und stehenbleiben, sobald sie zum Einssein oder sogar zum Einen gelangen. So sehr sie sich nacheinander sehnen, so sehr sehnen sie sich auch nach der lebendigen Wahrheit. Und sie stehen über das unterschiedslose Herz mit dem ewig unterscheidenden Geist in Verbindung. Dabei ist nicht einmal mehr ein „Beobachter" zu erkennen, sondern einfach der Zustand des Beobachtens. Klare Wahrnehmung. Wir beobachten nicht aus der Sicht einer substantiellen Warte, eines weiteren Monotheismus, sondern haben vielmehr teil am Prozeß, welcher frei im Herzen schwebt.

Selbst in einer Beziehung, die sich bis zu dem Punkt entwickelt hat, wo zwei zu einer Einheit werden, haben wir noch den Teil des Weges vor uns, der zur Heilung des tiefsten Kummers führt – und es ist unser plötzliches, sprachloses Begreifen, dem wir es überlassen, den Kurs abzustecken.

Ohne irgendwo stehenzubleiben, triangulieren wir auf dem Pfad durch das Herz in eine Höhe, wo wir unsere heilige Soheit erfahren. Dabei teilen wir oftmals eine so machtvolle, unbedingte Liebe, daß wir mit allem, was uns umgibt, in einem Meer der Liebe schwimmen. Und den spirituellen Partner, mit dem du diese Erforschung begonnen hast, erfährst du nicht mehr nur als „den Menschen, den ich liebe", sondern in einem viel tiefergreifenden Sinn als einen Prozeß, mit dem du *in der Liebe* bist. Wenn ihr einander nahe kommt, umgibt ihn die Liebe ganz von selbst. Ihr schwimmt einfach nebeneinander im Ozean des Mitempfindens.

Eine bewußte Beziehung ist die Kunst, den Nährstoffmangel des Geistes in eine Alchimie des Herzens umzuwandeln. Wenn du *in Liebe* bist und das offene Herz sich schließt, dann entsteht das Gefühl, als sei es in deinem ganzen Leben noch nie so verschlossen gewesen. Das Paradoxe einer so machtvollen Liebe liegt darin, daß das Herz, je weiter es sich geöffnet hat, auch desto weiter gehen muß, um sich zu verschließen. Dieses Verschlossensein ist so schmerzvoll, daß man die Lehre nicht übersehen kann: Jede Verklammerung im Geist beschränkt den Zugang zum Herzen. *Nichts* ist es wert, daß man auch nur einen Moment länger sein Herz verschlossen hielte. Das Festhalten selbst an der leichtesten Trennung, an nur einem einzigen Gedanken oder am „Recht"habenwollen kann einen Abgrund schaffen, den auch Treue nicht zu überspringen wagt.

Manche erzählen stolz, wie lange es ihnen schon gelungen sei, ihren „Freiraum zu wahren", und sie verschweigen die Tage, die sie im Streit verbrachten. Sie sind stolz darauf, wie unabhängig sie sind, wie „individuell" sie sich entwickelt haben. Und all dies träfe auch wirklich zu, könnten sie es nur mit offenem Herzen vollbringen, mit Milde statt mit Zorn gegenüber sich selbst.

Wenn zwischen Ondrea und mir Momente eintreten, wo wir unsere Herzen verschlossen finden, dringt uns dies so schmerzhaft ins Bewußtsein, daß wir gar nicht anders können als loslassen – und unsere Herzen springen wieder auf. So sind wir einander selten länger als ein paar Minuten verschlossen. Und wir gehen nie auseinander oder legen uns schlafen, ohne alles „Unerledigte" zu klären, was uns trennen könnte. Gerade in Augenblicken, wo das Herz verschlossen, wo der Schatten am undurchdringlichsten und das Licht am weitesten entfernt ist, tritt unsere eigentliche Verpflichtung zur Selbstergründung und füreinander am deutlichsten zutage. Und nur dies kann in der Liebe zum anderen weiterführen.

Unser Freund hatte recht, als er sagte, daß unser Monotheismus alles zum Stillstand bringe. Die Tendenz des Geistes, bei jeder einsetzenden Überschreitung der Zweiheit, der Dualität, am Einen innezuhalten und die Unermeßlichkeit der jenseitigen Einheit zu übersehen, muß genau beobachtet werden. D. H. Lawrence sagte: „Gehe auch über die tiefste Liebe hinaus, denn die Seele ist unergründlich. Begnüge dich nicht mit sicherem und erkennbarem oder sogar „heiligem" Territorium. Bleibe nirgendwo stehen!" Wenn wir das Herz Gottes durchquert haben, tritt die Partnerschaft in einen Zustand der Wechselbeziehung ein, in dem nur noch Einheit besteht. Ich möchte Maharajji zitieren, der sagte: „Das Herz des Durchschnittsmenschen gleicht der Butter – es schmilzt, wenn es sich der Flamme nähert. Das Herz des wahrhaft Liebenden aber schmilzt, wenn das Herz der/ des Geliebten dem Feuer nahe ist." In dieser Einheit sind wir „der Atem innerhalb des Atems", die Unermeßlichkeit, in der wir nicht nur ineinander aufgehen, sondern auch miteinander aufsteigen.

Kapitel 18
Gelöbnisse

Im Buddhismus gibt es einen bedeutsamen Verpflichtungsritus, den man das Bodhisattva-Gelübde nennt. Ein Bodhisattva ist jemand, der sich dem Wohl und der Befreiung anderer Wesen verschreibt. Der wahrhaft Liebende mit standhaftem Herzen verpflichtet sich – wie Suzuki Roshis Bodhisattva – dem Wohl des anderen zu dienen und „seinen Weg nicht zu verlassen, selbst wenn die Sonne im Westen aufgehen sollte".

Gelöbnisse, die engagierte Liebespartner ablegen, gleichen jenen Geboten, denen sich ein Mönch oder eine Nonne unterwerfen. Sie sind ein Rückhalt auf dem edlen Pfad ins Unbekannte. Sie sind ein Versprechen an uns selbst. Sie bilden die Grundlage für den nächsten Schritt, welche Lebensumstände auch immer eintreten mögen.

Gelöbnisse binden uns an die bevorstehende psychologische wie auch spirituelle Arbeit. Sie verlangen das Entwickeln von Mitgefühl und Gewahrsein. Sie verlangen, daß wir bereit sind, alles zu geben, was wir sind. Solche Gelübde bringen das persönliche Forschen mit den universalen Grundsätzen ins Gleichgewicht. Sie verpflichten dazu, all dies gleichzeitig zu tun. Zum einen müssen wir die weitgespannte psychologische Arbeit der Individuation, des Prozesses der Selbstwerdung weiterführen, um grundlegende spirituelle Einsichten in unser Leben einzugliedern. Zum anderen heißt es, die spirituelle Praxis fortwährend zu vertiefen, um den Kontext für ihre psychologische Realität zu erweitern. Während wahre Liebende in ihrer Liebe auf immer weniger Grenzen stoßen, wachsen sie zum Wohle der Gesamtheit zusammen – das ist es, was Beziehungs-Bodhisattvas ausmacht! Unsere Verpflichtung reflektiert sich in unseren Gelöbnissen. Als Ondrea und ich heirateten, gelobten wir uns:

„Ich übergebe dir meine Furcht, meine Unwissenheit und meine alten Verhaftungen in der Leere und in der Liebe. Ich übergebe dir die wechselvollen Höhen und Tiefen meines Geistes, um gemeinsam mit dir zu wachsen und die lebendige Wahrheit in jedem Augenblick ans Licht zu bringen, dem wir uns öffnen können.

Ich übergebe dir die Liebe, die Verpflichtung meines Herzens, unsere Reise zum anderen Ufer zu erleichtern.

Der Kreis meines Lebens schließt sich mit diesem Gelöbnis, in diesem Leben danach zu streben, gemeinsam den Weg zu Gott zu finden und zu der Liebe zu gelangen, die alle Formen übersteigt."

Unser Gelöbnis war und ist eine lebendige Verpflichtung auf den Pfad, den wir alle gehen. Es ist die Bereitschaft, unter allen Konsequenzen der Liebe zu leben, die Sorgen des anderen zu durchqueren und ein wenig Stille zu bewahren, wenn Aufregung naht – und sich zu verneigen, wenn sie sich verliert. Absolut unvernünftig und nur selten vorsichtig zu sein, wenn das Herz ein Lied erspürt, das den Geist von seinen eigenen Fesseln befreien wird.

Wie es Stephen Mitchell in seinem Buch *Into the Garden: A Wedding Anthology* darlegt, werden bei einer traditionellen Zen-Hochzeit keinerlei Ehegelübde abgelegt. Jeder Partner bekundet einfach seine Maxime, Achtsamkeit und Herzenswärme zu üben. Man gibt nicht dem zukünftigen Ehepartner, sondern sich selbst ein Versprechen. Zu Beginn der Trauungszeremonie sagt der Priester: „Gebt eure kleinen Persönlichkeiten auf und nehmt Zuflucht zueinander. Wahrhaftig Zuflucht zueinander zu nehmen bedeutet, daß ihr Zuflucht nehmt zu allen Dingen. Und dies heißt, zusammen zu leben und zusammen zu praktizieren."

Ein einmal abgelegtes Gelöbnis kann man nicht so einfach lösen. Dieselbe formale Energie, mit der das Versprechen ins Leben gerufen wurde, muß erneut wachgerufen werden, um es zurücknehmen zu können. Das ist keine simple Angelegenheit.

(Siehe auch Kapitel 29: Sexualität und Kapitel 50: Bewußte Scheidung.)

Das Selbstbild, die vorgestellten Grenzen in unserer unvorstellbaren Grenzenlosigkeit, ist nur allzu willfährig, seine Gefühle der Unwürdigkeit und Unvollkommenheit mit einem Gelöbnis abzuhandeln. Doch Gelöbnisse kommen eher aus dem Herzen als aus dem Geist. Solange man sich nicht sicher ist, ob ein lebenslanges Gelübde der eigenen Verpflichtungsbereitschaft entspricht und mit der erreichten Stufe der Beziehung harmoniert, sollte man eher einen „Zeitvertrag" in Betracht ziehen, dessen Möglichkeiten einige Monate lang getestet werden können.

Findet also heraus, welche Erwartungen jeder von euch mit der Beziehung verknüpft, und notiert sie euch. Vergewissert euch, womit ihr euch einverstanden erklärt, bevor ihr die Unterschrift des Herzens auf die gepunktete Linie setzt. Welche Erwartungen werden an dich gerichtet? Was erwartest du selbst? Bindende Verträge spiegeln sehr wirkungsvoll unsere Bereitschaft wider, Prioritäten zu klären.

Indes mögen manche Partnerschaften, die nicht bewußt für das ganze Leben eingegangen wurden, durchaus eine sichere Grundlage für ein gemeinsames Experiment der Verpflichtung bieten. Es sind Probezeiten des Forschens.

Als ich vor fast zwanzig Jahren die Bedeutung einer festen Bindung ergründen wollte, schloß ich mit einer Liebespartnerin einen dreimonatigen Vertrag, um einfach einmal zu testen, was bei einer solchen Verpflichtung herauskommen würde. Nach drei Monaten waren zwei Dinge sonnenklar: Erstens hatte ein bindender Vertrag enorme Kraft und war sicherlich für die nächste Entwicklungsstufe genau das Richtige, und zweitens war die Partnerin, mit der ich diesen Test geteilt hatte, die Falsche. Dieses Bewußtseinsexperiment machte mir klar, daß die hohe Verpflichtung in einer Partnerschaft einen Yoga darstellte, wie ich ihn in solcher Wirksamkeit noch nie kennengelernt hatte. Einen Yoga, der es mir beständig ermöglichte, mein Herz in Ondrea wiederzuentdecken.

Da die Grundlage einer festen Bindung im Vertrauen und in der Verpflichtung besteht, bietet sich ein weiteres Gelöbnis an, das sich erforschen läßt, wenn man jenen Raum der Sicherheit schaffen möchte, in dem die erforderliche Hingabe überhaupt erst möglich wird. Es ist das Gelöbnis, *„niemals das geheime*

Herz des anderen zu verletzen oder preiszugeben". Dies ist das heilige Versprechen, daß man *unter keinen Umständen* (eheliche Gewaltausübung ausgenommen) die Geheimnisse und Gefühle, die der andere uns anvertraut hat, an einen Dritten weitergibt. Daß alle gemeinsame Arbeit heilig ist und nur euch beide und die Göttliche Geliebte betrifft. Dies ist das grundlegende Ethos – eine lebenslange Verpflichtung zur Wahrheit und zum Mitgefühl, die uns, wenn wir sie respektieren, befreien wird. Und auch die Herzen aller, die uns nahestehen.

Diese Verpflichtung zur Verpflichtung ist sehr machtvoll. Sie stellt der Partnerschaft dieselbe Energie zur Verfügung, wie sie der Yogi in seiner Höhle empfängt. Sie ist ein geweihter Raum der Begegnung mit dem Heiligen. Unentschlossenheit führt hier nicht weiter. Hier geht es um deine Verantwortung dem Leben gegenüber. Um ein absolut lebendiges Leben unter den Konsequenzen der Liebe.

Wir rufen unser Gelöbnis alle fünf Jahre in einer Hochzeitsfeier von neuem wach. So sind wir schon einige Male getraut worden: Von Ram Dass bei der Lama Foundation, von einer spanischen Richterin im Gerichtsgebäude von Taos, von einem methodistischen Geistlichen während eines fünftägigen Partnerschafts-Workshops in den Wäldern Oregons und von einem Schamanen-Tätowierer am Tag jenes Vortrags in einer Kirche, von dem ich bereits am Anfang dieses Buches erzählte.

In einigen Monaten planen wir eine weitere Feier. Bei jedem neuen Versprechen wird unser Gelöbnis einfacher. Wahrscheinlich werden wir uns dieses Jahr nur voreinander verneigen und küssen.

119

Kapitel 19
Narziß

Wenn es Probleme in einer Beziehung gibt, sind es oft „Ego-Konflikte", die dafür verantwortlich gemacht werden. Was aber ist eigentlich dieses Ego, mit dem wir in Konflikt geraten? Diese Instanz, die ausschließlich Gewicht auf das Persönliche legt? Wir begegnen hier einem weiteren Aspekt der größten aller Fragen: „Wer bin ich?" – und damit dem Stoff für lebenslanges Forschen.

Möglicherweise gelingt es uns durch einen Einblick in die archetypische Weisheit alter Mythologien, dieser Frage, was wir unter dem Ego verstehen, aus einer etwas weniger persönlichen Perspektive auf den Grund zu gehen.

In der griechischen Mytholgie treffen wir auf einen Charakter namens „Narziß", der für viele das Ego verkörpert. Narziß ist die perfekte Analogie für das eingebildete Selbst, das wir zu unserem Leidwesen in unsere Beziehung einbringen. In jener griechischen Sage ist Narziß ein wunderschöner Jüngling, der sein Spiegelbild auf der Oberfläche eines Teiches erblickt und von seinem Antlitz so entzückt ist, daß er sich nicht von dieser Reflexion losreißen kann. In diese Bewunderung bleibt er bis zu seinem Tod versunken. Er ist die Verkörperung der Ichbezogenheit.

Die Gestalt des Narziß wurde lange Zeit herangezogen, um eine Art von korruptem Selbstinteresse zu bezeichnen. Wir nähern uns ihm, ebenso wie uns selbst, mit Furcht und Kritik.

Sein Bild wirkt ebenso hypnotisch auf unsere Ich-Vorstellung wie einst auf jenen Jüngling am Ufer des verhängnisvollen Teiches. Es übt eine derart magnetische Wirkung aus, daß es schon unzählige Schriftsteller/innen in seinen Bann gezogen hat – von Ovid über Robert Graves, Edith Hamilton, Louis Lavelle bis zu Oscar Wilde. In einer Fassung begeht Narziß Selbstmord. In einer anderen verschmachtet er einfach. Aber in den meisten Versionen sprießt eine neue, unbekannte Blumenart aus der Erde, auf der er kniete: eine weiße Blume mit goldenem Herz, welche jenen gewaltigen weißen „Blüten" gleicht, die über Hiroshima erschienen, als die Explosion verklungen war.

In Wahrheit aber ertrinkt Narziß in seinem eigenen Spiegelbild. Wo sich sein Antlitz im Teiche spiegelte, nach dem er verlangend seine Hand ausstreckte, treibt nun sein totes Angesicht in den Wellen der stillen Wasser.

Narziß ist die Instanz des Geistes, die über sich selbst nachdenkt. *Obgleich Narziß in der antiken Sage als Verkörperung eines essentiellen Aspektes des konditionierten Geistes männlich war, ist er weder männlichen noch weiblichen Geschlechts.* Fortwährend ersinnt er sich eine Identität. Er ist selten geduldig. Er ist der übersättigte Schöpfer des ewig hungrigen Selbstbildes. Narziß beansprucht einen großen Teil des kleinen Geistes.

Beeinflußt von Freuds ruheloser Bestrebung, die Entwicklung von Theorien über die Verbindung zu etablierten mythologischen und klassischen Charakteren – wie Ödipus, Elektra usw. – zu rechtfertigen, haben wir Narziß als Symbolfigur für jene Instanz eingesetzt, die in der frühen Psychoanalyse „das Ego" genannt wurde. (Natürlich bedeutet „ego" im Lateinischen einfach nur „ich".) Worauf man Bezug nahm, war nicht die *Binheit* des Seins, sondern die „Ich-Binheit": die „Ich bin dies"- und „Ich bin das"-Identifikationen mit dem Geist. Freud erkannte nicht an, daß es jenseits des Ego irgendetwas gibt – daß man gar ein „kollektives Unbewußtes" postulieren könne, ein kollektives Bewußtsein, ein reines *Sein*. Indem er so großes Gewicht auf das Ego legte, zog er die Allgemeinheit in seinen Bann. Und dabei beachtete er die erste Stufe nicht, indem er das Ego *(Ichheit)* ohne den Rückhalt seiner zugrundeliegenden Realität *(Binheit)* in der Luft hängen ließ. Er verwechselte unser erworbenes *Ich* mit unserer essentiellen *Binheit*. Ein weit verbreiteter Irrtum – den er jedenfalls nicht zu korrigieren vermochte. Ein Irrtum, der im Alleinsein mit dem Göttlichen Geliebten ergründet werden muß.

Wenn wir wie Freud beim Ego stehenbleiben, haben wir die kostbare Wahrheit vergessen und ziehen abermals das Eine der Einheit vor. Wir fördern nicht den Monotheismus des essentiellen, sondern vielmehr des erworbenen Selbst.

Descartes sagte: „Ich denke, also bin ich." Woran der Zen-Meister Seung Sahn die zweifelnde Frage knüpfte: „Und was ist, wenn ich nicht denke?"

Das Denken denkt sich selbst, und Narziß nimmt alle Schuld auf sich.

Auch der Dichter Milton trug sein Scherflein zu jenem Mythos bei. Er verknüpfte ihn mit der Erschaffung Evas, die „von einem Moment zum anderen ins Licht geboren wurde", gespannt darauf, was denn ihr neugeborenes Wesen sei. Er meinte, was Eva zum Apfel der Selbsterkenntnis zog, habe auch Narziß zum Teich gelockt. Doch was sie leitete, war eher Erstaunen als Verwirrung.

Ungewahr des Prozesses versuchen wir das geisterhafte Nachbild des Denkens zu einer scheinbar festen Struktur zu bündeln. Hier vollzieht sich der wesentliche Sog des Gewahrseins in das Bewußtsein. Wenn das Gewahrsein seiner selbst nicht gewahr ist, gerät es in die Identifikation mit vorüberziehenden, flüchtigen Bewußtseinsinhalten. Es geschieht selten, daß wir einfach *sind.* Wir *werden* ständig. Narziß ist das gedämpfte Echo unseres *Werdens.*

Narziß ist die erste Verkörperung der *Binheit.* Die Göttliche Geliebte ist die letzte.

Narziß ist die *Binheit* im Transvestitenkostüm. Er ist jener Teil von uns allen, der selbstverliebt, schutzbedürftig und scheinbar isoliert in einem Körper und einem Geist nach Erkenntnis schreit. Er ist unser einziges Kind, das zerbrechliche „Ich", dem wir unsere gesamte, einzigartige *Binheit* zuschreiben. Narziß ist ein elementarer Fall von Identitätsverwechslung. Er ist ein geistig-seelisches Konstrukt, ein Klettergerüst aus Konzepten, in die wir verwickelt werden – wobei wir noch glauben, aus dieser Übung Nutzen zu ziehen.

Suzuki Roshi sagte, daß fünfundneunzig Prozent unserer normalen Gedanken ichbezogen seien. Da bleibt für die Wahrheit nicht mehr viel Raum. Narziß war der erste Experte für

Öffentlichkeitsarbeit – die erste, die erkannte, wieviel man mit Vorspiegelung erreichen kann.

Narziß ist unser kleinstes Ich. Der Göttliche Geliebte ist unser größtes.

Wir sind mit unserem Narziß innig verbunden. Wir werden schon von ihrem leisesten Gedanken angezogen oder abgestoßen. Schon seine zarteste Geste überzeugt uns oder läßt uns kalt. Wir begegnen Narziß mit Angst und Wut, ziehen uns eher vor jenem Teil von uns zurück, der sich nach unserer Umarmung sehnt, als daß wir uns ihm zuwenden würden. Wir behandeln Narziß, als sei er ein Willens-Motiv. Doch Narziß ist ein Teil des grundsätzlichen Denkmodells und bietet uns weniger Wahlfreiheit, als wir gerne glauben würden. Narziß ist uns so zu eigen wie unser Lebenswille.

Narziß muß sich nicht töten; er muß nicht bestraft werden. Wer glaubt, er müsse das persönliche Ichgefühl abtöten, kennt nicht die Alternative: eine Heilung, eine Eingliederung dieser schmerzhaften Ideation in eine beglückendere Ganzheit. Das heißt, das Ego wird nicht abgetötet, sondern erhält ein Friedensangebot – es wird ganz und gar der Göttlichen Geliebten dargebracht.

Wir bemühen uns also nicht, *das Ego zu zerstören* – dies wäre töricht und egoistisch. Vielmehr umarmen wir das Ego, umarmen unseren Narziß. Schenken ihm endlich einmal unsere Güte, nehmen Anteil an unserem Schmerz. Werden mit ihm vertraut. Beobachten ihn interessiert bis ins feinste Detail, um nicht die Orientierung zu verlieren.

Narziß zu umarmen, bedeutet Selbstbejahung. Und wir alle wissen, daß wir nichts loslassen können, was wir nicht zuvor akzeptiert haben. Sich von Narziß zu lösen heißt, sie zu befreien.

Umarmen wir Narziß, treten wir in Beziehung *zu* ihm, statt nur *auf* ihn bezogen zu sein. Oscar Wilde schrieb, daß der Teich, nachdem Narziß in ihm ertrank, *seine eigene* Widerspiegelung in Narzissens Augen beweinte.

Narziß muß nicht sterben oder in Ketten gelegt werden. Nur unser quälendes Selbstbild, unsere negativen Verklammerungen drängen auf eine solche Selbstmißhandlung. Narziß ist unser verwirrtes Selbst, jener Teil des Geistes, der sein Leben wie ein Dandy vor dem Spiegel verbringt. Sie bedarf unseres Erbarmens, nicht unseres Urteils. Er ist das Gespenst unserer lange konditionierten „Jemandheit", der Charakter, der fortgesetzt vom Unkontrollierbaren gedemütigt wird. Dabei ist sie nur sie selbst. Es ist Zeit, den Krieg zu beenden. Es ist Zeit, Frieden zu schließen und Narziß in die Arme zu nehmen. Es ist nicht vornehmlich unsere Aufgabe, Narzissens besitzergreifendes Wesen zu ändern, sondern unsere Verhaftung am hauptsächlich „mich-denkenden" Geist zu durchbrechen. Narziß ist einer von Millionen. Einer unter Millionen anderer Narzisse. Manche sagen, Narziß sei ganz und gar selbstverliebt und verdiene deshalb nicht unsere Empathie. In Wahrheit aber gleicht Narziß jener Patientin, die sagte, sie fühle sich „wie ein Stück Scheiße, um das sich die ganze Welt dreht".

Paradoxerweise war Narzissens meistbekannte Haltung – die Eigenliebe – eigentlich nur eine Fassade. Narziß trägt viele Masken, doch unter ihnen allen steckt die Eitelkeit der Selbstbewertung. Ein Gefühl des „Nicht-Genügens" im Gefolge dessen, was eine Besessenheit vom äußeren Schein mit sich bringt. Wie die meisten Imitatoren möchte er sich eher gut präsentieren als gut fühlen. Es ist meist der Selbsthaß, der sich auf ihn richtet, selten ist es Erbarmen.

Narziß bemüht sich einfach, das zu sein, was man ihr sagt – was sie sein *soll*. Narziß spürt den Drang nach Veränderung fast unentwegt, täuscht aber weiterhin vor, zu existieren; sie beteuert, ihre Widerspiegelung sei „so real wie sie selbst", vergißt jedoch hinzuzufügen: „Aber kein bißchen realer!" Er tut nichts anderes, als sich selbst zu träumen. Er wartet mißmutig auf Applaus.

Narziß verliebte sich nicht bis über beide Ohren in sich selbst, sondern verlor einfach die Balance. Narziß ist unsere Angst vor dem Tod, vor dem Leben, vor dem nächsten unberechenbaren Augenblick. Jenes lange ausposaunte Attribut der Selbstanbetung macht es schwer, zu ihm in Beziehung zu treten, denn es stempelt ihn zu einem anmaßenden Fremdling ab. Und dieser Mangel an teilnahmsvoller Betrachtung seines Schmerzes hält uns davon ab, in die geheime Lehre einzudringen, die, schamhaft verborgen, an den Toren der innersten Gemächer dieses Mythos vergraben liegt. Das Geheimnis liegt ganz einfach darin, sich selbst in einer Weise zu lieben, wie es Narziß nicht vermochte.

Wenn wir unseren Narziß erstmals zur Kenntnis nehmen, wollen wir ihm am liebsten den Rücken zukehren. Wir verlachen *ihn*, weil er eigensüchtig sein eigenes Spiegelbild begehrt. Doch allmählich mischt sich Mitgefühl ein, der Geist kommt zur Ruhe und erblickt sein eigenes Spiegelbild in sich selbst. Und die Prioritäten wechseln. Wir nähern uns dem Teich, der lange Zeit unseren Kummer reflektierte, und tauchen in ihn ein. Wir wagen den Sprung des Glaubens. Angstvoll erschauernd durchbrechen wir unser Spiegelbild und sinken in die Fluten unserer Heilung, in den Göttlichen Geliebten – wo wir einen Frieden entdecken, der unser Ringen um Kontrolle, unsere Begierde, als Gott zu erscheinen, in unserer Sehnsucht verblassen läßt, mit den Augen Gottes zu schauen. Es ist ein Frieden, der entsteht, wenn wir die Welt nicht mehr nach unserer Vorstellung und unserem Ebenbild gestalten oder darauf beharren, als ihr Schöpfer anerkannt zu werden.

Wenn der kleine Geist Einsicht in sich selbst gewinnt und seiner illusorischen, furchtsam gehüteten Spiegelbilder gewahr wird, wird er zum großen Geist. Wenn Narziß unter sein Spiegelbild taucht und das Spiel der Lichter und Schatten unter der Oberfläche durchdringt, schöpft er seinen ersten wirklichen Atemzug. Jenseits der Grenzen seiner Sehnsucht wird er zum heiligen Raum, in dem er schwebt.

Es ist an der Zeit, daß wir uns Narzissens nicht mehr schämen. Er ist das Nebenprodukt eines mentalen Prozesses, der sich vom Großen Prozeß getrennt wähnt, obgleich er doch offensichtlich einfach ein Ausdruck dessen ist. Narziß blickt in den spiegelnden Teich, um sich zu bestätigen, daß er existiert. Die scheinbare Selbstbewunderung des Narziß ist eigentlich kaum mehr als ein Vergleich mit der Realität, der Auskunft darüber geben soll, ob sich unsere geträumte Existenz auch in der Außenwelt vollzieht. Wenn Narziß durch die Betrachtung seines Spiegelbildes erkennen will, ob er träumt oder wacht, kann er dies nicht mehr feststellen. Gedanke und Traum sind das Skelett des imaginären Selbst.

Bevor wir aber die Göttliche Geliebte umarmen können, müssen wir Narziß in die Arme schließen. Wir sollten unser Eigeninteresse nicht mehr so persönlich nehmen. So können wir konzentriert den Prozeß beobachten, der sich entfaltet. Wir können die Beteuerung des Geistes prüfen, daß eine Wahrnehmung einen Wahrnehmenden voraussetzt, ein Etwas oder einen Jemand, der vom Wahrgenommenen getrennt ist – und

Himmel und Hölle unendlich weit auseinanderrückt: *Ich* und der *andere* am Frühstückstisch.

Wenn Narziß als eine natürliche Komponente des geistig-seelischen Daseins akzeptiert wird, bilden *Ich* und *Anderer* nicht mehr länger den Vorwand für Furcht und Argwohn, sondern werden zum Objekt eines gemeinsamen Brennpunktes, der sich auf das richtet, was sich in beiden wechselseitig ausschließt. Narziß würde oftmals lieber mit sich selbst als mit dem anderen spielen.

Wenn wir Narziß umarmen, beenden wir den Krieg. Wir beenden die Selbstbewertung und die zornige Mißbilligung, die uns als hungriger Schatten auf den Fersen folgt. Narziß liegt mit dem Göttlichen Geliebten nicht im Krieg. Dazu fehlt ihm der Mut. Narziß kämpft nur mit seinem Selbstverständnis. Schattenboxen. Traumtanzen.

Lange Zeit hörte man in spirituellen und psychologischen Gruppen: „Du mußt erst jemand sein, bevor du niemand sein kannst." Dies soll zum Ausdruck bringen, daß du den notwendigen psychologischen Integrationsprozeß, der einer Erfahrung der Grenzenlosigkeit deines wahren Seins vorausgeht, nicht einfach überspringen kannst. Diese solide Wahrheit macht deutlich, daß es eines bestimmten Grades an psychologischer Vollständigkeit bedarf, um die erscheinenden spirituellen Einsichten verarbeiten zu können. Hier liegt der Grund, weshalb manche von ihrer Erleuchtung schwärmen, während andere sie einfach in sich aufnehmen. Unsere Entsprechung dieser Einsicht, jemand sein zu müssen, um niemand sein zu können, lautet: *Du mußt Narziß umarmen, bevor du die Göttliche Geliebte in die Arme schließen kannst.*

Narziß verlangt weiterzige Erkundung. Zwang bringt uns nicht weiter. Wenn wir ihm begegnen – nicht urteilend oder bestürzt, sondern mit dem weisen Lächeln und dem weichen Bauch der „großen Überraschung" – dann kommt es allmählich immer seltener vor, daß uns immer wieder die gleichen alten Geschichten überraschen. Welche Überraschung – der Geist verfügt über seinen eigenen Geist! Narziß umfaßt mehr, als wir uns je vorgestellt haben. Welche Überraschung! Indem wir Narziß mit einem nicht-urteilenden, nicht-eingreifenden, weitherzigen Gewahrsein erforschen, erlauben wir ihm endlich, einfach zu *sein* – eine der Spiegelungen auf der Oberfläche des Geistes.

Was Narziß ausmacht, geht jedoch über das hinaus, was unsere flüchtigen Überlegungen vielleicht aufgedeckt haben. Ein Aspekt ist das Selbstinteresse, ein anderer hingegen ist das Interesse am Selbst. Selbstinteresse, das sind Isolation, Stolz, Überheblichkeit, Schauspielerei und tausend andere nervöse Masken. Interesse am Selbst ist genau das Gegenteil. Es streift Masken ab. Es ergründet das Wesen dessen, was sich Narziß nennt. Es ist der Forschergeist. Selbstinteresse hält uns im bedrückenden Schlupfloch des kleinen Geistes fest. Interesse am Selbst läßt die Abgrenzungen des kleinen Geistes in den Heilungen des großen Geistes zerfließen.

Es ist an der Zeit, Narziß in uns aufzunehmen. Ihn direkt im Herzen zu empfangen. Sie so zu akzeptieren, wie sie ist. Mit tieferem Mitgefühl und unbeschwerterer Heiterkeit zu betrachten, was Zorba der Grieche „diese ganze Katastrophe" nennt – das Wesen des konditionierten Geistes. Narziß ist nicht der Feind. Was unser Unbehagen weckt, ist unsere Verhaftung, unsere Abschirmung, unser Widerwille gegen das Nachdenken über Narziß.

Wir antworten diesem Schmerz ebenso wie jedem anderen, indem wir ihn mit heilender Güte und Gewahrsein umarmen statt uns voller Furcht und Selbstverachtung vor ihm zurückzuziehen und so immer wieder die gleichen Probleme zu schaffen. Ein Feind ist Narziß nur für sich selbst. Nur unser zerbrechliches Selbstbild fühlt sich bedroht. Der kleine Geist urteilt über seine Kleingeistigkeit.

Narziß ist ein Gespenst, das Inkarnation anstrebt. Er ist das Nebenprodukt eines weitgehend mißverstandenen Prozesses: des unaufhörlichen Urknalls des Bewußtseins, der mit fortgesetztem Hervorbringen von Welten und Mutterschößen für die einzelnen Seelen das universale Herz zur Welt bringt. Mag Narziß auch glauben, die Betrachterin „des Films" zu sein: in Wirklichkeit ist sie nur einer der Charaktere auf der Leinwand. Dieses „Ich", das den Strom des Bewußtseins zu beobachten scheint, erweist sich bei näherer Prüfung einfach als einer der imagistischen Momente jenes vorüberziehenden Schauspiels. Die bloße Vorstellung, daß es eine vom Bewußtsein getrennte Instanz gäbe, die das Bewußtsein erfährt, ist ein Salonkunststück der unermeßlichen Entfaltung. Bewußtsein erfährt sich selbst. Gedanken denken sich selbst im Bauch des Gewahrseins.

So treffen wir Narziß, der immer wieder vergeblich zu beweisen sucht, das Zentrum des Universums zu sein, weinend am Ufer eines einsamen Teiches an. Und wir nähern uns ihr voller Güte und Anteilnahme an ihrem Wohlergehen. Wir schließen ihn in die Arme, wissend, daß „Narziß die mystische Braut ist, die zur Vermählung mit dem Göttlichen Geliebten geboren wurde" – um die Sprache der Mystiker zu gebrauchen. Von Geburt an waren sie „einander versprochen".

Narziß ist die Verlobte des Göttlichen Geliebten.

Kapitel 20
Narziß umarmen

Narziß zu umarmen, heißt nicht, jeder einzelnen seiner Launen nachzugeben. Es bedeutet vielmehr, sie aus den Schatten herauszurufen und ihm mit Herzenswärme und klarem Blick zu begegnen. Es bedeutet, barmherzig und bewußt anzunehmen, was lange Zeit abwechselnd verdammt oder hoch geachtet wurde. Es bedeutet einfach, den ichbezogenen Aspekt unseres alltäglichen Denkens zu beobachten. Es bedeutet, Gewahrsein und Barmherzigkeit auf den Prozeß zu konzentrieren, der das imaginäre Selbst erzeugt.

Interessanterweise taucht der Begriff „Göttliche/r Geliebte/r" selbst in spirituellen Disziplinen auf, deren Anhänger aufrichtig glauben, das Ego müsse vernichtet werden. Weil das Ego – jenes selbstbezogene, zutiefst konditionierte Konstrukt des „mich-denkenden" Geistes – nach allem greift, was vor ihm erscheint, meinen wir, es ersticken zu müssen. Wir haben vergessen, daß wir es schlichtweg loslassen können. Daß wir dem oft Erbarmungslosen barmherzig begegnen können. Daß wir es „mit Güte töten" können.

Es ist an der Zeit, das laute Jammern des Geistes in das klare Summen des Herzens zu führen, mit der Ausrottung des Ego aufzuhören und es loszulassen. Und dies heißt, es sein zu lassen. Ohne jedes Bedürfnis nach Einmischung, Bewertung oder Verurteilung lassen wir den kleinen Geist in großen Geiste schweben. So machen wir unser Leben *wirklich* groß.

In Wahrheit werden Buddha und Narziß von derselben Direktive geleitet: *wirklich* zu sein.

Weil wir eine Heilung suchen, die tiefer ist als unsere Konditionierung, beenden wir die Attacken gegen das Ego, denn sie veranlassen uns zur Selbstverneinung und Defensivität. Dieses „Angriffs-Bewußtsein" betrachtet den konditionierten Geist so, als wäre er die einzige Daseinsebene. Es taxiert jeden erscheinenden Gedanken und bemüht sich, das Gold von der Schlacke zu trennen. Es vergißt die höhere Lehre der Alchimie, wonach die Schlacke nichts anderes ist als die leidvolle Verkleidung des Goldes.

Menschen, die das Ego verdrängen statt es einfach im Herzen aufgehen zu lassen, unterliegen dem gleichen gnadenlosen Irrtum wie jene, die von schwerer Krankheit genesen wollen und glauben, dies durch das „Ausfiltern aller negativen Gedanken" zu erreichen. Sie meinen gewissermaßen, ihre Ganzheit nur durch Einseitigkeit zu erlangen. Sie erkennen nicht, daß der „negative Rückstand" – und sei er auch noch so düster oder furchtsam – nicht im Gedanken besteht, sondern in der negativen Reaktion auf diesen Moment (Festhalten), die der heilenden Erwiderung (Loslassen) gleichsam entgegengesetzt ist. *Daß ein umklammerter „positiver" Gedanke weniger heilsam ist als ein „negativer", dem man barmherzig begegnet.* Dem gestattet wird, im goldenen Strom des Bewußtseins zu zerrinnen. Es sind so kleine Gedanken, denen wir einen so erbitterten Widerstand leisten.

Weil wir nicht länger bereit sind, diese herzenserdrückende Selbstmißhandlung aufrechtzuerhalten, nehmen wir Narziß an, statt ihn an den Schuldgefühlen aufzuknüpfen, die sich am Baum des Lebens verzweigen. Wir holen Narziß vom Kreuz herab, waschen ihre Füße und pflegen seine Wunden. Wir laden sie ein in den großen Kreis der „Seelengeschöpfe" – der Engel und Geister, der Buddhas und Taschendiebe, der Warmherzigen und Entmutigten – die unterwegs zur Göttlichen Geliebten sind wie Dorothy, die auf ihrem Heimweg das Zauberreich *Oz* durchquert.*

---

* Dorothy ist eine moderne Märchenfigur aus der Kinderbuchreihe des amerikanischen Schriftstellers L. Frank Baum – ein Bauernmädchen aus Kansas, das von einem Wirbelsturm in das Zauberreich Oz getragen wird. (Anm. d. Übers.)

Die Meinung vieler spiritueller Schulen, man müsse Narziß vernichten, um sich von persönlichen Hemmnissen zu befreien, bringt immer neue verkrampfte Yogis und schizophrene Geistliche hervor. Was ist es denn eigentlich, das jenes Ego vernichten will? Hier wird der Versuch unternommen, auf einer bestimmten Ebene eine andere Ebene zu imitieren – eine sehr ungeschickte Handlung, die tieferes spirituelles Wachstum verhindert und uns nur zu intellektuellen, jedoch kaum zu warmherzigen Wesen macht.

Dieses Nachäffen ichloser Zustände, die auf tieferen Bewußtseinsebenen ganz spontan in Erscheinung treten, kann sich auf den gewöhnlichen, unerforschten Geist nachteilig auswirken. Sobald das Ego seine eigene Vernichtung vorspiegelt, sind wir nicht mehr wir selbst, werden wir zum leidenden Narziß. Narziß zu umarmen heißt, unsere Masken und Verkleidungen abzulegen – samt der ichbefrachteten Maske der Ichlosigkeit. Wir posieren nicht mehr als Heiliger Georg vor dem Rachen des Drachens, sondern legen unsere Rüstung ab und tätscheln den Wanst der großen Echse.

Wenn wir die Mißhandlung in der Welt beenden wollen, müssen wir uns zunächst einmal voller Erbarmen dem angstvollen Selbst zuwenden und es einfach *sein* lassen – wir müssen uns einen Mittelweg durch den Geist hindurch ins Herz der Dinge bahnen.

Wir können das Ego ohnehin nicht vernichten, sondern allenfalls unsere Verhaftung an ihm lockern. Wir können ihm gestatten, in den Hintergrund zurückzutreten und zu einem Glied des Chores zu werden. Mit dem Erreichen tieferer Bewußtseinsebenen finden wir die ungetrübte Offenheit, in der auch das Ego nur ein weiterer, im Prozeß zerrinnender Augenblick ist, der die unermeßliche Weite des Seins durchschwebt. Wir müssen das Ego nicht angreifen. Dies würde uns ewig auf dem Schlachtfeld gefangenhalten. Es wird auf ganz natürliche Weise kapitulieren, wenn sich die Grenzen des Bewußtseins erweitern. Jemand drückte es einmal so aus: „Du brauchst das Ego nicht zu töten. Die Erleuchtung erledigt das für dich, wenn Zeit und Gnade es erlauben."

In Wahrheit aber wird das Ego nicht einmal von der Erleuchtung vernichtet. *Erleuchtung vervollkommnet nicht die Persönlichkeit, sondern einfach den Blickwinkel.* Jedoch schrumpft das Ego auf seine natürliche Größe, wenn es sich als unendlich kleine Seifenblase entpuppt, die im endlosen Ozean der Istheit dahintreibt.

Narziß wird von ihrem eigenen Blick gefangengenommen. Unsere Arbeit besteht darin, ihn von dieser Fixierung zu befreien, indem wir jenes Selbstinteresse auf eine Untersuchung des Selbst fokussieren, die das Wirken des Geistes im Spiegel des Herzens ergründet.

Zugang zum Herzen erlangen wir weder durch Kasteien auf der physischen noch durch Schmähen auf der mentalen Ebene. Weder Buße noch Analyse können herbeiführen, was Vergebung bewirkt – also vergib Narziß. Nimm sie in die Arme. Blicke ihm direkt ins Auge, nicht als einem Feind, sondern einfach als einem Nebenprodukt des Bewußtseins. Es ist nichts Persönliches. Wenn du Narziß vergeben kannst, kannst du jedem vergeben.

In den letzten zehn Jahren konnten wir die Entwicklung einer Spiritualität beobachten, bei der das Ego weder zerstört noch verwöhnt, sondern von einer Güte und Bewußtheit empfangen wird, die alles in eine Ganzheit eingliedert. Parallel dazu entsteht allmählich eine neue Psychologie, die das Erbe des Menschseins nicht einfach auf konditionierte, leicht erkennbare und geschickt kategorisierte Inhalte begrenzt. Indes ist es weniger eine „spirituelle" Psychologie als vielmehr eine, die den „Spirit", die Ganzheit des Seins mit einschließt. Es ist eine Psychologie, die sich nicht länger auf die Psyche beschränkt und von der Sucht nach dem Geist gehemmt wird.

Der Tag, an dem Narziß seiner Nabelschau überdrüssig wird und losgeht, um „eine Partie Teich" zu spielen, ist auch der Tag, an dem wir alle eine Menge über das Triangulieren lernen werden.

Kapitel 21

Durch das Feuer zum Göttlichen Geliebten

Der außergewöhnliche Sufi-Dichter Rumi raunt uns zu, daß der Göttliche Geliebte „immer bei uns gegenwärtig ist" – fast als wäre dies für Narzissens Ohren bestimmt. Er ruft uns auf, alle Distanzen zu durchmessen, die noch bestehen mögen. Das Feuer unserer tiefsten Trauer zu durchqueren und die Wunde der Trennung von unserer wahren Natur zu heilen. Den scheinbar abgesonderten Körper, den oft isolierten Verstand und den von Zweifeln verdunkelten Geist hingebungsvoll zu erforschen. Er beschwört uns, in die Flammen unserer Verhaftung einzudringen. Uns für die Göttliche Geliebte zu befreien.

In Rumis Tradition finden wir den Ausspruch: „Dies ist keine Welt, die ich mir geschaffen oder auch nur ausgewählt habe, aber es ist die Welt, in die ich hineingeboren wurde, um Gott zu erkennen." Kaum ein Wesen würde sich diese Region der Unbeständigkeit und Verhaftung als Ruheplatz wählen, aber viele haben ihren Wert als Lehrstätte zu schätzen gelernt. Die Geburt ist unsere schmerzhafte Einführung in diese oftmals problematische Sphäre der Beziehungen und der Dualität. Indem wir jedes sich bietende Schlupfloch in der Matrix unseres Lebensraumes nutzen, versuchen wir, unsere gesamte Seele an die sich ewig wandelnde Welt der Menschen und Dinge, der Neigungen und Abneigungen, der Gewinne und Verluste anzupassen. Hineingeboren in eine Dimension, in der die meisten das Glück verneinen und sich an vorübergehendes Vergnügen klammern, irren wir oftmals glücklos zwischen Freude und Leid umher und können manchmal beides nicht mehr unterscheiden.

Im Zen heißt es: „Je größer das Hindernis, desto größer die Erleuchtung." Eine Beziehung kann große Erleuchtung bieten. Hier, inmitten des vorüberziehenden Schauspiels, im Erforschen unserer Freuden und Leiden, im Erkunden des Lichtes im Innern des Feuers, begegnen wir uns selbst auf eine ganz neue Weise. Und wenn wir aufblicken, sehen wir sie dort sitzen und an ihrem Toastbrot kauen – die Göttliche Geliebte.

Lassen wir Rumi davon sprechen, wie es ist, dem Göttlichen Geliebten näherzukommen:

Ein Feuer liegt uns zur Linken,
　　ein lieblicher Strom zur Rechten.
Eine Schar wandert zum Feuer, geht in das Feuer hinein,
während die andere den süßen Wassern
　　des Stromes zustrebt.
Niemand weiß, welche von ihnen gesegnet sind
　　und welche nicht.
Wer immer in das Feuer geht,
　　erscheint ganz plötzlich im Strom.
Und der Kopf, der unter die Oberfläche des Wassers taucht,
　　streckt sich aus dem Feuer hervor.

Die meisten Menschen hüten sich vor dem Weg ins Feuer,
　　und so enden sie in ihm.
Die das Wasser des Vergnügens lieben
　　und sich ihm ergeben,
sehen sich betrogen, wenn es zur Wende kommt.

Mit diesen Worten aus dem reinen Herzen eines gottgeweihten Lebens gibt uns Rumi zu verstehen, daß wir mit dem Eindringen ins Feuer unser Leid beenden und uns damit der tiefen Freude ungetrübten Gewahrseins nähern. Er warnt uns, daß die scheinbaren Fluten des Vergnügens in Wahrheit ein Nebenfluß unseres Kummers sind: Verleugnen umklammert Vergnügen und Flucht. Wir erfahren, daß der Friede und die Harmonie, die wir suchen, jenseits der verleugneten Schmerzen und Verhaftungen warten.

Rumi bekräftigt, daß die Wahrheit zwar immer verfügbar ist, doch nur selten beachtet wird, und fährt fort:

Das betrügerische Spiel setzt sich fort.
Die Stimme im Feuer spricht die Wahrheit und sagt:
Ich bin nicht Feuer, ich bin Urquell. Tritt in mich ein und
    beachte die Funken nicht.
...
Gleichsam gibt sich das eine den Anschein des anderen.
Was den Augen, die du jetzt besitzt,
als Wasser erscheint, wird dich verbrennen.
Was dich als ein scheinbares Feuer umgibt,
    ist große Wohltat.

Dieses Rezept für die Heilung uralter Kümmernisse wird dem kleinen Geist vom Großen Herzen angeboten. Dieses Herz sagt, daß Schmerz nicht gleichbedeutend mit Leid ist. Es bietet dem Geist eine Alternative. Es weiß, daß die Heilung voller Erbarmen und Gewahrsein in Bereiche fließt, die wir furchtsam und ablehnend aufgegeben haben. Es umfängt den Schmerz dort, wo er ist, und erfährt ihn direkt, klar und mitfühlend. Es erzählt uns, daß das Geheimnis um das Überschreiten unseres Widerstandes im Nichtwiderstehen liegt: daß sich der Schmerz einzig durch unser negatives Festhalten in Leid verwandelt und an seiner natürlichen Auflösung gehindert wird. Daß es unser Widerstand gegen das Feuer ist, der uns Feuer fangen läßt.

Feuer erweckt die Aufmerksamkeit des Herzens und ruft nach Heilung. Wasser schläfert uns ein und läßt uns immer wieder im Traum der Isolation versinken, der nach Befriedigung verlangt. Feuer verzehrt das, was ist. Wasser dürstet nach mehr.

Und schließlich bemüht sich Narziß nicht mehr, jemand anderer zu sein. Wir versuchen nicht länger, korrekt zu leiden oder ein „perfekter Partner" zu sein. Wir sind keine mustergültigen Gefangenen mehr. Wir leben unser Leben und sterben unseren Tod, indem wir völlig in das Feuer unseres Unbehagens eintauchen. Wir lösen uns im kühlen Feuer unserer Heilung aus der Verschwörung des Leidens. Immer wieder besinnen wir uns darauf, den Bauch zu entspannen und der Göttlichen Geliebten Raum zu geben – beim Arbeiten, beim Lieben, beim Bodenfegen und beim Leeren des Mülleimers.

Dadurch, daß wir ein Gefühl für das Zeitmaß unseres eigenen Prozesses entwickeln und nicht Hals über Kopf ins Feuer stürmen, nähern wir uns ihm Schritt für Schritt. Wir erlauben dem Geist, dem Herzen seinen Kummer zu offenbaren und setzen uns einen Augenblick ruhig hin, bevor wir den nächsten Schritt vollziehen. Unverwandt ins Feuer blickend, gewahren wir das Geflacker von Furcht, Zorn und Argwohn. Wir beobachten unsere panische Ablehnung, die in vergänglichen und fortwährend zerfallenden Dingen Zuflucht sucht. Die ihre „Schokoladenseite" präsentiert und sich hinter der Maske verbirgt. Der Geist sucht überall nach Wasser und verbrennt. Doch das Herz weiß es besser – es dringt ins Feuer ein und wird gekühlt. Während wir uns Augenblick für Augenblick der Erkundung dessen zuwenden, was uns vom Göttlichen Geliebten trennt, und uns allmählich an die Hitze gewöhnen, dringen wir sanft durch den geschmolzenen Panzer des Herzens. Und wir fließen mitsamt der Schmerzen unseres Liebespartners in die Unermeßlichkeit der Göttlichen Geliebten hinein.

Kapitel 22
Den Schutzschild
des Herzens schmelzen

Heutzutage sprechen Dichter und in ähnlicher Form auch Psychologen gern vom „Schutzschild des Herzens": dem lange geleugneten, stets verdrängten Kummer, der sich Schicht für Schicht vor dem Eingang zum Herzen abgelagert hat. Es ist ein Panzer, der zum Schutz vor weiterem Schmerz in Jahren der Enttäuschung und unerforschten Trauer geschmiedet wurde und sich am „Schmerzpunkt" konzentriert – gleich einem Felsblock, der in den Höhleneingang gewälzt wurde und uns die Auferstehung verwehrt.

Ich erinnere mich an einen mehrere Jahre zurückliegenden Workshop, bei dem während einer Trauermeditation, die sich auf Furcht und Mißtrauen konzentrierte, ein Mann im hinteren Teil des Raumes stand und schließlich zögernd durch den Mittelgang in Richtung Podium schritt. Er murrte vor sich hin, daß man in dieser Welt kein Vertrauen haben könne. Sein Gang war schleppend, und seine Stimme klang ängstlich und gereizt. Als er vorne angelangt war, war die aufkeimende Furcht einiger Teilnehmer zu spüren, denn der Fremde war für sie „eine Art Verrückter, eine Bedrohung". Der Bauch der Gruppe war angespannt.

Der Mann wandte seinen Kopf hin und her, als befürchte er einen Hinterhalt, und verschaffte seinem verängstigten Herzen Luft: „Ihr könnt dieser Welt nicht vertrauen! Sie will euch nur fertigmachen! Ihr müßt immer bereit sein, zu kämpfen!" Als er so weit nach vorn gekommen war, daß sich unsere Blicke treffen konnten, sagte ich zu ihm: „Ich freue mich, daß du hergekommen bist. Das hier ist ein guter Platz, um etwas zu tun. Weißt du, irgendwie bist du wie jemand, der eine kugelsichere Weste trägt." Er blieb stehen und zog seinen Pullover ein Stück hoch. „Ich bin nicht *wie* jemand, sondern ich *bin* jemand, der eine kugelsichere Weste trägt." Und unter seinem Pullover schimmerte ein glänzendes, graues Kunstfasergewebe, das sein bangendes Herz schützen sollte. Er fragte mich: „Aber was soll ich gegen Kugeln machen, die diese Weste durchschlagen können?" Ohne diesen Schutz dazustehen, war für ihn wie ein Schritt über den Rand der flachen Erdscheibe. Nichts in der Welt bot ihm Sicherheit. Er war der furchtsame Narziß, der den Schutzschild seines Herzens nicht verlieren wollte.

Hier konnte nur Güte helfen. Was ich auch an „Vernünftigem" hätte sagen können, es hätte der fest verankerten Paranoia seines Kummers nur weitere Nahrung gegeben. Ich kündigte eine allgemeine „Toilettenpause" an und näherte mich diesem vor Erregung zitternden Burschen. Als ich ihn in die Arme nahm, erstarrte er förmlich. Aber als ich flüsterte: „Du bist immer in den Armen der Mutter geborgen, du brauchst nur den Kopf an ihre Schulter zu legen", begann er zu schluchzen. Seine Panzerung zersprang, und sein grenzenloses Herz offenbarte sich. Er war die Verkörperung unserer Trauer, die sich Schicht für Schicht über das Herz gelegt hat, all jener unserer Aspekte, gegen die wir uns schützen wollen. Seine kugelsichere Weste war wie ein Gipsverband für sein gebrochenes Herz. Er war der verwundete Engel in uns allen.

Dieser Schutzschild des Herzens macht sich in einer Verhärtung des Bauches bemerkbar. Das ständige Festhalten hat den Bauch unnachgiebig gemacht. Hier finden wir die Gefangenschaft des Geistes körperlich reflektiert und erhalten auf diese Weise ein perfektes Feedback unserer Verklammerung. Wenn starke Verhaftung, Abwehrbestrebungen, Angst und Mißtrauen in uns aufkeimen, wird der Bauch zum Schutzpanzer. Seine Härte mahnt uns zur Entspannung, zum Loslassen in der Heilung. Der weiche Bauch ist der offene Bauch, ist der direkte Zugang zum Herzen.

Wenn wir den Bauch zu entspannen beginnen, entdecken wir, daß wir alles in uns aufnehmen können. Wir haben endlich den Raum, geboren zu werden. Raum zum Heilen. Und sogar Raum, um mit einem unbelasteten Herzen zu sterben.

Während wir das Gewahrsein in den Bauchraum lenken, entdecken wir eine Verklammerung, eine Spannung, die vielleicht schon das ganze Leben hindurch vorhanden war – aber erst jetzt offenbar wird. Es ist eine Strenge, die so tief verankert ist, daß wir uns an sie gewöhnt haben und sie als eine Gegebenheit des Lebens betrachten.

Wir entspannen die Muskeln, entspannen die Gewebe, entspannen das Fleisch im tiefen Bauch – lassen jeden Atemzug in der zunehmenden Weite dahinfließen – und fühlen uns nach und nach sogar inmitten ungastlicher Situationen zu Hause. Streitende Parteien werden im weichen Bauch an den Tisch des Friedens geführt. Immer neue Ebenen des Loslassens entfalten sich im weichen Bauch.

Ist der Bauch entspannt, öffnet sich die Passage zwischen Herz und Geist, und wir lernen allmählich, mit weichem Bauch zu schauen. Wir beginnen, aus dem weichen Bauch heraus zu lauschen und hören voller Ruhe die harte Welt, die wir so oft gefürchtet und so selten in uns aufgenommen haben. Wir beginnen, aus dem weichen Bauch heraus zu sprechen, unsere Worte werden sanft und dienen allen fühlenden Wesen. Wir fühlen, wie sich der ganze Körper öffnet, um die Empfindungen einzulassen – um das Leben endlich anzunehmen.

Die Praxis des weichen Bauches dient als Schlüssel für die Transformation den kleinen Geistes in den großen Geist. Sie ist der körperliche Akt des Loslassens, der den geistigen Akt der Loslösung begleitet. Ein physischer Auslöser für ein mentales Phänomen, das den Körper an die Möglichkeit des Friedens erinnert.

Da der Geist immer wieder zu unerklärlichen Momenten der Furcht und Verschlossenheit neigt, wird unser Gewahrsein der Verhärtung des Bauches zu einem perfekten Biofeedback-Mechanismus für den „Loslösungs-Reflex". Der harte Bauch ist ein diagnostisches Instrument für unser Festhalten, unsere Verschleierung und unsere Schauspielerei. Indem wir diese Verhärtung mildern, hissen wir die „weiße Flagge"; wir lassen unser Leid in unserem Schmerz zerrinnen. Während der weiche Bauch den kleinen Geist zum großen Geist erweitert, wird auch das Gewahrsein von Geist und Körper ausgeweitet – wir antworten unseren Gedanken, Gefühlen und Empfindungen, statt nur auf sie zu reagieren. Der Weg zu unserem Herzen führt durch unseren Bauch. Indem wir Ebene auf Ebene des Festhaltens aufgeben, die Muskeln, die Gewebe und das Fleisch entspannen, lassen wir den Atem einfach im weichen Bauche atmen, ohne ihn zu beeinflussen. Ungestört taucht das Leben in sich selbst ein und wird so umfassend wie unser Loslassen.

Auf ihren tieferen Ebenen öffnet diese Praxis den Körper bis in den Geist, und der Geist zerfließt im Herzen. Und mit jeder neuen Ebene der Entspannung gegenüber deinem Liebespartner öffnet sich eine neue Sphäre des Göttlichen Geliebten.

Meditation des weichen Bauches

Suche dir einen bequemen Platz zum Sitzen und komme hier zur Ruhe. Lenke deine Aufmerksamkeit in diesen Körper, in dem du sitzt.

Fühle diesen Körper. Laß das Gewahrsein zur Ebene der körperlichen Empfindungen wandern.

Fühle, wie sich der Atem im Körper atmet. Wahrnehmungen des atmenden Körpers. Und zentriere das Gewahrsein allmählich im Unterleib. Wahrnehmungen des Atems. Fühle, wie sich der Atem im Bauche atmet.

Empfindungen des Atems kommen und gehen. Jedes Einatmen füllt den Bauch. Jedes Ausatmen leert ihn. Der Bauch hebt und senkt sich mit jedem Atemzug. Empfindungen begleiten jeden Atemzug.

Beginne nun, den Bauch zu entspannen. Entspanne den Bauch, um den Atem tiefer zu empfinden. In dieser Sanftheit empfängt der Bauch das Leben. Atem. Gefühle im Bauch. Empfangen von ungewohnter Sanftheit.

Sanftheit. Sie mildert die Härte, dieses Festhalten im Bauch, welches allem Widerstand leistet – dem Atem, der Empfindung, dem Leben. Härte weicht der Sanftheit.

Die Empfindungen schweben in Güte und Gewahrsein. Voller Ruhe. Laß den Atem von allein in der Sanftheit atmen.

Löse dich vom Widerstand, von der Furcht, von der Verklammerung des harten Bauches. Löse dich von Trauer und Skepsis. Begegne diesen Gefühlen mit Erbarmen. Mit liebevoller Güte im weichen Bauch. Laß los. Laß die Verhärtung los – atme sie aus.

Öffne dich mit jedem Einatmen dem Erbarmen, der Geduld, der Güte. Weicher Bauch. Nachsichtiger Bauch.

Habe Erbarmen mit dir selbst. Begegne dem Schmerz sanft. Lockere deinen klammernden Griff. Atme die Härte aus. Atme Erbarmen ein. Atme Heilung ein. Im weichen Bauch. Im barmherzigen Bauch.

Entspanne dich. Löse dich von Jahren der Schauspielerei und Verheimlichung. So vieles hat der Bauch festgehalten. So viel Furcht. So viel Trauer. Entspanne dich.

Immer neue Tiefen des Loslassens offenbaren sich. Neue Ebenen der Sanftheit.

Immer neue Tiefen des Loslassens. Neue Ebenen der Heilung.

Entspanne die Muskeln. Entspanne das Fleisch. Lockere den Griff, der Widerstand leistet, der das Leben so sehr begrenzt.

Der Schutzschild des Herzens offenbart sich in der Verhärtung des Bauches. Begegne diesem Schmerz mit Erbarmen, nicht mit Furcht. Empfange diese Trauer sanft. In der Güte des Herzens.

Im weichen Bauch haben wir für alles Raum. Den Raum, um endlich geboren zu werden. Den Raum, um zu heilen, um zu sein. Selbst der Raum zum Sterben ist im weichen Bauch vorhanden.

So lange hat der Bauch diese Furcht, diese Wut, dieses Mißtrauen festgehalten. Habe Erbarmen mit dir selbst. Laß es los. Laß es einfach sein. Ganz sanft, ganz ruhig. Berührt von Erbarmen und Gewahrsein – von Augenblick zu Augenblick. Von Atemzug zu Atemzug.

Sei entspannt. Tief entspannt.

Schon ein einziger Gedanke kann den Bauch einengen, kann Isolation und Furcht zurückkehren lassen. Laß die Gedanken kommen. Laß die Gedanken im weichen Bauch zerfließen.

Erwartung, Zweifel, Verwirrung verhärten den Bauch.

Sei entspannt.

Gedanken erscheinen unaufgefordert. Laß sie wie Seifenblasen in der unermeßlichen Weite des weichen Bauches schweben. Laß los – von Augenblick zu Augenblick. Sei einfach im weichen Bauch – von Augenblick zu Augenblick. Im barmherzigen Bauch.

Entspanne dich. Schaffe Raum für das Herz. Für Güte und Mitgefühl in Körper und Geist – für den weichen Bauch.

Kein Festhalten. Nur unermeßliche Weite. Nur Erbarmen. Nur das Loslassen des weichen Bauches. Im weichen Bauch haben wir Raum für unseren Schmerz und Raum für unsere Heilung. Entspanne dich. Löse den Griff.

Fühle das Universum als unseren Körper. Die unermeßliche Weite des weichen Bauches. Hier ist für alles Raum.

Hier hat alles Raum. Laß es schweben – im weichen Bauch.

Atme das Erbarmen ein. Atme die Verklammerung aus.

Ebene auf Ebene des Seins – im weichen Bauch. Auch wenn sich noch Spannung in dieser Sanftheit bemerkbar macht – widerstehe ihr nicht. Verhärte dich nicht gegen diese Härte. Entspanne dich. Ruhe im Sein.

Laß die Härte in der Weichheit schweben. Nichts muß verändert werden, nichts ist dringlich in diesem weichen Bauch. Vertraue einfach dem Prozeß. *Sei* einfach.

Laß den Klang dieser Worte durch dich hindurchfließen. Halte an nichts fest. Auch nicht am Verstehen. Greife nicht nach mehr. Bleibe entspannt. Löse dich immer wieder sanft vom Schmerz. Laß ihn schweben – im weichen Bauch. Die Unermeßlichkeit des Seins nimmt alles in sich auf – barmherzig und voller Güte.

Laß den Klang dieser Worte durch dich hindurchfließen.

Laß alles, was erscheint, durch die Weite des weichen Bauches fließen, berührt von Güte und Gewahrsein. Ruhig schwebt es in der Weite des Seins.

Öffne nun sanft die Augen.

Öffne die Augen und achte darauf, an welchem Punkt schon wieder Spannung im Bauch entsteht. Selbst das Bemühen um Einsicht kann zur Anspannung führen. Allein das Ruhen in unserer eigenen großen Natur macht uns von dieser Spannung frei – alles andere engt uns gegenüber der Freude unseres absoluten Wesens ein. Füllt uns mit Verstand und Meinung und Verwirrung, spannt den Körper. Begrenzt die Sinne.

Blicke voller Ruhe, mit weit geöffneten Augen in die Welt. Achte darauf, an welchem Punkt die alte Jemandheit wieder zurückkehrt und das Bedürfnis nach Sicherheit weckt. Schenke ihr Erbarmen. Sende dieser so kummervollen Jemandheit einen Segen. Betrachte sie gelassen. Laß sie schweben – in dem, was du wirklich bist.

Betrachte gelassen und ruhig den Schmerz, den wir alle teilen. Erkenne das Vermächtnis der Heilung, das sich in dieser unendlichen Sanftheit offenbart.

Kapitel 23
Das Herz in der Hölle öffnen

Ein kluger Lehrer sagte einmal: „Eine Beziehung ist eine gute Übung, denn sie kann dich lehren, dein Herz in der Hölle zu öffnen."

Als ein tibetischer Lama im Sterben lag, versammelten sich seine Schüler um ihn und beteten, daß er in himmlischen Sphären wiedergeboren werden möge. Da öffneten sich zitternd seine Augenlider, und er sagte: „Hört auf, ich will nicht, daß ihr das tut! Ihr solltet lieber beten, daß ich in der Hölle wiedergeboren werde." Seine Schüler waren bestürzt. „Aber nein, du bist ein so wunderbarer Lehrer gewesen. Du verdienst es, im Himmel wiedergeboren zu werden." Er aber erwiderte: „Doch, ich bete um eine Geburt in der Hölle. Oder wißt ihr einen Ort, wo Güte und Gewahrsein dringender benötigt werden?" Wo ist der Göttliche Geliebte kostbarer als in der Hölle?

Genauso ist es zu verstehen, wenn Meister Eckhart sagt: „Lieber will ich eine Hölle mit Jesus als einen Himmel ohne ihn." Wir alle fangen Feuer, wenn wir an unsere Grenzen gelangen. Je intensiver wir an uns selbst arbeiten, desto heller beleuchtet dieses Feuer aber auch das Unbekannte, den nächsten Schritt. All unser Wachstum ist zweifellos eine Ausdehnung über unser kleines Selbst hinweg in die Weite der Göttlichen Geliebten. Wenn wir uns sanft und ohne Gewalt auf unsere Grenzen, auf das Feuer zubewegen, verwandelt sich die Hölle in den Himmel – unser Loslassen des Schmerzes offenbart etwas Größeres in ihm. Alles im Göttlichen Geliebten schweben zu lassen, bedeutet nicht, irgendetwas zu verändern und von etwas erlöst zu werden – also kein Widerstand. Es bedeutet einfach, das Altgewohnte auf eine völlig neue Weise wahrzunehmen. Unser Schmerz schmiegt sich in die Arme der Göttlichen Geliebten. Furcht steigt auf, Freude steigt auf, Wut steigt auf – und all dies löst sich auf in einem Geist, der sich nicht verschließt. Wir atmen gemeinsam in das Herz hinein und aus dem Herzen heraus, und jeder atmet den Atem des anderen, atmet den Atem des Göttlichen Geliebten.

Doch wir sind so süchtig nach unserem Leid, daß wir alles daran setzen, es zu verteidigen. Und wehe der Person, die – und sei es ungewollt – diesen Schmerz auslöste. Wir halten Stand, auch inmitten der Hölle. Der Widerstand läßt uns erstarren, und wir weigern uns, seine heftig verteidigte Grenze zu überspringen. Unsere Angst (eigentlich ein Zeichen dafür, daß wir vor einem Fortschritt in unserer Entwicklung stehen) verlangt, daß wir uns auf sicheres Territorium zurückziehen, in alte Strategien, in den alten Schmerz, in die altvertraute Hölle. In einer Beziehung aber verlangt unsere Entwicklung, daß wir loslassen und ins Unerforschte wachsen.

Hölle – das ist die Abwesenheit der Göttlichen Geliebten.

Alles innerhalb der Form, einschließlich unserer Konzepte der Formlosigkeit, wirft einen Schatten. Selbst die Vorstellung des Himmels kann eine Hölle des Widerstandes gegen alles erzeugen, was dem Himmel nicht entspricht. Die Vorstellung vom Göttlichen Geliebten kann eine Hölle sein, wenn sie uns veranlaßt, uns selbst und andere zu bewerten. In der direkten Erfahrung hingegen ist sie der Himmel. Solange wir der Vorstellung erliegen, daß das Herz immer offen sein müsse, um den Himmel erleben zu können, werden wir der Göttlichen Geliebten nicht ins Auge blicken können. Es ist absolut außergewöhnlich, eine Situation zu erleben, in der sich das Herz sogar seinem eigenen Verschlossensein öffnet. Welche Überraschung – der große Geist hat für alles Raum! Welche Überraschung – Erbarmen und Gewahrsein verwandeln die Hölle, unser Festhalten, in den Himmel, das Geburtsrecht unseres Herzens.

Sobald wir an etwas festhalten – so hat es der Dritte Zen-Patriarch ausgedrückt – „rücken Himmel und Hölle unendlich weit auseinander". Festhalten ist die Hölle. Loslassen ist der Himmel.

Wir kennen einige sehr außergewöhnliche Menschen, sind aber noch nie jemandem begegnet, dessen Herz zu jeder Zeit offen wäre. Selbst jene, deren Weisheit und Mitgefühl stark genug für das Bodhisattva-Gelöbnis war, haben – gleich denen, die ihres inneren Lichtes auf dem Totenbett nicht gewahr sind – häufig nicht vollständig erkannt, daß auch sie selbst eines jener Wesen sind, die zu befreien sie versprochen haben – „bis zum letzten Grashalm".

Das Herz in der Hölle zu öffnen heißt, den kleinen Geist mit dem großen Geist zu umarmen. Zu erkennen, daß uns alles, was wir festhalten, stillstehen und verkümmern läßt. Daß alles Festgehaltene brennende Schürfwunden hinterläßt, wenn es uns entrissen wird. Daß es die Hölle ist, wenn wir uns selbst als den Inhalt des Geistes umklammern. Und daß es der Himmel ist, wenn wir uns selbst als einen Prozeß des Bewußtseins erkennen.

Öffnen wir unser Herz in der Hölle, so sind wir auch offen für unseren Widerstand. Und dies Erbarmen, diese Bewußtheit und Güte wecken unsere Erinnerung an den Göttlichen Geliebten.

Suchst du nach mir? Ich sitze neben dir.
Meine Schulter berührt deine.
Du findest mich weder in Stupas noch in indischen Tempeln,
weder in Synagogen noch in Kathedralen,
nicht in Messen, nicht in Kirtans, nicht dadurch,
daß du deinen Hals mit den Beinen umschlingst
oder streng vegetarisch lebst.
Wenn du wirklich nach mir suchst,
   wirst du mich sofort erblicken –
Du wirst mich finden im winzigsten Haus der Zeit.
Schüler, sprich, was ist der Göttliche Geliebte?
Es ist der Atem im Innern des Atems.

Kabir

Kapitel 24
Das trauernde Herz

In der Mitte der Brust wohnt ein dumpfer Schmerz. Ein Schmerz, von dem wir nichts wissen wollen. Es ist das Feuer, der Verlust, es ist die unkontrollierbare Vergänglichkeit – unser normaler, alltäglicher Kummer. Es sind die bedrückenden Gefühle, die im Geist aufsteigen und die natürliche Offenheit des Herzens beschränken.

Das Herz selbst steht immer offen – häufig aber ist das Bewußtsein nicht präsent. Es ist mit anderem beschäftigt. Wenn wir also vom verschlossenen Herzen sprechen, ist das nicht wörtlich zu nehmen. Das Herz verschließt sich zu keiner Zeit, es wird nur von den Schatten unserer unerforschten Sorgen, unserer uralten Verhaftungen verdeckt.

Dieser dumpfe Schmerz in der Brust, den man oft auch als den Schutzschild des Herzens bezeichnet, ist – wie der weiche Bauch – ein bemerkenswertes Feedback-Instrument, das uns den aktuellen Grad des Leidens, der Verhaftung zeigt.

Wir nennen diese Region in der Brustmitte einfach den Schmerzpunkt. Es ist ein elementarer Erkundungsbereich. Denn hier verbirgt sich die persönliche Geschichte unseres Schmerzes und gleichzeitig der Widerwille gegen seine Preisgabe.

Viele gestehen sich dies Leid nicht ein oder nehmen es nicht einmal wahr, denn unsere Fixierung hat uns abgestumpft. Und sie werden sich seiner erst bewußt, wenn sie einen lieben Menschen verloren haben oder die Dinge „außer Kontrolle" geraten. Wir bekunden diesen Schmerz erst dann, wenn er so intensiv wird, daß wir ihn nicht mehr leugnen oder ihm ausweichen können. Sobald unsere Fluchtmechanismen versagen und sich die Trauer nicht mehr verdrängen läßt, rumort der Schmerzpunkt wie unter dem Druck aufsteigenden Magmas.

Dieser Druck in der Brust funktioniert wie ein Kompaß, der uns auf den Weg des Herzens führt. Er begleitet uns als ständiger Mahner an den Schmerz des Verschlossenseins. Doch er erinnert uns auch daran, welche Wunder Offenheit vollbringen kann. Und wieviel Raum für die Welt im großen Geist eines offenen Herzens vorhanden ist.

Wir alle sehnen uns nach der Göttlichen Geliebten. Wir sehnen uns nach unserem Geburtsrecht, dürsten nach Freiheit. Unser Heimweh nach Gott treibt uns von Empfindung zu Empfindung, von Gedanke zu Gedanke, von Gefühl zu Gefühl. Wir suchen in der Kakophonie des Bewußtseins eine elementare Stille, eine unbegrenzte Liebe.

Mögen wir uns dessen bewußt sein oder nicht – wir suchen das Heilige in jedem Moment der Wahrnehmung, in jedem Atemzug. Wen wundert es da, daß wir so unzufrieden sind! Wir sind deprimiert – keine Überraschung! Die Depression macht uns klar, daß die alten Gewohnheiten nicht mehr weiterführen und daß wir um so tiefer in ihr versinken, je heftiger wir ihr ausweichen wollen.

Sobald wir aber gemeinsam in unsere Trauer eintauchen, vereinen sich unsere heilenden Kräfte. Die innige Sorge um das Wohlergehen des anderen schafft jene sichere Zone, die für ein intensiveres Erkunden unserer Gefühle der Skepsis und Unsicherheit notwendig ist.

Wenn beide umso empfindsamer in den Schmerzpunkt eindringen, je feiner er auf jede Berührung reagiert, dann gestehen wir einander den Raum zu, den jeder zur Loslösung von seinen Verhaftungen braucht. Wir ziehen den Schmerz nicht aus dem anderen heraus, sondern bieten ihm einfach die Atmosphäre, in der er beim Namen genannt und geheilt werden kann. Bei dieser gemeinsamen Arbeit am Schmerzpunkt, in dieser Offenheit für lange ignoriertes Leid beginnen die uralten Kümmernisse zu zerfließen. Hier ist die Endstation des Leidens! Indem wir durch den Gram in der Brustmitte ein- und ausatmen, erwacht eine ungewohnte Güte – ein Gewahrsein, das sich unserer Halbherzigkeit von ganzem Herzen annimmt und uns von den Bürden und starren Konditionierungen persönlicher Geschichte befreit. Wir vergeben unserem Schmerz und schließen mit der Vergangenheit Frieden. Und bei diesem Ein- und Ausatmen durch den Schmerzpunkt wird er zum Kontaktpunkt des Herzens. Die Freude anstelle alten Kummers zu erfahren, schafft neue Zuversicht und Dankbarkeit.

Die Verwandlung des Schmerzpunktes in den Kontaktpunkt des Herzens läßt uns fühlen, wie wir durch diesen neu geschaffenen Kanal in das Herz hinein- und aus ihm herausatmen. Und dieser süße Schmerz des Verbundenseins wird zum Ruf der Flöte Krishnas, der uns ermutigt, allen Schmerz dem Göttlichen Geliebten zu opfern.

Die Meditation des trauernden Herzens

Der Schutzschild, der das Herz umschließt, ist aus der Ansammlung unseres normalen, alltäglichen Kummers entstanden – all jener Momente, in denen wir uns selbst aus dem Herzen verstießen. Es sind all die Augenblicke, in denen wir uns selbst und anderen gegenüber keine Nachsicht kannten. Auf unserem Weg der Heilung von Geist und Körper im Herzen müssen wir den täglichen Kummer erforschen, um die Verhaftungen des alten Geistes überschreiten und uns den Entwicklungsmöglichkeiten des Augenblicks öffnen zu können.

Manche fühlen sich vielleicht zu dieser Meditation hingezogen, weil sie eine bestimmte Blockade ihres Herzens entdeckt haben – eine Wunde, die nach Heilung verlangt. Andere mögen das Gefühl haben, den allgemeinen Schmerz nicht länger ertragen zu können. Was die meisten Menschen aber zu dieser Übung bewegt, ist ihre fortwährende Enttäuschung durch unerfüllte Träume und Entbehrungen, die zu vielgestaltig und subtil sind, als daß sie einzeln zu erfassen wären. Sie wollen den elementaren Kummer umarmen, der die Wahrnehmung trübt und das Herz beengt.

Diese Meditation verbindet uns mit den nicht vergossenen Tränen, mit dem ungelachten Lachen und den ungelebten Augenblicken. Wir müssen nicht erst einen lieben Menschen verloren haben, um aus dieser Erkundung Nutzen ziehen zu können. Sie schafft im Herzen Raum für unseren Schmerz, für unsere Freude, für unser Leben.

Auf der Brust gibt es in der Region des Brustbeins einen Punkt – er liegt zwischen den Brustwarzen und fünf bis acht Zentimeter über der Stelle, an der die Rippen des Brustkorbs zusammenlaufen. Das ist der Brennpunkt für diesen Prozeß. Untersuche dein Brustbein, um diese empfindsame Stelle zu finden, den Punkt, wo wir mancherlei Trauer speichern. Er kann äußerst empfindsam sein, und viele werden ihn mit großer Sicherheit entdecken. Vielleicht ist dort sogar eine leichte Einbuchtung zu fühlen. Nimm dir ein wenig Zeit, um herauszufinden, wo dieser Punkt deutlich spürbar wird. Manche entdecken ihn sofort, andere brauchen eine Weile dafür. Dann solltest du diese Stelle in der Mitte des Brustbeins zumindest *erahnen* und mit den Empfindungen arbeiten, die dort auftauchen. Dieser Punkt findet seine Entsprechung in zahlreichen Heilverfahren. In der Akupunktur nennt man ihn „Konzeptionsgefäß 17". Er ist in allen Traditionen bekannt, die den Körper als energetisches System betrachten. Er ist das das Herz-Zentrum.

Nachdem du diesen Schmerzpunkt gefunden hast, setzt du ihn dem Druck deines Daumens aus. Wenn du auf diese Weise Druck auf ihn ausübst, wirst du einen Gegendruck spüren. Natürlich fühlst du auch die Härte des Brustbeins, doch darüber hinaus ist hier etwas Subtileres wahrzunehmen – nämlich das Bedürfnis, dich zu schützen, die Kontrolle zu behalten und Gefühle zu verdrängen. All die Augenblicke, in denen wir uns versteckt haben, in denen wir uns gegen das Leben abgeschirmt haben, verdecken Schicht um Schicht den Kern unseres Wesens. Tausende solcher Momente haben sich dort angesammelt und einen dicken Panzer gebildet. Was unseren Druck mit Gegendruck beantwortet, ist die Verdichtung unserer Abwehrhaltung und unseres Widerwillens, direkt in den lange unterdrückten Schmerz einzudringen und wieder aus ihm hervorzutreten. Es ist ein Widerstand gegen das Leben, Widerstand gegen das Geborenwerden. Es ist ein Widerstand gegen die Heilung, der sich wie ein Schutzschirm gegen das Licht in uns behauptet. Wir leben in einer Schattenwelt, anstatt in die Soheit einzutauchen, in „nur so viel". Wir spüren, wie sich der Widerstand eines ganzen Lebens dem Daumen entgegenstemmt, der forschend gegen den Schmerzpunkt drückt und auf der Bahn der erscheinenden Empfindungen den Pfad zum Herzen öffnen will.

Wenn du lange Fingernägel hast, halte die Fingerkuppe so, daß der Nagel nicht in die Haut drückt. Es spielt keine Rolle, ob du die Fingerspitze oder den Fingerknöchel gebrauchst, solange du nur einen Druck ausüben kannst, der deine Aufmerksamkeit auf diese Stelle lenkt. Es gilt jedoch zu beachten, wenn wir beginnen, mit dem Daumen in den Schmerzpunkt, in die Trauer einzudringen, daß sich dieser forschende Druck nicht in eine Bestrafung verwandelt. Der Druck des Daumens soll keinen Schmerz hervorrufen, sondern diesen Punkt nur stimulieren, damit der Gegendruck spürbar wird. Es geht in dieser Übung nicht darum, wieviel wir ertragen können. Es ist eine Übung der Offenheit. Wir müssen uns selbst nicht noch zusätzliche Schmerzen zufügen, um uns der Schmerzen bewußt zu werden, die bereits in uns existieren. Schon ein geringer Druck auf diese überaus empfindsame Stelle verbindet Geist und Körper mit dem Herz-Zentrum. Und auf dem Weg zum Herzen treten die ungezählten Augenblicke, in denen wir uns selbst aufgegeben haben, nur allzu deutlich zutage. Der sanfte Druck soll uns klar zum Bewußtsein bringen, welche Trauer wir in uns bergen und welche Unermeßlichkeit auf ein mitfühlendes Gewahrsein wartet.

Eine besondere Qualität dieser Meditation liegt in der Tatsache, daß auch dann, wenn der Prozeß abgeschlossen ist und der Finger den Schmerzpunkt nicht mehr berührt, an dieser Stelle deutliche Empfindungen auftreten können. Der Schmerzpunkt hat sich in den Kontaktpunkt des Herzens verwandelt, und du fährst fort, dein Mitgefühl in diesen neugeschaffenen Kanal hineinzuatmen.

Diese Meditation über unseren alltäglichen Kummer ist eine jener Übungen, die du allein ausführst – für die Gemeinschaft. Für die Gemeinschaft mit deiner Umwelt, mit deinen Liebsten und auch mit deinen Kindern.

Suche dir in einem friedlichen Zimmer einen bequemen Platz zum Sitzen und komme hier zur Ruhe.

Nimm dir einige Augenblicke Zeit, um einfach nur diese Ruhe zu spüren.

Viele Stimmen, viele Gefühle und Empfindungen erscheinen in der Stille.

Spüre jenen Punkt im Körper in der Mitte deiner Brust, wo sich diese Gefühle als Taubheit oder dumpfer Schmerz bemerkbar machen.

Lenke deine Aufmerksamkeit mehr und mehr auf diesen Schmerz, auf diesen Punkt hoher Sensibilität.

Hier, inmitten der Brust, ruht die Trauer unserer inneren Sehnsucht. Bringe das Gewahrsein in Berührung mit diesen Empfindungen, diesem Kummer, dieser Sehnsucht im Herzen.

So viele Stimmen erheben sich. So viele Bilder erscheinen, sobald wir uns auf den Schmerzpunkt inmitten der Brust konzentrieren.

Drücke nun mit dem Daumen sanft auf diesen Punkt der Trauer und Liebe, den du dicht über dem Herzen am Brustbein spürst. Drücke behutsam in diese schmerzhafte, sensible Region hinein. Ganz sanft. Drücke sanft in den Schmerz hinein. Allmählich öffnet sich der Schmerz, um dieses Gefühl der Berührung zu empfangen.

Verstärke den Druck auf den Schmerzpunkt ein wenig. Spüre das Brustbein, als wäre es eine Panzerung, die den Durchlaß zu deinem Herzen verschließt. Drücke sanft und mitfühlend auf das Brustbein, übe einen stetigen Druck auf das versperrte Tor zu deiner inneren Weite aus.

Drücke fest und beständig, gleichzeitig aber liebevoll und barmherzig in diesen Punkt hinein. Laß das Leid in dein Herz. Drücke hinein. Atme dieses Leid durch den Schmerzpunkt ein.

Atme das Leid ein. Wenn dein Herz daran zerbrechen will, laß es zerbrechen. Löse dich. Löse dich von der Qual der Trennung von deinem Schmerz. Laß dich selbst ein. Atme dieses Leid durch den Schmerzpunkt ein.

Drücke den Daumen stetig, aber ohne Gewalt in diesen Schmerz hinein. Das Gewahrsein taucht immer tiefer in die jahrelang angeschwemmten Ablagerungen verdrängter, unartikulierter, unerforschter Gefühle ein. Es durchdringt die Ohnmacht unserer gewohnten, alltäglichen Trauer, die so hart wie Stein geworden ist: diesen Schutzschild des Herzens.

Drücke in den Schmerz hinein. Durchdringe den Widerstand, den Widerstand gegen das Leben. Den Widerstand gegen den Tod. Durchdringe die Angst, den inneren Zwiespalt, das Mißtrauen. Die Gefühle der Unsicherheit. Ziehe dieses Leid in dein Herz. Laß den Panzer schmelzen. Laß den Schmerz ein, jenseits all deiner Sorgen, nicht geliebt zu werden. Dringe zu den ungezählten Augenblicken vor, in denen du dich selbst aus deinem Herzen verstoßen hast. Zu den Urteilen, der Sehnsucht, der Wut, der Angst.

Atme das Leid in dein Herz. Laß es ein. Nimm es im Herzen des Erbarmens auf, im Herzen der Heilung. Atme den Schmerz ein, jenseits all der Jahre verheimlichten Kummers, der Scham, der geheimen Ängste, der unerwiderten Leidenschaften, die du immer für dich behalten hast.

Überschreite alle Schauspielerei und Angst. Dringe durch den Schmerz, den wir so fürchten, in die Güte des Herzens vor, die all diesen Schmerz in sich aufnehmen kann. In den Geist, der ihn handhaben kann. Für den Körper ist der Schmerz eine Bürde. Im Herzen aber, dicht unter diesem Schutzschild, unserer Furcht vor all diesem Leid, wartet unsere Heilung.

Atme den Schmerz. Laß ihn ein. Habe Erbarmen mit dir selbst. Spüre, wie alles Gefühlte durch den Schmerzpunkt hineingezogen wird. Atme in die Unermeßlichkeit des Herzens hinein. Habe Erbarmen mit dir. Laß alle Gefühle jenseits der lebenslangen Verhaftungen und Aversionen in dich ein. Laß sie ein. Laß sie endlich ein.

Laß dein Herz zerbrechen. All die Verluste, all die Kränkungen, all die lebenslangen Kümmernisse haben sich Schicht für Schicht hier abgelagert. Sie trennen dich vom Leben, versperren das Tor zu deinem Herzen.

Drücke den Daumen in diesen Punkt. Atme all das in dein Herz hinein. Wir haben dem Schmerz in unserem Geist, in unserem Körper so wenig Raum gegeben. Wieviel Raum wird ihm doch im Herzen geboten. Das Herz kann alles in sich aufnehmen.

Empfange den Schmerz nicht furchtsam und urteilend, sondern voller Erbarmen. Wiege das Leid in deinem Herzen. Jeder Atemzug schaukelt die Wiege sanft hin und her. All dieser Schmerz, den du lange Zeit nicht fühlen wolltest, strömt nun mit jedem Atemzug ins dich ein.

All die Nachrichten aus einer leidenden Welt. Einer Welt, über die das Feuer der Schmerzen und Verwirrungen fegt. Atme sie ein. Atme sie ein. Unsere Trauer ist so gewaltig.

Im Körper und im Herzen fühlst du die Trauer um die Vergangenheit, die Sorge um die Zukunft. Die Schmerzen der Trennung. Die Sehnsucht, noch einmal vereint zu sein. Öffne das Herz, um dieses Leid zu empfangen. Atme es ein.

Unser ganzes Leben lang haben wir versucht, dem Schmerz unserer täglichen Trauer auszuweichen. Unserer täglichen Angst, unserer täglichen Wut, unserem täglichen Gefühl der Isolation. Diese lebenslange Trauer konzentriert sich an diesem Punkt in der Mitte der Brust.

Fühle, wie die Empfindungen im Schmerzpunkt pulsieren. Atme dein Erbarmen durch den Schmerz in den Kontaktpunkt des Herzens. Laß den Schmerz ein. Begegne ihm sanft und freundlich. Begegne ihm dankbar – wohl wissend, daß alles, was wir lieben, nur einen Augenblick lang besteht.

Öffne das Herz, um das Leid zu empfangen. Atme es ein. Atme es ein. Dies ist das Leid, das dem Leid ein Ende setzt.

Laß den Geist im Herzen versinken. Laß die Angst, die Einsamkeit, die Schuldgefühle, die Entbehrungen, die Illusionen des Scheiterns im Herzen schweben. Schaffe dem Leid in deinem Herzen Raum.

All die Stimmen, all die Erinnerungen. Laß sie ein. Öffne ihnen dein Herz. Sperre sie nicht in der Vergangenheit ein. Geleite sie in die Gegenwart deines Herzens. Auch diesen Kummer kann das Herz in sich aufnehmen. Laß es daran zerbrechen.

Nimm dich selbst voller Erbarmen, voller Herzensgüte an. Laß den Geist der Trauer im Herzen der Heilung versinken. Laß alles in der unermeßlichen Weite deiner wahren, unsterblichen Natur schweben – in der Weite jenseits des Körpers.

Fühle den Raum, von dem dieser Schmerz getragen wird. Spüre den Raum in seiner ganzen Weite. Fühle seine Grenzenlosigkeit. Schwebe in diesem Erbarmen mit dir selbst und allen fühlenden Wesen.

Löse mit jedem Ausatmen die Verklammerung. Atme durch den Schmerzpunkt in den Kontaktpunkt des Herzens hinein. Atme einen Segen aus. Ein gemeinsames Gefühl der Dankbarkeit.

Mögen alle Wesen frei sein von Leid. Mögen alle Wesen Frieden finden.

Mögen alle Wesen ihrem Schmerz mit Erbarmen und Herzensgüte begegnen. Mögen wir ein offenes Herz für den Kummer haben, der alle fühlenden Wesen bewegt – für ihre Sehnsucht nach Freiheit.

Auf dem festen Boden des Pfades

Kapitel 25
Kinder haben, Eltern haben

Das Thema gewöhnlichen Kummers und ungewöhnlicher Freude weckt die persönliche Erinnerung an eine Zeit vor siebenundzwanzig Jahren, als ich in Mexiko an einem Buch arbeitete, das dort illustriert und publiziert werden sollte – und plötzlich einen erschreckenden Anruf erhielt: Ich wäre drauf und dran, Vater zu werden! Als mein Freund Felipe, Künstler und Vater zweier Kinder, diese Nachricht hörte, lehnte er sich in seinem Stuhl zurück und fing an, lauthals zu lachen. „Naja, Stephen, nun sieht es ganz so aus, als wärst du die längste Zeit der Mittelpunkt der Welt gewesen!" Ich erschrak. Ich war wütend. Welche Rolle sollte ich denn in einem derartigen Brennpunkt familiärer Bedürfnisse, inmitten einer unkontrollierbaren Situation spielen? Felipe lachte noch lauter.

Der kleine Geist rotierte in seiner kleinen Zelle. Keine Kontrolle? Nicht der Mittelpunkt der Welt?!

Es vergingen einige heikle Minuten, bevor sich der große Geist so weit gefangen hatte, daß er der Geisteszustände wenigstens gewahr wurde, die an ihm vorüberrasten. Nach ein oder zwei Stunden schließlich traf die Nachricht auch im Herzen ein, das in Felipes Lachen einstimmte und mir zuraunte: „Aha, nicht mehr für die ganze Welt verantwortlich. Welche Wohltat! Bloß noch verantwortlich für ‚nur so viel'. Bald wird sich der Gebärmutterhals weiten, um den Himmel durchzulassen. Nimm dich seiner an! Nimm dich seiner ganz und gar an!"

160

Nach zehn Jahren der Arbeit an mir selbst war es also ausgerechnet die Ankunft meines ersten Kindes, die dem Ego, welches noch immer nach spirituellen Erfahrungen lechzte und kaum an Egozentrik eingebüßt hatte, die Möglichkeiten eines ganz neuen, unfreiwilligen Yogas bewußt machte: des Baby Yoga. Ein Freund meinte, man könne ihn auch „Heiligen-Lehrgang" nennen, denn ein Säugling mit Bauchschmerzen vermittele die Lehre grenzenlosen Mitempfindens.

Als mich jenes Telefonat erreichte, drehte sich zunächst mein Geist wie ein Kreisel. Ich hatte doch schon genug damit zu tun, in meinem eigenen Leben richtig Fuß zu fassen – und jetzt sollte ich auch noch die Verantwortung für einen anderen Menschen übernehmen! Ich hatte das Gefühl, mein Leben nicht mehr unter Kontrolle zu haben. Nun ja, dieses Gefühl ist mir seitdem sehr zustatten gekommen. Es war mir immer leichtgefallen, als „Liebhaber" aufzutreten, solange ich die Fäden in der Hand zu halten glaubte. Nun aber zog mich das Ringen um Kontrolle in einen Abgrund des Leidens hinein, wo ich praktisch nur noch loslassen konnte. Ich meinte, das embryonale Herz meines Kindes zu hören, das dem Licht entgegenpochte.

Gerade jene Situation banger Ungewißheit zeigte mir, daß ich keineswegs im Mittelpunkt der Welt stehen oder über all meine Belange selbst entscheiden mußte, um mein Herz öffnen zu können.

Kinder lehren uns, auch hilflos sein zu können. Unser Mitgefühl bleibt wach und lebendig, obwohl wir uns schwach und machtlos fühlen. So lernt das Herz, präsent zu bleiben, während der aufgewühlte Geist eine Rückzugsstrategie nach der anderen entwirft. Wir lernen, auch inmitten der Hölle, inmitten des Chaos, ein offenes Herz zu bewahren.

Viele Menschen, die eine spirituelle Richtung einschlagen, suchen nach einer Möglichkeit „selbstlosen Dienens", um auf diese Weise ihre Praxis zu vertiefen. Doch wer selbstlos dienen will, braucht im Grunde nichts weiter zu tun, als Kinder in die Welt zu setzen. Wenn Mutter Teresa mit den reichen Damen spricht, die ihre Arbeit unterstützen wollen, sagt sie ihnen, daß sie sich erst einmal um ihre eigene Familie kümmern sollten, bevor sie daran denken dürften, die Hungernden zu speisen und die Armen zu kleiden oder mit einem Obdach zu versehen. Sie erkundigt sich, ob Harmonie in ihren Familien herrsche. „Bevor du in die Welt hinausgehst, um anderen zu dienen, solltest du dich fragen, wie es um *dein* Zuhause bestellt ist." Dann blicken sich einige der Damen betreten an, weil sie zu ahnen beginnen, daß eine Familie mit Kindern mehr Leid und Verwirrung mit sich bringen kann als die Hilfeleistung an Sterbenden in den Straßen Kalkuttas. Daß es leichter ist, „für den Frieden zu marschieren" als den Frieden in der Familie zu bewahren. Daß es oft einfacher ist, sich ein (geistiges oder materielles) Götzenbild der Göttlichen Geliebten zu schaffen als sie am Frühstückstisch wiederzuerkennen.

Wenn Mutter Teresa sagt, sie betrachte den Sterbenden am Straßenrand nicht als Tragödie, sondern als „Jesus in seiner leidvollen Verkleidung", dann lehrt sie uns, auch unseren Liebespartner, unsere Lebensgefährten, unsere Eltern und nicht zuletzt unsere Kinder als den Göttlichen Geliebten in seiner zuweilen leidvollen Verkleidung zu sehen. Deinen Liebespartner als die Göttliche Geliebte zu betrachten, erlaubt dir den Blick hinter deine und auch seine Maske. Das *Sein* ist alles, was wir zu lernen haben. Der Rest sind Worte – Selbstschmeichelei und ungestillte Trauer.

Wir kennen einen Zen-Schüler, der nach Japan gereist war, um bei dem Lehrer seines Lehrers zu studieren. Als er ihm in dessen Kyotoer Kloster gegenübertrat, war er von der tiefen und sanften Präsenz des Lehrers stark bewegt. Auf die Frage des Lehrers: „Was für eine Arbeit machst du?" erwiderte er: „Meine Arbeit ist, anderen zu dienen." Der alte Mann hakte nach: „Und womit meinst du, anderen zu dienen?" „Ich arbeite mit schizophrenen Jugendlichen." „Das ist eine gute Arbeit, aber sie bedeutet nicht, anderen zu dienen", sagte der Zen-Meister. „Der einzige Dienst, den du anderen erweisen kannst, ist, sie an ihre wahre Natur zu erinnern." Der größte Dienst, den wir für andere tun können, ist das Widerspiegeln ihres wahren Herzens.

Wir haben uns immer bemüht, solche Lehren zum Leitstern der Erziehung unserer Kinder zu machen. Weil wir Kinder nicht als Besitztum, sondern als Geschenk betrachteten, versuchten wir (jedenfalls in Zeiten der Achtsamkeit), ihr Interesse nach innen zu lenken, zur Quelle höchsten Glücks. Und wenn sich unser aller Herzen berührten, ging unsere Beziehung meist über die reine Eltern-Kind-Beziehung hinaus. Der Göttliche Geliebte in uns allen schloß den Narziß jedes einzelnen in die Arme. Es war eine liebevolle Beziehung voller Gelächter, Tränenvergießen und Geflüster, voller Umarmungen und Bestätigungen. Die meiste Zeit über, auch als unsere drei Kinder ins Teenageralter kamen (wovor man uns oft ausdrücklich gewarnt hatte), verlief unser Zusammenleben wohl ziemlich aufregend und überaus herzlich. Die Liebe, die unser Haus erfüllte, war auch für die meisten unserer Gäste spürbar und heilsam. Für die Ringer-Mannschaft unseres ältesten Sohnes war unser Zuhause zu einem regelrechten Treffpunkt geworden. Und gleiches galt für die kichernden Freundinnen unserer Tochter und die grünhaarigen, stachelköpfigen Kumpanen unseres Jüngsten. Auch wenn unsere Kinder nicht daheim waren, saß des öfteren jemand bei uns herum. Es war der Zirkus der Göttlichen Geliebten.

Kamen Zeiten, in denen irgendwelche Hindernisse oder Hormone die Kommunikation erschwerten, fiel es uns überraschend leicht, uns immer wieder auf das Kontinuum zu besinnen, in dem jeder von uns der Göttliche Geliebte war. Eines Tages kam unser Ältester – er war Regionalmeister im Ringen geworden – nach seinem Training in unser Schlafzimmer, als wir gerade im Fernsehen die Abendnachrichten verfolgten. Er war wie wandelndes Testosteron und voller Kampflust. Nachdem er einige ziemlich spitze Bemerkungen losgelassen hatte, sagten wir zu ihm: „Wir sind im Augenblick nicht in der Stimmung für solche Sachen. Wir haben jetzt keine Lust, uns beschimpfen zu lassen. Warum gehst du nicht eine Weile ins andere Zimmer und beschimpfst deine Geschwister?" Er lachte und meinte: „Ich beschimpfe euch? Wie käme ich dazu! Ich weiß doch ganz genau, wann ihr Lust habt, beschimpft zu werden." Und der Schatten über dem Zimmer färbte sich golden, als er sich zu uns herüberbeugte, uns einen Kuß gab und in Richtung seiner Geschwister das Feld räumte. Humor ist stets das beste Mittel, um den kleinen Geist in den großen Geist zu verwandeln, wenn man mit Kindern zusammenlebt – insbesondere mit dem Kind, das in uns allen schlummert. Unser Nachwuchs wußte recht gut, wie man damit umgeht. Bei einer anderen Gelegenheit saßen wir vor den Fernsehnachrichten, als ein Kommentator aus Beirut im Bild erschien. Eines unserer Bücher prangte deutlich sichtbar in dem Regal, das hinter ihm stand; und um vor unserem Ältesten ein wenig zu prahlen, sagte ich genüßlich zu ihm: „Schau mal, James, was da hinter dem Sprecher im Regal steht. Eines unserer Bücher!" Worauf er belustigt erwiderte: „Ja, ja, ich sehe. Eure Sachen werden ja auch bloß in Kriegsgebieten gelesen!"

Es heißt, daß deine Eltern wissen, auf welche Knöpfe sie bei dir drücken müssen, weil sie von ihnen eingebaut wurden. Aber deine Kinder haben offensichtlich ihre eigene Fernbedienung. Sie erkennen deine Verhaftungen häufig besser als du selbst. Und wo das Loslassen immer im Vordergrund steht, ist jeder Hinweis auf solche Verhaftungen nützlich.

Einer der Lieblingsknöpfe auf dem Bedienfeld unserer Kinder war ihr Nachäffen der Eltern. Darin hatten sie es fast bis zur Perfektion gebracht. Wenn wir mal mit dem Auto zum Essen fuhren, saßen unsere Tochter und unser Ältester auf dem Rücksitz und spielten Stephen und Ondrea, die einen Kurs abhielten. Sie präsentierten eine Karikatur ihrer Eltern, die manchmal so ins Schwarze traf, daß wir uns vor Lachen kaum halten konnten und ich Schwierigkeiten bekam, den Wagen zu lenken. Wie die Meditation lehrten sie uns, daß wir nicht der rationale Geist sind. Sie erinnerten uns daran, daß es nur die Göttliche Geliebte „macht".

Obwohl wir beide eigentlich keine Kinder wollten, repräsentierten sie wohl die wichtigste Lehre vom Mitgefühl und Gewahrsein in unserem Leben. Wir kennen einen buddhistischen Lehrer, der die Kinder in die traditionellen Elemente „Krankheit, Alter und Tod" einbezieht, von denen es heißt, daß sie ein Prüfstein unserer Praxis und eine Herausforderung des Herzens seien. Und der klarherzige Dichter Gary Snyder meinte nach der Geburt seines ersten Kindes, daß er den Eindruck habe, einen Zen-Meister im Hause zu haben. Kinder beanspruchen unsere volle Aufmerksamkeit, sie verlangen uns alle Geduld und Selbstlosigkeit ab, die wir aufbieten können.

Unsere drei sind sehr unterschiedlich. Jedes hat sein eigenes Temperament, jedes seine besonderen Vorlieben und Vorurteile, seine speziellen Prioritäten und Ziele. Obwohl alle drei in einer Atmosphäre der Meditation und karitativen Arbeit aufwuchsen, entwickelten sich bei ihnen völlig unterschiedliche Beziehungen zur „Arbeit". Manchmal ärgerten sie sich über unsere „Lässigkeit". Sie meinten, wir wären anders als die Eltern ihrer Freunde, hätten uns gerne ein wenig modebewußter gesehen und beklagten sich darüber, daß wir angezogen wären „wie frisch aus der Kleiderspende". Sobald wir sie aber fragten, ob sie es denn lieber hätten, wenn wir unsere Meditation und unsere Arbeit aufgeben würden, hieß es im Chor: „Nein!" Während sie sich indes wünschten, daß wir so wären „wie die anderen", schien unsere „Spleenigkeit" auf ihre Freunde geradezu wie ein Magnet zu wirken. Bei uns brauchte man kein Blatt vor den Mund zu nehmen. Wenn jemand Probleme hatte, über die er mit seinen Eltern nicht sprechen konnte, dann kam er damit zu uns. Nun, wir hielten unsere Kinder auch für ein wenig verdreht, aber gerade das mochten wir. So ist der Göttliche Geliebte nun mal, und das nimmt ihm nichts von seiner Faszination.

In Dutzenden von Workshops haben wir die Teilnehmer gefragt: „Wer von euch fühlt sich völlig in seine Familie hineingeboren?" – in eine Familie also, die dich braucht und sich um dich kümmert, die dich unterstützt und dir zuhört, eine Familie, deren gute Wünsche dich auch bei den ausgefallensten Unternehmungen begleiten, die sich selbst liebt und achtet – und stets waren es nur sehr wenige Teilnehmer, die ihre Hände erhoben. Gewiß, ein solcher Anspruch läßt sich leichter formulieren als realisieren, und wir alle stecken in einem Lernprozeß. Aber in keiner Gruppe waren es mehr als fünf Prozent, die ihre Hand spontan nach oben streckten. Die *Bhagavad Gita* führt an, daß ein Wesen, das ein Leben erhebender Hingabe und aufrichtiger Suche geführt habe, „im Mutterschoß vollendeter Yogis geboren" werde. Spirituell Eingeweihte als Eltern! Liebe und Weisheit als einziges Ausdrucksmittel. Konzentriertes Zuhören. Tiefe Zuwendung. Unterstützung auf dem Pfad des Herzens. Schade, daß sich nicht mehr Hände erhoben.

Man sollte hier einflechten, daß es die Sehnsucht nach unserer wahren Familie ist, die uns manchmal in eine spirituelle Gruppe führt. Oft erschafft dieser Drang eine Geistesfamilie, die das Herz beflügelt und die Teilhabe am Ganzen vertieft. Zuweilen zieht uns dieses Verlangen nach Gemeinschaft aber auch zu unbefähigten Lehrern und ungeeigneten Lehren, die eine Art von Gemeinsamkeit vertreten, welche jeden Menschen außerhalb dieses Kreises als „anderen" definiert. Dann hat sich eine Familie gegen die Familie formiert. Heiliger Krieg. Rivalität und Mißbrauch.

Im Bewußtsein der schmerzvollen Tatsache, daß viele Menschen auf der Suche nach ihrer Familie ihr Zuhause verlassen – und der Welt dermaßen unvorbereitet und verwundbar preisgegeben sind – haben wir unseren Kindern etwas vermittelt, das auch wir selbst lernen mußten: Ver-Antwortung für das eigene Leben zu übernehmen, heißt nichts anderes, als die Fähigkeit zum Antworten zu entwickeln statt dem Zwang zur Reaktion zu erliegen. Diese Ver-Antwortung hat nichts mit Schuld zu tun, sondern sie ist ein Erweiterungsprozeß unserer Fähigkeit zur absolut lebendigen und wachen Erwiderung. Wir haben versucht, die Abhängigkeit von einer Welt der Ausreden zu durchbrechen – auf Seiten der Eltern wie auch auf der unserer Kinder. Wir haben uns bemüht, aus der Verschwörung jener abgrenzenden Gleichgültigkeit auszutreten, der die Welt angesichts der inneren Leere ihrer Erfolge so ausgiebig huldigt. Wir wollten uns mit nichts weniger als ihrem wahren Herzen zufriedengeben. Und wir wollten die Interessenwirtschaft des kleinen Geistes ausschalten: den Fanatismus, die Dickfelligkeit und das Anpassen an die destruktiven Tendenzen des alten Geistes, unseren Planeten zu plündern. Statt dessen haben wir unsere Kinder ermutigt, ausgelassen und produktiv, neugierig und experimentierfreudig, freundlich und einfallsreich zu sein. Wir haben sie ermahnt, aller Ungerechtigkeit entgegenzutreten und ohne Selbstgerechtigkeit für ihren Glauben zu kämpfen – und ihrem großen Geist zu vertrauen.

Ach ja, die Instruktionen! Man mag es kaum glauben, wie zugänglich eine kleine Tochter auf das Bemühen reagiert, ihr Verantwortung beizubringen, wenn man im Schuhladen zu ihr sagt: „Naja, wenn der Schuh paßt..." – und sie ohne Umschweife ergänzt: „...dann kauf' ihn!" Oder wenn ich einen Moment lang die Göttliche Geliebte in ihr vergesse, beim Reden schon an „meinen nächsten Vortrag" denke und ein wenig auf Automatik schalte – und Tara aufblickt und blinzelnd sagt: „Nimm's auf Tonband auf!" Aha, wieder eine Gelegenheit, den Bauch zu entspannen und im Göttlichen Geliebten loszulassen.

Auch Noah, unser Jüngster, rebellierte pflichtgemäß, indem er „Meditation und das alles" ablehnte. Da wir ja in unserer Jugend selbst mit einer gehörigen Portion Energie und Einfallsreichtum gemeutert hatten, konnten wir uns nicht vorstellen, daß man uns auf dieselbe Weise „bekommen" konnte wie wir unsere Eltern „bekommen" hatten. Was hätte ihm denn schon einfallen können? Die Haare bis zur Schulter wachsen lassen? In hormonal kritischer Lautstärke Rockmusik hören? Hatten wir doch alles längst getan! Gab es denn eigentlich noch etwas, womit er uns hätte überraschen können?

Nun, eines Nachmittags kam er mit einer Tätowierung nach Hause – und hatte mich festgenagelt. Er erwischte mich direkt am Lebensnerv, genau dort, wo meine Achtsamkeit am schwächsten und meine Konzeption am stärksten war. Mein Knopf verklemmte sich. Ich war sicher, daß er einen Fehler gemacht hatte. Und er war sicher, daß ich daneben lag. Was wir miteinander austauschen konnten, war allein die Gewißheit, daß der andere völlig im Irrtum war.

Mochte mir die Tätowierung auch für eine Weile zu schaffen machen, Ondrea störte sie nicht im geringsten. Für sie war Noah einfach der tätowierte Göttliche Geliebte. Er hatte eben in der Welt der Formen ein wenig herumgekritzelt – und mir blieb nichts anderes übrig, als mich von einigen altgewohnten Vorurteilen und gelehrten Interpretationen zu lösen und mit dem Herzen zu schauen.

Weil wir unseren natürlichen Geist bewahrten, als er mit dieser Tätowierung (und später auch noch weiteren) nach Hause kam, verschloß sich das Herz nicht im kleinlichen Beharren auf der Andersartigkeit des anderen. Statt dessen nahmen wir uns Noahs Interessen an, unterhielten uns mit ihm über ostasiatische, insbesondere japanische „Hautmalerei" und studierten mit ihm Bücher über die Ästhetik asiatischer Tätowierkunst. Dies weckte allmählich seine Neugier auf „orientalische Sachen". Er besuchte im College einen Kurs über japanische Kultur, die ihn unvermittelt in ihren Bann zog und ihn im Laufe der folgenden Jahre des öfteren den Plan fassen ließ, „nach Thailand zu gehen und ein buddhistischer Mönch zu werden". Zwischenzeitlich geht er einem Interesse an der Akupunktur und Meditation nach. Mit jedem Tag wird seine Praxis ein wenig konsequenter – eine Praxis, die er sich auf eigenen Beinen und auf eigener Grundlage geschaffen hat. Es ist seine Praxis, nicht die seiner Eltern.

Die Lehre dieser Hilflosigkeit, die Noahs Tätowierung mit sich brachte, war jedenfalls unvergleichlich.

Gegenwärtig kann man beobachten, auf welch unterschiedliche Weise die Suche der drei Kinder nach der Göttlichen Geliebten verläuft. Einer unserer Söhne offenbart sie in seinem Interesse an der Meditation und karitativer Arbeit. Beim anderen zeigt sie sich in großzügigem Handeln und in der Treue gegenüber seinen Freunden. Und bei unserer Tochter wird sie in ihrer begeisterten Suche nach sich selbst und einem liebevollen Partner deutlich, „der die nötige Ausdauer für einen langen Weg mitbringt". Alle drei manifestieren die außergewöhnliche Weite ihres Herzens auf ihre ureigene Weise. Bei allen harmoniert sie mit ihrem Entwicklungsprozeß. Und alle drei lehren uns, daß wir nicht der Mittelpunkt der Welt sind, sondern nur ein schlichtes Herz, das sich nach dem Göttlichen Geliebten sehnt.

Kapitel 26
Eine heile Familie

Als unsere Familie entstand, war mein Sohn sieben, meine Tochter neun und Ondreas Sohn elf Jahre alt. Fünf Jahre lang war ich ein alleinerziehender Vater gewesen. Und bei Ondrea hatte diese Phase sogar zehn Jahre gedauert. Der Zusammenschluß zu einer einzigen Familie brachte uns allen eine Menge Sorgen und Freuden, Hoffnungen und Enttäuschungen, Verdruß und Liebe. Wenn sich Familien auf diese Weise bilden, entwickelt sich eine neue Art der Triangulation. Jeder einzelne orientiert sich in Richtung der heilen und ganzen Familie. Gleichzeitig führt die Vereinigung zweier Familien zu einer komplexen Mixtur von abstoßenden und anziehenden Kräften. (Natürlich zeigen sich diese auch in allen anderen Beziehungen, aber in einer kombinierten Familie sind sie von Anfang an zu erkennen.) Wie auch bei einem Paar ist jedes Kind und jeder Elternteil eine ganz individuell geprägte Bindung eingegangen. Jeder hat eine bestimmte *Wertigkeit* für sich gefunden. Dies ist ein Begriff aus der Chemie und bezeichnet das „Kombinationspotential" zweier chemischer Elemente. Die Wertigkeit ist ein Maß für die Bereitschaft zur Gemeinsamkeit. Exakter ausgedrückt, bezeichnet sie die Fähigkeit von Atomen, in ihren Elektronenhüllen eine Verbindung einzugehen. Bei Personen ist es die Fähigkeit, den „verkalkten, äußeren Ring des Denkens" zu überschreiten, der den kleinen Geist in Gang hält, also die Fähigkeit, größer zu werden. Es ist die „Chemie", auf die schon seit langem Bezug genommen wird, wenn es um die Begegnung der Herzen geht. Die partikularistische Befähigung, individuelle Elemente zu einer ganz neuen Substanz zu verbinden.

Jedes Kind und jeder Elternteil hat Wertigkeitspunkte gefunden, an denen sich tiefe, verbindende Wurzeln gebildet haben. Jeder hat seine eigene Beziehungsformel aufgestellt. Wenn aber zwei Familien zusammenkommen, können ihre Wertigkeiten sehr unterschiedliche Entwicklungen aufweisen. Wenn zwei Personen, Erwachsener oder Kind, die gleichen mentalen Neigungen zeigen, wenn sie ähnliche, ihrer speziellen Persönlichkeit und Wesensart entsprechende Verhaftungen erkennen lassen, kann dies eher zu einem Schwertergerassel als zu einer perfekten Anpassung führen. Wenn jedoch einer von beiden eine Sensibilität für die Opposition des anderen ausbildet, kann sich eine Verzahnung, eine Erfahrung der Interexistenz entwickeln, die beide vereint und ein Dreieck formt, das fortan Wachstum und Heilung ermöglicht. Wertigkeit ist der „gemeinsame Quotient" – die Fähigkeit, sein Herz dem Geist des anderen zu öffnen.

Mitunter braucht solch eine „neue" Familie Monate oder sogar Jahre, bis sie ihre Wertigkeiten herausgearbeitet hat und zu einer „heilen Familie" zusammengewachsen ist. Bis sie einmütig auf dem gemeinsamen Boden unserer Triumphe und Niederlagen, Schmerzen und Freuden zusammenlebt.

Nach etwa einem Jahr des Zusammenlebens mit unserem ältesten Sohn gab es eine Periode, in der ich ihm im Gewirr meiner Auffassungen über das Wesen und Handeln eines „ältesten Sohnes" ziemlich kritisch und ein wenig „autoritär" begegnete. In Zeiten geschwächter Achtsamkeit kam es nicht selten vor, daß wir uns am Frühstückstisch in starrer, schweigender Unstimmigkeit gegenübersaßen. Als wir eines Tages wieder einmal in dieser Atmosphäre am Küchentisch hockten, war das Maß voll. Was wir entbehrten, weil Angst und Urteil ungehindert ihr Werk der Trennung und Spaltung verrichten konnten, war so sonnenklar, daß ich ihm sanft, vielleicht sogar flehend in die Augen blickte und zu ihm sagte: „James, wir können das doch beide kaum noch ertragen. Wie lange soll das denn noch so weitergehen? Wie lange wollen wir uns noch gegenseitig meiden, obwohl wir doch einander so liebhaben möchten?" Er sagte kein Wort, aber sein gesenkter Kopf signalisierte den Anfang vom Ende unserer quälenden Trennung.

Als sich unsere Beziehung weiterentwickelt hatte, erlaubte er mir, ihn rechtsgültig zu adoptieren. Wir kamen einander so nah wie zwei Herzen, deren Bereitschaft zur Liebe sich ganz natürlich offenbart. Ein Jahr nach jener Unterhaltung spielte ich mit James und einigen seiner High-School-Freunde Basketball, als ich mit meinen weichen Turnschuhen im Sand ausglitt und der Länge nach auf den Boden fiel. James' Freunde lachten mich natürlich ebenso aus, wie sie es bei jedem der ihren getan hätten, der vor ihnen auf die Nase gefallen wäre. James aber war im Handumdrehen neben mir und stieß sie weg. Sie sollten gefälligst den Mund halten! Wie ein Samurai stand er schützend über mir, half mir behutsam auf die Füße wie Mutter Teresa und klopfte mir den Staub aus den Kleidern wie mein ältester Sohn.

Als ich damals an jenem Morgen James gefragt hatte, wie lange wir es noch ertragen könnten, diese Trennung aufrechtzuerhalten, zerbrach der Geist, und die Wertigkeit unserer Herzen kam ans Licht. Unsere Beziehung hätte in den Jahren, die seitdem vergangen sind, nicht besser sein können. Ich bin endlich sein Vater. Er ist endlich mein Sohn. Ich kann ihn nicht anschauen, ohne den Göttlichen Geliebten in ihm zu sehen. Jedes Jahr schickt er mir eine Karte – zum Muttertag.

Um Teilfamilien in eine vollständige Familie zu verwandeln, müssen nicht nur die Eltern ihre Wertigkeiten für die Beziehung finden; auch die Kinder stehen vor dieser Aufgabe. Und wieder einmal erweist sich die Blindenschrift als einzig gangbarer Weg. Es ist ein langsames, kontinuierliches Vorwärtstasten. Die Kinder erproben und veralbern einander, lachen und scherzen miteinander. Entdecken, wer diese anderen Wesen sind. Kämpfen miteinander. Streiten um die Hackordnung. Stibitzen dem anderen den Nachtisch. Drücken die Toilettenspülung, während der andere unter der Dusche steht. Wasser-Gefechte. Sie arbeiten an gemeinsamen Projekten. Und sie schwatzen, schwatzen und schwatzen. Entdecken ineinander eine Familie. Ungewißheiten werden zu Überzeugungen. Ein Kontext des Vertrauens entsteht, der auch in Momenten mutmaßlicher Vertrauensbrüche Halt bietet. Auch wenn unsere Kinder in einer einzigen Familie geboren worden wären, ihr Verhältnis zueinander (mit allen Höhen und Tiefen, allem Hin und Her) wäre nicht geschwisterlicher verlaufen als in den Jahren ihres Zusammenlebens. Und als sie unser Haus verließen, fanden sie sich schließlich in derselben kalifornischen Stadt zusammen. Alle haben ihre eigene Wohnung, treffen sich regelmäßig und schöpfen aus ihrer Beziehung Kraft.

An dieser Stelle sollten wir vielleicht die fixe Idee der „Blutsverwandtschaft" ansprechen. Wir hören oft, daß die Eltern in zweiten Ehen ihre biologischen Kinder als „von meinem Blute" bezeichnen, die anderen Kinder aber um eine Stufe herabsetzen und als „Stiefkinder" betrachten. So etwas stimmt uns stets traurig. „Blutsverwandt" zu sein heißt, eine gemeinsame Erbmasse zu besitzen – ein Reservoir, in dem viele – wie Narziß – primär ihr eigenes Spiegelbild suchen. Sie übersehen offenbar das Wesentliche: sie schenken weder den seelischen Bedürfnissen ihrer Kinder noch der Beziehungsarmut ihrer ursprünglichen Familie Beachtung.

Hier begegnen wir wieder dem Verwechseln von gegebenen und erworbenen Beziehungen. Wir glauben, daß nur die, mit denen uns „die Bande des Blutes" verbinden, eine Gegebenheit unseres Lebens sind, daß sie am ehesten unsere Zuwendung verdienen. Unsere vereinigten Familien, unsere neuen Kinder sind jedoch nicht erworben, sondern ebenfalls eine Gegebenheit unserer tiefen Verpflichtung zu einem neuen Leben. Im Herzen der Göttlichen Geliebten fließt kein „Blut": jeder ist ein ständiger Reisegefährte auf dem Weg zur lebendigen Wahrheit. So betrachtet ist unsere neue Familie sogar im noch tieferen Sinne unsere Familie als jene, in die wir hineingeboren wurden. Sie gewährt uns mehr Liebe, mehr Offenheit, mehr Sorge um unser Wohlergehen als wir jemals erfahren haben.

Am Blut verhaftet zu sein, ist der Aberglaube der Unwissenheit. Wenn du deine neuen Kinder nur unter Vorbehalt als einen Teil deines Karmas, deines Lebensimpulses betrachtest, übersiehst du das Wesen deiner Inkarnation und der Heilung, für die wir Geburt annahmen.

Da jede Generation und natürlich jeder Mensch einen eigenen Musikgeschmack hat, erforderte auch unser Familienbündnis, einen gemeinsamen musikalischen Interessenbereich zu finden. Wenn sich die übermütigen Persiflagen der Kinder auf dem Rücksitz erschöpft hatten, stimmten wir oft Steve Millers Song „Fly like an Eagle" an. Unsere fünf „einzigartigen" Stimmen erhoben sich zu einem Chor des Lachens und Singens – sie drangen bis zum Herzen der Göttlichen Geliebten in jedem vor, der sie hörte, in jedem, der sang.

Falls diese Schilderungen beim Leser den Eindruck erwekken sollten, daß Ondrea und ich ein mysteriöses Bündnis mit den Kindern pflegten, an dem alle Probleme abprallten, müssen wir einer solchen Vorstellung ein wenig gegensteuern. Unsere Balancen und Interventionen gestalteten sich oft sehr viel pragmatischer als es den Anschein haben könnte. Wenn die neuen Geschwister beispielsweise ein abendliches Zank-Turnier veranstalteten, ließen sie sich unserer Erfahrung nach auch durch die geschicktesten Einsprüche höchstens für einige Augenblicke zur Besinnung bringen, so daß wir uns eine andere Taktik ausdenken mußten. Da unser Haus mit Holz beheizt wird, war es ein leichtes, unbemerkt zum Ofen zu gehen und noch ein oder zwei Scheite hineinzustecken. Und wenn wir nach einer halben Stunde wieder ins Zimmer kamen, wo inzwischen über vierzig Grad Hitze herrschten, waren die Streithähne entweder eingeschlafen oder so müde, daß die Kommunikation nur noch vor sich hinplätscherte.

Aus unseren zahlreichen Beratungen wissen wir, daß eingekapselte Rückstände alter Kränkungen trotz wahrhaft intensiver Kommunikationsbereitschaft einen solchen Einfluß auf die Familienmitglieder ausüben können, daß sich statt eines Gefühls der Erfüllung immer wieder Frustration einstellt. Umso dankbarer sind wir für die Gnade, welche es uns allen ermöglicht hat, über unsere Grenzen und Festungsmauern hinauszugelangen und die Wirklichkeit einer heilen Familie zu erleben.

Einst gingen wir zum Psychiater,
um zu bekennen, daß wir unsere Eltern haßten.
Heute gehen wir hin, um einzugestehen,
daß wir sie lieben.

Unsere Eltern sind eine Lehre der Vergebung –
wenigstens erzählen wir das unseren Kindern.

Kapitel 27
Die Eltern lieben lernen

Ich bin in einer lauten, aggressiven Umgebung aufgewachsen, Ondrea hingegen in einem „seriösen", friedlichen Elternhaus. In beiden Familiensphären beschränkten sich Gefühlsäußerungen auf unbewältigten Kummer. So waren wir an durchaus unterschiedliche „Liebesstile" gewöhnt. Als wir einander begegneten, hatte wir beide schon etliche Beziehungen „hinter uns" und waren offen dafür, die wirkliche Liebe zu lernen. Und für beide war es „die letzte Beziehung".

Offensichtlich mußten wir die erlernten Liebesgewohnheiten transformieren, mußten *unsere Liebe dekonditionieren*, mußten denen Vergebung und Dankbarkeit senden, die uns die Liebe gelehrt hatten – jenseits der Schranken unserer ursprünglichen Fixierungen.

Zu lernen, wie man *einfach* liebt, bedeutete zunächst einmal, uns auf jede Distanzierung von unseren Eltern zu konzentrieren. Die Erneuerung der Liebe zu unseren Eltern war ein oft wiederkehrendes Thema in unserer gemeinsamen Praxis der Klärung des Geistes und der Öffnung des Herzens.

Mein Vater war ein vergrämter und verängstigter Mensch. Er behandelte meine Mutter manchmal sehr schlecht. Doch auch damals, schon bevor meine Liebe zu ihm wiederauflebte, habe ich sein schallendes Lachen stets gemocht. Er war wirklich eine bunte Mischung – süß und sauer. Also Vorsicht! Indes kann ich mich nicht erinnern, meinen Vater vor meinen späten

Zwanzigern jemals geliebt zu haben. Wenn hier und da in einem freundlichen Gedanken, in Gefühlen der Versöhnlichkeit und Selbstbejahung doch einmal echte Zuneigung erwachte, war es die Liebe selbst, für die sich mein Herz weitete.

Als ich noch ein harter, „halbwüchsig-schwarze Lederjacke-aufgemotzte Autos-Straffälliger" war, gelegentlich mit der Polizei zu tun hatte und in ständiger Fehde mit meinem Vater lag, seufzte meine Mutter des öfteren: „Ach, daß ich das alles noch erleben muß!"

In meinen späten Zwanzigern – ich hatte meine Eltern schon jahrelang nicht mehr gesehen – fuhr ich nach Hause, um ihnen Tara vorzustellen, ihr erstes Enkelkind. Und da ich schon ein wenig Meditationserfahrung hatte, war ich sicherlich etwas präsenter und achtsamer als in früheren Jahren.

Doch mein Vater war äußerst unfreundlich und aggressiv allen gegenüber, die am Tisch saßen. Nachdem er auf meinem Bruder herumgehackt und meine Mutter herumkommandiert hatte, nahm er mich unter Beschuß – meine langhaarig-spirituelle Dichter-Familie. Während seiner Attacken entspannte ich den Bauch, und zum ersten Mal betrachtete ich ihn als das, was er war: eine verwundete Liebe. Ich hörte ihm sehr aufmerksam zu, ohne zu reagieren. Sein Kummer war so deutlich zu spüren, seine Angst so offenkundig! Ich sah in seine braunen Augen, die mich so oft zum Hassen gebracht hatten und nun endlich Liebe in mir erweckten. Weil ich mich nicht an unsere Entzweiung klammerte, fand er in mir keinen Gegner mehr, den er hätte erniedrigen können. Er entspannte sich, wurde freundlicher und erzählte einen Witz. Und meine Mutter sah mich an und sagte: „Ach, daß ich das noch erleben darf!"

Dieses Erledigen der Geschäfte mit unseren Eltern ist ein konkreter Aspekt unserer Selbstwerdung. Er bildet die Grundlage für eine gesunde, bewußte Partnerschaft.

In Ondreas Elternhaus war es um das Gefühl der Zusammengehörigkeit oder um „gemeinsame Aktivitäten" schlecht bestellt gewesen. Sie ging aus ihm fort, weil sie spürte, daß sie das Kommunizieren und Berühren, das Lachen und Spielen woanders lernen mußte. Doch aus der Ferne dankte sie ihren Eltern für die „isolierende Ruhe", die ihre inneren Sinne schärfte – für „das Geschenk der Wunde", wie sie es nennt. Das Geschenk der Heilung, das im Herzen jeder Verletzung liegt. Die erzwungene Ruhe wurde zu einer Stille, in der sie erlauschen mußte, ob denn überhaupt noch ein Kontakt mit der Familie bestand. Und dies war, wie sie halb scherzend erklärt, das Training für ihre spätere Arbeit mit Komapatienten, die ihr immer wieder Anerkennung bringen sollte. Nach und nach entfaltete sich das heilsame Geschenk im Zentrum der Wunde zu einem Potential, aus dem sie selbst und auch ihre Umgebung schöpfen konnte.

Ondrea streckte über die Jahre und Entfernungen hinweg schließlich einen Fühler aus und nahm in Dutzenden von Telefonaten den Kontakt zu ihren Eltern wieder auf. Sie streckte ihre Hände über den Abgrund, um ihre Eltern zu umarmen. Für einen Neubeginn.

Als Ondreas Eltern nach fünfzehn Jahren einer schrittweisen Annäherung zum ersten Mal einen ihrer Workshops besuchten, fand ihr Vater das Ganze „recht interessant" und meinte, daß er „wahrscheinlich sogar meditiert" habe. Ihre Mutter war regelrecht ergriffen von diesem „wundervollen Prozeß". Vierundsechzig Jahre hatten die Eltern gebraucht, um Ondreas Fähigkeiten anzuerkennen. Nun sind ihre Herzen offener denn je, heilen die Vergangenheit in die Gegenwart und bieten Platz für Neues.

Diese Wiederannäherung war so tiefgreifend, daß Ondreas Eltern inzwischen planen, von zu Hause fortzuziehen, um ihr näher zu sein. Und erst gestern fragte ihre Mutter an, ob sie einmal wieder einen Workshop besuchen könnten.

Im Laufe der letzten zehn Jahre sind meine Eltern gestorben. In beiden Fällen war nichts ungesagt geblieben, und als sie im Sterben lagen, teilten wir eine tiefe Beziehung. Ondrea und ich wünschen innig, auch ihren Eltern in der schrecklichen/wundervollen Zeit ihres Sterbelagers zur Seite stehen zu können.

Ondrea sagt, daß unsere wahre Familie – die Menschen, die uns zu leben lehren – an den Wegkreuzungen auftaucht und wieder verschwindet, die wir in unserem Leben passieren. Sie berichtet, wie sie in ihrer frühen Jugend für zwei Wochen bei einer Tante wohnte, die sie mit all ihrer Brooklyn-jüdischen Überschwenglichkeit so mütterlich umsorgte, daß sie in eine für sie damals unfaßbare Liebe eintauchte. Sie erzählt, wie flüchtig Begegnungen mit Menschen aus unserer wahren Familie verlaufen können – zum Beispiel die mit dem einsamen, alten Herrn, der ein paar Häuser weiter in einem verfallenen, viktorianischen Gebäude wohnte, wo immer noch im oberstem

Stockwerk ein Ballsaal mit poliertem Boden, Spiegeln und Musik existierte. Und wie sie beide eine Stunde lang Walzer tanzten, völlig der Herzensgüte hingegeben. Eine Stunde der Güte, zwei Wochen barmherziger Liebe – und sie wußte es. Nun wußte sie, daß das Herz mehr enthielt als sie geahnt hatte.

Robert Bly sagte, daß er das erste Gedicht für seinen Vater erst schrieb, als er sechsundvierzig war. Ich war dreiundfünfzig, und mein Vater war eine Woche zuvor gestorben.

Mit zwölf weigerte ich mich, meinem Vater im Sommerlager einen Gutenachtkuß zu geben. Und er gratulierte mir. Er klopfte mir anerkennend auf die Schulter, denn „du wirst langsam erwachsen und brauchst diese Küsserei nicht mehr". Ich wurde für meine Distanz belohnt. Dies verwirrte mich einen ganzen Sommer lang.

Als ich siebzehn war und ein wenig angesäuselt von der Trauerfeier für einen Freund heimkehrte, machte mein Vater eine höhnische Bemerkung über den „unwichtigen Tod" meines Freundes, und ich gab zurück, daß er „mir den Buckel runterrutschen" solle. Er holte zu einem Schlag aus, aber ich bekam sein Handgelenk zu fassen, blickte ihn scharf an und drohte ihm, daß ich ihm „in den Hintern treten" würde, wenn er mich oder andere im Haus noch ein einziges Mal schlagen würde. Und ich belegte ihn mit Schimpfwörtern, die er sicherlich noch nie zu hören bekommen hatte. Mein älterer Bruder war förmlich hingerissen vor Bewunderung und Entsetzen – verwirrt hörte er zu, wie seine geheimsten Gedanken auf den Vater niederprasselten.

Paradoxerweise verband meinen Vater und mich in späteren Jahren eine geradezu magische Liebe. Mein Bruder allerdings hat ihm nie vergeben. Er hat ihn später sogar in der Öffentlichkeit fast ebenso gedemütigt wie unser Vater es oft meiner Mutter gegenüber getan hatte. So wird mein Bruder vielleicht sterben, ohne sich jemals einzugestehen, wie sehr er sich in Wahrheit nach der Umarmung unseres Vaters sehnte.

In jenen späteren Jahren vertiefte sich der Kontakt zwischen uns über die Vergebung und das Lachen hinaus in einer Weise, für die ich keine Erklärung mehr hatte – wir einten uns im intuitiven Herzen. Wir hatten Erlebnisse in Bereichen jenseits des Geistes, zu denen allein das Herz Zugang hat.

Im Alter von sechsundachtzig Jahren, ein Jahr nach dem Tod meiner Mutter, erlitt er einen Schlaganfall und fiel in ein Koma. Als mein Bruder mich benachrichtigt hatte, damit ich ins Krankenhaus käme, setzte ich mich vor der Fahrt zum Flughafen zur Meditation nieder und versuchte, in welchem Raum auch immer, eine Verbindung zu meinem Vater herzustellen. Wir kommunizierten über Leben und Tod.

Als ich endlich in Long Island im Krankenhaus eingetroffen war und an seiner Seite atmete, öffneten sich seine Augen. Und dieser Mann, der außer in Flüchen niemals von Gott gesprochen und fast ausschließlich für seine kleine Fabrik gelebt hatte, sagte: „Ich bin dem Herrn begegnet. Er leitet die ganze Sache. Aber ich denke, wir können ins Geschäft kommen." Er bestätigte auch, was wir in jener Meditation geteilt hatten, und sagte, er sei „irgendwo da draußen" gewesen. Im Verlauf des Tages fragte ich ihn, warum er zurückgekommen wäre, wo der Herr doch so freundlich gewesen sei. Er sah mich an und sagte: „Stevie braucht mich." Ich dachte, er sei desorientiert und habe unsere Begegnung „da draußen" als meine Aufforderung mißverstanden, in seinen gequälten, alten Körper zurückzukehren. Und ich hoffte, ihn nicht verwirrt oder ihm geschadet zu haben, weil ich mich ihm in einer Sphäre genähert hatte, die ihm nicht vertraut war.

Doch wahrscheinlich war es kein Mißverständnis gewesen. Was er mich in den letzten drei Jahren — als er sich im Pflegeheim ganz und gar öffnete und für alle da war, die ihn brauchten — an Furchtlosigkeit und Güte lehrte, überstieg bei weitem das, was er mir in den ersten drei Jahren genommen hatte. Er war ein wahrer Mensch, eine ganzheitliche Persönlichkeit geworden. Doch es war ein schmerzhafter Prozeß für ihn gewesen. Er hatte immer Thomas Alva Edison werden wollen und war doch „der einfache Mann auf der Straße" geblieben.

Er erreichte ein Alter von neunzig Jahren, und niemals hatte er über seinen eigenen Vater ein freundliches Wort verloren — außer „Er hat was aus sich gemacht!" Ich hoffe, daß unsere Liebe diese Konspiration beendet, bevor sich meine Kinder genötigt sehen, einen solchen Vers auf mich zu dichten.

Seine letzten Worte an mich waren: „Ich liebe dich." Nach Jahren der Heilung, wenige Minuten nach diesem letzten Telefongespräch, legte er sich nieder und starb.

In jenem Sommer war ich nicht ganz so verwirrt wie damals in meiner Jugend – und meine Liebe war diesmal vielleicht ein wenig stärker geworden.

Kapitel 28
Verlangen

Eine Liebesbeziehung ist die Interaktion zweier Wunschsysteme. Unter einem Wunschsystem verstehen wir die Matrix der Neigungen und Abneigungen, des Angezogen- und Abgestoßenwerdens, der Vorlieben, der Wahrnehmungen und Urteile, die den Oberbau der Persönlichkeit bilden. Das Verständnis der Natur unseres Verlangens ist von wesentlicher Bedeutung für das Fortschreiten auf dem Pfad.

Wenn du ein Wunschsystem hast – und das gilt wohl für jeden, der geboren wird – dann ist auch die Basis für Unstimmigkeiten vorhanden. Am Anfang der Beziehung, wenn die Wunschsysteme bestens koordiniert sind und die Energien primär auf den physischen und emotionalen Ebenen fließen, wacht man auf, und beide wollen „das Blaue". Aber die Dinge sind nun einmal so, daß beide eines Morgens aufwachen und jeder etwas anderes will. Der eine will „rot" und der andere „grün" – der Konflikt ist da.

Aus der Unzufriedenheit, aus einem nicht erfüllten Wunsch erwächst Ärger. Er ist ein natürliches Nebenprodukt unseres Verlangens. Es heißt: „Wenn du den Ärger nicht verkraften kannst, kannst du auch keine Beziehung verkraften!" Dieser Verlangenskonflikt strapaziert jede Beziehung. Narziß gerät in Sorge, denn die Welt spiegelt sein Bild nicht mehr wider. Das Wachen über unsere Wünsche bildet das Fundament unserer Ängste und vielfältigen Abwehrtaktiken. Die Verhaftung an diesen Wünschen ist eine ergiebige Leidensquelle in unserem Leben und auch im Leben derer, die wir kennen und lieben. Sie macht uns schwach und defensiv.

Ärger signalisiert nicht etwa, daß eine Beziehung nicht funktioniert. Er ist vielmehr eine Einladung zur Arbeit, die zu tun ist.

Verlangen ist sehr unbequem. Es steht dem, was wir wirklich wollen, im Wege. Verlangen schafft Unruhe im Geist. Wir sehnen uns aus diesem Augenblick heraus, um nach dem nächsten zu greifen, der eine bestimmte Befriedigung zu versprechen scheint. Verlangen sind dunkle Punkte, um die herum sich Körper und Persönlichkeit formieren. Jede Person repräsentiert ein Wunschsystem, das in seinem inneren, kosmischen Wirken ähnlich komplex verläuft wie das Zusammenspiel der interplanetaren Gravitationskräfte, durch welche die Himmelsobjekte angezogen oder abgestoßen und in ihren unregelmäßigen Umlaufbahnen festgehalten werden – und ein Universum bilden. Was wir als Persönlichkeit oder sogar als Person bezeichnen, liegt irgendwo zwischen einem Bewältigungsmechanismus und einem Strich-Porträt, das sich aus dem Verbinden unserer Zuneigungs- und Abneigungspunkte ergibt. In jedem Moment der Wahrnehmung reagiert unsere Konditionierung – Billigen oder Mißbilligen. Dieses Muster aus Wahrnehmen und Verlangen *ist* die Persönlichkeit. Ironischerweise haben wir nur wenig Einfluß darauf, welche Konditionierung uns aufgeprägt wird und wie sie sich letztlich ausagiert. Dennoch nehmen wir die Persönlichkeit so persönlich, daß ihre Tendenz zur Bewertung auf sie selbst zurückwirkt. Wir sind fortwährend der Gnade eines gnadenlosen Verlangens ausgeliefert.

Es ist die Achtlosigkeit des Verlangens, ihre automatische Natur, die am dringendsten der Achtsamkeit bedarf. Das zwanghafte Reagieren auf unser Verlangen und der mechanische Impuls, den es auslöst, macht den Geist klein. Er erfährt sich selbst lediglich als Milieu unerfüllter Sehnsucht. Die barmherzige, urteilsfreie Beobachtung dieser Phänomene hingegen bewirkt eine Ausdehnung des Geistes.

Im Hinblick auf die Prägungen unserer jüdisch-christlichen, alttestamentarischen Erziehung müssen wir hier betonen, daß Verlangen nichts „Falsches" oder „Schlechtes" ist. Es ist einfach nur schmerzhaft. Es ist unbefriedigend, nach einer Gegenwart zu verlangen, die das Objekt des Verlangens dann nicht zur

Verfügung stellt. Tatsächlich liegt die Unzufriedenheit schon im Wesen des Verlangens begründet. Verlangen begehrt das, was man nicht hat. Der Augenblick genügt nicht. Die Natur des Wollens ist die Erfahrung des Nicht-Habens. Wir sollten die alten Spinnweben des Geistes abstreifen und einsehen, daß wir nicht *für* unser Verlangen bestraft werden, sondern *von unserem* Verlangen.

Paradoxerweise ist es eigentlich gar nicht das Wunschobjekt, nach dem wir uns sehnen, sondern die Erfahrung, die wir „Befriedigung" nennen. Wir sind süchtig nach Befriedigung. Wir mobilisieren all unsere List und Gewandtheit, um unseren Kummer über das Ausbleiben essentieller Befriedigung im Leben zu lindern. Hier liegt vielleicht auch der Grund, warum sich so viele Menschen mit einer „enttäuschenden Beziehung" zufriedengeben. Sie erlangen nicht das, was sie wirklich wollten – nämlich den Quell der Befriedigung – sondern nur seine Widerspiegelung.

Die Ironie des Verlangens besteht auch darin, daß der Moment der Befriedigung buchstäblich nur ein einziger Moment ist. Nur in der Millisekunde des „Bekommens" empfindet man Befriedigung. Nur einen Augenblick lang verblaßt die unangenehme Erfahrung der Begierde nach Dingen, die wir nicht besaßen oder unter Kontrolle hatten. Befriedigung ist weniger ein Element des „Habens" als vielmehr eine Erlösung vom Schmerz des Nicht-Habens. In dem Moment, wo du etwas bekommst, erlebst du das Fehlen des Verlangens – die Wolken weichen zur Seite, und die Sonne bricht durch. In diesem Augenblick des Bekommens entsteht Befriedigung, weil kein Verlangen im Geist besteht. Befriedigung ist ein flüchtiger Schimmer unserer wahren Natur jenseits des unruhigen Geistes. Deshalb offenbart sich Befriedigung mühelos in einem Geist, der nicht von der Ruhelosigkeit eines Verlangens getrübt wird. Doch die Abwesenheit des Verlangens währt nur einen Augenblick, denn ihr folgt der Drang, das Objekt des Verlangens zu bewahren. Und sobald sich das Verlangen von neuem auf sein Objekt zentriert, verschwindet die Befriedigung. Was eben noch ein Objekt der Zufriedenheit war, hat sich unversehens in eines der Unzufriedenheit verwandelt.

Das Verlangen, der Wunsch nach Kontrolle, endet oft im Zustand der Unkontrollierbarkeit, der Ohnmacht und Wut.

Erst wenn wir erkannt haben, daß Verlangen nicht falsch, sondern nur schmerzhaft ist, betrachten wir sein inneres Wirken mit teilnahmsvollem Gewahrsein. Wir beobachten das Gefühl der Unvollständigkeit, das dem Verlangen folgt und erst mit dem Erwerb des Wunschobjektes endet. Wir beobachten, wie das Verlangen den Geist krümmt, wie er sich aus diesem Augenblick herauslehnt und nach einer Befriedigung dürstet, die in einer unbekannten Zukunft wartet. Wir studieren den harten Bauch des Verlangens. Wir studieren die subtile Panik, die den Geist durchdringt, wenn sich die Angst vor dem Nicht-Haben einstellt. Wir studieren die Trauer des Verlangens.

Und während wir beobachten, wie befriedigend es ist, dem Unbefriedigenden mit reiner Güte zu begegnen – mit einem Geist, der nur danach strebt, präsent zu sein – gewinnen wir die Einsicht, daß ein zufriedener Geist nicht notwendigerweise frei von Verlangen sein muß. Wenn unser Bedürfnis nach Freiheit (der Göttliche Geliebte) größer ist als unser Bedürfnis nach momentanem Vergnügen (Narziß), wenn unser Ziel eher in der Quelle der Befriedigung als in ihrer Widerspiegelung besteht, fangen wir an, uns auf die Absichten zu konzentrieren, die jeder Handlung vorausgehen. Wir beginnen, die Kette der Ereignisse zu erforschen, mit denen sich das Verlangen ausagiert. Wir beobachten kontinuierlich den Mechanismus des Verlangens, um herauszufinden, wie die im Verlangen aufgestaute Energie vom begehrenden Geist in den aktiven Körper übertragen wird. Wir verfolgen, wie die Kette der Ereignisse das Verlangen Glied für Glied, Augenblick für Augenblick in Aktion umsetzt, wie sie eine unbewußte, automatische Aktivität erzeugt. Wir erkennen, daß wir lebenslange Sklaven unserer Sinne bleiben, daß wir außerhalb unser selbst leben, wenn wir nicht lernen, der Natur dieses Prozesses gewahr zu sein.

Indem wir darauf achten, wie jedes Glied der Kette die Energie aus dem unbewußten Verlangen in unbewußtes Handeln umsetzt, lernen wir, das Verlangen vom automatischen Handeln abzukoppeln, ohne irgendetwas zu verdrängen oder zu verneinen. Wir durchbrechen die von blindem Verlangen geschmiedeten Ketten unbewußten Handelns und erleichtern uns so den Weg.

Indem wir aus der Angemessenheit des Herzens heraus handeln, werden wir von der Bedürftigkeit des Geistes befreit.

Wir sind nicht hilflos, sondern einfach gewohnheitsbestimmt. Gewahrsein aber löst den Griff. Wir besitzen dann die Fähigkeit, diese Kette der Ereignisse von Anfang an zu beobachten. Durch das Verfolgen eintreffender Sinnesreize – von Momenten des Sehens, des Hörens, des Denkens – bemerken wir vielleicht schon im Vorfeld einer begrifflichen Formulierung, wie eine aufblitzende Erinnerung den Geist wissen läßt, ob das betreffende Objekt als angenehm oder unangenehm einzustufen ist. Wird es als angenehm betrachtet, entsteht eine Zuneigung, im umgekehrten Fall Abneigung. In beiden Fällen besteht aktive Verhaftung. Die Zuneigung ist eine positive Verhaftung, Mißbilligung eine negative.

Wenn sich ein Verlangen im Geist formt, weckt es eine Absicht. Diese Absicht veranlaßt den Körper, sich auf das Objekt zu- oder von ihm wegzubewegen, um es möglichst zu ergreifen oder wenigstens zu kontrollieren. Dieser Wille projiziert das Geflecht unserer Vorstellungen auf eine vorgestellte Befriedigung. Es ist ein mechanischer Prozeß, der jedoch wie das Essen oder das Atmen in klarem Gewahrsein wahrgenommen wird, sobald die Konditionierung nicht mehr „auf Automatik" steht.

Nachdem wir verfolgt haben, wie die Wahrnehmung Begriff und Form entstehen läßt, wie das Erinnern Neigungen erzeugt, beobachten wir, wie durch positive und negative Verhaftungen die Stimulation des Verlangens weitere Kettenglieder produziert. Zudem beobachten wir, wie die Macht des Verlangens uns unwillkürlich auf eine unzweckmäßige, vielleicht sogar verletzende Handlung zustreben läßt. Diese Erkenntnis macht uns die Möglichkeit bewußt, ein wenig lockerer mit dem Verlangen umzugehen. Wir erhalten Gelegenheit, unserer wirklichen Lebendigkeit ein Stück näherzukommen.

Wenn wir diesen Prozeß Moment für Moment erkundet haben, entdecken wir, daß die Absicht das „schwache Glied in der Kette" ist. Daß ein Verlangen offensichtlich impulsiven und zwanghaften Tendenzen folgt. Und wir bemerken die Stimme, die uns sagt, daß wir jenem Wunsch nachgeben müßten. Mögen die Inhalte und die „Logik" des Verlangens auch überaus verführerisch wirken – sobald wir nicht mehr *auf* das Verlangen bezogen sind, sondern *zu* ihm in Beziehung stehen, wird uns die Schmerzhaftigkeit seines Prozesses bewußt. Indem wir die Absicht mit ihrer Erhebung ins Licht der Achtsamkeit blockieren (was anfangs ein wenig Unruhe erzeugen mag), gelangen wir zu einer so tiefen Befriedigung, daß wir, statt den „Verlangenden" zu bewerten oder zu bestrafen, den Narziß in uns umarmen. Achtsam gegenüber der Absicht – dem „Willen zum Handeln", der jeder Aktivität vorausgeht – erleben wir, wie sich der verkrampfte Geist mit der Zeit im mitfühlenden Herzen entspannt.

Wenn die Absicht deutlich und in ihrer Struktur und Färbung erkennbar wird, wird sie vom kleinen Geist losgelöst und in einen erheblich größeren Kontext gestellt. Sie schwebt im Gewahrsein, ohne daß ein Zwang zum Handeln oder ein Gefühl der Entbehrung aufkommt. Tatsächlich kann aus einer derart aufgeschlossenen Beobachtung des Unbefriedigenden große Befriedigung erwachsen. Wenn das Herz die Enttäuschung berührt, reicht der Augenblick aus. In ihm ist alles präsent, was wir suchen: die Göttliche Geliebte.

Es heißt, daß alles Karma auf der Absicht gründet, auf der Motivation, die hinter einer Handlung steht. Wenn diese Motivationen gründlich erforscht und aus ihrer Zwanghaftigkeit herausgelöst werden, haben wir unser Karma eher in der Hand als „auf dem Hals". Wir haben gewissermaßen Entscheidungsfreiheit. Was das „Unfreiwillige" (Verlangen) mit dem „Ungewollten" (unbewußtes Handeln) verbindet, tritt weit in den Hintergrund.

Wenn wir ein wenig ruhiger würden, wäre das subtile Raunen des Geistes deutlicher zu hören. Bevor wir sprechen, bevor wir einen Schritt tun oder uns an den Frühstückstisch setzen, kommt uns die Absicht, die jene Handlung in Gang setzt, klar zum Bewußtsein. Wir behalten ihren Mechanismus im Auge. Verlangen ist wie die Schwerkraft – sie hält uns an unserem Standort fest und schafft die Angst vor dem Fall. Gleich der Schwerkraft kann das Verlangen zerstören, wenn es uns aus großer Höhe herabzieht, oder auf die Geleise pressen, in denen wir uns ebenerdig bewegen. Letztlich ist es das Verlangen selbst, was uns über das Verlangen hinausgelangen läßt.

Es ist das Verlangen nach Einsicht in die Natur des Verlangens, was uns der Absicht gegenüber achtsam macht und subtilere Motivationen zum Bewußtsein bringt. Wir gewinnen wieder Anteil an unserem Leben. Mit der achtsamen Wahrnehmung unserer Absichten ent-wöhnen wir uns.

Indem wir den Drang nach trivialeren Befriedigungen erkunden, begegnen wir der Großen Befriedigung. Um uns von zwanghaftem Verlangen zu befreien, müssen wir nach dem Ende der Zwanghaftigkeit verlangen. Dies nennt man das letzte Verlangen, das „Große Verlangen", den Willen zu nichts Geringerem als der lebendigen Wahrheit. Wenn dieses große Verlangen nach der Wahrheit sogar noch größer ist als das Verlangen nach unserem Liebespartner, bildet es die solide Grundlage, auf der eine stabile Partnerschaft möglich wird.

Weil unser tiefes Verlangen nach Erfüllung immer wieder unbefriedigt bleibt, begnügen wir uns mit Erfolgen, mit genußreichen Speisen, mit Sex oder mit Rauschmitteln. Nichts davon kann jedoch unsere tiefe Unzufriedenheit *dauerhaft* stillen. Wir geben uns mit solchen kleinen Verlangen zufrieden und setzen damit nur den alten Kreislauf fort. Aber unser tiefstes Verlangen wird keine Kompromisse akzeptieren, es wird sich nicht mit kleinen Befriedigungen begnügen. Es sucht nur die Wahrheit, die alles Begreifen übersteigt. Alle anderen Verlangen werden vom Großen Verlangen verzehrt, von der Sehnsucht nach einem Ende der Desorientierung und stumpfen Gleichgültigkeit. Das Große Verlangen verschlingt andere Verlangen. Es kennt keine Tischsitten. Es spielt mit seiner Nahrung.

Das Große Verlangen lehrt uns, mit geringeren Verhaftungen unbeschwert umzugehen. Ihm geht es hauptsächlich darum, alles loszulassen, was das Loslassen erschwert. Und schließlich stirbt es beglückt in das Herz hinein.

Dies bedeutet nicht, grämlich auf Freuden zu verzichten. Es ist nicht das Ende des Spiels, sondern sein Anfang. Es ist der Pfad der Freude. Selbst das Verlangen kann frei in der Unermeßlichkeit des Seins schweben. Das Verlangen erweist sich als eine Gegebenheit, als ein unerwarteter Gast, mit dem wir unseren Alltag verbringen.

Tatsächlich liegt die Ursache unseres Leidens nicht einmal im Verlangen selbst, sondern darin, daß wir uns mit ihm als der einzigen Alternative identifizieren. Wenn wir das Verlangen an uns reißen, verlieren wir alles andere. Wenn es aber wie jedes andere menschliche Phänomen in unermeßlicher *Binheit* schweben kann, führt es nicht zu Problemen, sondern zur Einsicht. Solange es *mein* Verlangen ist, ist es auch *mein* Leid, *meine* immer heftiger schmerzende Wunde. Wenn es aber *das*

Verlangen ist, ist es auch *der* Schmerz, *die* immer tiefer wirkende Heilung.

Auf einer weiteren Ebene wird die Erkundung der Natur des Verlangens zu einem Eintritt in „das Herz des Gebens und Nehmens". Sie wird zur Grundlage des teilnahmsvollen Dienstes an anderen, an unserem Liebespartner, an uns selbst. Sie bestraft uns nicht für die Wogen der Gier oder Lust, sondern entspannt ihren Bauch, um auch die diffizilsten Situationen in sich aufzunehmen. Sie öffnet das Herz, um das Urteilsstreben zu heilen. Sie klärt den Geist, um hinter die Dinge zu spähen, die er zu begehren glaubt, um zu erkennen, was er wirklich braucht: den Göttlichen Geliebten.

Wenn der Geist also sagt: „Ich will einen Krokant-Eisbecher mit heißen Kirschen", dann genießt er jeden Löffel mit allen Sinnen, während er sich gleichzeitig auf die „neuesten Meldungen" einstellt und völlig gelassen bleibt, wenn er sich fünf Minuten später an sich selbst wendet und sagt: „Also wenn ich du wäre, dann hätte ich das nicht gemacht!" Und das große Herz erwidert flüsternd: „Daß dieses Fieber die Welt so verrückt gemacht hat, ist ja klar – dieses Fieber des Verlangens und der glühenden Urteile, die zu grausam sind, als daß man sie nähren sollte. Laß los und laß es *sein*."

Mit Wißbegier und Vergnügen lernen wir nach und nach, nicht in Panik zu verfallen, wenn wir uns eine Eiswaffel besorgen wollten und die Ladentür verschlossen ist. Wir sehen zu, wie sich die anrollenden Wogen des Verlangens an einem verödeten Strand verlaufen. Wir sehen die Situation gelassen. Wir essen einen Joghurt.

Was willst du?
Eine Kontemplation

Lege dieses Buch für einen Augenblick beiseite und schließe die Augen. Sitze einfach da, allein mit dem Geist. Gebrauche einmal keine Technik der Atembeobachtung, der Visualisierung oder Mantrawiederholung. Sitze einfach nur da. Sitze und beobachte den Geist. Du bemerkst, daß bald ein Gedanke oder Gefühl erscheint, in dem sich ein Bedürfnis äußert. Vielleicht möchtest du lieber weiterlesen. Oder du willst ein bestimmtes Objekt des Verlangens wachrufen, das du betrachten kannst. Oder du wünschst dir den Stuhl ein wenig bequemer. Oder du möchtest etwas essen. Oder du erwartest, daß der Lärm da draußen, daß der Lärm in deinem Inneren aufhört. Oder du willst diese Meditation endlich beenden. Oder du willst, daß dein Knie nicht mehr schmerzt. Oder du möchtest eine Erleuchtung. Oder du willst besser sein als du bist. Oder du willst Gott erkennen. Oder du willst mit dem Trinken aufhören. Oder du willst, daß man dich inniger liebt. Oder du willst, daß all dies Wollen aufhört. Ein Thema nach dem anderen steigt in der Spirale des Verlangens empor.

Du beobachtest nur das Wollen. Du brauchst nichts zu tun. Laß es einfach zu, daß ein nichteingreifendes, nichtverlangendes Gewahrsein diese manifestierte Energie wahrnimmt. Registriere ihre Bildersprache, ihre Beteuerungen, verfolge ihren Entfaltungsprozeß. Beobachte die Kette der Ereignisse, die von einem aufzuckenden Gedanken, einer flüchtigen Neigung oder

Abneigung in eine folgenschwere Handlung übergeht (und zur Wiederholung von immer gleichen Mustern führt). Beobachte, wie sich das Spiel des Verlangens im Bewußtsein entwickelt.

Nimm dir nun fünf Minuten Zeit, um mit geschlossenen Augen den Strom des Bewußtseins zu beobachten und die Verlangen abzuzählen, die ungewollt erscheinen. Zähle die Augenblicke, in denen du willst, daß sich irgendetwas verändert, daß sich irgendetwas nähert oder entfernt, daß von irgendetwas mehr oder weniger vorhanden ist. Daß dieses Wollen endet oder daß dir diese Meditation gelingt. Daß du perfekt bist.

Was ist Verlangen?

Wie kann etwas so Zartes wie ein Gedanke, eine in der Leere schwebende Seifenblase die Macht besitzen, ein neues Leben zu erschaffen oder ein altes zunichte zu machen?

Wie kann die Achtsamkeit gegenüber kleineren Verlangen in die Herzensfülle des Großen Verlangens führen? Wie fangen wir es an, *zum* Verlangen in Beziehung zu stehen statt *darauf* bezogen zu sein?

Wie kann uns in einer Welt ständiger Veränderung und konstanter Unbeständigkeit irgendein Verlangen dauerhaft befriedigen? Und wie mischt das Große Verlangen alle kleineren Verlangen in den Eintopf der Befreiung, in das Feuer, das in Wirklichkeit Wasser ist? Wie gelingt ihm das Werk, Narziß in einem Ozean des Mitempfindens zu baden?

Kapitel 29
Sexualität

Nichts gleicht dem Liebesspiel mit der Göttlichen Geliebten. Nichts macht uns so grenzenlos und agil wie das unermeßliche Herz. Der Göttliche Geliebte umarmt alte Ängste und Strategien, er löst Liebende in der Einheit auf. Wie in einer Doppelhelix verschlingen sich im *gemeinsamen Körper* zwei Aspekte einer einzigen, elementaren Energie. Unser Liebesspiel decodiert die genetischen Merkmale der Form – die Begegnung an der Grenze zur Formlosigkeit macht die Liebe zum Katalysator für die Erschaffung. Wenn sich das Formlose der körperlichen Liebe innerhalb der Form hingibt, wohnen wir der Schöpfung bei.

Das Liebesspiel im gemeinsamen Körper ist natürlicher Ausdruck des Lebens im gemeinsamen Herzen. Diese grenzenlose Interaktion nennen wir „geheiligte Sexualität". In einer Zeile Kabirs spiegelt sich die Qualität der körperlichen Liebe mit der Göttlichen Geliebten wider: „Wenn du dich jetzt in Liebe mit dem Geliebten vereinst, wird dein Gesicht im nächsten Leben den Ausdruck befriedigten Verlangens tragen." Andernfalls, so fährt er fort, wirst du dich in einer leeren Wohnung in der Stadt des Todes wiederfinden.

Gewöhnlich manifestieren sich die Ebenen der Bindung in einer sich entwickelnden Beziehung in schrittweiser Vertiefung der Intimität. Beginnend bei der unbeholfenen Berührung machtvollen Verlangens, die noch von erwartungsvoller Befangenheit durchsetzt und vom Nachgefühl früherer Beziehungen beeinflußt wird – als würde unser Leben sozusagen wie im Fluge an uns vorüberziehen – dehnen wir uns aus in den gemeinsamen Kontext einer offenbar mystischen Verbindung.

Zu Anfang einer sexuellen Beziehung verweilt jeder in seinem eigenen Körper. Unsere Konturen reiben sich aneinander. Wir tanzen am Rande der Körpersphären. Zwei Individuen haben getrennten Sex miteinander. Wenn sich dann im Körper eine Begegnung der Seelen entwickelt und die anderen Beziehungsebenen mit der Stärke der Zuneigung harmonieren, fallen die Grenzen, und wir ergießen uns in den Raum des anderen. An diesem Punkt haben die Ebenen der Anziehungskraft eine Tiefe erreicht, die eine feste Bindung möglich macht. Und die Zärtlichkeit unseres Liebesspiels gewinnt eine höhere Qualität. Unsere Berührung sendet Wellen der Energie durch den Körper/Verstand in den Geist. Eine Ahnung des Göttlichen Geliebten und die Potentiale der Triangulation erscheinen.

Wir befinden uns nun auf einer Stufe, wo die *Monogamie eine unverzichtbare Voraussetzung für weiteres Aufsteigen* geworden ist. In dieser Phase, in der wir feste Übereinkünfte und Versprechen ins Auge fassen, betreten wir den Weg in das gemeinsame Herz, welches sich mehr und mehr als der gemeinsame Körper manifestiert. Als die außergewöhnliche, nahezu mystische Erfahrung des Raumes, der im Raum vergeht, als Grenzenlosigkeit, die sich im gnadenvollen Körper der Göttlichen Geliebten verliert. Diese mystische Vereinigung beseelt die bereits erwähnte Metapher der Heiligen Schrift, sich als eine Zelle im Körper Christi zu erfahren. Als ein Gedanke, der frei durch den Geist eines Buddha schwebt – jeder von uns eine Zelle im Körper des Göttlichen Geliebten, ein gleichwertiger Teil der Unermeßlichkeit, des einen, uns alle verbindenden Körpers, des Herzens.

Auf dieser Ebene lösen sich Unterscheidungen wie „männlich" und „weiblich", wie „Ich" und „Anderer" auf. Wenn wir uns im gemeinsamen Körper lieben, können wir oft nicht sagen, ob wir männlich oder weiblich sind. Wir sind einfach Sein, das miteinander verbunden ist – körperlich, geistig und spirituell. Welche Fülle an Erfahrung die Sexualität bergen kann, erkennen wir wirklich erst, wenn wir die Göttliche Geliebte in unser Bett einladen.

Tatsächlich gibt es sogar jenseits des Orgasmus ein Potential hochenergetischer Ekstase – ein Entzücken, das sich natürlich und schrittweise aus einer kontinuierlichen Konzentration auf die Empfindungen und aus dem gebündelten Energiestrom entwickelt, der vom Herzen her durch den Körper fließt. Die Einsicht, die uns aus achtsamer, warmherziger Sexualität zugeflossen ist, hat uns bewußt gemacht, welche außerordentlichen Möglichkeiten geistig/körperlicher Heilung bestehen, wenn ein so machtvolles Bewußtsein in Bereiche strahlt, die mit alten Mechanismen und mentalem Schutt angefüllt sind. Kürzlich war mir ein Zahn gezogen worden, und ich hatte mir wegen der Betäubung im Mund einige Male heftig in die Innenseite der Wange gebissen, so daß die Mundhaut leicht eingerissen war. Unmittelbar danach liebten wir uns, und ich stellte fest, daß die Blutung der Zahnhöhle aufgehört hatte und die Innenhaut der Wange wieder völlig glatt und unversehrt war.

Während wir all diese Stadien durchliefen, entdeckten wir in der Sexualität eine Spiritualität und Sinnlichkeit, die wir niemals zuvor erlebt hatten. In der großartigen heiligen Schrift der Hindus, dem *Ramayana*, sagt Hanuman zu Ram, dem Göttlichen Geliebten, dessen vollkommener Diener und Verbündeter er ist: „Wenn ich nicht weiß, wer ich bin, diene ich dir. Wenn ich weiß, wer ich bin, bin ich du." Dies sind die Ebenen, die sich dem gemeinsamen Herzen im gemeinsamen Körper eröffnen. Solange wir noch nicht wissen, wer wir sind, vergnügen wir uns im Liebesspiel mit dem anderen. Wenn wir wissen, wer wir sind, dann *sind* wir dieser andere – sind wir die Liebe selbst.

Wenn wir uns lieben, haben wir mitunter das Gefühl, als würden wir uns im anderen auflösen. Es ist ein Gefühl ekstatischer Einheit. Eine Energie, die sich in der gemeinsamen Weite des Seins entfaltet. *Ich* und der *Andere* existieren nicht. Nichts ist getrennt. Es ist eine Art nichtdualer Sexualität. Auf dieses Durchbrechen der Dualität, auf diese gemeinsame Einheit bezieht sich auch Sita, die Geliebte des Göttlichen Geliebten, wenn sie sagt: „Manchmal bin ich Sita, manchmal bin ich Ram."

Eine solche nichtduale Sexualität birgt die Möglichkeit einer mystischen Vereinigung, die unsere innere Praxis belebt und die spirituelle Essenz bestätigt. So wird die Sexualität aus einem Bereich herausgehoben, den wir zuvor als eine relativ niedere Stufe auf der Bewußtseinsleiter empfunden hatten, und in die Sphäre des Heiligen gebracht. Nun ist die Sexualität nicht weniger erfüllend oder einsichtsfördernd als die Meditation. Sie hat sich aus der Zone der eher aufregenden, „kleineren" (wenn auch manchmal recht gewaltigen) Verlangen in die Sphäre des Großen Verlangens verlagert, des Verlangens nach der Göttlichen Geliebten.

Viele kennen sicherlich die Praxis der Enthaltsamkeit, die in bestimmten spirituellen Disziplinen gepflegt wird, um die „Geisteskraft" zu wecken und das Gemüt von emotionalen Aufwallungen zu befreien, die unsere Lust begleiten. Diese Praxis gibt der Seele Halt und besänftigt die innere Unruhe, indem sie die Verlangen aufmerksam verfolgt, welche in dieser oft verwirrenden, vom Verlangen getriebenen Welt so viel Leid bewirken.

Eine Periode der Enthaltsamkeit kann überaus nützlich sein, wenn man die Abstimmung auf sexuelle Prioritäten und das Gefühl erneuern möchte, daß der lange ersehnte Liebespartner der Göttliche Geliebte ist. Sie schafft eine exakte Zentrierung, eine vorbehaltlose Verpflichtung, sich von der Vorstellung zu lösen, daß der andere etwas „anderes", daß er ein Objekt in unserem Geist statt das Subjekt unseres Herzens sei. Sie zwingt uns, über den Körper hinaus in das Herz der Dinge zu blicken. Besonders in der Pause zwischen zwei Beziehungen können einige Wochen, Monate oder sogar Jahre der Enthaltsamkeit für die Erweiterung der Potentiale sehr fruchtbar sein. Selbst in einer engagierten Partnerschaft kann uns eine enthaltsame Periode den Fortschritt zu nächsten Stufe der Einheit und Hingabe erleichtern. Dies ist ein interessantes Bewußtseinsexperiment.

Einer unserer Lehrer pflegte zu sagen: „Du kannst Enthaltsamkeit auch mit einem anderen Menschen leben." Was bedeutet, daß man die Kraft und Klarheit der Enthaltsamkeit auch in einer herzensverbundenen Monogamie erlangen kann. Er sagte, die Kraft der Treue zu einem einzigen Menschen erhöhe auch die Kraft der Treue zum Einen und Einzigen. Und eine hochsinnige Monogamie enthalte alle Kraft einer hochsinnigen Enthaltsamkeit.

Untreue bricht den Kontrakt. Untreue flacht das Dreieck ab.

Wir behaupten nicht, daß eine derart engagierte sexuelle Beziehung der einzige Rahmen ist, in dem die Sexualität eine heilsame Wechselbeziehung darstellt. Wir deuten nur an, daß wir uns, sollten wir alles riskieren wollen, auf jeder Ebene engagieren müssen. Auch wenn uns der/die Göttliche Geliebte in unserem Partner noch verborgen bleibt, erleben wir, sofern der Kontext der Aufrichtigkeit und Sensibilität besteht, heilsame Ebenen der Kommunikation und Verbundenheit. Das Problem ist das Verlangen, das uns zuweilen betäubt. Wir handeln auf eine Weise, die wir als abträglich empfinden, und erwecken Schmerz, wo wir nach Vergnügen suchen. Die „Rechte Rede" verflüchtigt sich. Wir versprechen das Blaue vom Himmel herunter, um unsere Lust zu befriedigen – und würden fast alles tun, um diesem Schmerz zu entkommen.

In dieser Region unerforschter, unverpflichteter Sexualität kann der Grund zu vielerlei Kummer gelegt werden. Sie ist das „Glatteis", auf dem selbst spirituelle Lehrer „ausgerutscht" sind. Sie ist in vielen Seelen ein labiler Bereich, ein Treibsand, in dem viele in ihrer eigenen Sehnsucht ebenso versunken sind wie Narziß in seinem Spiegelbild.

Solange wir unser wahres Herz nicht völlig erkennen, ist der Geist für sexuelle Machtspiele anfällig. Ein Lehrer sagte, daß selbst ein neunzigjähriger Weiser noch dem Unerforschten verfallen kann.

Eine unserer Praktiken zur Festigung unserer Bindung ist das „Zurückziehen der Sinne". Wenn meine Aufmerksamkeit auf irgendein Objekt trifft, das Begierde in mir erwecken könnte, löst das Gewahrsein sie bewußt davon ab. Das Zurückziehen der Sinne bedeutet eine „Abwendung" von Objekten des Verlangens. Bei allem, was auch nur im geringsten eine erotische Fixierung wachrufen könnte, wird auf einen anderen Kanal geschaltet. Die Sinne – das Sehen, Riechen, Hören und auch das Denken – werden re-konditioniert, um sich abzuwenden, sobald das sexuelle Schönheitsempfinden von jemand anderem als dem Partner stimuliert wird. Wenn mich ein Duft von Parfüm umweht, achte ich aufmerksam auf jede Tendenz, den Ursprung des Duftes zu visualisieren. Und ich gestatte es meiner Aufmerksamkeit nicht, auf einem Objekt zu ruhen, das dem Geist einen Anstoß sexuellen Verlangens geben könnte. Auch wenn ich im Traum einer sexuell motivierten Person begegne, werde ich gewahr, wie ich mich abwende und sage, daß ich in einer festen Beziehung lebe.

In unserer Kultur steht man Vorstellungen wie dem Zurückziehen der Sinne mit nervöser Ablehnung gegenüber. Je gründlicher man uns beigebracht hat, daß wir nur dieser kleine Körper und dieser kleine Geist sind, desto heftiger erschreckt uns jede Disziplin, die eine „freie" Äußerung unserer kleinen Sexualität gefährden könnte. Doch das Zurückziehen der Sinne ist keine Verdrängung, sondern eine Verpflichtung. Für mich birgt es unvergleichliche Freude, nur zur Göttlichen Geliebten, nur zu Ondrea zu gehen. Der Entschluß, nur mit einem Menschen zu verschmelzen, beflügelt die Praxis der Selbstergründung und Heilung.

Wenn du andere Menschen nicht mehr als sexuelle Objekte betrachtest, steht eine Ebene offen, auf der dir Menschen vertrauen können, die aufgrund sexueller Mißhandlung all ihr Vertrauen verloren haben. Das ist vielleicht auch der Grund, warum so viele sexuell mißbrauchte Männer und Frauen Ondrea und mir ihr tiefes Vertrauen schenkten und eine so innige Teilhabe an ihrer Heilung ermöglichten. Es ist vielleicht der Grund, warum sich eine Frau an mich wandte, die an einem intensiven Trauer-Workshop teilgenommen hatte und ebenfalls schwer unter Erfahrungen des Mißbrauchs litt. Der Raum hatte sich geleert, und sie fragte, ob sie mich sprechen könne. Sie brachte hervor, daß sie sich siebzehn Jahre lang niemals von einem Mann hatte berühren lassen – und sie meinte das absolut buchstäblich. „Es ist einfach zu schrecklich." Sie bat mich, doch einfach ihre Hand zu berühren. Und dann, ihre Hand zu halten. Und nach einigen Minuten der Stille lehnte sie sich an mich, und ich legte meine Arme um sie. Wir wiegten uns hin und her und weinten zusammen über den Schmerz, den wohl unser Geist kaum fassen konnte – für den allein die Weite unserer Herzen reichte. „Du bist der erste Mann, der mich in den Arm nehmen darf, seit ich erwachsen wurde und von Zuhause wegging!" Während wir weinend zusammenstanden, sah ich hinüber zu Ondrea, die einen schwulen Mann in ihren Armen hielt, der schluchzend erklärte, daß sein Liebespartner und fünfzig seiner Freunde an AIDS gestorben seien und er einfach nicht mehr weiter wisse. Er drückte sein Gesicht in Ondreas tränennasses Haar und bekannte, wie schwer ihm jeder weitere Atemzug fiele. Die von uns ausgestrahlte Nichtverhaftung an sexuellen Absichten ermöglichte ein Vertrauen, in dem sich viele von ihrer Angst und ihrem lange gehüteten Kummer lösen konnten. An diesem Beispiel zeigte sich wieder einmal, wie sehr die Arbeit an uns selbst dem Wohle aller fühlenden Wesen dient. Zweifellos hat unsere Praxis des achtsamen Zurückhaltens der Sinne den Kontakt zu anderen Menschen nicht gelähmt oder eingeschränkt, sondern ihn vielmehr auf tiefere Verbindungsebenen ausgedehnt.

Für den Fall, daß der freudianisch verdrängte, kleine Geist trotz des nachgewiesenen Nutzens dieser Praxis noch immer vor dem Gefühl mangelnder Kontrolle und unerfüllter Sehnsucht zurückschaudert, möchte ich diesen kleinen Geist einmal ganz direkt ansprechen: Du fürchtest, daß eine solche Übung eine Verdrängung sei, also keine Würdigung, sondern eine Begrenzung der Sinne. Ich möchte dich darauf hinweisen, daß ihre innere Erfahrung nicht viel mit dem zu tun hat, was du dir darunter vorstellst. Du magst zwar theoretisch fürchten, daß eine solche Übung die Lebenskraft begrenzen könne, in der wirklichen Praxis jedoch ist sie eine Ausrichtung, eine Konzentration auf jene Soheit. Es ist kein Gewaltakt, die Sinne auf ein tieferempfundenes Objekt der Betrachtung zu richten. Es ist Achtsamkeit gegenüber der Absicht – mit Absicht. Wenn sich der kleine Geist zum großen Geist weitet, sind wir in der Lage, barmherzig und sogar ein wenig humorvoll zu beobachten, was uns einst so überwältigte. Teilnahmsvoll betrachten wir unseren Narziß, der lüstern in der Ecke kauert und sich seines Geburtsrechtes rühmt, als fröne er den Ausschweifungen eines Casanova – während er doch nur die kleine Annie Orphan ist, die zur Welt kam, um ihre Augen zu finden.*

Wenn wir alle Frauen als die Göttliche Mutter und alle Männer als den Barmherzigen Vater sehen, ist jeder heilig, dem wir begegnen. Niemand ist ein Objekt der Begierde. Wenn ich Ondrea als die Göttliche Geliebte, als Barmherzige Mutter sehe, fällt es nicht schwer, alle Frauen als Erscheinung des Göttlichen zu betrachten. Wenn ich mich selbst als den Göttlichen Geliebten erkenne, kann ich Heilung finden – und zugleich im Menschen, im Mann und in der menschlichen Psyche dasjenige erkennen, was Gewalt und Mißhandlung in dieser empfindsamen Welt hervorbringt. Wenn wir einander als Amnesie-Patienten des Göttlichen erkennen, verloren in unserer Kleinheit wie Narziß, stetig unterwegs zur Göttlichen Geliebten, dann würdigen wir die grenzenlose Weite jedes Wesens. Im Versteckspiel mit dem Göttlichen Geliebten geben wir uns dem Heiligen schließlich preis.

---

* Little Orphan Annie ist die Titelfigur eines weltweit bekannten Comic-Strips des amerikanischen Karikaturisten Harold L. Gray. (Anm. d. Übers.)

Vor etwa zehn Jahren, bei einem Workshop über bewußtes Leben und Sterben, versetzte eine beiläufige Frage zur Sexualität die schon etwas schläfrigen Teilnehmer in gespannte Aufmerksamkeit. Die „Hitze" und „Stickigkeit" im Raum war wie weggeblasen. Man hätte den Fall der sprichwörtlichen Stecknadel hören können, als wir auf jene Frage hin eine tibetische Körperstellung namens „Yab-Yum" erklärten, die beim Liebesspiel häufig als überaus erfüllend und „geist-erhebend" empfunden wird. Bei dieser Position sitzen die Partner aufrecht und blicken einander in die Augen, wobei die Frau traditionell auf dem Schoß des Mannes ruht und seine Lenden mit gespreizten Beinen umschlingt, während seine Beine wie im Lotos-Sitz gekreuzt sind und ein Postament bilden, auf dem die Göttin thront. Als wir uns auf den Boden setzten, um diese Position einmal rasch zu demonstrieren, stellten sich alle auf die Stühle, um besser sehen zu können – ihr Interesse war größer denn je. Und als wir hinzufügten, daß sich jeder sexuelle Genuß durch die koordinierte Ah-Atemübung (weiter vorn beschrieben in der Bindungs-Meditation für Paare) erheblich steigern ließe, wollten viele schon recht zeitig „zum Mittagessen nach Hause fahren". Einige kehrten dann mit glänzenden Augen und leerem Magen zurück, während sich der Rest vor dem nächsten Morgen nicht mehr blicken ließ. Hier und da hieß es, daß man eine neue Ebene des gemeinsamen Körpers erkundet habe. Andere äußerten ihre Dankbarkeit darüber, daß ihr Desinteresse an den „dualistischen Tendenzen überlebter Formen der Sexualität" nun eine neue Grundlage und Motivation in der Möglichkeit gefunden habe, in einer nichtdualen Sexualität aufzugehen und aufzusteigen.

Vielen erschließt das Erforschen der Sexualität eine erweiterte Sphäre der Sinne, durch deren Macht sie das Niveau gelegentlicher Absurdität transzendieren und zum vielfach Erhabenen vorstoßen können. Sie erkennen, wie lebenswichtig die vorbehaltlose Erkundung unserer Sexualität ist, wenn unser Bund zu einer mystischen Vereinigung werden soll.

Kapitel 30
Das große Verlangen

Wir geben die folgende Geschichte weiter, weil wir jenem aufrichtigen Herzen vertrauen, dem wir sie verdanken. Indes fragte mich Ram Dass, als ich sie ihm erzählte, ob sie denn „real" sei. Worauf ich erwiderte: „Ob sie real ist, weiß ich nicht, aber ich denke, sie ist wahr."

Auf einem etwa um Jahresfrist zurückliegenden Workshop sprach mich eine Therapeutin an und fragte, ob sie uns etwas erzählen dürfe. Sie hatte einige Jahre mit einer Patientin gearbeitet, die unlängst ein zweites Kind entbunden hatte. Das führte zu der folgenden Geschichte: Die dreijährige Tochter dieser Frau fragte immer wieder, ob sie mit dem Baby auch einmal ganz allein sein dürfe. Die Eltern suchten die Therapeutin schließlich deshalb auf und wollten wissen, was angesichts der Erfahrungen und doch manchmal erschreckenden Risiken bei rivalisierenden Geschwistern davon zu halten sei, wenn sie den Wunsch ihrer Tochter erfüllten. Die Therapeutin kannte die Dreijährige als ein offensichtlich wohlerzogenes, fröhliches Kind, das in der Vergangenheit keinerlei Tendenzen zu aggressivem Verhalten gezeigt hatte, und empfahl den Eltern, sie ruhig einmal mit dem Säugling allein zu lassen. „Sie haben ja eine Sprechanlage zwischen dem Babyzimmer und Ihrem Schlafzimmer. Lassen Sie Ihre Tochter einfach ins Zimmer des Babys gehen und bei ihm bleiben, wenn sie möchte. Dann gehen Sie ins Schlafzimmer und lassen die Anlage eingeschaltet.

Falls es Probleme gibt, sind Sie ja mit ein paar Schritten im Babyzimmer. Geben Sie der Kleinen eine Chance und warten Sie ab, was dabei herauskommt."

Also ließen die Eltern ihr dreijähriges Töchterchen im Babyzimmer allein, gingen ins Schlafzimmer und lauschten, wie die Kleine die Tür schloß und sich dem Säugling langsam näherte. Sie hörten, wie sie sich über das Kinderbettchen beugte und sagte: „Baby, Baby, erzähl mir doch von Gott. Sonst vergeß' ich's wieder."

Zweifellos werden wir mit einer Sehnsucht nach Erfüllung geboren, wir sehnen uns danach, unsere große Natur zu erfahren. All unsere plumpen Bemühungen, unser Verlangen zu stillen, sind eine Reflexion jener Sehnsucht, ein tastendes Suchen nach Befriedigung, ein verstohlener Seitenblick auf unsere wahre Natur, ein Umhertappen am Rande grenzenloser Zufriedenheit, ein erhaschter Eindruck unserer Unermeßlichkeit. Diese Versuche, unser drängendes Verlangen mit kleinen Objekten zu befriedigen, um einen Augenblick des Friedens zu erleben, sind ein Prozeß, der unser Herz verdorren und unseren Geist verderben läßt. Wir verlangen danach, über unser Verlangen hinauszublicken, wir suchen die absolute Sehnsucht nach der absoluten Befriedigung unserer absoluten Natur.

Die ganze Welt, das gesamte Universum besteht und bildet sich aus dem Verlangen. Verlangen formt die Gestalt der Welt. Und nur das Große Verlangen ist mächtig genug, um alles Leid zu absorbieren, das sie mit sich bringt.

Das Große Verlangen, unser Heimweh nach Gott, nach der Wahrheit, wandert durch die dunklen Waldungen des Geistes und sucht nach einer Lichtung im Gehölz. Es sucht nicht seine Widerspiegelung auf der Oberfläche, sondern die kühlen Tiefen eines stillen Wassers. Es ist nicht Narzissens Teich, sondern jener Teich, auf den sich der außergewöhnliche Meditationsmeister Achaan Chah bezieht, wenn er sagt: „Versuche achtsam zu sein und laß den Dingen ihren natürlichen Lauf. Dann wird dein Geist in jeder Umgebung still sein wie ein stiller Waldteich. Alle möglichen wunderbaren, seltenen Tiere werden kommen, um am Teich zu trinken, und du wirst die Natur aller Dinge klar erkennen. Du wirst viele seltsame und wunderbare Dinge kommen und gehen sehen, doch du wirst still sein. Dies ist das Glück des Buddha."

Wenn das Große Verlangen seine Widerspiegelung erblickt, wandelt es sich zur großen Befriedigung. Wenn das Gewahrsein sich selbst begegnet, wird es völlig bewußt. Wir entdecken, was wir in all unseren Leben gesucht haben: unsere Ganzheit. Wenn das Bewußtsein mehr umfaßt als eine bloße Reflexion des Lichtes im Geist, wirft die Göttliche Geliebte ihre Decke über uns, und wir werden von der Liebe verschlungen.

Das Heimweh nach unserer wahren Natur ruht in uns schon vor unserer Geburt. Wir nehmen Geburt an, um das Untrennbare mitten im leidvollen Getrenntsein zu entdecken. Unser ganzes Leben ist eine Reise zum Göttlichen Geliebten. Alles, was wir je begehrten, ist genau das, was frei von Begehren begehrt.

Wenn wir mit unserem Liebespartner zur Göttlichen Geliebten reisen, ist jeder Schritt perfekt. Jeder Augenblick der Gelassenheit, aber auch des Ungleichgewichts, wird von einem barmherzigen Gewahrsein empfangen. Jeder Schritt ist absolut befriedigend. Stolpernd folgen wir den Fußspuren des gottestrunkenen Dichters Kabir und vereinen uns mit dem Göttlichen Geliebten – jetzt!

Kapitel 31
Unerledigte Geschäfte

Allgemein beschreibt der Begriff der „unerledigten Geschäfte"
das Maß der Abgrenzung und des unbeachteten Kummers
zwischen Partnern in einer beliebigen Beziehung. Er steht für
eine Manifestation unserer Angst und Skepsis, unseres gepan-
zerten Herzens, unserer geschäftsmäßigen Abwicklung von
Beziehungen – ein ständiges Aushandeln von Sympathien, ein
Beistehen unter Vorbehalt. Dieses Wesen in unserer Seele, das
sich ewig betrogen fühlt – oh, armer Narziß – und niemals
mehr geben will als es bekommt. Das Tor zum Herzen hat sich
verengt, der Eintrittspreis steigt.

Doch offensichtlich sind die unerledigten Geschäfte einer
Beziehung nur eine Projektion der Geschäfte mit uns selbst, die
wir nie bereinigt haben. Und diese wiederum können die Heilung werden, für die wir Geburt angenommen haben, unsere
Reise zur Ganzheit. Diese unerledigten Geschäfte sind „die
Arbeit, die zu tun ist", von der Buddha sprach. Die Arbeit, die
auf jeder einzelnen Ebene vollendet werden muß. Auch jene,
die ihre Entfaltung „fast vollendet" haben und Sphären genießen, die früher für sie unvorstellbar waren, können durch unerledigte Geschäfte wieder in das Unerforschte und Ungeheilte
zurückfallen. Selbst wenn der Kontext eine Weite erreicht, die
unser einstiges Selbstverständnis völlig transzendiert, und wir
als Yogi in einer Höhle leben, kann uns alles, was ungetan
blieb, mit unwiderstehlicher Macht auf noch unvollendete Be-

wußtseinsebenen hinabziehen. Das ist vielleicht der Grund, warum man sagt, daß auch ein nahezu erleuchtetes Wesen sehr achtsam sein muß, wenn es um Sexualität, um spirituellen Hochmut oder um die Neigung geht, das Einfache zu abstrahieren und die lebendige Soheit gegen ein bequemes Konzept einzutauschen. Solange auf irgendeiner Ebene noch unerledigte Geschäfte bestehen, kann man noch so „high" werden, noch so klargeistig sein – man wird unweigerlich wieder „herunterkommen". Wie gering ist doch die Zahl derer, die sich kontinuierlich ausdehnen wie der große Heilige Ramana Maharshi, der sich schon mit siebzehn Jahren über Leben und Tod hinaus der Göttlichen Geliebten öffnete und der sich niemals verschloß. Die meisten Menschen entwickeln sich schrittweise, heilen das Ungeheilte, wenn es erscheint, und tragen das Licht tiefer ins Unbekannte hinein. Und wenn der Geist wieder in die Schatten zurückkehrt und sich in seinen dichtesten, unbewußtesten Schichten verbirgt, hinterläßt die Hingabe an den Göttlichen Geliebten noch einen flackernden Kontext des Raumes, in dem sich das Unvollendete restlos auflösen kann. Auch wenn wir nicht präsent sind, die Göttliche Geliebte ist immer da.

Weil wir keinen endgültigen Frieden mit der Vergangenheit geschlossen haben, unsere persönliche Geschichte ungeheilt beiseite schieben und Narziß unsere Umarmung verwehren, verschließt sich unser Herz immer wieder, und der Geist kann seine unerledigten Geschäfte wiederholen. Wir denken vielleicht, wir hätten „es verloren", in Wahrheit aber war unsere Orientierung nie klarer. Nie war die Sehnsucht nach den Qualitäten des Herzens tiefer als in dieser quälenden Abgrenzung und geistigen Enge. Bittere Momente der Vergangenheit kommen uns zum Bewußtsein. Blackouts, Wahrnehmungsstörungen, verborgene Kränkungen und Unsicherheiten tauchen auf, füllen den Geist und blockieren das Herz. Sobald wir uns aber diesen Hindernissen zuwenden statt uns vor ihnen zu verstecken, steht uns der Schmerz so deutlich vor Augen, daß das Herz sanft in der Einheit des einfachen Seins und des Einfach-Seins losläßt – und unsere Orientierung wieder herstellt.

Unerledigte Geschäfte sind der Grund für das spürbare Ungleichgewicht unserer unerfüllten Wunschsysteme. Dieses Gefühl der Unvollständigkeit, der „Nicht-Genugheit", fördert überdies die Skepsis und Angst, in der wir uns nur sicher fühlen, wenn wir die Kontrolle behalten. In der wir dazu neigen, unsere Beziehungen wie ein Geschäft zu führen. Ich gebe dir fünf, wenn du mir auch fünf gibst. Wenn du mir vier gibst, dann kriegst du von mir drei – und wenn du mir nur zwei gibst, dann nehme ich meine Murmeln und gehe nach Hause. Ich habe keine Lust mehr, zu spielen. Wenn Beziehungen wie eine Art von Handelsverkehr abgewickelt werden und eher ein Tauschhandel der Geister als ein Zusammentreffen der Herzen sind, bleiben natürlich immer Geschäfte offen. Es herrscht eine mürrische Ruhelosigkeit, die darauf wartet, daß der andere begleicht, was er vermeintlich schuldig ist. Unerledigte Geschäfte sind das Resultat unerfüllter Erwartungen und oft unbeachteter persönlicher Bedürfnisse.

Sobald wir aber in unserer persönlichen Praxis die Kraft der Güte und des Gewahrseins entdecken, erkennen wir auch die Macht der Vergebung, die eine verwundete Vergangenheit in die heilende Gegenwart ruft.

Vergebung erledigt unerledigte Geschäfte. Wenn ich dich in meinem Herzen aufnehme, so wie du bist, wenn ich dich bedingungslos als den Prozeß umarme, der du auf dem Weg zum Göttlichen Geliebten bist, dann erzürnt es mich nicht länger, wenn ich nicht das von dir bekomme, was ich mir selbst nicht geben kann.

Wenn ich dir vergebe und du mir vergibst, sind unsere Geschäfte erledigt. Und wir können einfach zusammen *sein*.

Falls du darauf wartest, daß dich deine Eltern, deine Kinder, deine verflossenen Liebespartner akzeptieren – viel Glück! Du akzeptierst sie nicht. Warum sollten sie dich also akzeptieren? Würdest du sie so annehmen, wie sie sind, würde dich ihre Haltung nicht beunruhigen. Wenn du damit rechnest, daß man dir sagt, du seist in Ordnung, wenn du von irgendjemandem erwartest, daß er dich anerkennt, wie kannst du dann unter diesen schmerzvollen Wünschen noch die stille, kleine Stimme im Innern hören, die dir flüsternd von deiner eigenen großen Natur erzählt?

Ein Ausdiskutieren von Problemen kann recht nützlich sein, aber meist führt es nicht zur Bereinigung der Geschäfte, sondern lediglich zu einer Neuverhandlung der Vergangenheit, die sich wieder hübsch in eine revidierte Gegenwart einfügen soll. Man versichert sich erneut der Liebe des anderen. Wirklich sicher sind wir aber erst durch die direkte Erfahrung der Herzensgüte und Vergebung, die jene Eigenschaften des Partners umarmt, die wir an uns selbst verurteilen. Sie schafft Raum für die Reise zur Göttlichen Geliebten.

Zwar lassen sich unerledigte Geschäfte durch Entschuldigungen oder „Verständnis" beschwichtigen, doch zum Abschluß kommen sie dadurch nicht. Dies ist nur der Beginn einer Kommunikation, die zum Herzen führt. Das Herz selbst muß vollenden, was unerledigt blieb. Und die Stimmen des Herzens im Geist sind liebevolle Güte und Vergebung.

Wenn ich dir vergebe und du mir vergibst, erwarten wir nicht mehr, verstanden oder auch nur akzeptiert zu werden. Nur die Vergebung führt uns weiter. Nur das Erbarmen, das die Umarmung des Göttlichen Geliebten erlaubt.

Manches von dem, was wir über Partnerschaft gelernt haben, verdanken wir den Erfahrungen unserer fünfzehnjährigen Arbeit mit sterbenden Patienten. Man gewinnt tiefe Einsichten, wenn man die Beziehungsprozesse am Sterbebett verfolgt und den Kontext der erledigten und unerledigten Geschäfte beobachtet, in dem sich ein Angehöriger oder Freund körperlich aus der Beziehung entfernt.

Viele Paare haben uns daran erinnert, was es erfordert, in diesen Momenten für den anderen präsent zu sein – und was verloren geht, wenn uns dies nicht gelingt. Es gab Paare, die „nicht mehr die Zeit" hatten, alles zu sagen, was während langer Jahre ungesagt blieb. Und es gab Paare, die nicht mehr sprechen mußten, weil alles besprochen war. Ihre Verbindung jenseits der Worte erlaubte ihnen den Übergang zur nächsten Stufe ihrer Beziehung, innerhalb und außerhalb des Körpers. Da war der Ehemann, der seine sterbende Frau ab und zu besuchte, während er schon eine neue Beziehung anknüpfte. Da waren jene, die sich in ihrer Angst einkapselten, die ihren Schmerz für sich behielten, um gramvoll „den Anschein zu wahren" und unter der Last ihrer Gefühle von Niederlage und Isolation in einsamer Nacht zu sterben. Sie gaben ihre alte Kampfstellung nicht auf. Der Bund ihrer Ehe war in unausgesprochene Fetzen zerfallen. Aber da waren auch die Paare, die sich in jeder Sekunde des Prozesses rührend umeinander kümmerten, als würden sie ein Kind erwarten, und einander bis an die Schwelle des Todes begleiteten, die nur einer überschreiten konnte.

Wir erlebten Paare, die ihre ungezähmte Wut wie Kot auf dem Totenbett verstreuten. Paare, die unter der erdrückenden Last ihrer ungeklärten Probleme keine Kraft zur Vergebung oder Liebe fanden. Und wir begleiteten Paare, für die der Partner so fest mit dem eigenen Herzen verschmolzen war, daß sie den Gedanken kaum ertragen konnten, dieses Herz zu verlieren. Jene, die ihren Körper bereitwillig und mit Freuden verließen, um ihre Lieben von diesem „langen, schleichenden Kummer" zu erlösen. Jene, die durch die Kraft der Liebe am Sterbebett eine so tiefe Heilung erfuhren, daß sie diese Heilung künftig mit anderen Menschen zu teilen vermochten.

Kapitel 32
Vergebung

Vergebung ist der Prozeß, der dem Gewerbe der unerledigten Geschäfte ein Ende setzt. Vergebung löst die Anspannung, erleichtert die Bürde. Vergebung ist ein Geben, das nichts zurückverlangt. Sie kennt keine abzuwickelnden Geschäfte. Ihr Wohl strahlt auf den, der sie gewährt, wie oftmals auch auf den, der sie empfängt – je nach der Bereitschaft des Herzens, einen neuen Anfang zu machen.

Weise angewandt, ist die Vergebung ein sehr machtvolles Werkzeug. Sie hat das Potential, leidvolle Ärgernisse zu beenden und uns größere Bewegungsfreiheit zu geben. Sie lockert die Verhärtung, die das Herz umgibt, und verhilft ihm zu seiner natürlichen Weite.

Vergebung hat die Kraft, den gefühllosen Bereichen in Körper und Geist neue Energie zu verleihen. Sie gibt uns den Anstoß, endlich Geburt anzunehmen, ganz und gar ins Leben zu kommen. Mit weichem Bauch. Mit offenem Herzen. Mit klarem Geist.

Vergebung, zur rechten Zeit geübt, macht unser Leben unbeschwerter und unmittelbarer. Bevor wir sie jedoch wirklich praktizieren können, müssen wir die unerledigten Geschäfte mit uns selbst – die der Vergebung im Wege stehen – untersuchen. Möglicherweise belagern Zorn, Schuldgefühle, Furcht und Mißtrauen den Schmerzpunkt in unserer Brust und versperren den Eingang zum Herzen. Sie stehen als Hindernisse vor dem Herzen, als Blockaden vor der Freiheit.

Um den Zorn, diese Stimme vieler unbereinigter Geschäfte zu verstehen, müssen wir das Wesen des Verlangens und dessen Wirken im Geist ernsthaft erforschen. Wenn Verlangen – ob nach einer Eiswaffel, nach Liebe oder auch nach Gott – aufkommt und nicht befriedigt wird, entsteht Enttäuschung. Achtsam verfolgen wir, wie blockiertes Verlangen Enttäuschung weckt, die sich allmählich zu Ärger verdichtet und schließlich in Zorn umschlägt. Während wir die Entwicklung des Zornes beobachten und seinen im Grunde unpersönlichen Charakter registrieren, erkennen wir die geistige Unruhe und Unzufriedenheit, die sich langsam steigert und zu Gefühlen der Aggression und Isolation verstärkt. Dies verlangt uns alle Nachsicht ab, derer wir fähig sind – alle Urteilslosigkeit, die wir aufbringen können. Zorn reagiert auf Kränkungen. Vergebung antwortet ihnen.

Wenn wir die Natur des Zornes mehr und mehr als einen Moment blockierten Verlangens erkennen, der in einen Zustand der Enttäuschung übergeht, der wiederum Verwirrung und Aggression hervorruft, wird uns klar, daß der Zorn keine in sich geschlossene Geistesverfassung ist, sondern ein Prozeß der Entfaltung und Wechselwirkung mehrerer aufeinanderfolgender Zustände. Nur unsere schläfrige Blindheit, nur unsere Entfremdung gegenüber dem Geist, die den präzis ablaufenden Prozeß verschwimmen läßt, verleitet uns zu der saloppen Bezeichnung „Zorn". Tatsächlich ist Zorn ein Augenblick der Verklammerung, der nach und nach die Stadien der Angst, des Stolzes und des Zweifels durchläuft, in egozentrische Selbstgespräche, Spiegelfechtereien und Phantasievorstellungen übergeht, in Mißtrauen verfällt und in den Kreislauf des Zweifels, des Stolzes, der Angst und Verwirrung zurückgelangt. Kontinuierlich gehen die Stimmungen ineinander über. Ist uns der Prozeß des Zornes erst einmal offenbar, trifft er in uns auf eine ungewohnte Nachsicht, die zur Vergebung neigt. Dann setzt eine Besinnung ein, eine Entspannung des Bauches, eine Offenheit für das, was ist. Eine Güte, die nach innen und nach außen strahlt. Ein nichturteilendes, nichteingreifendes Gewahrsein, das die Wandlungen der Geisteszustände in all ihren Nuancen verfolgt. Der Prozeß entfaltet sich im Raum und weckt mehr und mehr das subtile Gefühl in dir, weder der Inhalt (kleiner Geist) noch der Prozeß (großer Geist) zu sein. Eigentlich bist du der Raum, der all dies Geschehen umfaßt – die Göttliche Geliebte.

Nun kann Zorn im Geist vorhanden sein, ohne daß du zornig wirst. Er ist jetzt Teil des ablaufenden Schauspiels. Vielleicht bist du sogar regelrecht fasziniert von der Erscheinung der ewig wechselnden Geisteszustände, vom Strom des Bewußtseins.

So kann Lebensfreude zum dominierenden Zustand werden – zu einer Freude darüber, nicht mehr in alten, engherzigen Verhaltensmustern gefangen zu sein.

Als mir ein Lehrer zum ersten Mal sagte: „Auch der Zorn ist Gott", war ich verwirrt. Es vergingen ungefähr fünf Jahre, bis ich das Natürliche dieser Entfaltung namens „Zorn" wirklich verstand. Dieser Prozeß führte mich immer näher an den Punkt, wo mir klar wurde, daß es weder nützliche noch unnütze, weder heilsame noch schädliche Geisteszustände gibt, sondern lediglich heilsame oder schädliche, förderliche oder hinderliche Reaktionen auf jene Zustände. Mag im Geist der Leere auch Zorn erscheinen, sein uralter Impuls kann ungehindert passieren. Wo keine Verklammerung einsetzt, werden Identifikationen kaum gefördert, und jede Anspannung bleibt aus. Wir haben kein Bedürfnis, Kummer zu verdichten oder Leid hervorzurufen, um uns das Gefühl einer konkreteren „Wirklichkeit" zu verschaffen. Der Zorn existiert, aber niemand ist zornig. Die Angst existiert, aber niemand ist ängstlich. Die Verwirrung existiert, aber niemand ist verwirrt.

Aus der Sicht des großen Geistes kann selbst normale Niedergeschlagenheit, wenn man sie klar erfaßt, Freude in uns wachrufen – einen erleichterten Seufzer der Erlösung von den Leiden, die unsere oft düsteren Identifikationen begleiten.

Sobald man den Zorn wie auch andere, unversöhnlich stimmende Regungen gründlich erkundet hat, erhält die Vergebung einen Sinn. Doch aufgrund der Tendenz des rasch beflügelten Herzens, sich geradezu magnetisch von der Vergebung anziehen zu lassen, müssen wir den Schmerzen, die diese Vergebung lindern soll, respektvoll entgegentreten. Wenn wir beide in ein Fitneß-Center gehen und sofort auf eine 150-Kilo-Hantel zusteuern, um sie hochzustemmen, dann wird uns dies auch gemeinsam wohl kaum gelingen. Wir werden förmlich abgeschreckt, überhaupt mit Gewichten zu trainieren und größere Kraft zu gewinnen. Mit leichteren, kleineren Hanteln können wir dagegen den ganzen Tag lang üben. Und auf die gleiche Weise sollten wir auch Vergebung praktizieren. Laß dich im Anfangsstadium deiner Praxis nicht gleich auf Zentnerlasten ein – auf den Vergewaltiger, den Schänder, den Rohling, den Despoten. Bilde die Praxis ganz allmählich aus, bis dein Erbarmen stark genug ist, auch solche tiefen Wunden zu berühren.

Bei vielen, die in einer Beziehung leben, beendet die Vergebung nicht nur unerledigte Geschäfte, sondern hält auch den Gang ihrer Geschäfte im Fluß. Indem wir uns langsam kleineren Verhaftungen öffnen, dehnen wir uns schrittweise aus, um schließlich auch das in unserem Herzen aufzunehmen, was unser Geist nicht fassen konnte. Nichts macht den kleinen Geist so groß wie die Vergebung. Und das Große so gewaltig.

Vergebung läßt sich nicht erzwingen. Zwang verschließt das Herz. Hinter ihm verbirgt sich die alte Unversöhnlichkeit uns selbst gegenüber, dieses Gefühl der Niederlage. Im allgemeinen ist es zu empfehlen, bei der unfreundlichen Kellnerin, beim vergeßlichen Liebespartner, bei einem verwirrten Mitarbeiter oder Chef, also bei den leichteren Gewichten zu beginnen. Nimm jemanden, der kurz einmal etwas vergaß, der einen Moment lang keine Zeit für dich hatte, der teilnahmslos war, und gib diesem Moment festgehaltenen Kummers die Gelegenheit, losgelassenen Kummer zu spüren.

So können wir uns jenen Schmerzen, die sich bereits seit längerer Zeit angesammelt und tiefer in Seele und Körper festgesetzt haben, schließlich mit größerer Gewandtheit nähern. Wir wären unnachsichtig gegen uns selbst, würden wir den Prozeß vorantreiben. Erzwungene Vergebung produziert nur weitere unerledigte Geschäfte mit uns selbst, weitere Sorgen, die nach barmherziger und gütiger Umarmung verlangen.

Denke auch daran, daß du nicht die *Handlung*, sondern dem *Handelnden* verzeihst. Vergebung entschuldigt keine Gefühllosigkeit, Grausamkeit oder Unfreundlichkeit. Du öffnest dein Herz einfach denjenigen Eigenschaften des anderen, die du nur allzu deutlich in dir selbst wahrnimmst. Deine Nachsicht, Versöhnlichkeit und Güte erwächst aus dem deutlichen Gefühl, daß auch der andere in den Schatten des furchtsamen, verärgerten Geistes umherirren mag.

Der außergewöhnliche buddhistische Mönch und Meditationsmeister Thich Nhat Hanh schrieb ein Gedicht mit dem Titel: „Sprich mich mit meinem wahren Namen an". Es handelt von den vietnamesischen Flüchtlingen, die in ihren Booten über das Chinesische Meer zu fliehen versuchen und auf offener See von Piraten überfallen werden, die ihre Habseligkeiten rauben und ein elfjähriges Mädchen vergewaltigen. In seiner unerträglichen Verzweiflung springt das junge Mädchen ins Meer und ertrinkt. Thich Nhat Hanh bringt in seinen Zeilen zum Ausdruck, daß er alles sei – der Vogel, der Ozean, das Boot, in dem die Menschen zu fliehen versuchen – und die Menschen selbst. Er sagt, er sei ebenso das vom Räuber mißhandelte Mädchen wie auch der Räuber. Er sagt: „Sprich mich mit meinem wahren Namen an": Ich bin das Kind, das sich ins Meer warf und ertrank, und ich bin der Seeräuber, *„dessen Herz noch nicht verstehen kann"*. Hier reicht er uns einen Schlüssel zur Praxis. Er läßt uns erkennen, daß die Menschen, die uns Schaden zugefügt haben, noch blind in ihrem Herzen sind. Er läßt es zu, daß wir uns ihnen mit einem Moment der Nachsicht, mit einer Bereitschaft der Vergebung nähern. Er verzeiht dem Handelnden, nicht die Tat.

Im Kontext einer Partnerschaft ist die Praxis der Vergebung nicht nur ein Mittel, um im Fluß zu bleiben, sondern sie kann auch eingesetzt werden, um ungelöste Konflikte früherer Beziehungen zu bereinigen, deren Komplikationen bis in die Gegenwart wirken.

Der Prozeß der Vergebungsmeditation gleicht in seiner Wirkungsweise der Praxis der Herzensgüte. In beiden Fällen erfahren wir eine fortschreitende Öffnung für die tiefempfundene Gegenwart. Wenn wir der Vergangenheit teilnahmsvoll begegnen, übt sie keinen Einfluß mehr aus. Sie ist eine der Entfaltungen des Bewußtseins, die vom Herzen empfangen werden. Vergebung ist der Weg zu einem Ende: zum Ende der Abgrenzung.

Vergebung ist eine der Wesensarten, von deren Übung man sowohl in seiner persönlichen, spirituellen/meditativen Alltagspraxis profitiert, als auch in einer meditativen Zweierbeziehung, wo sie die aufrichtige Kommunikation der Partner charakterisiert.

Ein interessantes, seit langem bewährtes Bewußtseinsexperiment besteht darin, an drei Tagen der Woche wechselseitig

Vergebung zu üben, und zwar einen Monat lang – und mit einem Menschen, von dem wir uns eigentlich überhaupt nicht getrennt fühlen. Dieser Versuch kann manche ungelösten Probleme ans Licht bringen und heimliche Gedanken der Sehnsucht und Enttäuschung offenbaren. Auch in einer scheinbar idealen Beziehung treten noch unerforschte seelische Regionen zutage, die Verhaftungen bergen. Es ist ein faszinierendes Experiment der Wahrheit, einem Menschen Vergebung zuzusenden, von dem uns nichts zu trennen scheint. Doch wo der denkende Geist waltet, ist der Ärger nicht fern. Wo Verlangen bestehen, gibt es auch Enttäuschung. Wo Enttäuschung aufkommt, folgt naturgemäß der Zorn. Sobald wir indes kein Verlangen spüren, werden wir auch keine Enttäuschung, keinen Ärger erfahren. Sobald wir kein Verlangen kennen, wird keine Vergebung notwendig sein. In der Zwischenzeit – zwischen der Zeit – enthüllt Vergebung, was das Herz verdeckt. Ist sie tief und stark geworden, bildet sie die spontane Antwort des Herzens, das sich jeder Härte gegenüber automatisch entspannt. Eine natürliche Osmose, welche die Herzen im Gleichgewicht hält und uns jenseits des Geistes verbindet.

Wir kennen kein einziges Paar, das nicht aus der gemeinsamen Übung des Vergebens Nutzen gezogen hätte. Wenn der kleine Geist meint, sie sei nicht notwendig, sollten wir ihm seine Furcht verzeihen und diese Furcht als ungebetenen Kummer betrachten, den wir nicht zu durchleiden brauchen.

Treten wir also die Erkundung dieser Wege des Vergebens an und schöpfen wir aus dem mächtigen Potential der Heilung. Beginne, dich leichtherzig zu erleichtern. Übe auf diesem Weg Nachsicht mit dir selbst.

Eine Meditation
der Vergebung

Suche dir einen bequemen Platz zum Sitzen und komme hier zur Ruhe.

Denke derweil einen Augenblick darüber nach, was Vergebung eigentlich ist.

Was ist Vergebung? Was würde es bedeuten, Vergebung in unser Leben zu bringen?

Laß nun das Bild oder das Gefühl eines Menschen in deinem Geist erscheinen, gegen den du irgendeinen Groll verspürst. Von jemandem, der dir Kummer bereitet hat oder den du vielleicht aus deinem Herzen verstoßen hast. Fühle einfach die geistige Gegenwart dieser Person, die deinen Zorn erregt.

Bitte nun diese Person sanft, aus deinem Geist heraus in dein Herz zu treten – einfach als Experiment der Wahrheit. Fühle, wie sie sich deinem Herzen nähert. Beobachte alles, was ihr diesen Eintritt erschwert. Furcht, Zorn, Mißtrauen. Achte auf die Regungen, die das Tor zum Herzen blockieren. Laß diesen Menschen das Tor nun passieren – nur für diesen Augenblick. Gewähre ihm, gegen den du Groll verspürst, Zutritt zu deinem Herzen. Und sage zu ihm: Ich vergebe dir.

Ich vergebe dir.

Es tut so weh, jemanden aus dem Herzen zu verstoßen. Laß diese Person für einen Augenblick in dein Herz zurückkehren. Und flüstere ihr dort leise zu: Ich vergebe dir. Ich vergebe dir alles, wodurch du mir einmal Leid zugefügt hast, sei es wissentlich oder unwissentlich, sei es durch deine Worte, durch dein Handeln oder auch durch deine Gedanken. Auf welche Weise du mir auch Schmerz bereitet hast – ich vergebe dir. Ich vergebe dir.

Laß los. Es tut so weh, an diesem Groll festzuhalten. Laß ihn los. Habe Erbarmen mit dir selbst. Vergib diesem Wesen.

Ich verzeihe dir alles, wodurch du mir in der Vergangenheit Schmerz bereitet hast, sei es absichtlich oder unabsichtlich, sei es durch deine Verwirrung, durch dein Mißtrauen, durch deinen Zorn oder durch deine Abgrenzung. Auf welche Weise du mir auch Kummer bereitet hast – ich vergebe dir. Ich vergebe dir.

Laß diesen Menschen spüren, daß du ihm deine Vergebung, deine Nachsicht, deine Güte zusenden möchtest. Verzeihe ihm, nimm ihn wieder in deinem Herzen auf.

Ich vergebe dir. Ich weiß, daß auch du nur glücklich sein möchtest – ebenso wie ich. Ich verzeihe dir deine Unwissenheit, deine Angst, deinen Schmerz. Ich vergebe dir.

Laß diese Person, die nun gespürt hat, daß du ihr verzeihen kannst, auf ihrem Weg weiterziehen. Sage ihr ein Lebewohl. Vielleicht gewährst du ihr sogar noch einen Segen, während sie dich verläßt. Laß sie weiterziehen.

Bitte nun jemanden in dein Herz, in deinen Geist, der Groll gegen dich hegt. Jemanden, der dich vielleicht aus seinem Herzen verstoßen hat. Jemanden, der dir etwas übelnimmt oder dem du Kummer bereitet hast. Lade ihn einfach zu dir ein. Gewähre ihm Zutritt zu deinem Herzen, für diesen Augenblick, für dieses Experiment der Vergebung. Weise diesen Menschen, der Groll gegen dich hegt, nicht ab. Laß ihn ein.

Achte auf alles, was ihm den Eintritt in das Herz erschweren oder verwehren mag. Achte auf deine Angst, deinen Zorn, deine Scham- oder Schuldgefühle, dein Mißtrauen gegen den *anderen*. Registriere einfach, was die Vergebung blockieren oder beschränken will. Bewerte es nicht. Bitte diesen Menschen in dein Herz.

Und sage in deinem Herzen zu ihm: Bitte vergib mir. Ich bitte dich um Vergebung. Womit ich dich auch verletzt haben mag, sei es wissentlich oder unwissentlich, sei es durch meine Verwirrung oder durch meine Angst – ich bitte dich jetzt, mir zu verzeihen. Auf welche Weise ich dir auch Kummer bereitet habe – ich bitte dich um Vergebung.

Verschließe dich nicht. Öffne dich. Befreie dich von deiner Last. Habe Erbarmen mit dir selbst. Laß es einfach zu.

Ich bitte dich um Verzeihung für alles, womit ich dir Kummer bereitet habe, sei es durch meine Achtlosigkeit, durch meinen Egoismus oder durch meine Angst geschehen. Wann auch immer ich meinen Schmerz nicht für mich behalten konnte und dich damit beladen habe – ich bitte dich um Vergebung.

Ich bitte dich jetzt, mir zu verzeihen.

Laß dich von der Bereitschaft zur Vergebung, vom Erbarmen, von der Heilung dieser Person berühren. Laß sie ein.

Gestehe es dir zu, ihre Vergebung zu empfangen.

Ich bitte dich um Vergebung. Ich bitte dich, mir wieder Einlaß in dein Herz zu gewähren.

Laß es zu. Laß die Vergebung zu. Laß sie ein.

Fühle die Vergebung dieses Menschen als Wärme, als Erbarmen in deinem Herzen.

Erlaube ihm, dir zu vergeben – damit du dir selbst vergeben kannst.

Laß dieses Wesen nun weiterziehen. Laß es seinen Weg fortsetzen. Vielleicht berührt dich noch ein Segen, der barmherzig und versöhnlich gewährt und empfangen wird. Laß es gehen. Laß es weiterwandern.

Wende dich nun in deinem Herzen an dich selbst und sage zu dir: Ich vergebe dir. Ich verzeihe dir.

Habe Nachsicht mit dir selbst. Du hast diese Last, diese Selbstverneinung, diese unbarmherzige Selbstkritik so lange erduldet. Sei nachsichtig gegen dich selbst.

Habe Erbarmen mit dir selbst. Sage zu dir: Ich verzeihe dir. Ich vergebe dir.

Wenn der Geist diese Vergebung verstockt zurückweisen will, wenn er meint, daß dies Selbstverwöhnung sei, dann habe Nachsicht mit diesem herzlosen Geist. Berühre ihn mit Vergebung. Er klammert sich so sehr an seinen Schmerz, verwandelt ihn immer wieder in Leid. Habe Nachsicht mit dir selbst.

Sprich dich mit deinem Vornamen an und sage zu dir: Ich vergebe dir. Sage zu dir selbst: Ich verzeihe dir.

Nimm dich wieder in deinem eigenen Herzen auf. Nimm wieder auf, was du in dir nicht wahrhaben wolltest, was du verurteilt und mißhandelt hast. Nimm dich wieder in dir selbst auf. Laß dich von deinem Erbarmen, von deiner Herzensgüte umarmen.

Laß es zu, daß sich dein Geist, dein Körper, dein Herz wieder mit diesem Erbarmen füllt, mit dieser Herzensgüte für dich selbst und für alle anderen Menschen, die auch nur von ihrem Schmerz erlöst werden wollen, die auch nur in Frieden leben wollen.

Laß dieses Erbarmen von dir ausstrahlen, dehne es auf alle Menschen aus, die du liebst – damit auch sie sich selbst und allen anderen vergeben mögen, voller Güte, in heilendem Erbarmen.

Dehne diese Herzensgüte aus, bis sie die ganze Erde, alle Geschöpfe, alle Herzen, alle Seelen und allen Schmerz fühlender Wesen umfaßt. Laß sie alle dein Erbarmen spüren, deine liebevolle Güte.

Laß dieses Erbarmen in die Weite strahlen. Der ganze Planet schwebt wie eine Seifenblase in deinem Herzen.

Die ganze Erde schwebt wie eine Luftblase im Ozean des Mitgefühls.

Mögen alle Wesen frei sein von Leid. Mögen alle Wesen Frieden finden.

Laß dieses Erbarmen, diese Vergebung in das Weltall hinausstrahlen und alle Wesen berühren, die auf den sichtbaren und unsichtbaren Ebenen des Daseins leben. Mögen sie von ihrem Leid erlöst werden. Mögen sie in Frieden leben.

Mögen alle Wesen bis zum letzten Grashalm frei sein von Leid. Mögen alle Wesen die vollkommene Freude ihrer vollkommenen Natur erkennen. Mögen alle Wesen in Frieden leben.

Mögen alle Wesen Frieden finden.

Gemeinsame Meditation der Vergebung

Setze dich deinem Partner gegenüber und konzentriere dich auf seine Gegenwart.

Schaue deinem Partner in die Augen. Und während du ihm in die Augen blickst – sehr sanft – denke darüber nach, was es für eure Beziehung bedeuten könnte, wenn ihr die Fähigkeit der Vergebung noch stärker in euch entwickeln würdet – die Fähigkeit, Vergebung zu gewähren wie auch zu empfangen.

Was würde es für eure Beziehung bedeuten, wenn ihr dem Vergeben eine stärkere Präsenz zugestehen würdet? Der Fähigkeit, euch vom Groll zu lösen. Der Fähigkeit, den Groll anzuerkennen und dennoch einander im Herzen aufzunehmen.

Sage in der Stille deines Herzens zu deinem Partner: Ich vergebe dir. Ich vergebe dir.

Achte darauf, was dieses Vergeben erschwert. Beachte ebenso, was es ermöglicht.

Laß einfach den Kontakt auf dieser Ebene geschehen, wo du dich nicht zurückziehst – sanften Blickes, ohne zu starren. Wo du alles Alte, Nüchterne, Achtlose hinter dir läßt und dich mit diesem Wesen jenseits persönlicher Vorgeschichten vereinst.

Erlaube der Vergebung, den Weg zu öffnen.

Ich verzeihe dir allen Schmerz, den du mir in der Vergangenheit zugefügt hast – alles, wodurch du mich beleidigt oder gekränkt oder verletzt hast, sei es absichtlich oder unabsichtlich. In diesem Augenblick möchte ich dir zeigen, daß ich es wenigstens versuche, dir zu verzeihen.

Laß die Vergebung zu – wenigstens für eine Millisekunde.

Angst, Mißtrauen, Wut, Erwartung, Freude, Erleichterung – alles zieht an dir vorüber, erlaubt den Kontakt, unterbricht ihn. Von Augenblick zu Augenblick wächst die Vergebung im Herzen.

Ich vergebe dir.

Ich vergebe dir. Es tut so weh, dir mein Herz zu verschließen. Allzu oft geschieht es ganz von selbst. Nichts ist dieses Kummers wert. Nichts auf der Welt. Ich vergebe dir.

Ich vergebe dir.

Laß es zu. Laß den anderen Vergebung spüren. Atme ihn in dein Herz.

Ziehe deinen Partner mit dem Atem in dein Herz hinein, um ihn voller Herzensgüte und Fürsorge zu umarmen. Voller Vergebung. Voller Anerkennung seines Kummers, der vielleicht zu einer Kränkung oder Verwirrung führte.

Laß ihn in deinem Herzen verweilen, so wie er ist. Laß ihn im Ozean der Herzensgüte und des Vergebens schweben.

Habe Nachsicht mit ihm. Habe Nachsicht mit dir selbst. Laß ihn spüren, daß du ihm vergeben möchtest.

Löse dich vom Bedürfnis nach Kontrolle, das im Atem spürbar wird. Versuche auch nicht, liebevoll zu erscheinen. Laß alles los, was trennt, was den anderen „denkt".

Stirb in dieses Wesen hinein. Laß dich in der Herzensgüte versinken.

Welchen Kummer schafft doch diese Trennung, in der du dieses Wesen nur denkst – statt dies Wesen zu sein.

Vergeben verbindet. Es ist die Brücke zwischen den Herzen. Laß dieses Wesen ein, so wie es ist.

Ich vergebe dir. Ich vergebe dir.

Schließe nun deine Augen. Laß die Augen einen Augenblick ruhen. Fühle dieses Wesen einfach – nicht als bildliche Vorstellung, sondern als Gegenwart in deinem Herzen.

Fühle das Verbundensein im Vergeben.

Jeder Atemzug zieht dieses Wesen in dein Herz. Laß es hier im Erbarmen und in der Herzensgüte schweben. Damit es geheilt wird. Damit du geheilt wirst – im Erbarmen, im Mitgefühl, in der Vergebung.

Öffne nun sanft deine Augen und schaue deinen Partner wieder an. Laß dir Zeit, bis eure Augen den Kontakt zueinander finden.

Sanfte Augen.

Laß eure Blicke ineinander verschmelzen und sage in deinem Herzen zu deinem Partner: Ich bitte dich um Vergebung. Ich bitte dich um Vergebung für allen Kummer, den ich dir bereitet habe, sei es absichtlich oder unabsichtlich. Dieses Bitten beruht nicht auf Schuld- oder Schamgefühlen, sondern auf der Einsicht, auf dem Willen, neu zu beginnen.

Ich bitte dich darum, mir alles zu verzeihen, was ich dir an Kummer bereitet habe – durch meine Achtlosigkeit, meine Wut, mein Mißtrauen, meine Ungeduld. Welchen Kummer ich dir auch zugefügt habe, ich bitte dich um Vergebung.

Es tut so weh, jemandem sein Herz zu verschließen. Es läßt sich kaum ertragen. Und es tut so weh, wenn jemand uns sein Herz verschließt, wenn er uns spüren läßt, daß er uns nicht ganz und gar akzeptiert. Man fühlt sich so allein. So traurig.

Bitte verzeih mir. Ich bitte dich darum – auch wegen kleinerer Dinge, die nicht den Anlaß dafür gaben, daß du mir dein Herz verschlossen hast. Ich bitte dich, mich in dein Herz zu atmen, mich so anzunehmen, wie ich bin – mit all meinen Sorgen und Freuden. Ich bitte dich um Vergebung.

Achte auf alles, was deine Fähigkeit einschränkt, die Vergebung des anderen zu empfangen. Gestehe dir seine Vergebung zu. Laß sie ein. Empfange sein Vergeben in deinem Herzen.

Ich bitte dich, mir zu vergeben. Ich bitte dich um Vergebung für allen Schmerz, den ich dir zugefügt habe. Ich weiß, daß auch du einfach glücklich sein möchtest, ebenso wie ich selbst.

Laß es zu. Atme das Vergeben dieses Wesens in dein Herz. Laß dein Herz daran zerbrechen. Erlaube es dir, Vergebung zu empfangen.

Und schließe wieder die Augen. Wende dich in deinem Herzen an dich selbst und sage zu dir selbst: Ich vergebe dir.

Laß es zu. Achte auf alles, was der Geist vorbringen mag, um dir dein eigenes Vergeben zu verwehren.

Wenn der Geist meint, es sei Selbstverwöhnung, sich selbst zu vergeben, dann erkenne diesen erbarmungslosen Geist, der dich von dir selbst und von allen trennt, die du liebst. Erkenne seine Herzlosigkeit. Und laß auch ihn in der Selbstvergebung zerfließen.

Sage in deinem Herzen zu dir selbst: Ich vergebe dir. Ich vergebe dir.

Dein ganzes Leben lang hast du dich nur nach dieser einen Stimme gesehnt – die zu dir sagt: „Ich liebe dich." Es ist deine eigene Stimme. Du hast so lange darauf gewartet, dies von dir selbst zu hören.

Sprich dich selbst in deinem Herzen an – gebrauche deinen Vornamen und sage zu dir: Ich vergebe dir.

Laß es zu. Habe Erbarmen mit dir selbst. Mit einem fühlenden Wesen, das sich wie alle anderen so sehr nach Freiheit sehnt. Habe Erbarmen. Laß dich in dein eigenes Herz hineinatmen.

Gib dir selbst in deinem Herzen Raum. Allem, was zu dir gehört. Dem wütenden Du, dem ängstlichen Du, dem ungeduldigen Du, dem zweifelnden Du. Gib dir Raum.

Nimm dich selbst an. Habe Erbarmen mit dir. Fühle, wie du in dein eigenes Herz hineingeatmet wirst, voller Vergebung, voller Herzensgüte. Laß dich im Leuchten deines eigenen großen Wesens schweben.

Öffne nun die Augen und schaue dieses unbeschreibliche Wesen an, das vor dir sitzt. Wisse, daß auch dies Wesen sich danach gesehnt hat, zu sterben und geboren zu werden. Wisse, daß wir alle diese Wirklichkeit miteinander teilen. Je mehr wir unseren Kummer anerkennen, desto umfassender erkennen wir auch die Unermeßlichkeit

unseres Herzens an, die uns alle konditionierten Barrieren überschreiten läßt. Die alles Alte durchbricht.

Du schaust in die Augen des Göttlichen Geliebten. Dies sind heilige
Augen. Du darfst die Braut küssen.

Kapitel 33
Karmische Ersparnisse und Kredite

Es sei uns erlaubt, mit der Metapher karmischer Ersparnisse und Kredite zu spielen, um eine Partnerschaft zu erkunden, die von Geschäften beherrscht wird. Wenn man zu verstehen beginnt, daß das Karma keine Bestrafung ist, sondern lediglich ein Impuls – der in der Wahrnehmung der Ereignisse deutlicher wird als in den Ereignissen selbst – repräsentiert es einen vorzüglichen Lehrer in Sachen Gleichgewicht. Es flüstert „halte dich rechts", wenn wir nach links kippen – es bewahrt unsere Mitte. Das Karma ist der Boden unter unseren Füßen. Es ist eine Form belehrender Gnade. Handelt es sich bei einem Fluß um einen „erschreckenden Fall von Karma", oder fließt er einfach entsprechend der Schwerkraftgesetze und geologischen Bedingungen?

Beide Partner bringen ihre persönlichen Geschäftsbücher in die Beziehung ein: unerledigte Geschäfte, angesammelte Weisheit, ein bestimmtes Wachstumsstadium, erfolgreich vollzogene Heilungen, noch ausstehende Heilungen, Erfolgserlebnisse und drückende Sorgen. Jeder hat in seinem Rechenschaftsbericht den mindestens von Geburt an wirkenden Impuls sowie seine Prinzipien und geregelten Interessen verzeichnet – die gesamte Arbeit an sich selbst, die er bis zu diesem Zeitpunkt geleistet hat.

Wenn sich die Impulse zweier Partner in einer Beziehung kreuzen, fließen ihre persönlichen Anteile auf ein neu eröffnetes

Gemeinschaftskonto bei der Karma Spar- und Kreditbank. Jeder steuert seinen Teil zum Ganzen bei: seine Ambitionen, seine Träume, seine Talente, seine Wunden wie auch die Strategien zu ihrer Heilung.

Einzahlungen ergeben sich aus Momenten der Güte, aus stärkender Hingabe, aus gemeinsamer Sondierung, aus der Gleichgestimmtheit und aus jedem gewonnenen Meter beim Aufstieg zur Wahrheit. Abhebungen resultieren aus der Verschlossenheit unserer Herzen, aus Momenten der Unehrlichkeit, aus passiver Aggression oder kalter Gleichgültigkeit.

Einerseits können solche Gemeinschaftkonten das Vertrauen fördern, andererseits drängen wir nur allzu gern darauf, daß der andere ebensoviel einzahlt wie wir selbst. Am Monatsende wird der Kontoauszug geprüft, um festzustellen, wie hoch der Beitrag des Partners ausgefallen ist. Es gehört zum Wesen des allzu konditionierten Geistes, dem Prozeß zu mißtrauen, unter die grüne Schirmmütze des Buchhalters oder die schwarze Robe des Richters zu schlüpfen und diese Abschlüsse einer Revision zu unterziehen.

Treffen aber die Verklammerungen des kleinen Geistes (der Buchhalter) auf die Bereitschaft des großen Geistes, nicht zu leiden, so vergeben wir den Menschen, die ihre wahre Heilung so oft vergaßen, und unsere Geschäfte sind erledigt. Wir warten nicht mehr darauf, daß sie durch eine hohe Einzahlung etwas ausgleichen, was uns als ein Übermaß an Abhebungen erschien.

Die Karma Spar- und Kreditbank ist nicht durch eine staatliche Bankenaufsicht geschützt. Sie bietet keine Garantien. Sie kann euer Guthaben nur so lange sicherstellen, bis ihr gemeinsam eine profitablere Investitionsmöglichkeit findet.

Über die Zahlenspiele der Abgrenzung hinauszublicken bedeutet, in die Sphäre des Erwachens und Erhellens einzutreten. Es bedeutet, mit den Augen der Göttlichen Geliebten zu schauen, voller Nachsicht und Erbarmen – im Gewahrsein der Schleier aus Zorn und Angst, die sich so leicht um unsere unschätzbaren Herzen zusammenziehen.

Wir empfehlen, noch heute ein Gemeinschaftskonto bei der Karma Spar- und Kreditbank zu eröffnen. Sie bietet derzeit interessante Symbole und Prämien an: zum Beispiel einen Zweischeiben-Toaster.

Kapitel 34
Passive Aggression

Einer unserer Lehrer pflegte zu sagen: „Sei wie Gandhi!" – ein Rat indes, der in einer Partnerschaft mit Vorsicht zu genießen ist. Denn auf dem Pfad zum Frieden müssen wir selbst auf die „friedliche Aggression" ein wachsames Auge haben.

Als man Mahatma Gandhi einmal nach dem Wesen des „passiven Widerstands" fragte, der ihm so hohe Wertschätzung eingebracht hatte, erwiderte er: „Unser Widerstand hat nichts Passives an sich. Er ist lediglich nicht-gewaltsam!"

Mögen solche gemäßigten Ausdrucksformen der Streitbarkeit auch eine wirkungsvolle politische Strategie darstellen – als Mittel des Umgangs mit unerledigten Geschäften quer über den Frühstückstisch erweisen sie sich als regelrechte Katastrophe.

Wenn wir uns dem Herzen zuwenden und dem Frieden nähern wollen, seufzt nur ein Teil des Geistes erleichtert auf. Der andere Teil weigert sich starrsinnig, von seinem Standpunkt abzurücken. Narziß hat es nicht allzu eilig damit, ihre Wohnung aufzugeben. Schließlich sei der Aufwand für einen Umzug sehr groß, und er habe unheimlich viele Möbel. Narziß beißt die Zähne zusammen und lächelt brav, um Kompromißbereitschaft vorzuspiegeln. Doch im Hintergrund spielt sich mehr ab, als der erste Blick verrät. Unerkanntes Verlangen schafft unerkannten Groll. Unerledigte Geschäfte laufen unterschwellig weiter, und wenn ihre wütende Fratze doch einmal zum Vorschein kommt, wird sie so geschickt kaschiert, daß man leicht über sie hinwegsehen kann. Diese Regungen zurückbleibender Verklammerung und unverarbeiteten Kummers manifestieren sich in Hunderten von „neckischen" Seitenhieben, die sofort ins „Herumalbern" abgebogen werden – ein ziemlich raffiniertes und unachtsames Verhalten. Es verwendet die Sprache als subtiles Reizmittel. Es will beim anderen auf bestimmte „Knöpfe drücken".

Solch versteckter Unwille äußert sich auch in schlichter Nichtbeachtung, in unterlassener Hilfe, in dem Versuch, dem anderen unmerklich den Boden unter den Füßen wegzuziehen. Vielleicht schiebst du die Reparatur des Fliegengitters drei Monate lang vor dir her. Du vergißt ständig, daß der andere keine Petersilie mag. Du erscheinst zu spät zu einer Verabredung. Du ignorierst die zarte Anregung des Partners in einem klärenden Gespräch. Du läßt ihn einen Moment länger in einer Verlegenheit „hängen" als notwendig wäre. Es ist die zurückgezogene Hand, das ungesagte Wort, der angespannte Bauch.

Wir meinen, daß eine Beziehung zu den schwierigsten spirituellen Aufgaben gehört, und zwar deshalb, weil das Offenlegen all der Dinge, die wir so lange verbergen wollten, unendlich viel Arbeit erfordert. Gerade das Erkunden von Verhaltensweisen wie der passiven Aggression und der Verdrängung eigener Schwächen wirkt so erschreckend auf uns, daß wir es lange Zeit vorgezogen haben, unser Leid nicht zu beachten. Sobald wir aber diese Verhaltensweisen näher erforschen, zeigt sich in aller Deutlichkeit, wie schmerzhaft und schwierig es ist, sie anzuerkennen, sich mit ihnen zu konfrontieren, sie zu untersuchen und schließlich loszulassen. An diesem Punkt, wo die mühsame Arbeit der Enthüllung unserer weniger perfekten Eigenschaften und mentalen Konstrukte beginnt, möchten wir nur allzu gern auf leichtere Aufgaben ausweichen.

Unser kalte Gleichgültigkeit, unser Zorn, unsere Rechtschaffenheit und unsere Angst werden geschickt von den Bedenken und Befürchtungen bewacht, die dem Erbarmen auf seinem Weg ins Innere auflauern. Sie bitten, schmeicheln und drohen, wenn ihre Tarnung gefährdet ist. Sie kräuseln die Oberfläche, von der Narziß ein perfektes Spiegelbild verlangt.

Bevor wir mit der Erkundung der passiven Aggression fortfahren, sollten wir diesen Begriff erst einmal abklären. Passive Aggression ist Aggression in ihrer am stärksten gebändigten oder auch verdrängten Form. Sie kann sehr subtil und äußerst hinterhältig sein. Sie erscheint als ein unangenehmes Gefühl der Macht- und Hilflosigkeit, das eine geheime Tagesordnung entwirft. Sie ist eine Schmerzreaktion.

Wenn wir diese Wesensart latenter, aggressionsfördernder Verklammerung näher erforschen, ist es sehr wichtig, in einem nichturteilenden, barmherzigen Gewahrsein dieses vorüberziehende Schauspiel zu erkennen. Von seinem Wesen her spricht erfolglos verdrängter Zorn besonders positiv auf unerschütterliche Güte an. Etwas weniger Weiträumiges würde ihm nicht genügend Sicherheit bieten. Narziß mag diese Situation ganz und gar nicht. Sie macht ihn verdrießlich.

Schreie man einen Durchschnittsmenschen an – so äußerte sich Robert Bly einmal – dann habe dies den Effekt, daß er sich in seiner Hütte auf die andere Seite wälzt und sein Gesicht der Wand zuwendet. Viele Menschen fürchten den Zorn noch mehr als das, was diesen Zorn erweckt. Die Furcht des Zornes vor dem Verlassen seines Verstecks ist fast ebenso groß wie seine flammenden Selbstvorwürfe, sich überhaupt erst versteckt zu haben. Passive Aggression ist häufig nichts anderes als zornige Angst.

Aktive Aggression schlägt ihr Objekt, tritt mit geballter Faust einen Schritt zurück und droht mit weiterer Gewalt. Sanfte Aggression, die ein Element der Täuschung enthält, greift passiv an, stellt dem anderen ein Bein und behauptet, es sei ein Mißgeschick gewesen. Bei einem harten Angriff erhalten wir den Schlag einer geballten Faust. Bei einem weichen Angriff trifft uns ein Schlag mit der geöffneten Hand, die uns im Zurückschwingen streichelt und so völlig durcheinanderbringt.

Wenn die eigentlichen Objekte unserer Frustration durch Angst und mangelnde Selbsterkundung unter die Bewußtseinsschwelle gedrängt werden, verläuft unsere Aggression weniger direkt. Weil unser Kummer unerforscht und unverarbeitet bleibt, wird unsere Aggression verschwommener, und wir sehen den zurückhaltenden Geist in die Richtung diverser Egoismen streben, die als Rassismus, Sexismus und tausend andere heilige Kriege im Büro, am Eßtisch und im weichen Sarkophag des Ehebettes ausgefochten werden.

Das Gefühl, selbst kleine Enttäuschungen nicht gefahrlos zum Ausdruck bringen zu können, läßt dieses Enttäuschtsein wachsen. Wenn wir uns einer Konfrontation mit dem Objekt dieses Unbehagens nicht gewachsen fühlen, weil eine vermeintliche Position der Macht, der Schwäche oder andere emotionale Zensuren uns dies verwehren, löst sich die Aggression einfach nicht auf. Sie gräbt sich tiefer ein und wartet auf das nächste verfügbare Ziel – und dieses Ziel bist du am Ende selbst.

Sobald Wut, Aggression, Bestürzung, Frustration oder Verstimmung kein angemessenes oder geeignetes Ausdrucksmittel finden, richten sie sich oft nach innen. In milderer Ausprägung registrieren wir dies als mehr oder weniger heftige Selbstverurteilung. Eine derart nach innen gerichtete Aggression offenbart sich häufig als Schuldgefühl – und in einer allgemeinen Schroffheit gegen den eigenen Narziß wie auch den des anderen.

Alle Geisteszustände, alle Emotionen verfügen über eine große Bandbreite von Ausdrucksmöglichkeiten. Sie alle haben einen aktiven und einen passiven Aspekt, sie können sich äußerlich und innerlich in Szene setzen. Es heißt, daß Aggression die rechte und Arglist die linke Hand der Angst sei. Aktive Angst greift an, passive Angst versteckt sich, aber in beiden Fällen hat sie dasselbe Ziel. Aktiver Zweifel weicht zurück, während passiver Zweifel zustimmt, ohne daran zu denken, nach dieser Zustimmung zu handeln. Jedesmal geht es nur darum, sich der Gegenwart zu entziehen. Aktive Liebe umarmt, passive Liebe läßt los. Hier wie dort zielt sie darauf, den Abgrund zu überbrücken, welcher unsere Herzen voneinander trennt.

Wenn passive Aggression mit einer nichtaggressiven Achtsamkeit beobachtet wird, die auch gelegentlicher Unnachsichtigkeit nachsichtig begegnet, rückt das Nichtverletzen in greifbare Nähe. Wenn wir voller Vergebung betrachten, wie viele unserer Wesenszüge wir verdrängt haben, um unser Selbstbild aufrechtzuerhalten, dann mündet unsere Frustration in einen neuen Pfad. In einen Pfad des Erbarmens und der Heilung. Indem wir unsere passive Aggression mit sanftem Gewahrsein erkunden, treffen wir auf Gefühle der Hilflosigkeit, des vermeintlichen Unfähigseins, diese Frustration ohne Angst vor Vergeltung zu äußern. Wir tauchen in kontinuierlichem Gewahrsein ihres Prozesses direkt in die Frustration ein.* Wir beobachten die Umwandlung der Frustration in verdeckte und offene Aggression, die sich, wenn sie unerkundet bleibt, auf das nächstuntere Wesen innerhalb der Hackordnung verlagert. Die wir vielleicht an unserem Liebespartner, am schwarzen Schaf der Familie oder an irgendjemandem abreagieren würden, der gerade als „anderer" zur Verfügung steht. Und in der leisen Ironie, die Weisheit oft mit sich bringt, erkennen wir, daß passive Aggression einfach nur ein Gefühl der Ohnmacht ist, die sich offensiv zur Wehr setzt.

Beim Erkunden der Vorgänge, die unsere Frustration in kriegerische oder in friedliche Neigungen verwandeln, treffen wir auf den faszinierenden Punkt einer Begegnung von verdrängter Aggression und erzwungener Passivität. Frauen sind beispielsweise in den meisten Kulturen nicht nur dazu bekehrt, sondern regelrecht dazu genötigt worden, Frustrationen zu verdrängen und eine passive Rolle zu spielen. Jeder Zorn, der erkundet und angenommen wird, schenkt uns ein tieferes Gefühl der Selbstwerdung. Erzwungene Passivität hingegen führt häufig zu verdrängter Aggression.

Ein Gefühl erzwungener Passivität, das uns durch Familie, Erziehung, sozialen Status und Konditionierung aufgeprägt wurde, erzeugt im allgemeinen ein schwer beschreibbares Unbehagen. Gleiches gilt für eine konstante Enttäuschung aufgrund unerfüllter Verlangen und unbeherrschbarer Zufälle, welche auch die wohldurchdachtesten Projekte „von Mäusen und Menschen" ins Leere laufen lassen. Diese bange Unsicherheit schwelt verborgen in den meisten Seelen. Wir fühlen uns der Tyrannei Gottes oder des Schicksals ausgeliefert, und dieses Gefühl läßt jene grimmige Verzagtheit und Ruhelosigkeit namens Angst entstehen. Dieser Lebenskummer, dieses Unterdrücken von Lebensäußerungen führt zu einer nervösen Beklemmung, die ihren Mangel an Ganzheit betrauert. Sie macht uns reizbar und aggressiv. Sie veranlaßt uns, wie Narziß ständig die Wasseroberfläche zu prüfen und sich in eine Welt zu flüchten, der unsere Angst alle Gefahren genommen hat.

In der Distanz zwischen *mir* und *anderem*, in der Lücke zwischen *Ich* und *Binheit* erwartet uns die Arbeit, die in der geisti-

---

* Dazu können wir die Meditation über bedrückende Gefühle in Kapitel 49 verwenden.

gen Wirklichkeit der Beziehung zu vollbringen ist. Das natürliche Spannungsfeld individueller Seelen ist ein Echo der Trennung von unserer wahren Natur.

Das akrobatische Hin- und Herschwingen zwischen *Ich* und *Binheit* stellt uns die stetige Aufgabe, endlich Verantwortung für die eigene Geburt zu übernehmen. Vielleicht verlangt es, daß wir Frieden schaffen, wo andere Krieg gesät haben. In der Distanz zwischen mir und der Binheit erheben sich all die Barrieren, die in den düsteren Gemächern unserer Wehklage und vermeintlichen Demütigung gezimmert wurden.

Liebevoll zu sein lernen wir, indem wir darauf achthaben, wie lieblos wir sind. Und dieses „wie lieblos wir sind" ist genau das, was in der schmerzhaften Erkundung unserer passiven Aggression zu beobachten ist. In uns gibt es viele Wesenszüge, die verwundet sind und verborgen bleiben möchten, die fremden Einflüssen ängstlich ausweichen und vor dem nächsten Schritt des Loslassens, der nächsten Stufe der Heilung zurückscheuen. Es sind Aspekte der Seele, die Argwohn und durch allzu spärliche Befriedung nicht zu mildernde Isolation verbittert haben. In dieser ungestillten Trauer, die uns einsam und zornig macht, entdecken wir eine weitere Variante des Grolls, die zur Wirkung kommt, sobald sich die Schwerefelder zweier Wunschsysteme überschneiden. Man möchte meinen, daß zwei nicht miteinander harmonierende Wunschsysteme schlimmstenfalls zwei Schiffen entsprechen, die in der Nacht aneinander vorüberfahren. Leider aber ist dies ein Wunschdenken. Unvereinbare Wunschsysteme gleichen eher der *Titanic*, die mit ihrem Eisberg kollidiert. Wir reagieren nicht besonders geschickt auf den Umstand, daß wir etwas Verlangtes nicht bekommen. Unsere Unzufriedenheit rollt sich an der Schädelbasis ein und wartet darauf, sich zu entladen. Und das Herz zieht sich zurück.

Es ist recht bedrückend, dieses „wie lieblos wir sind" in seiner momentanen Einwirkung und in seinen diffusen, gefühllosen Reflexen zu verfolgen. In ihm äußert sich der natürliche Groll, der aufsteigt, wenn Narziß sich betrogen und mißbraucht fühlt. Und es lehrt uns wieder einmal, daß der Weg zu Narzissens Herz über den weichen Bauch führt. Nur durch unser teilnahmsvolles Umarmen dessen, was sich verärgert zurückgezogen hat, können wir uns selbst und der Welt Frieden bringen.

Das gründliche Erforschen unserer passiven Aggression führt zu einer immer umfassenderen Erfahrung aktiven Mitgefühls.

Dieses Entleeren des Raumes zwischen *Ich* und *Anderem* symbolisiert jene Geschichte von Chuang-tse, in der ein Fischer bei Tagesanbruch den Fluß überquert und bemerkt, daß sich ihm ein anderes Boot durch die Nebelschwaden nähert. Er fürchtet einen Zusammenstoß und schreit die Person im anderen Boot an, sie möge ihm ausweichen. Doch das Boot treibt geradewegs durch den Dunst auf ihn zu, und er beginnt, über die Unachtsamkeit des fremden Bootslenkers zu fluchen. Als das Boot ihn fast erreicht hat, sieht er, daß sich niemand darin befindet. Es hat sich von seinem Liegeplatz losgerissen und treibt leer über das Wasser. Augenblicklich verfliegt sein Zorn, denn nun ist klar, daß ihn niemand bedroht. So meint es auch unser Lehrer, wenn er immer wieder sagt: „Leere dein Boot!" Im leeren Boot, im weiten Geist, in der Unermeßlichkeit Gottes ist nichts von der absoluten Liebe getrennt. Und was auch besteht – wir müssen es in unserem grenzenlosen Herzen erfassen.

Kapitel 35
Der Hochseilakt

Eine Partnerbeziehung ist wie ein Hochseilakt. Zur Linken liegt die unwiederbringliche Vergangenheit, die in Gestalt deiner persönlichen Geschichte, deiner früheren Beziehungen, deiner Triumphe und Enttäuschungen einen Impuls erzeugt, der auf seine endlose, mechanische Wiederholung drängt – deine Hilflosigkeit. Zur Rechten liegt die unwägbare Zukunft – deine Erwartungen und Ängste, zahllose noch ungestillte Sehnsüchte, verblassende Träume, deine Hoffnungslosigkeit. Vielleicht ist das der Grund, warum man buddhistische Praktiken als Mittleren Weg bezeichnet – wir bedürfen einer Balance von Herz und Geist, um ungehindert fortschreiten zu können. Lehnen wir uns zu weit nach links, verlieren wir uns in Schuldgefühlen, Zorn, Angst, Abwehrhaltungen und berechnendem Scharfsinn. Lehnen wir uns zu weit nach rechts, werden wir in romantische Phantasien, Aberglauben, magisches Denken und ermüdende Sentimentalität hineingezogen. Das Drahtseil ist der gegenwärtige Augenblick, ist genau der Moment, in dem wir die Balance zwischen den Aspekten des Unterbewußten halten müssen. Wenn uns das perfekt gelingt, lösen sich Gnade wie Ungnade in bedingungsloser Liebe auf.

In Wahrheit aber ist in einer Beziehung die Kunst des Fallens gefragt. Oder besser gesagt die Kunst, sich nach jedem Sturz leichten Herzens wieder aufzurichten. In solchen Momenten des Ungleichgewichts von Achtsamkeit und Herzensgüte neigt man dazu, über die eigenen Füße zu stolpern. Man fällt wieder einmal in die alten Verhaltensmuster zurück, fühlt sich verwirrt und unglücklich. Unsere Angst vor einem Fall löst automatisch den „Klammerreflex" aus, obwohl wir doch stets nur auf einem weiteren Drahtseil landen – wir stürzen im Verlauf des Pfades von einem Drahtseil aufs nächste, von einem Moment in den anderen. Unser Wachstum mißt sich an der Leichtigkeit des Fallens und der Sanftheit unseres Wiedererwachens.

Buddha sagte: „Es ist nicht wichtig, wie lange ihr vergeßt, sondern wie bald ihr euch erinnert!"

Wenn wir den Halt verlieren, glauben wir meistens, *aus* der Gnade" herauszufallen – in Wahrheit aber ist es ein Fall *durch* die Gnade.

Die Balancierstange auf dem Drahtseil ist unsere Achtsamkeit, unsere spirituelle und psychologische Praxis – die innere Arbeit, die uns von Moment zu Moment fortschreiten läßt. Diese Stange entspricht dem, was der außergewöhnliche Lehrer Ramana Maharshi den „großen Stock" nannte: das sowohl letzte als auch erste Verlangen, das Große Verlangen, mit dem man das Feuer der Befreiung schürt, und in dem die kleineren Verlangen solange getoastet werden, bis sie goldbraun sind.

Wenn sich zwei Menschen zu einem solchen akrobatischen Akt verpflichten, unterstützt jeder die Balance und die Perspektive des anderen. Lehnt sich der Partner in seiner Phantasie und Einschätzung ein wenig nach rechts, flüstert der andere: „Mehr nach links, etwas mehr nach links", um den Liebesgefährten in die Gegenwart zurückzuholen. Man sieht den Partner Vergangenem nachhängen, nach links kippen, und winkt ihm zu: „Neige dich nach rechts, nach rechts", um mit ihm gemeinsam wieder zur Mitte zu finden. So bringt jeder seine Klarheit und Tiefe der Sicht in den Balanceakt ein.

Und wenn einer von beiden den Halt verliert, dann steht der Gefährte schon auf dem nächsten Seil, um den Sturz abzufangen.

In der Sicherheit des Gleichgewichts erkennen wir zur Linken klar die vielfachen Schichten unserer Konditionierung und persönlichen Geschichte, die den Schutzschild des Herzens bilden. Während wir durch den Schmerzpunkt in den Berührungspunkt des Herzens dringen, treffen wir auf ein weites Gefühl des Seins, das nicht länger durch oder auf die Erfahrungen der Vergangenheit beschränkt wird. Achtsamkeit läßt uns diesen Moment ganz und gar erleben. Sie erlaubt uns, „einfach geradeaus" zu gehen, wie es ein Zen-Meister empfahl. Wir schweifen nicht nach rechts ab, um uns beängstigende Möglichkeiten auszumalen, unvollkommen nach eventuellen Vollkommenheiten zu greifen und der Nacht im Tagtraum nachzuhängen – und zu vergessen, daß der Prozeß nicht zum Ziel hat, jemand zu werden oder mehr zu bekommen, sondern einfach nur, völlig präsent zu *sein*. Wenn der Geist sich die Zukunft und Vergangenheit nicht mehr erdichtet, ruht er in der Gegenwart. Im unmittelbaren Augenblick, für den wir geboren wurden. Im Raum zwischen zwei Gedanken.

Den Pfad unter unseren Füßen zu erkennen, ist Achtsamkeit. Mit dem Liebesgefährten auf diesem Pfad zu wandern, ist Herzensgüte. Wird die Achtsamkeit verfeinert, sorgt die Herzensgüte selbst für sich. Nichts hindert sie. Die geringste Störung der Weite macht sich sofort bemerkbar. Schon das erste, leise Zucken einer bedrückenden Stimmung wird wahrgenommen. Schon ihre erste Anspannung wird als „Angst" registriert – etliche Geistesimpulse vor der angstvollen Identifikation. Jenes erste Gefühl der *Andersheit* wird als „Zorn" vermerkt, lange bevor man sich im Zornigsein verliert. Im Wissen, daß Zwang nur das Herz verschließt, macht Achtsamkeit den Augenblick lenkbarer, indem sie nicht versucht, ihn zu lenken. Achtsamkeit schafft einen teilnahmsvollen Raum für neue Alternativen, während Herzensgüte alles mit einem Augenzwinkern, einem Kopfnicken, einem wissenden Blick registriert. Und alles *andere* wandelt sich zum Göttlichen Geliebten, der dem Herzen näher ist als all deine Vorstellungen von dir selbst.

Achtsamkeit bringt sich dem Herzen gleich einem Blütenstrauß dar, den wir der Göttlichen Geliebten zu Füßen legen.

Kapitel 36
Herzensgüte

Viele sprechen vom „Pfad des Herzens". Carlos Castaneda und eine ganze sehnsuchtsvolle Generation schätzen den inspirierenden wie auch besänftigenden Ton dieser Worte. Diesen Pfad entdecken wir, wenn wir nach innen gehen und uns dem Herzen zuwenden. Er ist der Weg der Herzensgüte. Schon viele suchten ihr wahres Herz, den Göttlichen Geliebten, und sind seiner Spur vor uns gefolgt. Jeder einzelne Schritt bahnt den Weg. Entflammt tauchen wir in den Augenblick ein und suchen das ozeanische Herz.

Herzensgüte ist die mühelose, in einem Geisteszustand reflektierte Äußerung des Herzens. Wie jeder andere Geisteszustand zwischen Freude und Schrecken kann sie entwickelt und und zur Blüte gebracht werden. „An ihren Früchten werdet ihr sie erkennen" – wie auch alle anderen Geistesstadien. Die Früchte der Angst heißen Abgrenzung und Krieg. Die Frucht der Herzensgüte ist eine Kommunion mit dem Erbarmen und dem Frieden.

Die Übung, die fortschreitende Praxis der Herzensgüte findet ihre Resonanz und Entsprechung in den zunehmend tieferen Bewußtseinsebenen, die sich in den Verpflichtungsstadien einer engagierten Beziehung widerspiegeln. Anfangs öffnen wir uns jenem Geist/Körper, der unser Erbarmen am ehesten verdient: uns selbst. Mit einem tiefen Seufzer rufen wir in uns wach, was Buddha sagte: „Du könntest dich in der ganzen

Welt umschauen und würdest doch kein einziges Wesen finden, daß die Liebe mehr verdiente als Du. " Wir vertiefen die sanfte Anteilnahme und Achtsamkeit, mit der wir die wesentlichen Ebenen physischer und mentaler Existenz in uns erfassen und erforschen.

Während wir uns diesem Geist/Körper öffnen, in dem wir uns (sozusagen) wiederfinden, wird alles Entmutigte im Herzen begrüßt. Die Anteilnahme und Herzensgüte, in der wir uns selbst begegnen, strahlt Wünsche des Wohlergehens auf uns aus. Es erfolgt eine Heilung unserer grundlegenden Daseinsebenen: Der Körper wird von selten erlebter Güte überflutet, der Geist taucht in einen Ozean des Mitgefühls ein. Trauer und Freude werden von einer Nachsicht, Vergebung und Geduld empfangen, die sie vielleicht nie zuvor zu spüren bekamen. Es ist die Essenz der Heilung – das barmherzige und liebevolle Eintreten in Bereiche, aus denen wir uns mißtrauisch und ablehnend zurückgezogen hatten.

In der Meditation der Herzensgüte wendet man sich zunächst an sich selbst, um sich Wünsche des Wohlergehens zuzusenden. Man spricht sich selbst wie einen Liebesgefährten an und beobachtet dabei die Aversionen und langfristig konditionierten Selbstverneinungen, die sich der Selbstfürsorge und Milde in den Weg stellen wollen. Wir werden gewahr, wie unbarmherzig wir uns selbst behandeln. Wir entdecken, daß für den urteilenden Geist alles und jedes – auch er selbst – *das andere* ist. Wir beobachten, wie der kleine Geist unser großes Herz eingrenzt und vieles unter Anklage stellt, was in sein Blickfeld gerät. Wie er sein eigenes „Mich-denken" zu einer Hölle verurteilt, die er nach seinen eigenen Vorstellungen und Ebenbildern entworfen hat.

Während der Verinnerlichung dieses Stadiums betrachtet man sich selbst als *anderen*, spricht sich mit dem eigenen Vornamen an und strahlt Wellen der Gnade und Fürsorge auf sich aus. Dies ist eine bedeutungsvolle Geste. Wir umarmen den Kummer, bevor er sich zu dem Widerstand verdichtet, den wir Leid nennen. Herzensgüte widersteht niemals. Sie öffnet sich dem lange Verschlossenen. Sie gibt der harten Faust des kleinen Geistes Gelegenheit, sich zu lockern. Wir betrachten uns selbst als unser einziges Kind; und so badet das Selbstbild in Erbarmen, statt in Selbstverurteilung zu ertrinken. Wir nehmen

Narziß in die Arme. Wir rufen sie aus ihrem Gefängnis heraus. Wir flehen ihn an, freundlich zu sich selbst zu sein.

Während sich dieser Prozeß vertieft, wird uns vielleicht sogar ein flüchtiger Einblick in die tief eingeprägten Dualitäten zuteil, welche die lebendige Wahrheit in das Akzeptable (was wir mögen) und Inakzeptable (was wir nicht mögen) aufspalten und somit die grenzenlose *Einheit* durch eine zweidimensionale Identität ersetzen. Auf dieser Ebene, wo sich Persönlichkeitsbilder gegenüber der lebendigen Wahrheit als etwas Beschränktes erweisen, werden *Ich* und *anderes* einfach als Konzeptionen erkannt, die von den Wellen des oft Ungeliebten hin- und hergeworfen werden. Schließlich erwacht ein umfassendes Erbarmen, das dieses Konditionieren, diese substanzlosen, mentalen Gebilde weder kontrollieren oder zerstören will, sondern sanft in das unkonditionierte, ungeteilte Herz liebevoller Güte einlädt.

Wo *Ich* und *anderes* eher ein Mysterium als eine Tatsache darstellen, dehnt sich das Erbarmen allmählich aus. Und wir konzentrieren die Meditation der Herzensgüte mehr und mehr auf die Gefährten unseres Lebens – auf Freunde, Lehrer und den Ehepartner. Entsprechend der vorherigen Meditationsstufe wird auch dieser Lebensgefährte, sobald er als *anderer* erscheint, als *Ich* erkannt. *Anderer* und *Ich* werden als Aspekte derselben bangen Unbewußtheit erfahren, die um ihre Beständigkeit ringt und panisch nach einem „Jemand" sucht, mit dem sie sich inmitten der Strömung von Bewußtsein und Wandlung identifizieren kann.

Wir nehmen diesen Liebesgefährten im Herzen auf und strahlen mit jedem Atemzug Welle auf Welle des Wunsches nach seinem Wohlergehen aus. „Mögest du glücklich sein. Mögest du frei sein von Leid. Mögest du die absolute Freude deiner absoluten Natur entdecken." Und alles Trennende, all das angstvolle Territorium zwischen *Ich* und *anderem* wird von der Herzensgüte erfüllt, welche die Angst ersetzt. Indem wir immer tiefere Ebenen der Fürsorge schaffen und das „Niemandes-Land" zwischen den Herzen verringern, dehnt sich die Beziehung zu neuen Horizonten aus. Die Distanz zwischen *Ich* und *anderem* vermindert sich. Der Abstand zwischen Geist und Herz wird kleiner. Und wo dieser Abstand nicht mehr existiert, ist die Göttliche Geliebte.

Während des weiteren Übens der Herzensgüte richtet man diese konzentrierte Energie der Fürsorge auf eine weitere vertraute Person. Sie muß nicht aus dem engsten Freundes- oder Familienkreis stammen, sollte aber in irgendeiner Weise im Herzen mit dir verbunden sein. „Mögest du glücklich sein. Mögest du Heilung finden. Mögest du frei sein von Leid. Mögest du Frieden finden." Jeder Atemzug verbindet. Jedes Einatmen zieht den anderen in dich hinein. Jedes Ausatmen sendet diesem/r Freund/in Wellen der Dankbarkeit und des Segens zu. Man löst sich auf wie Salz in einem salzigen Meer. Einheit. Dies ist die Tiefe der Herzensgüte, welche die Bewußtseinsebene, die wir als Herz bezeichnen, widerspiegelt. Es ist die Wachstumsstufe der Engelssphäre.

Schließlich dehnt man den Wirkungskreis der Herzensgüte noch weiter aus, so daß er Menschen umfaßt, die weder Freunde noch Feinde sind – dies kann eine zufällige Bekanntschaft oder einfach ein Fremder auf der Straße sein. Du sendest seinem Herzen Welle auf Welle liebevoller Güte zu. Du wirst gewahr, daß dies kein „Fremder" ist, sondern du selbst – in einem anderen seelischen und körperlichen Gewand. Essentiell ist jeder dasselbe wie Du. Ein Selbstbild aus dem unbeachteten Strom des Bewußtseins, dem der kleine Geist den Jemand entreißt, den er an diesem Tag darstellen will – mit allen leidvollen Konsequenzen. Jeder möchte einfach nur glücklich sein, einfach nur vom Leid erlöst werden. Und das Herz nimmt auch den vorübereilenden „Fremden" in die Arme. Wir gehen die Straße hinunter und sehen den Göttlichen Geliebten, wohin wir auch blicken. Niemand anderen.

Wenn sich diese Übung der Herzensgüte mit der Zeit erweitert, erreicht sie natürlicherweise einen Punkt, wo sie auch jene einbezieht, die wir einst als Feinde betrachtet haben. Dies ist die letzte Stufe der persönlichen Herzensgüte. Die letzte Dualität. Die erste Ebene des undifferenzierten Bewußtseins, das wir als Mysterium bezeichnen.

Hier berühren sich die rechte und die linke Hand der Göttlichen Geliebten in andächtiger Verneigung vor den Wesenserscheinungen unser selbst, die abgetötet und geächtet, gescholten und mißhandelt wurden und doch nur heil und ganz sein wollen. Herzensgüte, Erbarmen und Vergebung entströmen auf ganz natürliche Weise diesem offenen Zustand.

Zuletzt gibt es kein *Ich* und kein *anderes* mehr, sondern nur noch Liebe. *Ich* und *anderes* erweisen sich als Phantasieprodukte des schwankenden Geistes, der sich inmitten des Surrealen für ein wenig eigene Realität abstrampelt. In dieser „Realität" existiert niemand, zu dem wir in Beziehung stehen, sondern nur das Herz des Göttlichen Geliebten, aus dem heraus wir mit allem verbunden sind. Und wir werden selbst zur Göttlichen Geliebten, die sich vor sich selbst verneigt.

Wenn Narziß Herzensgüte übt, verliert ihre Selbstverachtung an Raffinesse. Er steuert seinen Kurs nicht mehr allein mit dem Geist. Sie erkennt das Herz, ihr so lange ersehntes Spiegelbild, ihr wahres Selbst, dem ewiges Lob und unaussprechlicher Dank gebührt. Und er entdeckt ein Glück, das nicht mehr zwischen Innerem und Äußerem unterscheidet. Zwischen sich und anderem, zwischen Loslassen und Seinlassen.

Und wir gelangen in die unermeßliche Weite, in der wir einen unserer Lehrer abermals sagen hören: „Dein einziger Freund ist Gott." Womit er uns noch einmal daran erinnert, daß alles, was wir lieben, der Göttliche Geliebte ist.

Die folgende Meditation der Herzensgüte bedient sich der verbalen, begrifflichen Orientierung des Geistes auf eine höchst geschickte Weise. Sie verwandelt ein Hindernis in einen Verbündeten. Sie macht Narziß mitsamt seiner gewonnenen und verlorenen Liebschaften mit der Göttlichen Geliebten bekannt. Sie heilt den Geist mit der Öffnung des Herzens.

Meditation der Herzensgüte

Sitze bequem und richte die Aufmerksamkeit allmählich auf den Atem.

Dein Atem kommt und geht ganz von selbst in den Tiefen des Körpers.

Nimm dir etwas Zeit, damit sich die Aufmerksamkeit im gleichmäßigen Rhythmus der Atemzüge sammeln kann.

Wende dich sanft nach innen und fühle mehr und mehr den Wunsch nach deinem eigenen Wohlergehen.

Betrachte dich auf eine Weise, als wärst du selbst dein einziges Kind. Habe Erbarmen mit dir selbst.

Sage still in deinem Herzen: „Möge ich frei sein von Leid. Möge ich Frieden finden."

Fühle einfach, wie der Atem im Raum des Herzens atmet, während du voller Güte und Fürsorge mit dir selbst verbunden bist.

Erlaube dem Herzen, ganz still die Worte des Erbarmens zu flüstern, die heilen und öffnen. „Möge ich frei sein von Leid. Möge ich Frieden finden."

Erlaube es dir, Heilung zu finden.

Sende dir flüsternd Wünsche nach deinem eigenen Wohlergehen zu. „Möge ich frei sein von Leid. Möge ich Frieden finden."

Wiederhole sanft bei jedem Einatmen: „Möge ich frei sein von Leid."

Wiederhole sanft bei jedem Ausatmen: „Möge ich Frieden finden."

Wiederhole diese Worte langsam und freundlich bei jedem Einatmen, bei jedem Ausatmen. Sie sind kein Gebet, sondern bekunden die Ausbreitung liebevoller Achtsamkeit dir selbst gegenüber.

Achte darauf, was diese Liebe, dieses Erbarmen begrenzt, was dieser Bereitschaft zur Ganzheit und Heilung im Wege steht.

„Möge ich frei sein von Leid. Möge ich Frieden finden."

Behalte diesen Rhythmus, diese Vertiefung barmherziger Freude und liebevoller Güte bei, die mit jedem Atemzug in dich einströmt. Die sich mit jedem Ausatmen weiter entfaltet.

„Möge ich frei sein von Leid. Möge ich Frieden finden."

Laß den Atem ganz natürlich weiterfließen, als Erbarmen mit dir selbst, deinem einzigen Kind – mit diesem Wesen in dir.

Auch wenn es anfangs so scheinen mag, als seien diese Worte nur ein Echo in deinem Geist – wiederhole sie sanft. Gewalt führt hier nicht weiter. Gewalt verschließt das Herz. Erlaube dem Herzen, den Geist mit neuer Zärtlichkeit und Nachsicht zu empfangen.

„Möge ich frei sein von Leid. Möge ich Frieden finden."

Jedes Einatmen vertieft die kraftspendende Wärme dieser liebevollen und barmherzigen Beziehung zu dir selbst. Jedes Ausatmen festigt den Frieden, dehnt sich aus in die Weite des Seins, entfaltet die grenzenlose Geduld, die nicht erwartet, daß sich die Dinge ändern, sondern in liebevoller Güte mit ihnen verbunden ist – so wie sie sind.

„Möge ich frei sein von Leid. Möge ich Frieden finden."

Laß die Heilung mit jedem Atemzug in dich ein. Öffne dich deiner wahren, unermeßlichen Natur.

Spüre noch einige Atemzüge lang dieses Einströmen, dieses offene Empfangen der Herzensgüte. Fühle dich in inniger Zärtlichkeit mit dir selbst verbunden und strahle Wohlbefinden auf Geist und Körper aus. Umarme dich selbst mit diesen freundlichen Worten der Heilung.

Besinne dich nun sanft auf einen Menschen, mit dem dich ein Gefühl der Herzenswärme und Güte verbindet. Jemanden, den du liebst, der dich etwas lehrt oder mit dem du befreundet bist. Laß das Bild dieses Gefährten in deinem Herzen Gestalt annehmen. Flüstere ihm bei jedem Einatmen zu: „Mögest du frei sein von Leid. Mögest du Frieden finden."

Ziehe diesen Menschen mit jedem Einatmen in dein Herz hinein. „Mögest du frei sein von Leid."

Erfülle ihn bei jedem Ausatmen mit deiner Herzensgüte. „Mögest du Frieden finden."

Ziehe sein Herz beim nächsten Einatmen noch näher an deines heran. „Mögest du von frei sein von allem Leid."

Strahle mit dem nächsten Ausatmen den Wunsch nach seinem Wohlergehen auf ihn aus. „Mögest du Frieden finden."

Setze dieses sanfte, verbindende Atmen fort. Fühle weiter deinen freundlichen Wunsch nach dem Glück und der Ganzheit dieses Wesens.

Laß den Atem ganz natürlich, weich und liebevoll in das Herz hineinströmen, im Einklang mit deinen Worten und deinen konzentrierten Gefühlen der Herzensgüte und Fürsorge.

„Mögest du frei sein von allem Leid. Mögest du tiefsten Frieden finden."

Sende diesem Wesen deine Liebe, dein Mitgefühl, deine Fürsorge zu.

Atme es in dein Herz hinein und durch dein Herz hindurch.

„Mögest du frei sein von Leid. Mögest du deine innigste Freude, deinen größten Frieden erfahren."

Und während du dieses Wesen in deinem Herzen spürst, fühlst du gleichzeitig die Sehnsucht dieser ganzen Welt, geheilt zu werden, ihre wahre Natur zu erkennen, Frieden zu finden.

Sage dir selbst im stillen: „So wie ich es mir wünsche, glücklich zu sein, so wünschen es sich alle fühlenden Wesen."

Und flüstere in deinem Herzen bei jedem Einatmen, bei jedem Ausatmen: „Mögen alle Wesen frei sein von Leid. Mögen alle Wesen Frieden finden."

Laß deine Herzensgüte auf all diese Wesen ebenso ausstrahlen wie auf den Menschen, den du liebst. Fühle, daß sie alle nach der Heilung suchen, nach dem Frieden ihrer wahren Natur.

„Mögen alle Wesen Frieden finden. Möge all ihr Leid ein Ende haben."

„Mögen alle fühlenden Wesen, auch die, die erst jetzt geboren werden, frei sein von Furcht, frei von Schmerz. Mögen alle Wesen in ihrer wahren Natur Heilung finden. Mögen alle Wesen die absolute Freude absoluten Seins erkennen."

„Mögen alle Wesen Frieden finden, wo auch immer sie leben. Mögen alle Wesen frei sein von Leid."

Wie eine Luftblase schwebt dieser ganze Planet durch den Ozean deines Herzens.

Mit jedem Atemzug strömt die Liebe in dich ein, die der Welt Heilung bringt, die den Frieden vertieft, den wir alle suchen.

Jeder Atemzug nährt die Welt mit Erbarmen und Mitgefühl, erfüllt sie mit der Wärme und Geduld, die den Geist besänftigt und das Herz öffnet.

„Mögen alle Wesen frei sein von Leid. Mögen alle Wesen Frieden finden."

Die Atemzüge kommen und gehen – weich und sanft. Wünsche des Wohlergehens und des Erbarmens, der Fürsorge und der Herzensgüte breiten sich aus über diese Welt, die wir alle miteinander teilen.

„Mögen alle Wesen frei sein von Leid. Mögen alle Wesen im Herzen der Heilung leben. Mögen alle Wesen Frieden finden."

Eine bestimmte Klarheit

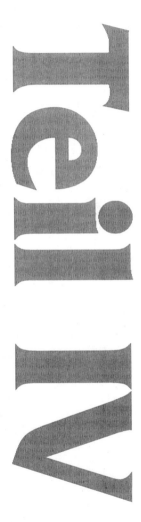

Kapitel 37
Dem Buddha begegnen

Des Buddhas Buddha war Achtsamkeit. Nachdem er sich fast zwei Jahrzehnte lang in die verschiedenen spirituellen und yogischen Praktiken seiner Zeit versenkt, enorme Konzentration, Geduld und Bereitwilligkeit entwickelt sowie scharfsinnige Weisheit und tiefe Einsicht erlangt hatte, setzte er sich unter den Bodhi-Baum, berührte die Erde und gelobte, nicht eher von diesem Platz zu weichen, als bis er vollständige Erleuchtung erfahren habe. Später lehrte er eine Achtsamkeits-Meditation, die ihm seine Erleuchtung als einen direkten Pfad durch den Geist hindurch zur jenseitigen Wahrheit offenbart hatte: Vipassana (Klares Sehen). Er wies darauf hin, daß diese Achtsamkeitsübung der Weg zur Einsicht sei und zum Herzen der Dinge führe. Die Übung, in der *Satipatthana-Sutra* niedergelegt, hat das Beobachten der physischen, der mentalen, der emotionalen und der räumlichen Bewußtseinsebene zum Inhalt – also das Beobachten des Sinnenspiels, der Entfaltung von Gedanken, Gefühlen und Sinneswahrnehmungen sowie der ewig wechselnden Geisteszustände, die sich eher zu einem konditionierten Traum als zu einer Art heilender Wachsamkeit entwickelt haben. Buddha beschwor uns alle, uns selbst zu erkennen und frei zu sein.

Ich selbst war neunzehn Jahre alt, als meine spirituelle Praxis begann. Ich hatte im Buchladen eine frühe buddhistische Abhandlung von A. E. Burt mit dem Titel *The Compassionate*

Buddha entdeckt, den Inhalt mit einem tiefen Seufzer überflogen und das Werk gekauft, obwohl ich im stillen glaubte, daß es „schon zu spät" für mich sei. Ich griff sozusagen nach einem Strohhalm. Der Schmerz des Daseins oder besser gesagt des Nicht-Daseins erschien mir kaum noch erträglich. Ebenso hätte ich an diesem Tag, als ich den Buddha mit nach Hause nahm, eine Schachtel Schlaftabletten einstecken können.

Nachdem ich das Buch im quälend kritischen Bewußtsein meines „Nichterleuchtetseins" gelesen hatte, sah ich mich nach einem Lehrer um. Im Jahre 1956 gab es in Amerika nur sehr wenige Meditationsmeister. Ich lernte aber einen Mann namens Rudi kennen, der in der New Yorker Seventh Avenue einen Laden für orientalische Kunst besaß und mir Herz und Geist näherbrachte, indem er sich mit mir vor die Tür setzte und mich auf die Geisteszustände aufmerksam machte, die in den Gesichtern der Passanten abzulesen waren. Wenig später ging ich an die Westküste und praktizierte einige Jahre allein. In dieser Zeit beschäftigte ich mich mit der *Bhagavad Gita* und hinduistischen Herzensmeditationen, zu denen ich mich innerlich hingezogen fühlte. Indem ich jeden Morgen drei verschiedene Übersetzungen der *Gita* studierte, bemühte ich mich, irgendwo zwischen den leicht voneinander abweichenden Interpretationen den Kern der Wahrheit zu finden. Diese Herzensübungen regten mich zu weiterem Forschen an. Eine Zeitlang offenbarte sich das heilige Herz im Jesus-Gebet und im Leidensgefühl, das diese oft gleichgültige Welt erweckt. Während ich immer wieder zur absoluten Klarheit des Buddha zurückkehrte und diese Vision auf irgendeine Weise zu verwirklichen suchte, kehrte ein alter Freund, der drei Jahre lang als Mönch in Burma gelebt hatte, nach Amerika zurück und machte mich mit den Achtsamkeits-Richtlinien des burmesischen Meditationsmeisters Mahasi Sayadaw bekannt. Es war die komplette Instruktion zum Vipassana (Achtsamkeit), wie sie jenen Klosterschülern zur Verfügung steht, die sich zu langen, stillen Übungsperioden verpflichtet haben. Über zwei Jahre hinweg praktizierte ich Vipassana so gewissenhaft, wie es mir ohne Lehrer möglich war.

Vor nunmehr zwanzig Jahren schließlich, als ich fünf Jahre lang mit zahlreichen Lehren, aber nie mit einem Lehrer gearbeitet hatte, begegnete ich einem jungen, gerade aus Asien zurückgekommenen buddhistischen Mönch. Ich wurde zur

Mitarbeit an seinem Buch eingeladen, das in der Achtsamkeits-Reihe bei *Unity Press* erscheinen sollte, und fand in ihm eine elementare Quelle der Inspiration. Er korrigierte mehr an mir als ich an seinem Manuskript. Unablässig hielt er mich dazu an, den Gedanken loszulassen, daß ich mein Denken sei. „Du bist nicht der Verstand!" tadelte er, sobald meine Gedanken ziellos umherzuschweifen begannen. „Denke den Buddhismus nicht, sondern praktiziere ihn." Was Joseph Goldstein, ein äußerst tiefsinniger und engagierter Meditationslehrer, einige Jahre später vervollständigte, indem er seinen eigenen Meister zitierte: „Sei kein Buddhist. Sei ein Buddha!" (Inzwischen wurde ich sogar ein drittes Mal korrigiert: „Sei nicht Buddha, sondern *sei* einfach.")

In jenem ersten Jahr besann ich mich immer und immer wieder darauf, nicht der Verstand zu sein. Eine Menge Verwirrung, eine Fülle an konditioniertem Geist stieg in mir auf und traf auf diese schockierende Offenbarung, auf diese machtvolle Dekonditionierung. Der Geist hatte eine Menge zu sagen, doch das Herz nickte nur verständnisvoll. Während die Verhaftung des kleinen Geistes an allem, was er dachte und fühlte, angefochten wurde, schmolzen seine Autorität und seine Oberherrschaft immer mehr dahin. Der große Geist begann, sich dem kleinen Geist zu öffnen. Und schließlich ließ sich der kleine Geist mit dem Erbarmen des großen Geistes betrachten. Ich konnte meinen Narziß umarmen. Narziß wandte den Blick von seinem Spiegelbild ab, vergoß Freudentränen ob solcher Fürsorglichkeit und ließ sich in die Arme dieses reinen Erbarmens sinken. Wenn sich der alte Geist einmal selbst belagerte, erinnerte ich ihn daran, daß er nur ein Prozeß sei. Und diese stetig wiederholte Versicherung, daß der Geist mehr umfasse als seine Konditionierung, ließ ihm kaum noch einen Spielraum, kaum noch eine Grundlage. Die im Schatten immer tieferer Erfahrungen der Leere entstehende Unsicherheit präsentierte sich immer wieder aufs neue und forderte Auskunft: „Wenn ich nicht der Verstand bin, ja, was zum Henker bin ich dann!?" Narziß war nervös, war geradezu verängstigt. Doch es schälte sich immer klarer heraus, daß auch diese Unsicherheit jener „Nur-Geist" war, von dem Wesen sprechen, die all diese Verwicklungen überschritten haben. Daß alles, was uns von unserer wahren Natur trennt, ebenfalls Nur-Geist ist. Daß schlichtweg alles – außer dem Herzen – als Nur-Geist zu betrachten ist. Allmählich wurde mir klar, daß der Geist seinen eigenen Geist besitzt. Daß Gedanken sich selbst denken. Daß Gefühle sich selbst fühlen. Daß sich Sinneswahrnehmungen selbst wahrnehmen. Daß der gesamte Prozeß, den wir unablässig *Ich* nennen, ganz einfach die Entfaltung von *Binheit* ist. Wenn wir sagen *„ich bin"*, ist es die *Binheit*, die alles vollbringt, während der mich-denkende Geist versucht, alle Lorbeeren zu ernten – und sich dadurch umso mehr in Mißkredit bringt.

Das Erkennen der ganzen Welt als „Nur-Geist" und das gleichzeitige Erleben, daß ich nicht nur der Geist war, erweiterte meine Sicht auf die Dualität von *Ich* und *anderem* ganz enorm. Ich wußte, daß weder ich noch irgendjemand sonst der Geist war. Auch meine Liebespartner, meine Kinder, meine Eltern oder meine Lehrer waren es nicht. Und je tiefer ich in diese Wahrheit eindrang, desto weniger verwechselte ich den Geist der Menschen meiner Umgebung mit ihrem wahren Herzen. In diesem barmherzigen Gewahrsein, das seiner eigenen Faszination und Erfüllung gewahr wurde, konnten sich Beziehungsebenen von einer Feinheit entfalten, die der Geist für unerreichbar gehalten hatte.

Die Tradition, aus der die Begriffe „großer Geist", „kleiner Geist" und „Nur-Geist" stammen, verwendet auch den Ausdruck „Nicht-Geist". Nicht-Geist ist der Geist, der noch keine „großen" oder „kleinen" Gedanken denkt. Er ist die Gegenwart innerhalb der Gegenwart, der Atem innerhalb des Atems. Nicht-Geist ist reines Herz. Konzepte wie „kleiner Geist" und „großer Geist" gehören dem „Nur-Geist" an. Sie repräsentieren unterschiedliche Verdichtungen derselben Unermeßlichkeit. Sobald wir solche Konzepte ohne das Gewahrsein der undifferenzierten Weite unserer elementaren Wirklichkeit gebrauchen, ist das so, als würden wir mitten in einem Sandsturm konzentrische Kreise ziehen. Als relative Punkte sind sie für unser absolutes Verstehen nützlich. Der kleine Kreis repräsentiert die persönliche Identifikation mit dem Selbst, der große die unpersönliche Identifikation mit der Selbstlosigkeit. Beide stehen in Beziehung zum selben Inhalt, identifizieren sich aber unterschiedlich. Hier erscheint der Inhalt als *mein* Gedanke, dort als *der* Prozeß. Die zunehmend tiefere Erfahrung unserer Weite läßt jedoch solche Konzepte, so zweckmäßig sie auch sein mögen, schließlich in der Essenz des Geistes zerrinnen. Der Nur-Geist kehrt sein Inneres nach außen und wird zum Nicht-Geist. Nur-Geist ist die Welt in Form der Gedanken und des Denkens. Nicht-Geist ist das durch nichts beschränkte Herz.

Diese Identifikation, sei sie nun „groß" oder „klein", gleicht dem Konflikt zwischen dem Theravada-Buddhismus – auch als „Schule der Älteren" und von manchen etwas abfällig als das „Kleine Fahrzeug" bezeichnet – und dem jüngeren Mahayana-Buddhismus, dessen Anhänger ihm den Namen „Großes Fahrzeug" verliehen haben. Immer wieder bespöttelt eine Schule die andere, weil sie zu klein beziehungsweise zu groß sei. Joseph Goldstein, der in beiden Schulen umfassend praktiziert hat, dürfte richtig liegen, wenn er sagt: „Großes Fahrzeug, kleines Fahrzeug – was soll's. Am Ende werden alle Fahrzeuge auf Kosten des Halters abgeschleppt!"

Selbst Begriffe wie „kleiner Geist" und „großer Geist" können von den dunklen Machenschaften des Geistes als Argument dafür mißbraucht werden, daß der *eigene* Weg *der* Weg sei. Du bist mitnichten kleingeistig, wenn eine Beziehung deinen gegenwärtigen Bedürfnissen und Lebensumständen einfach nicht entspricht. Ebensowenig bist du von großem Geist, wenn du es dir gestattest, die Wirklichkeit unserer oftmaligen Kleingeistigkeit zu leugnen. Der große Geist steht in Beziehung zu allem, so wie es ist. Der kleine Geist ist nur auf sich selbst bezogen: Narziß tut das, was er am besten kann – sie denkt über sich selbst nach. Er ist Nur-Geist.

Im Zusammenhang der persönlichen Erfahrungen, die hier angeklungen sind, möchte ich auch erwähnen, daß Ondrea dem Buddha auf eine ganz andere Weise begegnet ist. Sie machte sich nicht auf die Suche nach ihm. Er war eines Tages einfach da – als eine spontane Erfahrung ihrer großen Natur, die seither ihr ganzes Leben erhellt hat.

Nun steigen wir, vorbei an Buddha und der goldenen Fußangel derartiger Begriffe, gemeinsam zu unserer Ur-Geburt in der Buddha-Natur empor. Und ruhen im Sein.

Kapitel 38
Mein Geist, dein Geist, kein Geist

Wenn ihr euch das nächste Mal kritisch darüber auseinandersetzt, wie weit eure Gemüter voneinander entfernt sind, dann versucht einmal, euch nicht mit den unverlangten Klagen des Geistes zu identifizieren, die sich immer auf die gleiche Weise äußern: „Das hat sie gemacht!" – „Das hat er gemacht!" Ersetzt das persönliche Fürwort einfach durch die Worte „der Geist" oder „der Verstand". Verzichtet einmal darauf, einander mit der Anklage „Du hast dies und das gemacht" zum Sündenbock abzustempeln und probiert statt dessen aus, was die Worte „Dies und das hat der Geist gemacht" offenbaren. Sagt in diesem Experiment nicht „*Du* verursachst *meinen* Kummer", sondern „*Der* Geist verursacht *den* Kummer."

In der Zen-Tradition setzt sich mit den Begriffen des „kleinen Geistes", des „großen Geistes" und letztlich auch des „Nicht-Geistes" die umfassende Erkundung des „Nur-Geistes" fort. Es ist der Geist – die langfristig vom tief konditionierten Ichgefühl geminderte, kognitive Fähigkeit – der das Leid erschafft. Was uns voneinander trennt, ist Nur-Geist. Was die Welt hervorbringt, ist Nur-Geist. Was das Leid in der Welt erschafft, ist Nur-Geist. Was das Herz blockiert, ist Nur-Geist. Wovon wir erleichtert werden, wenn wir erleuchtet sind, ist Nur-Geist. Der größte Teil dessen, was wir unser Leben nennen, ist eine nachträgliche Reflexion: Nur-Geist.

Man sagt, daß „Nur-Geist" die wichtigste „Registrierung" darstellt. Wenn zwei Leute verschiedener Meinung sind, ist das Nur-Geist. Wenn zwei Leute um des Rechthabens willen argumentieren, ist das Nur-Geist. Wenn beide glauben, daß der andere im Irrtum sei, ist das Nur-Geist. Wenn sich Herzen fortwährend voneinander getrennt fühlten, ist das Nur-Geist. Wir denken, wir seien nur das, was wir denken. Nur kleiner Geist. Wenn aber zwei den Prozeß erkennen, aus dem sich die Trennung ergibt, wenn sie *zu* den isolierenden Faktoren in Beziehung stehen statt *auf* sie bezogen zu sein, dann entwickelt sich eine untrennbare Beziehung zu diesem Prozeß. Großer Geist ist Weisheitsgeist. Doch auch hier mag es noch „einen Beobachter" geben, einen Standpunkt, der Schmerz in Leid verwandeln kann.

Nicht-Geist offenbart, daß selbst großer Geist zu einer Falle werden kann, wenn er Dualität, Vorliebe und Urteil erschafft. Verhaftung am großen Geist ist kleiner Geist. Es ist wie in der Geschichte, in der Hui-neng, der Fünfte Patriarch des Zen, von seinem Zusammentreffen mit zwei Männern erzählt, die sich darüber streiten, was der Grund für das Flattern einer Fahne sei. Der eine meint, daß sich der Wind bewege. Der andere beharrt darauf, daß sich die Fahne bewege. Hui-neng, der Fünfte Patriarch des Zen, korrigiert sie, indem er sagt: „Ihr seid beide im Irrtum. Der Geist bewegt sich."

Nicht-Geist ist die Stille, in welcher der kleine Geist flattert. Großer Geist ist das Gewahrsein dieses Prozesses. Im kleinen Geist besteht große Dualität. Im großen Geist leichte Dualität. Im Nicht-Geist besteht keine Dualität – er steht nicht einmal in Beziehung *zum* Raum, sondern *ist* der Raum (das Nichtduale ohne Alternative), in dem alles geschieht. Wir sind das Erfahren des Seins. Diese drei Stufen des kleines Geistes, des großen Geistes und des Nicht-Geistes repräsentieren in vielfacher Weise die evolutionären Stadien des Bewußtseins, die Ebenen der Verpflichtung zur Wahrheit.

Kleiner Geist ist unsere Jugend. Wir sind das Zentrum des Universums. Großer Geist ist unser Wachsen, unsere Evolution vom Wasser auf das Land, die Fähigkeit, das kleine Ich ins große Herz zu führen. Heilung. Nicht-Geist ist das *Ah*, in dem nichts, was es durchläuft, mehr ist als eine Nano-Seifenblase in der Erfahrung grenzenloser Soheit.

Mit der Zeit entdecken wir, daß wir nicht unsere persönliche Vergangenheit sind, aber schon der nächste Schritt in der Zeitlosigkeit offenbart uns, daß wir auch nicht unsere persönliche Gegenwart sind. Wir sind universale Soheit, umhüllt von Bandagen alten Lebens, die Schicht für Schicht abgewickelt werden müssen, bis unsere natürliche Haut im wärmenden Licht der kostbaren Sonne liegt.

Die drei Stufen sind: das Bezogensein *auf*, das In-Beziehung-Stehen *zu* und das Sein. Wenn wir so lieben, „wie es ist", gibt es keinen Geist. Nichts Altes, das der Abgrenzung dienen könnte. Keine Instanz, die ein Urteil hervorbringen könnte. Wenn die begrenzten Identifikationen des *kleinen Nur-Geistes* als die Wurzel vielfachen Kummers erkannt werden, führt uns diese Einsicht in erweiterte Bewußtseinszustände, in denen nicht allein der Nur-Geist als Leidensursache, sondern auch der Endpunkt des Leidens erfahrbar wird: Der große Geist, der zum Nur-Geist führt – zum unbeschränkten Herzen.

Auf der Ebene physischer und mentaler Verhaftungen dominiert der kleine Geist. Auf der Ebene des Herzens ist der große Geist beständig gegenwärtig. Er dehnt sich bis auf die mystische Ebene aus, wo Geist und Herz untrennbar miteinander verbunden sind. Auf der fünften Nicht-Ebene des Nicht-Geistes jedoch vergeht alles Trennende, und die Hochzeit ist vollzogen. Es existiert keine Trennung mehr. Nur Sein, das *ist*.

Kleiner Geist sehnt sich nach der Göttlichen Geliebten. Großer Geist gründet im Göttlichen Geliebten. Nicht-Geist ist die Göttliche Geliebte.

Kapitel 39
Präsent sein

Die meisten Erfahrungen unseres Lebens dauern nur einen Augenblick. So wird unser Leben zu einer Erinnerung, zu einem Traum. Wir leben jeweils nur eine Millisekunde lang. In diesem Moment! Es ist so, wie ein Lehrer sagte, während er Daumen und Zeigefinger fünf Millimeter auseinanderhielt: „Alles Leben ist nur so viel – es währt immer nur einen Moment." Wenn wir uns diesem bloßen Augenblick öffnen, in dem das Gewahrsein Bewußtsein hervorbringt, sind wir völlig lebendig. Vollständig präsent. Großgeistig.

Je mehr wir für „nur so viel", für diesen lebendigen Augenblick präsent sind, desto lebendiger und bewußter sind wir. Andernfalls werden wir für die Lebensschwingung taub und betteln auf dem Sterbebett darum, wenigstens noch eine einzige Chance zu bekommen.

Die meisten Menschen verstehen unter einem „ganzen Leben" das Erreichen eines hohen Alters. Was aber ist, wenn du in *diesem* Moment nicht lebst? Was läßt dich glauben, daß du im Alter lebendig sein wirst? Ganz lebendig zu sein bedeutet, jetzt, von diesem Moment erfüllt zu sein. Präsent zu sein für diese Millisekunde, für diesen Tag, für diese Woche, für dieses Leben.

Es zeigt sich aber auch, daß es nicht einfach ist, zwischen völliger Präsenz und dem Eingetauchtsein in die Liebe zu differenzieren. Präsenz und Liebe bestehen aus derselben ätherischen Substanz – aus einem ungetrübten Gewahrsein in einem unbeschränkten Herzen.

Achtsamkeit ist die Kunst und die Wissenschaft des Präsent-Seins. Dabei entspringt ihre Kunst aus unserem intuitiven Streben nach Vollendung. Ihre Wissenschaft indes erwächst aus einer täglichen Meditationspraxis. Wenn wir Achtsamkeit üben, stimmt sich der Geist neu ab. Wir registrieren eine Steigerung der Fähigkeit, klar zu denken und jeden Gedanken entspannt und ohne Bewertung passieren zu lassen. Unsere Teilhabe am Leben nimmt zu. Wir entwickeln ein barmherziges Gewahrsein, das alles Geschehen im Augenblick seiner Entfaltung erlebt. Diese fortschreitende Achtsamkeit wird zu einer geschätzten Begleiterin, sie besänftigt die Schmerzen und vertieft die Weisheit, welche dem Körper/Geist in alle Richtungen folgt.

Achtsamkeit lehrt uns, unserem Leben zu vertrauen und die Lehren, die es uns bietet, im Herzen zu erfassen – seien sie nun schwer oder scheinbar leicht zu verstehen. Sie erinnert uns daran, daß wir nichts anderes vermissen als das, was wir vermissen. Durch sie lernen wir, aufmerksam zu sein.

Fähig zu sein, das Geschehen im Augenblick des Geschehens klar zu erkennen und unser Leben ganz direkt zu erfahren, kann in hohem Maße durch eine regelmäßige, meditative Erkundung gesteigert werden, die, allein und in der Stille durchgeführt, das Spiel des Bewußtseins bis in die subtilsten Einzelheiten verfolgt.

Manche sagen, daß die morgendliche Meditation ebenso selbstverständlich für sie sei wie das Zähneputzen. Sie sitzen jeden Morgen ruhig da und lassen den Geist still werden, indem sie zunächst einmal die Empfindungen jedes einzelnen Atemzuges beobachten: achtsames Atmen. Sekunde für Sekunde folgen sie den Wahrnehmungen, die den Beginn, die Mitte und das Ende jedes Einatmens und jedes Ausatmens begleiten. Sie konzentrieren sich auf ein Wahrnehmungsfeld, vor dem sich auch die subtilsten Gedanken oder Gefühle unmittelbar und deutlich abzeichnen. Und während sich ihre Konzentration auf den natürlichen Fluß des Atems vertieft, wird jede Vorstellung, jede Äußerung, jede noch so geringe Aktivität, die sich von lautloser Wahrnehmung unterscheidet, bereits in ihrem Entstehen bemerkt. Sie verlieren sich nicht im Denken, sondern beobachten einfach, in welcher Verlorenheit Gedanken enden können. Sie beobachten „den Beobachter". Sie stehen *zum* Geist in Beziehung, anstatt *auf* ihn bezogen zu sein. Häufig verwenden sie die Technik eines stillen „Registrierens" der Geisteserscheinungen, die in ihnen ablaufen. Mit diesem Registrieren werden wir gewahr, wo wir sind, während wir noch dort sind. Es ist beispielsweise die stille, im Herzen erscheinende Anmerkung „Zorn", wenn Aversionen und Bewertungen den Geist ablenken, um seine alten Geschäfte in Gang zu halten. Es ist ein ein Bezeichnen, ein *Benennen* der Inhalte des jeweiligen Augenblicks. „Die Macht des Benennens" ruft alles Verdunkelte ins Licht. Jeder Geisteszustand, der während des Tages erscheint, wird vermerkt und in seiner unmittelbaren Präsenz erfaßt. Kommt Angst auf, registrieren wir „Angst". Kommen Zweifel auf, vermerken wir „Zweifel". Kommt Freude auf, vermerken wir „Freude". Wir erleben, daß sich der kleine Geist, der seine Inhalte voll und ganz erkennt, zum großen Geist erweitert.

Diese Konzentration auf wechselnde Geisteszustände und das Registrieren ihrer fortlaufenden Inhalte befähigen uns, ihren Prozeß zu erkennen. Wir können die stetige Entfaltung der mentalen Bilderwelt mit entspannter Nachsicht und Unbefangenheit betrachten und unser Sehen, Hören, Schmecken, Berühren, Riechen, Denken und Lieben auf diesem Wege mehr und mehr verfeinern. Es zeigt sich, daß jeder Moment, den wir aufrichtig und aufmerksam erforschen, weder der Identifikation noch dem Leid einen Anknüpfungspunkt bietet. So setzen wir das Registrieren beständig ein, um sowohl in der Meditation als auch im Alltag präsent zu bleiben. Nun kann uns „Angst" nicht mehr ängstigen, „Bewertung" nicht mehr bewerten und „Freude" nicht mehr dazu verleiten, atemlos weiterer Freude nachzujagen.

Während unser Gewahrsein anfangs nur die deutlichsten Aktivitäten von Geist und Körper erkundet, verfeinert es sich schrittweise, so daß es schließlich in der Lage ist, auch das subtilste Geflüster der Gedanken, Gefühle und Empfindungen wahrzunehmen. Es kann nun den Atem innerhalb des Atems, den Gedanken innerhalb des Denkens, das Gefühl innerhalb der Gefühle erkennen. Indem wir die Illusion Narzissens durchbrechen, schaffen wir das „Eigentum am Gedanken" ab. Wir begreifen, daß die Vorstellung einer denkenden Instanz, eines denkenden, abgegrenzten Jemand tatsächlich nur eine Vorstellung ist – nur ein Gedanke, eine im Wind vorübertreibende Seifenblase.

In der allmorgendlichen, gemeinsamen Meditation, wo beide Partner mit sich allein sind, lenken sie ihre abschweifende Aufmerksamkeit immer wieder auf den Atem zurück, erkennen und registrieren alles, was in ihnen erscheint. Subtile, vorüberhuschende Ängste und Zweifel erstaunen sie nicht. Sie entwickeln Mut und Geduld, Konzentration und Aufrichtigkeit, Offenheit und Klarheit, und so vertiefen sie ihre Fähigkeit, miteinander in Verbindung zu treten, indem sie sich dem eigenen Wesen öffnen.

Gemeinsam untersuchen beide das Kontrollbestreben des alten Geistes. Beide werden gewahr, daß die Faktoren, die den Zugang zum eigenen Herzen blockieren, auch den Weg ins Herz des Liebespartners versperren. Die Achtsamkeit dem eigenen Selbst gegenüber, der sie sich verpflichtet haben, schließt das Wohl des Partners mit ein. Sie lernen, mit den Feinheiten des ständig variierenden Atems ebenso wie mit den subtilen Veränderungen im Bewußtsein des Partners umzugehen. Sie stimmen sich auf die unmittelbare Gegenwart ein, aus der ihre Beziehung in eine mystische Vereinigung übergehen kann.

Während sie kontinuierlich den Prozeß ihres alltäglichen Kummers ergründen, ergeben sich Momente wortlosen Verstehens, entstehen Einsichten, die ihr Verlangen nach dem Verstandesgeist durchbrechen und sie lehren, ihr eigenes, wahres Licht zu würdigen, das sich im Bewußtsein widerspiegelt. Sie verwechseln Bewußtsein nicht mit Bewußtseinsobjekten und leiden nicht an der trügerischen Identifikation ihres Seins mit dem denkenden Geist, weil sie erkennen, daß sie selbst das Gewahrsein sind, welches jenes Bewußtsein hervorbringt. Und beim Erkennen des Gewahrseins, dieses Raumes allen Geschehens, verflüchtigt sich allmählich die Identifikation, welche die Objekte im kleinen Geist gefangenhält. Beide gestatten den Gedanken, sich in einem Prozeß aufzulösen, der in der Leere schwebt – wie jemand, der gewahr wurde, daß der Mond nichts anderes ist als die widergespiegelte Sonne, erahnen sie ihre wahre Natur.

Der kleine Geist mag einwenden, daß solch kontinuierliche Achtsamkeit gegenüber dem ablaufenden Schauspiel jede Spontaneität ersticken könnte. Doch was wir Spontaneität nennen, ist meist nichts weiter als ein zwanghaftes Zucken. Wenn wir völlig präsent sind, ergeben sich ungeahnte Alternativen, die unseren Aktionsradius eher erweitern als schmälern. Dem kleinen Geist bieten sich nur wenige Möglichkeiten, dem großen Geist viele. Es handelt sich auch nicht um eine Art von Hypnose, wie es die Angst vielleicht vorbringt, sondern, wie Achaan Chah es nennt, um „De-Hypnose". Auch wenn es so scheinen mag, als würde sich die Erfahrungswelt „verflachen", öffnet man sich doch in Wahrheit subtileren Daseinsebenen und erkennt, daß alles, was wir für unseren „Gedankenreichtum" hielten, nichts anderes als das prachtvolle Funkeln des Gewahrseins ist, das diese Gedanken erfährt.

Das Unbewußte wird uns bewußt, wenn nichts mehr existiert, was auftauchendes, verdrängtes Material zensieren könnte. Wenn es nichts mehr gibt, dem wir ausweichen oder das wir unerforscht lassen, erhebt sich alles Verborgene in das heilende Licht eines mühelos fließenden Gewahrseins. Keine Worte können den vollkommenen Frieden, die absolute Freude und Unabhängigkeit eines befreiten Geistes beschreiben. Er ist gleichbedeutend mit dem offenen Herzen. Nichts beschränkt ihn, niemand leidet.

Viele Paare, deren Beziehung sich gerade entwickelte, haben uns erzählt, daß der Spruch „Atem beobachten, Bauch entspannen, Herz öffnen" fast schon zu einem Mantra, zu einem heiligen Vers, zu einem Weckruf der Achtsamkeit und Güte für sie geworden sei – daß er sie über die Interaktion des alten Geistes/Körpers hinaus in einen tieferen Frieden, in eine stets gegenwärtige Heilung geführt habe.

Achtsamkeit ist die allerhöchste Erwiderung. Sie beendet alle Reaktivität. Sie ist die Antwort, die das Bedürfnis nach Antworten zur Ruhe kommen läßt. Sie erfüllt das Große Verlangen, das kleinere Verlangen verschlingt. Achtsamkeit ist der Kontext des großen Geistes, in dem alles, was kleiner ist als der Göttliche Geliebte, an die Oberfläche treibt.

So ermöglicht uns diese fortwährend geförderte und fokussierte Aufmerksamkeit, die Freuden und Schmerzen im Geist/Körper anzunehmen und unmittelbar wie auch furchtlos an ihnen teilzuhaben. Es ist, als würden wir uns selbst ins Auge schauen, als würden wir uns jedesmal selbst zum ersten Mal begegnen. Es bedeutet, direkt in den Fluß eines sich ständig wandelnden Bewußtseins einzutauchen. Es ist ein Erkunden der

Empfindungen, Gedanken und Gefühle, so wie sie im Brennpunkt des Forschens hervorgerufen werden – ein Sondieren der reinen Natur jener Erfahrung, die wir „Leben" nennen. Es ist eine Untersuchung der Wahrnehmung selbst, und das bedeutet, in jeden Augenblick mit unbefangenem, barmherzigem Gewahrsein einzutreten – mit einer weitherzigen Aufnahmefähigkeit, die nichts anderes erstrebt, als den Moment so zu erleben, wie er ist.

So nähern wir uns dem Jetzt am Nullpunkt des Nichtwissens: offen für jede Möglichkeit. Wir lösen uns von vorgefaßten Meinungen und legen jene Farbfilter beiseite, die unsere Wahrnehmung so lange verfälscht haben. Wir sehen und studieren das Sehen. Wir fühlen und studieren das Fühlen. Wir beobachten und studieren den Beobachter. Wir tauchen direkt in unser Leben ein und erkennen unser Bedingtsein ohne Bedingungen an. Wir beobachten den Geist aus der Sicht des Mysteriums unseres wahren Wesens, um zu erkennen, wer wir nicht sind. Wir beobachten das Konditionierte in der unkonditionierten Weite – im Herzen der Göttlichen Geliebten.

Wenn wir die Dinge so sehen, wie sie sind, gehen die ermüdenden Identifikationen des alten Geistes zurück. Immer häufiger schwebt der Prozeß des Bewußtseins in einem klaren Gewahrsein – immer seltener halten wir seine Inhalte für das, was wir sind. Schrittweise und ganz direkt können wir das Gewahrsein erfahren. Wenn sich das Gewahrsein als sein eigenes Objekt betrachtet und zur eigentlichen Quelle vordringt, aus der das Bewußtsein entspringt, begegnen wir schließlich unserer Urnatur.

Erkennen wir, wie schwierig es ist, „einfach zu beobachten", begreifen wir auch das Wesen dessen, was viele den „Affen-Geist" nennen. Wie ein Affe schwingt sich der ziellose Geist durch die Baumkronen, wird von seinen Verlangen von Ast zu Ast getrieben, ist begierig auf jedes neue Objekt, nach dem er greifen kann – die schillernde Pracht des Blätterdaches verwischt sich zu einem undeutlichen Schatten, bleibt wirr und unerkannt. Was es so schwierig macht, „einfach zu beobachten", ist sicherlich zum großen Teil unser beständiges Grübeln über unerledigte Geschäfte.

Wird das Gewahrsein sanft ermutigt, immer wieder zum Augenblick zurückzukehren, blickt es unverwandt geradeaus und erlebt alles in seinem Entstehen und Vergehen. Alles, wonach wir gegriffen haben, gibt sich bis ins winzigste und flüchtigste Detail zu erkennen. Es ist absolut nicht notwendig, unsere Wesensart zu ändern, denn das Gewahrsein verändert alles ganz von selbst, und vor uns ersteht ein neuer Pfad, der jeden unserer Schritte trägt.

Während Achtsamkeit sich entwickelt, erlebt das Gewahrsein Sphären des Seins, die wir zuvor nie wahrgenommen haben. Auf unserer gemeinsamen Reise erscheint es daher nicht mehr so wichtig, wohin wir unterwegs sind – vielmehr läßt sie uns allmählich verstehen, wo wir uns befinden.

Alter Geist ist Affen-Geist, ist kleiner, denkender Geist. Alter Geist ist die zwanghafte Reaktion auf unerforschte Reize. Seine Natur ist das Unmotivierte, das Mechanische. Er erlebt das Jetzt als Traum, als ein verschwommenes Gefühl von Verwirrung und Leid. Neuer Geist hingegen ist „nur so viel". Er ist eine neue Herzensfülle, in welcher der Geist nicht geopfert werden muß, sondern mit teilnahmsvoller Aufmerksamkeit anerkannt wird.

Wir empfehlen eine Achtsamkeit, die mit dem weichen Bauch im Einklang steht. Eine Einbindung des weichen Bauches in die Praxis des Loslassens, bei der das Gewahrsein jedesmal, wenn die Verhaftung eine Identifikation mit einem vorüberziehenden Gedanken oder Gefühl erzeugen will, in die Gegenwart zurückgelenkt wird. Sich des weichen Bauches im Moment des Loslassens zu bedienen, unterstützt diesen Prozeß. Er schafft eine Wechselbeziehung zwischen dem Körper und einer geistigen Rekonditionierung. Er bietet uns den Raum, in den wir loslassen können. Wenn wir das Gewahrsein, das während der Meditation oder auch im übrigen Leben vom Jetzt abgeschweift ist und sich im Träumen und Grübeln verliert, wieder in die Gegenwart zurückholen, dann wird der weiche Bauch geradewegs zu einem physischen Auslöser für das geistige Loslassen. Der weiche Bauch und der Geist des Loslassens sind Teil eines interaktiven Ganzen. Sobald der Geist in eine zornige oder ängstliche Anspannung gerät, sobald er sich durch Stolz und Verwirrung in blinde Reaktionen treiben läßt, registriert der große Geist sein kleines Leid, und der Bauch entspannt sich voller Einsicht und Mitgefühl, während der Geist/Körper den tiefen Seufzer des Loslassens ausstößt.

Wenn der weiche Bauch mit einer Bereitschaft zu geistiger Entspannung zusammenwirkt, wird der Prozeß des Loslassens auf zahlreichen Ebenen unterstützt und gefördert. Selbst der kleine Geist wird unser Loslassen nun nicht mehr mit einem Verdrängen verwechseln. Wir erleben keine Einschränkung des Gewahrseins, sondern ein Über-etwas-hinausgehen, ein Sich-für-etwas-öffnen. Loslassen ist eine Bereitschaft, nicht zu leiden. Eine unablässig wachsende Fähigkeit, dem Augenblick großzügig und gelassen zu begegnen – in der Erkenntnis, daß Loslassen nichts anderes als *Seinlassen* ist. Wenn der konditionierte Geist nach nichts mehr greift, ist er frei. Dann läßt er das vorüberziehende Schauspiel zur freien Entfaltung kommen, ohne es in irgendeiner Weise kontrollieren oder umfassen zu wollen. Er erlebt den Augenblick so, wie er ist, offen und voller Ruhe.

Achtsamkeit ist geradeso ein Weg zur Herzensgüte, wie Herzensgüte ein Weg zum Göttlichen Geliebten ist. Ohne Achtsamkeit läuft man Gefahr, eine weitere achtlose Partnerschaft einzugehen. Und so das Sein ein weiteres Mal zu vergessen.

Auf den nächsten Seiten folgen zwei geleitete Achtsamkeits-Meditationen. Die erste ist die Meditation der Achtsamkeit auf den Atem. Sie richtet die Aufmerksamkeit auf die Empfindungen, die das Atmen begleiten. Alle anderen Erscheinungen werden vom meditativen Geist registriert. Danach folgt eine Meditation der Achtsamkeit auf den Prozeß, die sich zur Stabilisierung des Gewahrseins auf den Atem konzentriert und das Gewahrsein schließlich erweitert, so daß es nicht nur den Inhalt, sondern auch den Prozeß des Geistes erfaßt. So führt sie zu einem Loslassen ins Sein. Viele Praktizierende haben diese Übungen auch als Meditation zum Aufgeben der Kontrolle oder zur Hingabe an den Prozeß eingesetzt.

Wie die Meditationen des trauernden Herzens, des weichen Bauches und der Vergebung, die wir allein ausführen, um zusammensein zu können, werden auch diese folgenden Meditationen in der inneren Stille ausgeübt. Obwohl sie vielleicht die Welt, die diesen Geist umgibt, beträchtlich beeinflussen können, sind sie allein eine Aufgabe des Herzens. Übungen wie die Paar-Meditationen, bei denen sich die Partner gegenübersitzen, um ein tieferes Gefühl der Verbundenheit zu entwickeln und heilsame Geisteszustände zu fördern, sind am wirkungsvollsten, wenn beide zunächst einmal mit diesen Einzel-

Meditationen gearbeitet haben. Hier verdeutlicht sich wieder einmal, daß die Arbeit an uns selbst das Potential bestimmt, das wir in unsere Beziehung einbringen. Sie bildet die Basis des Dreiecks, in dem wir gemeinsam auf unsere wirklichste Natur hinarbeiten.

Eine Meditation der Achtsamkeit auf den Atem

Suche dir einen bequemen Platz zum Sitzen und komme hier zur Ruhe. Richte deine Aufmerksamkeit auf diesen Körper, in dem du sitzt.

Führe das Gewahrsein auf die Ebene körperlicher Empfindung. Fühle, wie dieser Körper vor Empfindung vibriert. Einzelne Empfindungen stehen im Vordergrund. Da ist das Gefühl der Schwerkraft, die den Körper nach unten zieht, das Druckgefühl im Gesäß oder das Gefühl der Füße, die zu Boden gezogen werden. Druck. Empfindung.

Den Atem spürt man im Körper. Die Brust dehnt sich bei jedem Einatmen aus – Empfindungen entstehen. Und bei jedem Ausatmen zieht sich die Brust zusammen.

Empfindungen steigen auf. Auch im Bauch – jeder Atemzug weitet und verengt ihn wieder. Mit jedem Einatmen hebt sich der Bauch. Empfindungen des Streckens oder Sich-Füllens. Mit jedem Ausatmen senkt sich der Bauch. Empfindungen des Sich-Leerens oder Loslassens. Der Bauch hebt und senkt sich. Empfindungen des Atems im Körper.

Jeder Atemzug ist voller Empfindungen. Von Moment zu Moment verändert sich ihr Strom, der jedes Einatmen, jedes Ausatmen begleitet. Das Gewahrsein zentriert sich im Bauch und erfährt Augenblick für Augenblick die Empfindungen jedes einzelnen Atemzuges. Konstantes Gewahrsein, konstante Empfindungen im Bauch – während er sich füllt und während er sich leert.

Achtsames Atmen. Achtsames Atmen. Wenn der Geist von der Empfindung abschweift, dann führe ihn sanft zurück zur konstanten Ausbreitung des Empfindens – in jedem Einatmen, in jedem Ausatmen.

Entspanne den Bauch, um den Atem vollständig wahrzunehmen. Kontrolliere den Atem nicht. Erlebe ihn einfach als Empfindung im weichen Bauch. Entspanne den Bauch und erfahre in dieser Weichheit das Leben als Empfindung.

Wenn Gedanken erscheinen, dann laß sie kommen. Und laß sie gehen. Nur Seifenblasen, die in der Sanftheit schweben. Führe immer wieder das Gewahrsein zu den Empfindungen zurück, die jedes Einatmen, jedes Ausatmen begleiten.

Auch Erwartung kann den Bauch verhärten, kann den Gedanken und Empfindungen die Freiheit nehmen, einfach im Gewahrsein schweben zu können.

Angst. Stolz. Wut. Zweifel. Zustände des Geistes entstehen und vergehen in der unendlichen Sanftheit eines weiträumigen Gewahrseins. Kehre aufmerksam zu den Empfindungen zurück, die den Atem begleiten, und registriere einfach, was sonst erscheint – ohne es festzuhalten. Laß es kommen. Laß es gehen.

Laß los. Kehre immer wieder zu den Empfindungen zurück, die jeden Atemzug begleiten. Halte nichts fest. Sei nur der Atem, der sich selbst im weichen Bauche atmet. Löse dich von allem, was erscheint. Entspanne den Bauch, kehre zum Atem zurück.

Entspanne den Bauch. Kehre zum Atem zurück. Achte genau auf den Beginn jedes Einatmens. Achte auf die folgende Pause, auf den genauen Beginn jedes Ausatmens wie auch auf sein Ende.

Achte auf den Moment, wo der Atem zu ruhen scheint und wieder einzuströmen beginnt. Achte auf den Zeitpunkt, wo das Ausatmen endet und das Einatmen beginnt.

Gewahrsein und Empfindung verbinden sich von Moment zu Moment im weichen Bauch. Der Atem atmet sich selbst. Laß ihn kommen. Und laß ihn im Gewahrsein gehen.

Wenn die Aufmerksamkeit in Gedanken, Erinnerungen, Gefühle oder Träumereien abgleitet, dann beobachte ihr Kommen – und beobachte ihr Gehen. Kehre dann ohne die geringste Bewertung sanft zu den Empfindungen des Atems zurück.

Wenn der Geist abschweift, dann registriere einfach dieses Denken, Fühlen, Sich-Erinnern, welches das Gewahrsein von der Empfindung des Atems abgelenkt hat. Kehre zuerst zum weichen Bauch und dann zu den Empfindungen zurück, die bei jedem Einatmen, bei jedem Ausatmen entstehen.

Achte genau auf den Beginn, die Mitte und das Ende jedes Einatmens. Beachte die entstehende Pause. Registriere den Anfang, die Mitte und das Ende jedes Ausatmens. Empfindungen schweben im weichen Bauch.

Bleibe präsent. Sei nachsichtig, wenn der Geist schon nach zwei oder drei Atemzügen umherzuschweifen beginnt. Führe ihn zum Gewahrsein der Empfindungen im weichen Bauch zurück.

Langeweile, Erwartung, Phantasien – alles kommt und geht. Gefühle und Gedanken erscheinen unaufgefordert. Registriere einfach Bewegung, Veränderung. Und kehre zum Atem zurück.

Konstante Empfindung. Konstantes Gewahrsein. Das Einsetzen, die Mitte und das Ende jedes Einatmens, die entstehende Pause. Der Beginn, die Mitte und das Ende jedes Ausatmens – und der Moment, wenn sich der ausströmende Atem in den einströmenden Atem verwandelt. Äußerst präzise Aufmerksamkeit auf immer feinere Empfindungen, die mit den Atemzügen erscheinen.

Achtsames Atmen. Der Bauch hebt sich. Der Bauch senkt sich. Empfindungen erscheinen in klarem Gewahrsein. Der Atem atmet sich selbst im weichen Bauch.

Jeder Atemzug ist kostbar, ist erfüllt vom wechselnden Strom der Empfindung. Wenn der Geist abschweift, dann führe ihn zum weichen Bauch zurück und zentriere dich in den Empfindungen, die in diesem Bauch schweben. Konstante Empfindung – konstantes Gewahrsein.

Laß deine Aufmerksamkeit nun zum gesamten Körper zurückkehren. Dehne die Aufmerksamkeit aus, bis sie nicht nur den Bauch, sondern alle Empfindungen dieses Körpers umfaßt, in dem du bist. Spüre das

Atmen, das Sitzen, das Sein dieses ganzen Körpers. Konstantes Gewahrsein des konstanten Seins im Körper. Der Atem kommt und geht, Empfindungen erscheinen ganz von selbst in klarem Gewahrsein.

Achtsamkeit ruht im Sein.

Öffne nun sanft die Augen. Achtsam gegenüber dem Sehen, dem Fühlen, dem Hören, dem Schmecken, dem Berühren, dem Denken. Achtsam gegenüber dem Sein.

Konstantes Gewahrsein. Konstante Lebendigkeit. Achtsames Sein. Achtsames Atmen.

Eine Meditation der Achtsamkeit auf den Prozeß

(Ebenso anwendbar als Meditation des Aufgebens der Kontrolle oder der Hingabe an den Prozeß.)

Suche dir einen bequemen Platz zum Sitzen und komme hier zur Ruhe. Richte deine Aufmerksamkeit auf die Ebene der Empfindung. Fühle diesen Körper, in dem du sitzt.

Führe Gewahrsein und Empfindung im Körper zusammen. Und lenke deine Aufmerksamkeit allmählich auf den Unterleib, der sich mit jedem Atemzug bewegt. Führe das Gewahrsein in den Bereich der Empfindungen, die der Atem im Bauch erzeugt.

Bei jedem Einatmen weitet sich der Bauch – Empfindungen entstehen. Und bei jedem Ausatmen verengt sich der Bauch – Empfindungen entstehen.

Der Atem atmet sich selbst im weichen Bauch. Fühle diese vielfache, wechselnde Empfindung. Achtsames Atmen im Bauch.

Entspanne den Bauch, um das Leben, die Empfindung, das Gewahrsein zu erfahren. Entspanne den Bauch. Erfahre den Atem als Empfindung.

Du atmest ein – der Bauch weitet sich. Du atmest aus – der Bauch zieht sich zusammen. Laß den Atem ganz von selbst atmen. Überlasse ihn sich selbst – im weichen Bauch.

Verzichte auf jeden Versuch, den Atem zu steuern. Vertraue ihm. Der Atem atmet sich selbst im weichen Bauch. Wenn die Atemzüge lange dauern, dann laß sie lange dauern. Sind sie kurz, dann laß sie kurz sein. Sei einfach des Atems gewahr. Empfindung und Gewahrsein verbinden sich von Moment zu Moment. Gedanken erscheinen. Laß sie kommen, laß sie gehen – im weichen Bauch. Laß sie wie Seifenblasen schweben, die im Raum entstehen und vergehen. Sanfter Bauch. Verzichte auf jede Kontrolle über den Atem. Laß ihn ganz von selbst atmen – im weichen Bauch.

Solltest du auch nur die Spur einer Absicht bemerken, den Atem zu steuern oder anzupassen, dann laß los. Vertraue dem Prozeß. Der Atem atmet sich selbst im weichen Bauch.

Löse dich von jeder Kontrolle. Löse dich vom Festhalten der Gedanken, vom Gestalten der Gedanken, vom Steuern der Gedanken. Überlasse das Denken sich selbst.

Vertraue einfach dem Prozeß. Verlasse dich auf das Erscheinen des nächsten Atemzuges. Gib ganz und gar die Kontrolle über den Atem auf. Vertraue dem Fluß des Atems.

Der harte Bauch ist voller Kontrolle. Der weiche Bauch hat für alles Raum. Vertraue dem Prozeß.

Wenn du ein Widerstreben oder ein Festhalten spürst, das sich gegen den Augenblick sträubt, dann laß es zu. Laß es einfach im sanften Erbarmen, im Gewahrsein schweben.

Löse dich von aller Kontrolle. Öffne dich in diese Weiträumigkeit des weichen Bauches. Sei dir jedes Atemzuges gewahr, der von allein im Gewahrsein atmet. Von Moment zu Moment entfaltet sich die Empfindung in der unermeßlichen Weite des weichen Bauches.

Der Atem ist ruhig und leicht. Er atmet sich selbst im Raum. Empfindungen entfalten sich in der Weite. In der Unermeßlichkeit des weichen Bauches.

Gedanken treiben wie Seifenblasen vorbei. Sie steigen auf. Sie vergehen in der Sanftheit. In der Weite des bloßen Seins.

Weicher Bauch. Empfindungen schweben im Raum. Der Atem atmet sich selbst – ganz von allein. Im Gewahrsein. Gefühle und Emotionen treiben wie Wolken vorbei. Ihre lichten Konturen verdichten sich zur Mitte hin. Immer wieder schweben sie vorbei.

Erregung, Erwartung, Angst, Zweifel, Stolz – eines geht in das andere über. Wolken zerfließen im Raum. Laß sie kommen. Laß sie ziehen. Im weichen Bauch. Schon ein winziger Augenblick des Festhaltens verhärtet den Bauch, vernebelt den Atem. Laß los und kehre sanft zu den Empfindungen des Atems zurück, die im weichen Bauche fließen.

Bleibe präsent. Laß den Atem ganz von selbst atmen. Laß die Gedanken kommen. Laß die Gedanken gehen. Keine Kontrolle. Kein Festhalten. Gewahrsein und Prozeß entfalten sich frei in der Weite des weichen Bauches. In der unermeßlichen Weite des Gewahrseins. Prozeß, der sich im Raum entfaltet.

Ein Moment des Hörens. Ein Moment der Erinnerung. Und die Rückkehr zum Atem. Wieder tauchen Gedanken auf. Fühlen, Sehen, Denken – alles erscheint und geht ineinander über. Prozeß, der sich im Raum entfaltet.

Keine Kontrolle. Kein Festhalten. Laß die Angst schweben – sie erscheint und vergeht. Kein Festhalten. Keine Schauspielerei. Keine Kontrolle. Der Prozeß entfaltet sich ganz von selbst im weiträumigen Gewahrsein.

Einfach sein.

Unaufhörlich entfaltet sich im Bewußtsein das Sein. Ein Moment der Empfindung. Ein Moment des Denkens. Ein Moment der Erinnerung. Unaufhörliche Wandlung. Unaufhörliches Gewahrsein.

Beobachte einfach, wie die Gedanken enden. Unaufhörliche Wandlung. Von Moment zu Moment erscheinen Gedanken und zerrinnen im Raum.

Sie lösen sich auf. Einer nach dem andern. Seifenblasen vergehen im Raum. Unablässige Wandlung – der Strom des Bewußtseins.

Ein Moment des Sehens. Ein Moment des Hörens. Ein Moment des Fühlens. Jeder geht in den nächsten über. Prozeß, der sich im Raum entfaltet.

Beobachte einfach, wie die Gedanken enden. Von Augenblick zu Augenblick.

Nur Sein. Nur Bewußtsein, das sich von Augenblick zu Augenblick in der unermeßlichen Weite des Gewahrseins entfaltet.

Nur Sein. Unablässig breitet es sich im Bewußtsein aus.

Achte genau auf den Beginn, die Mitte und das Ende jedes Gedankens. Jeder Empfindung. Jedes Gefühls. Alles erscheint und vergeht im Raum.

Inhalt – er zerrinnt im Prozeß. Vergeht von Augenblick zu Augenblick. Ein Gedanke wird zum Denken. Eine flüchtige Regung wird zu einem Gefühl. Ein Moment des Hörens wird zu einer Erinnerung, einer Träumerei. Unaufhörlich entfaltet sich der Prozeß.

Prozeß schwebt im Raum. Reines Gewahrsein erfährt die konstante Entfaltung des Bewußtseins. Ruht im Sein.

Atem atmet sich selbst im weichen Bauch. Geist entfaltet sich. Bewußtsein wandelt sich von Moment zu Moment. Fließt im Raum.

Bewußtsein entfaltet sich im Raum. Von Augenblick zu Augenblick. Prozeß in unaufhörlicher Wandlung. Stetige Wandlung schwebt in stetigem Gewahrsein.

Kehre zurück zu den Empfindungen des Atems. Schwebe im weichen Bauch. Stetiger Atem. Stetige Empfindung. Jedes Einatmen – Empfindung. Jedes Ausatmen – Empfindung. Ein Schweben im Raum. Entfaltung im Bewußtsein.

Achtsames Atmen. Achtsamkeit gegenüber dem Prozeß. Achtsamkeit gegenüber der Unermeßlichkeit, in der dies alles schwebt.

Achtsames Fühlen – Denken – Hören.

Sein – das sich in die grenzenlose Weite des Gewahrseins öffnet.

Kapitel 40
Ein Bewußtseinsexperiment
– Ein klassischer Akt
der Achtsamkeit

Laß die erste Woge vorüberfließen. Achte auf die ersten Anzeichen von Gedanken, Gefühlen, Erinnerungen, Reaktionen – erkenne Stimulus und Erwiderung. Erkenne den „Ursprungsgedanken", die erste Welle, die das Denken stimuliert. Achte auf das erste Einzelbild des Films, das die Szenerie der Geschichte in Gang setzt, die sich entfalten will. Beobachte genau den ersten Geistesimpuls, dessen Reiz stark genug ist, um einen Gedanken zu erschaffen. Und die Verhaftung, die sich an den Gedanken bindet und ihn in Denken verwandelt.

Dieser „Ursprungsgedanke" hält, wenn wir ihn von Beginn an erkennen, unsere Geschäfte „im Fluß", bevor sie überhaupt zu Geschäften werden. Nie waren wir so lebendig, so vertraut mit uns selbst, so beteiligt an unserem eigenen Prozeß wie in solch einem Moment, wo Achtsamkeit sich den Geist zu Herzen nimmt.

Laß jede Woge passieren, akzeptiere ihre Präsenz. Registriere sie genau und nenne sie im stillen „Angst, Angst" – „Zorn, Zorn" – „Freude, Freude" – „Zweifel, Zweifel". Erkenne alles an, was erscheint – im Wissen, daß wir nichts loslassen können, was wir nicht zuvor angenommen haben. Akzeptiere auch bedrückende Gefühle. Begegne jenem ersten Gedanken barmherzig und bewußt.

Beobachte, wie jeder Ursprungsgedanke erscheint und verschwindet. Achte darauf, wie schon die geringste Verhaftung an diesem Gedanken – jede Stellungnahme, jede noch so leise Zuneigung oder Abneigung – den Geist dazu veranlaßt, in zielloses Denken und heimliche Phantasien abzuschweifen. Beobachte, wie der kleine Geist diese erste Welle entweder von sich weist oder akzeptiert. Achte auf jedes „Geschäft", das ihn mit dieser ursprünglichen Impression verbindet, während er sie in Traum verwandelt. Beachte die Tendenz, das Mysterium gegen eine Gedanken-Seifenblase einzutauschen, die in dieser Unermeßlichkeit schwebt.

Im großen Geist ist jeder Gedanke der erste Gedanke. Der nächste Moment im Prozeß.

Chogyan Trungpa, der tibetische Meditationsmeister, der diesen Prozeß tiefer Beobachtung so vielen unserer Zeitgenossen nahebrachte, pflegte zu sagen: „Erster Gedanke, bester Gedanke!" Er bezog sich hiermit auf den kreativen Prozeß, insbesondere auf die Poesie. Doch gleichzeitig sprach er davon, aus dem Leben eine Kunst zu machen – jenen ersten Gedanken so vollständig, so hellwach zu erfahren, daß unsere Erwiderung die lyrische Qualität eines Liedes annimmt.

Stell dir einmal vor, dein Geist würde einfach denken und sich niemals von seinem Denken ablenken lassen. Er würde sich jeden Augenblick auf die klare Sinneserfahrung konzentrieren. Den Prozeß erforschen. Stell dir vor, du würdest so unmittelbar in der Gegenwart leben, daß sich Narziß nicht mehr „im Denken verlieren" müßte, um sich zu beweisen, daß sie existiert.

Kapitel 41
Im Laboratorium leben

Während der Periode, in der Ondrea den Prozeß unterschiedlichster Erkrankungen und deren Heilung durchlebte – man könnte ihn gleichsam als Bestandteil ihrer „Ausbildung zur Heilerin" verstehen – wurde sie eines Tages, rund zehn Jahre nach unserer gemeinsamen Auseinandersetzung mit ihrem Krebsleiden, mit der Diagnose auf Lupus konfrontiert, einer meist chronischen tuberkulösen Hautflechte. Es war am Morgen jenes Tages, an dem wir in unserem Vortrag über Heilung erstmals öffentlich über die Göttliche Geliebte sprachen, die wir schon so lange im Herzen getragen hatten. Eine befreundete Ärztin rief uns tief besorgt in unserem Hotelzimmer in San Franzisko an und meldete, daß sich ihr Verdacht auf Lupus durch die zwischenzeitlich erfolgte Blutuntersuchung leider bestätigt habe – es war dieselbe Krankheit, an der Ondreas Tante einige Monate zuvor gestorben war.

Nicht zuletzt weil ich Seite an Seite, ja geradezu Atemzug für Atemzug mit Ondrea den fast tödlichen Ausgang ihrer Krebserkrankung durchlebt hatte, kam mir das Gefühl, in einer umso tieferen Einfühlung an ihrem Lupus partizipieren zu können. In der Meditation – schon an der Schwelle des Mysteriums – ging ich eine Verpflichtung zu Ondreas Heilung ein, auf die ich zu einem früheren Zeitpunkt unserer Partnerschaft gewiß nicht vorbereitet gewesen wäre. Ich löste mich von den letzten Fragmenten alter Wesenselemente, die sich vielleicht noch vor dem Schmerz oder dem Prozeß eines anderen Menschen verkriechen wollten, und weihte mich dieser Aufgabe von ganzem Herzen. Ich öffnete mich vollständig dem Erfahren ihres Schmerzes, um heilenden Zugang zu ihm zu haben – um letztlich auch an ihrem Tod teilhaben zu können, sollte es dazu kommen. Keine Hintertür wurde offengehalten. Nichts sollte mich von einer körperlich auch noch so schmerzhaften Harmonie verschonen. Es gab keine Absicherung mehr vor den Konsequenzen der Liebe.

Der Heilung vom Krebs hatte ich mich damals im Geist und im Herzen verpflichtet – nun aber war ich nicht nur *gewillt*, mit Ondrea Heilung zu finden, sondern zugleich *willig*, all ihre Erfahrungen zu durchleben.

Und Wunder begannen zu geschehen. Es war die körperlich schmerzvollste Periode meines ganzen Lebens. Ich empfand Ondreas Körper in meinem – das Brennen, die Taubheit, das Kribbeln, die Verkrampfungen, die stechenden Schmerzen, die Gelenkversteifung, die Muskelkontraktionen, die Übelkeit, die Schwindelanfälle, die Schwäche und Erschöpfung. Doch auch andere Gefühle stellten sich ein – ungeheure Wellen der Energie rasten durch ihren und meinen Organismus. Es war, als würde man 220 Volt in einen Stromkreis jagen, der nur für 110 Volt ausgelegt ist. Wenn unsere Sicherungen nicht durchbrennen sollten, mußten wir uns total ergeben. Wir mußten Raum schaffen für etwas, das sich wie ein gewaltig verstärkter Stromstoß der Lebenskraft anfühlte. Unsere elementare Lebensenergie oder „Kundalini", wie manche auch sagen, offenbarte sich mit großer Intensität und versenkte uns in ein Gefühl der Ganzheit, einer unmittelbaren Teilhabe am Kosmos, wie wir es nie zuvor erfahren hatten. Bewußtseinsebenen, die wir in der Meditation nur flüchtig berührt hatten, stellten sich jetzt spontan und regelmäßig ein. Als dieser Prozeß etwa anderthalb Jahre angedauert hatte, bewirkten diese klaren, energetischen und glückseligen Zustände einen allmählichen, subtilen Rückgang der Krankheitssymptome. Offenbar war es an der Zeit, Rücksprache mit jener Ärztin zu halten, die Ondreas erste, zwei Jahre zurückliegende Diagnose gestellt hatte. Wir erzählten ihr nur so viel von unserem wundersamen Prozeß, daß sie nicht in Bestürzung geriet, und baten sie um neuerliche Untersuchungen, die Aufschluß darüber geben sollten, wie weit sich diese Heilung innerlich gefestigt hatte. Eine Woche später rief sie uns an und offenbarte uns geradezu erschrocken: „Ich weiß nicht, was da bei Ihnen beiden vorgegangen ist, aber wir können beim besten Willen keinen Lupus mehr feststellen!" Eine dynamische Gnade hatte es dem Herzen ermöglicht, den Körper zu durchdringen. Eine wachsende Ahnung des Mysteriums hatte alles liebevoll umarmt, was gegen die unvergleichliche Energie der Heilung kontrastierte.

Was als spontane, abendliche Vision und Klarheit begonnen hatte, setzte sich Tage, ja sogar Monate fort. Wenn uns die Macht dieses Geschehens auch zuweilen die Orientierung raubte, schuf unsere Liebe doch immer wieder den Grund, auf dem sich die unbegreifliche Heilung ihres Körpers manifestieren konnte.

Inzwischen sind weitere Jahre vergangen, und Lupus wie Krebs haben sich aus Ondreas Körper zurückgezogen. Was uns blieb, ist das Mysterium und die Liebe, die alle Angst und alles Begreifen überschreitet.

Mystische Hochzeit

Zwischen den Geburten herrscht ein Schweigen,
in dem das Herz zu einer heiligen Flamme wird
und der Bauch sich löst –
was mich daran erinnert,
wie eindrucksvoll es ist,
auch heute neben dir zu erwachen.

Wir fanden uns zwischen den Toden
zwischen zwei Atemzügen
in der Stille, die
uns seither allzeit verbunden hat.

In jenem ersten Atemzug
drangen wir ineinander ein –
atmeten niemals aus –
und tanzten unbemerkt
durch die Leere.

Durch die Wälder führt ein Pfad,
dem wir zu einer grünen Lichtung folgen –
wir finden die Losung von Bären
und die Fährte des Berglöwen
und einen Teich, der sich in die Felsen schmiegt,
der einlädt zu einem kühlen Trank
aus Buddhas Bauch.

Hin und wieder
flüstert eine alte Goldkiefer
noch leiser als der Wind:
„Du bist die Braut des Göttlichen Geliebten. "
Alles ist heilig, wohin wir auch blicken,
wohin wir uns auch wenden –
im Verwobensein unserer Sinne,
das uns ineinander sichtbar macht,
am Horizont der Erkenntnis,
wo der Geist zum Herzen wird
und Form so verschwenderisch zerrinnt –
hier öffnet sich das Tor zum Mysterium.

Wenn du lebendig verschlungen wirst
vom Göttlichen Geliebten,
wirst du neu vermählt,
und dir bleibt nichts,
als hier zu sein –
füreinander
im andern.

Auf dieser Hochzeit trägt mich kein Grund,
wo du nicht neben mir bist,
wo du mich nicht begleitest –
nach innen.

Kapitel 42
Gegenseitige Aufmerksamkeit

Als ich vor fünfzehn Jahren meinem Lehrer die Frage stellte, in welcher Weise die Liebe und Treue zu Ondrea meine Praxis berühren würde, lachte er, blickte mich staunend an und sagte: „Wie sie Deine Praxis berührt? Sie *ist* Deine Praxis. Denke daran, Deine Partnerin ist Deine Praxis." Ich mußte an die Worte eines anderen Meditationsmeisters denken, der Krankheit und Partnerschaft als die eigentlichen Prüfsteine einer spirituellen Praxis bezeichnet hatte. Beides weckt den Kummer und die Triebkraft des kleinen Geistes. Beides verlangt unsere volle Aufmerksamkeit und alle Güte, derer wir fähig sind. Beides erfordert achtsames Beobachten und innige Umarmung.

Ich erinnerte mich auch daran, was Buddha in seinen Achtsamkeitslehren verkündet hat: Daß man durch das Ergründen des anderen fast ebensoviel über die Natur des Geistes lernen könne wie durch das Ergründen seiner selbst. Daß die Achtsamkeit gegenüber sich selbst, gegenüber den eigenen Gedanken, Handlungen und Verlangen nicht der einzige Weg der Einsicht sei. Er erklärte, daß wir einander mit derselben konzentrierten Aufmerksamkeit erkunden sollten, die wir auch auf unsere Selbsterforschung verwenden – und die Wandlung der Geisteszustände in uns selbst wie im Partner beobachten könnten. Auf diese Weise nämlich durchbrechen wir die Fixierung, daß unsere gesamte Erfahrung fast ausschließlich auf dem eigenen Geist beruht. Unsere Perspektive erweitert sich von *meinem* Geist zum *Geist*, vom Persönlichen zum Universalen. Aus der Praxis der *gegenseitigen Aufmerksamkeit* ergeben sich verschiedene Ebenen des Verbundenseins, der Heilung und der Einsicht. Solange wir jedoch im barmherzigen Wahrnehmen der Handlungen unseres Partners, unserer Eltern, unserer Kinder oder unserer Kollegen nur wenig Erfahrung haben, ist es nicht gerade einfach, eine klare Betrachtung unter dem Aspekt der Güte aufrechtzuerhalten. Vielleicht ist unser eigener, tief eingeprägter Drang nach Bewertung die erste deutlich erkennbare Wesenserscheinung. Im ersten Moment ist das Betrachten des anderen ein Blick auf dich selbst. Der kleingeistige Beobachter namens Narziß ist das erste Beobachtungsobjekt des großen Geistes.

Du solltest der Tatsache gewahr sein, daß der erste Geist, den du bei dieser Praxis betrachtest, der betrachtende Geist selbst ist. Deine Erwartungen, Vorstellungen, Deutungen, Unklarheiten, Ressentiments, Verlangen und Absichten müssen zunächst einmal anerkannt werden, bevor sie alles färben und interpretieren, was in der Betrachtung der schlichten Wirklichkeit der Sinne wahrgenommen wird. Wir müssen den Beobachter beobachten.

Bevor du der Sprache des physischen Körpers deiner Mitmenschen gewahr werden kannst, mußt du dich mit der Linguistik der Sprache des mentalen Körpers vertraut machen. Der erste Schritt zur Einsicht in einen anderen Menschen besteht in der Fähigkeit, in sich selbst hineinzublicken. Sich von alten Betrachtungsweisen freizumachen und in die Realität dessen einzudringen, was ist – so wie es ist.

Wenn unsere Bereitschaft zunimmt, Urteile in einem urteilsfreien Gewahrsein schweben zu lassen und nicht einmal unser Urteilen zu beurteilen, unterscheiden wir nicht mehr zwischen *meinem* und *seinem* oder *ihrem* Geist, sondern nehmen *den* Geist wahr. Und wie zuvor in uns selbst, so erkennen wir auch im Anderen all jene Regungen, die nach Harmonie und Heilung verlangen. Bereiche, die sich durch Fixierungen verkrampft haben und im Schmerz erstarrt sind. Aspekte der Psyche, die lange Zeit unerforscht und ungeheilt blieben. Ängste und Zweifel, Zorn und Mißtrauen, Selbstmitleid und Habgier. Oft fühlen sich Menschen, welche die „wunden Punkte" ihres Partners erkennen, bedroht und hilflos. Sie weichen ihnen am liebsten aus, um ihr allzu menschliches Leib-Seele-Gefüge zu schützen. Für den wirklich Liebenden jedoch sind diese Herausforderungen eine Einladung zum Tanz.

Wenn wir unser Leid nicht mit dem anderen teilen, wenn wir nicht im Bassin seiner Kümmernisse schwimmen können, werden die Verbindungsebenen einer Beziehung relativ oberflächlich und ihr heilendes Potential eher unbedeutend sein. Zuerst einmal nehmen wir die andere Person in den von ihrem Mund ausgesprochenen Worten und den von ihrem Körper geäußerten Gesten wahr. Wir betrachten sie als eine Struktur aus Gedanken und Emotionen, aus Verlangen und Bedürfnissen. Wenn sich dann die Absicht vertieft, diese Person wirklich kennenzulernen, vertiefen sich auch das Niveau und die Genauigkeit der Betrachtung.

Du beobachtest den anderen nicht wie ein Voyeur, der ein geheimes Tagebuch führt, sondern wie ein Wesen, das sich gemeinsam mit einem anderen Wesen in einem Raum, in einer Welt, in einem Geist befindet, der oft voller Einschränkungen und Schmerzen ist – und in einem Herzen, das sich nach Befreiung sehnt. Wir starren nicht wie gebannt auf die Psyche des anderen und fungieren auch nicht als „stummer Richter", der dessen menschlichen Wert taxiert. Wir blicken unseren Liebespartner so an, als würden wir in einen Spiegel schauen. Wir sehen ihn mit sanften Augen. Wir geben diesem Betrachten nicht die Chance, irgendein Gefühl der Abgrenzung zu erzeugen, das man erst überwinden muß. Denn Achtsamkeit sowohl sich selbst als auch dem anderen gegenüber kann, wenn wir sie nicht aufrichtig ausüben, weitere Versionen des Konzeptes „Ich und der Andere" auf den Plan rufen. In Wahrheit erfährt Achtsamkeit den Moment so, wie er ist – unabhängig davon, ob das momentane Objekt unser Selbstbild ist oder das Bild, das wir uns vom Partner machen. Sie erhellt das Unterbewußte.

Wenn wir dies heilende Potential der Achtsamkeit uns selbst und dem Partner gegenüber erkennen, entwickelt der Prozeß eine eigene Dynamik.

Während sich dieses barmherzige Betrachten, dieses Wahrnehmen des Partners vertieft, erkennen wir, daß er mehr ist als nur seine Handlungen und Gedanken. Wir erfahren ihn als einen beständig fortschreitenden Prozeß. Und die Tendenz, dieses Fortschreiten zu bewerten, reduziert sich mehr und mehr. Statt dessen praktizieren wir ein einfaches, klares Beobachten aus dem Herzen heraus. Während wir unser Kind, unseren Liebespartner, unseren Bruder, unsere Schwester, unsere Mutter, unseren Vater als Prozeß betrachten, beginnen die Konturen des kleinen Geistes zu zerfließen. „Ich und der Andere" erweisen sich schlicht als eine Betrachtungsweise. Der Gerichtssaal bleibt geschlossen.

Den kleinen Geist im anderen aus der Perspektive des kleinen Geistes in uns selbst zu betrachten, ist nicht sehr förderlich. Indes sieht so die Geschichte vieler Beziehungen aus – der urteilende Geist reagiert auf Urteile, der verängstigte Geist gerät durch die Angst des anderen in Anspannung, der zornige Geist erregt sich angesichts der Verärgerung des anderen. Wenn der kleine Geist auf den kleinen Geist bezogen ist, unterhalten wir eine kleine Beziehung. Der Kreis der Möglichkeiten ist ziemlich eingeschränkt. Stehen wir jedoch *vom* großen Geist aus *zum* kleinen Geist in uns selbst wie im Partner in Beziehung, dann ergeben sich unbeschränkte Möglichkeiten. Wir können tiefere Ebenen des Verstehens und der Vergebung, der Einsicht und Verbundenheit erreichen.

Das sanfte Ausrichten auf den Partner in solch konstanter Offenheit korrespondiert in vielfacher Hinsicht mit der Verbundenheit, die in der Ah-Atemübung der Bindungsmeditation erwächst. Das barmherzige und liebevolle Betrachten des anderen entspricht einer noch tieferen, weiterführenden Ebene der Verpflichtung und Bindung.

Dies läßt sich jedoch nicht von heute auf morgen erreichen. Die Fähigkeit, den Partner klar zu sehen, basiert auf der wachsenden Klarheit, mit der wir in uns selbst hinein- und aus uns herausschauen. Während sich diese Ebenen des Verbundenseins manifestieren, stoßen wir zu unserem Erstaunen auf die mysteriöse Fähigkeit, an jenem „Raum des anderen" teilzuhaben. Wir erleben eine mystische Vereinigung, die uns manchmal in die Lage versetzt, tatsächlich ins Bewußtsein des Partners einzutreten und mit seinen Augen zu sehen, mit seinen Gefühlen zu fühlen, mit seinen Ohren zu hören und mit seinen Gedanken zu denken. Wenn diese Fähigkeit der völligen Erfahrung des Partners weiter zunimmt, offenbart sich spontan ein beträchtlicher Kraftvorrat gemeinsamer Heilung.

Während ich Ondrea vom Herzen aus über Jahre hinweg beobachtete, registrierte ich allmählich bestimmte Muster in ihrem Prozeß. Durch das Verfolgen der Gebärden und Worte, in denen sich ihre seelischen Zustände äußerten, konnte ich an ihrer lange erwarteten Heilung teilhaben. Indem wir Perioden geschickt getarnter Desorientierung, eine gewisse Selbstverneinung und Konfusion in fremden und vertrauten Umgebungen sowie Unsicherheitsgefühle auf Rolltreppen und in Fahrstühlen registrierten, fanden wir heraus, daß sie an Gleichgewichtsstörungen litt.

Und aus diesem Sondieren ihrer gestörten Raumorientierung, die sich auf sehr subtile Weise im Verwechseln von Verhältniswörtern, im gestörten Umgang mit linearen Denkabläufen und in einer gewissen Deutungsschwäche bei komplexen Definitionen manifestierte, ließ sich schließlich auf das Vorhandensein einer bislang undiagnostizierten Legasthenie (Lese-Rechtschreib-Schwäche) schließen. Das erklärte viele wunde Punkte in ihrem Leben – die Erinnerungs- und Verständnisschwäche, das quälende Unterlegenheitsgefühl, wenn sie in einer Gruppe scheinbar die einzige war, die irgendeinen Sachverhalt nicht verstand. Diese Entdeckung erschloß ihr eine ganz neue Sphäre des Mitempfindens und des Erbarmens mit sich selbst. Es war der tiefe Seufzer der Selbstbejahung. Sie stieß auf dasselbe mächtige Heilungspotential wie unser Freund Jerry Jampolsky, der Gründer der *Centers for Attitudinal Healing*, als er sein Studium an der Medizinischen Hochschule begann und feststellte, daß er Legastheniker war. Es handelte sich also ganz und gar nicht um „Dummheit". Der urteilende Geist verneigte sich tief und berührte mit seiner Stirn diese neuen Füße auf diesem neuen, festen Boden der Einsicht und des Selbsterbarmens.

Wieder einmal lernten wir gemeinsam, daß der Geist seinen eigenen Geist besitzt und daß sein Leid nur durch eine warmherzige, klarsichtige Beziehung zu ihm aufgelöst werden kann.

Wenn sich dieses Vermögen, den Partner zu beobachten, zur Fähigkeit der Teilhabe am Partner entwickelt, erhalten wir mühelos Zugang zu Beziehungsebenen, die wir bislang nicht einmal erahnen konnten.

Ondrea wiederum vermochte durch ihre Fähigkeit, sich mit Erbarmen und Gewahrsein in den Schmerz einzufühlen, der von meiner angeborenen Wirbelsäulenschwäche herrührte, ganz entschieden zu seiner Heilung beizutragen. Ebenso groß war ihre Hilfe, als wir uns auf meinen Nierenstein fokussierten und ihn pulverisierten. Wenn zwei Wesen ihr ganzes Sein wechselseitig auf ihren Schmerz konzentrieren, vergrößert sich ihr heilendes Potential in vielfacher Weise. Das gemeinsame Zentrieren der Energie und Herzensgüte auf den Krebs und später auf den Lupus in Ondreas Körper scheint ihre Heilungen, die in den Augen ihrer Ärzte einzigartig waren, gleichsam vorangetrieben zu haben. Solche metarationalen, aus dem Herzen geborenen Bewußtseinsexperimente lassen erkennen, daß Leben in einer Beziehung nichts anderes bedeutet als gemeinsame Teilhabe am Mysterium.

Wir haben schon darüber gesprochen, was beim Zusammentreffen des kleinen Geistes mit dem kleinen Geist geschieht (nicht viel oder zu viel), und was entsteht, wenn der große Geist dem kleinen Geist begegnet – Achtsamkeit. Die Frage, was sich bei der Begegnung des großen Geistes mit dem großen Geist ergibt, haben wir jedoch noch kaum berührt. Wenn sich große Geister verbinden, gibt es nur noch ein einziges Herz.

Zuerst beobachten wir den Geist des anderen. Was sich jedoch bei der Beobachtung des Geistes durch den Geist verdeutlicht, ist *Nur-Geist*. Wenn wir den Nur-Geist mit klarem Blick, ohne Bewertung, Verzweiflung oder Unruhe betrachten, dann wird es keiner potentiellen Abgrenzung gelingen, Grenzen zu ziehen. Dann ist es nicht mehr *mein* Geist gegenüber *deinem* Geist, sondern *der* Geist, der in *dem* Herzen schwebt. Dann lassen sich die bisherigen, kleingeistigen Unlösbarkeiten ganz ohne Mühe lösen.

Während du dich auf den Partner einstimmst, beobachtest du, wie jeder Geisteszustand dem nächsten den Weg bereitet. In der Mitte eines Satzes bemerkst du das Wort, auf das sich der Geist gerade richtet. Nach und nach lernst du den Prozeß, die Denkmuster und Neigungen des Partners so gut kennen, daß du mitunter seinen nächsten Geisteszustand voraussagen kannst – vielleicht sogar, noch ehe er selbst dessen erste Anzeichen zu fühlen beginnt. Du bist fähig, die Bedrängnis seines Herzens aus einem stockenden Atemzug herauszuhören. Du erspürst in seiner Verärgerung den Moment, wo er loslassen kann, und eine Erwiderung deutet sich an, in der sich das Offensein für diesen Raum zwischen den Gedanken artikuliert.

Denke immer daran, daß dies eine lockere, entspannte Achtsamkeit ist und kein angestrengtes Beobachten des anderen. Es ist ein einfaches Registrieren, ein Benennen von Geisteszuständen, ein Geflüster im Herzen. Man versucht dabei nicht, jeden geistigen Zustand präzise zu bezeichnen, sondern nimmt einfach von ihm Kenntnis. Es ist eine weitere Gelegenheit zur Einsicht in den Prozeß und vielleicht sogar in den Raum, in dem dies alles schwebt.

Mit der Zeit kann sich die Ebene gegenseitiger Aufmerksamkeit so verfeinern, daß dein Körper/Geist zu einem diagnostischen Instrument wird, das die Befindlichkeit des Partners äußerst feinfühlig registriert. Du empfindest, daß eine Mahlzeit seinem Magen nicht sehr bekommt. Daß ihn ein Sonnenuntergang an einen Sommer am Kap der Guten Hoffnung erinnert. Daß sich sein Verstand mit einem bestimmten Problem herumschlägt. Daß sich sein Körper mit einem Schmerz auseinandersetzt.

Eine der Begleiterscheinungen, die aus einer jahrelang verfeinerten Praxis der Partnerbeobachtung resultiert, ist zweifellos ein Zustand gegenseitigen seelischen Durchdringens. Auf dieser Ebene des Verbundenseins lösen sich *Ich* und *der Andere* in einer mystischen Vereinigung auf und ruhen im gemeinsamen *Ah* des Seins.

Der Prozeß der Beobachtung des Partners kann uns auch zeigen, welchen Einfluß eigene Wesenszüge entwickeln, derer wir uns noch nicht völlig bewußt geworden sind. Man registriert sorgfältig, wie sich bedrückende Gefühle auswirken, wie starre Geisteszustände den Körper förmlich zurechtmeißeln. Man studiert die einzigartige Individualität der verschiedenen Geisteszustände, lauscht der Sprache, dem Tonfall und Vokabular der einzelnen Gemütsbewegungen. Und man bemerkt, daß man durch intensive Verlangen jeden größeren Kontext aus den Augen verliert und die Göttliche Geliebte vergißt.

Während wir mit barmherzigem Gewahrsein die subtilen körperlichen Ausstrahlungen des Partners beobachten – die momentane Unbeholfenheit seiner Bewegungen, die leichte Krümmung seines Nackens, die Neigung seines Kopfes, die Färbung seiner Haut, die Spannung seiner Mundpartie, die Position seiner Hände und Beine – erlebt unser Herz in diesem Wechsel der Haltungen von Geist und Körper den Prozeß des anderen.

In diesem inneren, wechselseitigen Verbundensein erleben wir unerwartete, spontane Handlungen, die unsere Schwerefelder zusammenführen, Herzen und Geister aneinander vorüberziehen und eine sanfte Berührung entstehen lassen, ein

warmes Lächeln, eine liebevoll zubereitete Mahlzeit, ein um-
armtes Kind, einen getrösteten Bruder – ein enthülltes Herz.
Eine Liebe, in der ein Teller abgewaschen, ein Gerät repariert
und ein Leben gelebt wird.

Wenn dein Liebespartner nicht mehr ein Objekt deines Geistes ist, sondern zum Subjekt deines Herzens wird, stimmst du
dich auf Nuancen ein, die du früher nie beachtet hast. Du
lauschst seinem Atem mit stetigem Feingefühl und tauchst
immer tiefer in seine Atemzüge ein. Du fühlst, wie der Atem
sich selbst atmet, wie seine Beschaffenheit mit jeder neuen
Empfindung variiert. Du dringst völlig in den Atem des Partners
ein, um den körperlich-geistigen Strom in seiner Entfaltung zu
spüren – und es sind Bände, die der Atmende spricht. Die
konstante Präsenz in seinem Atem, der dir ebenso nah ist wie
dein eigener, ermöglicht es dem Herzen, den Liebespartner auf
vielen Ebenen wahrzunehmen.

Das vereinte Beobachten der ewig wechselnden Inhalte unserer Prozesse verschafft uns einen Schlüssel zur Erfahrung der
Unermeßlichkeit, die uns trägt. Der Forschergeist bezeichnet
sie vielleicht mit „Leere" – unsere devotionale Seite mag sie
„das Heilige" nennen. Wenn diese Pfade in unserer Beziehung
aber miteinander verschmelzen, wird sie aus der Tiefe des Herzens durch den Geist als „heilige Leere" zum Ausdruck gebracht. Diese „Absolute Leere" ist das Wesen des Göttlichen
Geliebten.

Kapitel 43
Einige Gedanken über das Denken

Als ich vor einigen Jahren eine längere Meditationsperiode absolvierte, versuchte der weltliche Geist nach einigen Wochen, sein altes Selbst äußerst vehement zur Geltung zu bringen. Er wiederholte immer wieder denselben Satz. Er hörte überhaupt nicht mehr auf. Er ließ sich nicht bremsen. Noch verwirrender aber war, daß es sich um eine Zeile aus einem Bob Dylan-Song handelte. Als wäre mein Geist eine defekte Schallplatte, wiederholte er mit treffender Ironie: *„Don't think twice. It's all right!"* (Denk nicht lange nach – es ist schon in Ordnung!) Das Licht war in weite Ferne gerückt. Mein Widerstand steigerte nur meine Unruhe. Ich wollte den Geist endlich zum Stehen bringen. Aber dieser Wille stimulierte ihn noch mehr. Und so ging es stundenlang weiter. Von meiner Gegenwehr und Selbstbewertung erschöpft, ging ich zum Lehrer und bat ihn inständig um Rat, wie ich dieses Karussell zum Stillstand bringen könne. Statt mir aber einen Ausweg aus dem Dilemma zu zeigen, trieb er mich noch tiefer hinein, indem er sagte: „Wenn du dich nicht langweilen kannst, kannst du auch nicht meditieren!"

Nachdem ich mich an ein Wort von Fritz Perls erinnert hatte, daß Langeweile nur ein Mangel an Aufmerksamkeit sei, konzentrierte ich ein nichtwiderstehendes Gewahrsein auf das Widerstandsbewußtsein – auf die Langeweile selbst. Dieses Offensein für die Langeweile war indes überhaupt nicht langweilig, sondern eher faszinierend, denn es bot mir Einsicht in die heilende Kraft des fokussierten Gewahrseins. Und das Herz raunte dem Geist zu: „Denk ruhig nach. Es ist schon in Ordnung. Mach es einfach achtsam."

Ebenso wie man nicht meditieren kann, wenn man sich nicht langweilen kann, vermag man, wie uns mittlerweile klargeworden ist, nicht in einer verpflichteten, bewußten Beziehung zu leben, wenn man nicht auch gelegentlich unzufrieden sein kann.

Oder unbeachtet.

Oder der Anlaß für den Kummer des anderen.

Oder verwirrt.

Oder beschimpft.

Oder gelangweilt.

Oder in Verlegenheit.

Oder der, dem vergeben wird.

Es ist schwer, den Kontakt aufrechtzuerhalten, wenn du nicht in der Lage bist, die erste Woge eines mentalen Zustandes – von der Angst bis zur Ekstase – vorüberziehen zu lassen.

Oder leichtherzige Achtsamkeit gegenüber der Dunkelheit zu üben.

Oder angesichts der Ungewißheit ausgeglichen zu sein.

Oder den Nächsten mehr als dich selbst zu lieben – was in einer wechselseitig abhängigen Beziehung zur Selbstverdrängung, in einer engagierten Bindung aber zur Befreiung und zur Grenzenlosigkeit führt.

Oder jenseits deiner Wahrheit zur *Wahrheit* zu triangulieren.

Oder einen schlechten Tag gut zu verleben.

Oder in einer solchen Reinheit im Herzen des anderen zu erstrahlen, daß seine Liebe dein negatives Selbstbild durcheinanderbringt.

Oder Narziß zu erlauben, mit der Göttlichen Geliebten zu spielen.

In uns existiert jedoch eine Unsicherheit, eine „Nicht-Genugheit", die glaubt, den Ansprüchen nicht zu genügen. Wir zweifeln an unseren Fähigkeiten und Talenten wie unser Freund, der zu Maharajji kam und ihn um Hilfe bat, weil er sich „so unrein" fühlte. Maharajji betrachtete den Burschen eine Weile, ging dann um ihn herum und knuffte ihn in den Bauch, spähte unter seine Haare, stieß ihn von allen Seiten mit dem Finger an, sah unter seine Arme, lugte in seinen Mund und sagte schließlich lachend: „Ich kann keine Unreinheiten entdekken!" Es ist die Erhabenheit eines großen Herzens, die uns lehrt, daß wir uns selbst nicht bewerten, sondern nur annehmen müssen. Es war die stete Verbindung zu einem Herzen, das sich nie verschließt und nirgendwo Unreinheiten sieht, die unsere Liebesfähigkeit zur Reife brachte. Dich einer solchen Liebe zu öffnen, lehrt dich zu lieben.

Wenn wir bedingungslose Liebe von solcher Tiefe erfahren, ruft das den Geist aus seinem Versteck. Erbarmen und Gewahrsein werden so selbstverständlich für uns wie der Atem. Wir blicken über unser imaginäres Selbst hinaus, und imaginäre Unreinheiten lösen sich in der unermeßlichen Vollkommenheit jenseits äußerlicher Widersprüche auf. Wenn du dich so sehr lieben läßt, kannst du fast schon mit Gottes Augen sehen. Das Mißtrauen verkümmert. Selbst unsere infantile Paranoia kommt zur Ruhe. Wir verschmelzen endlich im gemeinsamen Herzen. Unsere wildesten Träume werden wahr. Unser Tandem-Aufstieg setzt sich fort.

Wir alle sind Adam und Eva, die auch jenseits von Eden gemeinsam nach jener essentiellen Energie forschen, welche jedes Bewußtsein, jedes Elektron, jeden fernen Stern beseelt. Die nicht nach der Form, wohl aber nach der Essenz des Paradieses suchen.

Liebe führt den Geist über sein Selbst hinaus. Liebe verwandelt Verhaftungen des kleinen Geistes in Verpflichtungen des großen Geistes. Der kleine Geist hält ständig Ausschau, ob es etwas „in seiner Größe" gibt – im großen Geist aber gibt es nur eine Größe, und die paßt allen.

Eine solche Liebe bietet Narziß genau das sichere Territorium, daß er ihrer Meinung nach braucht, um aus der Kälte seiner wohlbehüteten Isolation heraustreten zu können. Licht und Schatten offenbaren das Spiel einer entspannten, weitherzigen und konstanten Betrachtung. Das Schauspiel des Geistes zieht vorüber, der Prozeß entfaltet sich in Güte und Gewahrsein.

Fein-
abstimmung

Kapitel 44
Der vergleichende Geist

Der zu Vergleichen tendierende Aspekt des Geistes wird „vergleichender Geist" genannt. Ein vergleichender Geist hindert uns stets daran, zu *sein*. Vergleichender Geist ist bewertender Geist. Er ist ein Symptom unseres irritierenden Eifers, sich von gegensätzlicher Konditionierung einnehmen und prägen zu lassen. Und sich wechselweise mit jenen unterschiedlichen Blickwinkeln zu assoziieren. Verwirrung.

Vergleichender Geist ist klagender Geist. Dies ist zu klein! Das ist zu groß! Narziß weiß nicht mehr oder erinnert sich nicht mehr daran, was sie will. Er weiß nur, was er nicht will. Und sie will keinesfalls etwas, dem die glänzende Oberfläche fehlt, in der sie ihr Spiegelbild taxieren kann. Wenn er nicht darin ertrinken, wenn sie sich nicht darin verlieren kann, dann reicht es einfach nicht. Doch was er sich unter Wasser vorstellt, ist in Wahrheit natürlich Feuer.

Zu denken, daß man nur das sei, was man denkt – dies ist im Buddhismus die Definition von Unwissenheit. Zu glauben, man sei nur der konditionierte Geist und Körper. Das gesamte Universum zu vergessen. Den Kontext aus den Augen zu verlieren. Dich selbst nur mit dem zu vergleichen, was du in der Vergangenheit gedacht hast. Dich mit deiner Konditionierung zu identifizieren, taub zu sein gegen das Brausen deiner wahren Natur.

Für den vergleichenden Geist ist es stets die andere Hemisphäre des Gehirns, wo das noch grünere Gras wächst. Er ist niemals zufrieden. Er ist das Verlangen, das den Augenblick in flüchtige Erwünschtheiten zerbricht. Vergleichender Geist läßt uns klein bleiben. Er teilt die Unermeßlichkeit in *mich* und *anderes* auf, in Billigung und Ablehnung, in Liebe und Haß, in Frieden und Krieg.

Vergleichender Geist brennt darauf, alles in Ordnung zu bringen, und fühlt sich oft ungerecht behandelt. Er ist der Kontrolleur unserer unerledigten Geschäfte.

Vergleichender Geist erwartet, daß ihn gleich hinter der nächsten Ecke etwas Besseres erwartet. Er strebt schon auf den nächsten Augenblick zu. Er ist selten präsent.

Vergleichender Geist ist die Sucht des Perfektionisten. Er hält uns davon ab, die ganze Wahrheit zu entdecken. Er ist nicht in der Lage, Vollkommenheit zu erkennen.

Wenn wir die Vollkommenheit dieses Augenblicks jetzt nicht wahrnehmen können – was macht uns so sicher, daß wir sie später wahrnehmen werden? Jeder Augenblick ist eine ideale Gelegenheit, die Perfektion des Prozesses zu erkennen, der sich Augenblick für Augenblick im Ewig-Leuchtenden, in der Unermeßlichkeit entfaltet, die uns immer offensteht.

Sobald wir die Selbstverurteilung im Kern unseres Perfektionismus erforschen, betrachten wir den vergleichenden Geist nicht länger als kundigen Ratgeber. Er schiebt die Gnade hinaus. Er hält uns in der Beurteilung und Verneinung unserer Vollkommenheit gefangen. Den Bann des vergleichenden Geistes zu durchbrechen, schafft tiefe Freude und Einsicht.

So haben Ondrea und ich entdeckt, daß wir für eine perfekte Beziehung nicht den „perfekten Partner" finden müssen, sondern einen Partner, der für uns perfekt ist. Niemand von uns hat Vollkommenheit erreicht, aber füreinander sind wir vollkommen.

Und wenn der vergleichende Geist in einem Moment der Erschöpfung oder Achtlosigkeit die augenscheinlichen Verhaftungen oder „Unvollkommenheiten" des anderen kommentiert, dann betrachtet ihn das Herz wie die Großmutter, die am Bettchen des fieberkranken Kindes sitzt. Sie kühlt seine heiße Stirn. Sie singt ihm ein Liebeslied vor.

Wenn beide *zu* den separatistischen, vergleichenden Aspekten des Geistes in Beziehung stehen statt *auf* sie bezogen zu sein, dann gelangen sie zum Erfahren seelischer Einheit. Sie stehen aus dem großen Geist heraus in Beziehung zum kleinen Geist.

Natürlich kann sich der vergleichende Geist bei einer Gegenüberstellung von „großem" und „kleinen" Geist so richtig austoben. Es ist angebracht, mit solchen Begriffen achtsam umzugehen, denn der kleine Geist interpretiert sie auf seine eigene Weise. Der große Geist interpretiert nicht. Er erfährt lediglich. Er bewertet und vergleicht nicht, er erlebt einfach „das Relative" im Universalen.

Der vergleichende Geist stellt die psychologische Entsprechung und Veranschaulichung einer Theorie der analytischen Physik dar, nach der wir alles, was wir zu messen versuchen, durch unsere Messung verfälschen. So verfälscht er das, was wir beurteilen, *indem* er es beurteilt. Vergleichender Geist bietet eine „Froschperspektive" der Welt. Großer Geist düfte der „Vogelperspektive" entsprechen. Kommt der Frühling, so verspeist der große Geist den kleinen.

Wenn sich der vergleichende Geist mit einem Geist vergleicht, der frei von solcher Unruhe ist, dann verzehrt er sich in Unzufriedenheit. Das Ausbleiben unserer elementaren Freude erschreckt uns. Wir erwachen aus unserem Tagtraum mit dem Willen, endlich frei zu sein. Und indem wir uns auf die Trauer im Zentrum unserer Brust konzentrieren, wo sich Bewertung, Angst und Abgrenzung zu einem festen Schutzschild des Herzens verdichtet haben, lösen wir uns allmählich von den Strategien des alten Geistes und erlauben dem vergleichenden Geist, im Unvergleichlichen zu schweben.

Kapitel 45
Kommunikation

Sujata pflegte zu sagen: „Laß es los! Aber wenn du es nicht loslassen kannst, dann mußt du eben kommunizieren." Kommunikation ist ein Überschreiten unserer Grenzen. Im besten Fall versucht sie, das Herz zu vermitteln. Zum mindesten sucht sie Verständnis.

Weil wir scheinbar alle mit bestimmten, individuellen Wahrnehmungsgewohnheiten oder, wie manche sagen, mit einem bestimmten „Karma" geboren wurden, kommt es natürlich immer wieder zu Mißverständnissen zwischen unseren leicht unterschiedlichen „Wirklichkeiten". In solchem Fall wird die Kommunikation zu einem Friedensboten, zu einer Brieftaube, die über die Festungsmauern fliegt und der anderen Seite unsere Verständigungsbereitschaft übermittelt. Wir glauben, daß uns der Festungsgraben unserer gekünstelten Gleichgültigkeit schützen wird. Doch unsere Burg steht in Flammen. Und in unserer Bestürzung versuchen wir, den Rauch zu verbergen statt das Feuer zu löschen. Ein großer Teil unserer Kommunikation läuft auf Rauchbekämpfung hinaus. Vieles resultiert aus der Furcht, daß der andere uns so sehen könnte, wie wir zu sein befürchten – verwirrt und schlau, verschlossen und theatralisch, ichbezogen, verärgert und argwöhnisch. Wir schämen uns, unseren Kummer zu teilen, denn die Anstrengungen, die wir für seine Heilung unternahmen, waren erbärmlich. Wir wägen unsere Worte ab. Niemand sagt wirklich, was er meint. Wir feilschen in süßen Tönen um Liebe wie eine Katze, die schnurrend um unsere Füße streicht.

Die meisten gebrauchen die Sprache so, wie ein Blinder seinen Blindenstock verwendet: sie sondieren damit ihre Route, setzen sie als eine Art Gefühls-Sonar ein, das ihnen sicheren Boden melden soll. Sie reagieren ebenso auf den Tonfall wie auf die Bedeutung der Worte. Meist dient die Sprache weniger der Kommunikation als vielmehr einer Kundgabe des eigenen Ich, einer Markierung des eigenen Territoriums. Bestimmte Duftmarken an den Büschen sollen den Nachfolgenden signalisieren, wer den Vortritt hatte. Man möchte sein Herrschaftsgebiet deklarieren. Alle paar Schritte wird das Bein gehoben und philosophiert.

Wirkliche Kommunikation jedoch erwächst aus einer intensiven Bereitschaft, sich nicht zu schonen oder auch nur recht haben zu wollen. Sie entsteht aus einem Verlangen nach der Wahrheit, so schmerzvoll diese auch manchmal sein mag. Sie entsteht aus unmittelbarer Wahrnehmung. Die umfassende Achtsamkeit gegenüber dem Prozeß fördert die Fähigkeit, innere Blockaden aufzudecken und dieses einzigartige andere Wesen so anzunehmen, wie es ist.

Wie die Partnerschaft ist auch die Kommunikation eine „Kunst der Weiträumigkeit". Sie erfordert ein Gefühl für den rechten Zeitpunkt und ein stetiges Ergründen der Absicht zum Kommunizieren. Sie ist ein tiefes Hinterfragen dessen, was kommuniziert.

Man sagt, daß Jesus auf die Frage nach der rechten Speise geantwortet habe: „Sorge dich nicht darüber, was in deinen Mund hineingeht, sorge dich darüber, was ihn verläßt." Vielleicht hatte er erkannt, daß wir im doppelten Sinne meist schlafen, wenn unser Mund offen steht. So ist das, was wir als Kommunikation betrachten, zum großen Teil nichts weiter als ein Murmeln im Schlaf. Selten sind wir so gedankenlos und unbewußt wie dann, wenn wir jemandem erzählen, wer wir unserer Meinung nach sind.

Für den kleinen Geist ist die Kommunikation ein Mittel, um die Ordnung in der Welt zu bewahren und den Überblick über sie zu behalten. Für den großen Geist ist sie das Mittel, das unser Herz mit der Mutlosigkeit verbindet. Für den kleinen Geist verschafft Kommunikation das, was du willst. Für den großen Geist bedeutet sie die Fähigkeit, die Kommunion mit der reinen Istheit zu empfangen.

Kapitel 46
Erwiderungen

Im letzten Kapitel haben wir die Kommunikation als „Kunst der Weiträumigkeit" betrachtet, bei der die Kluft zwischen Geist und Herz durch Worte überbrückt und mit einer feinfühligen Prüfung der Faktoren geschlossen wird, die eine Abgrenzung begünstigen. Wir haben festgestellt, daß sie unerledigte Geschäfte zwar nicht unbedingt bereinigt, zumindest aber unsere Angelegenheiten in Fluß halten kann, wenn sie selbst im Fluß bleibt.

Für eine stetige Präsenz reichen Worte aber nicht aus. Denn in uns gibt es einen Punkt, wo wir um die Liebe des *anderen* bangen. Die leiseste Geste oder Andeutung – seine gerunzelte Augenbraue, sein leicht zusammengekniffenes Auge, sein stockender Atemzug – läßt die Befürchtung in uns aufschießen, bewertet oder aus seinem Herzen ausgeschlossen zu werden. Wir befürchten, er könne unser Geheimnis aufgedeckt und herausgefunden haben, wie lieblos und wie wenig liebenswert wir sind.

Um unser Geschäft in Fluß zu halten, müssen wir die Wahrheit respektieren. Wir müssen jede Geste und Körperhaltung beachten. Wir müssen erkennen, daß jede Körperbewegung eine Form der Kommunikation darstellt – entweder drückt sie ein Offensein, eine erhöhte Aufmerksamkeit aus, oder ein Verschlossensein, ein Verweigern der Präsenz.

Um der Signale gewahr zu werden, die der Körper aus normalerweise verborgenen Bewußtseinsschichten übermittelt, bedarf es der Achtsamkeit gegenüber allen Empfindungen, die unsere Körperhaltungen begleiten – wenn wir sitzen, stehen, gehen oder liegen. Ebenso müssen wir sehr genau auf die Empfindungen bei allen „flüchtigen Bewegungen" zwischen diesen Haltungen achten. Wir müssen dieser Eindrücke gewahr und im Körper präsent sein, um die durch Gesten übermittelten Geisteszustände direkt erleben zu können.

Weil der Körper auf manchen Ebenen nichts anderes ist als verdichteter Geist, ist es sehr wichtig, seine Sprache zu verstehen. Auch die geschickteste verbale Formulierung verfehlt ihre Wirkung, wenn der Körper eine andere Botschaft sendet. Was wird das Herz glauben, wenn ich zu dir sage, daß ich dich liebe, während ich dir mit überschlagenen Beinen gegenübersitze und mich leicht von dir abwende? Wenn ich sage, daß meine Worte von Herzen kommen, dabei aber mitten im Satz schlucke und die Augen leicht zusammenkneife, dann stimmt die Bedeutung meiner Worte ganz und gar nicht mit der nichtverbalen Kommunikation überein – du wirst in meinem verkrampften Kinn, in meinen fahrigen Händen und nervös gekreuzten Beinen wie in einem geheimen Tagebuch lesen können.

Tatsächlich weist jeder Geisteszustand seine eigene Persönlichkeit und analoge Körperstruktur, seine eigene physische und mentale Färbung auf. Jede Gemütsverfassung entspricht einer bestimmten Sprache und Ausdrucksweise, einem bestimmten physischen, körperlichen Erscheinungsbild. Das körperliche Verhaltensmuster, das sich mit einem bestimmten Geisteszustand verknüpft, gibt sich im Sondieren seines Entstehungspunktes, seines ersten Erscheinens zu erkennen. Wie der Geist, so lehrt uns auch der Körper, nichts zu sagen, was wir nicht auch meinen. Wir versuchen, auf allen Ebenen – den verbalen und den nichtverbalen – aufrichtig zu sein.

Unser Interesse am Verhalten von Tieren brachte uns vor einigen Jahren mit den Arbeiten des außergewöhnlichen Verhaltensforschers Konrad Lorenz in Berührung. Lorenz legt die nichtverbalen Ausdrucksformen der Tiere sehr ausführlich dar. Insbesondere spricht er über die Eigenart des Wolfes, dem Artgenossen selbst in den heftigsten Auseinandersetzungen keinen Schaden zuzufügen – über seine offenbar angeborene Fähigkeit, Aggression durch bestimmte Erwiderungen und

Körpergesten zu begrenzen. Neigt beispielsweise ein Wolf während eines grimmigen Zweikampfes den Kopf und präsentiert dem Widersacher sein Genick, wird dessen Aggression sofort gestoppt. Dies Darbieten des Nackens ist eine Erwiderung des Friedens, ein Zeichen der Unterwerfung. Es zeigt die Bereitschaft, an diesem Punkt haltzumachen, den Widerstand aufzugeben.

Wir sind zu der Auffassung gelangt, daß der menschliche Geist nicht zuletzt hinsichtlich seines Mangels an wirksamen Erwiderungen unentwickelt geblieben ist. Er hat nicht die Mittel hervorgebracht, die herzloses Verhalten begrenzen können und es ihm verbieten, ohne Mitgefühl einen Mitmenschen zu verletzen. Die verfügbaren menschlichen Erwiderungen sind relativ oberflächlich und meist auf „soziales Taktgefühl" beschränkt. Der Händedruck zeigt, daß man unbewaffnet und ohne Aggressionen ist; man offenbart seine Verwundbarkeit. Das Lächeln soll beweisen, daß nicht das Blut und die Haare früherer Raubzüge an ihnen kleben, daß keine Absicht zum Beutefang unseren Speichelfluß vermehrt. Auch das Blinzeln der Augen ist eine Erwiderung, die sich indes aufgrund der vielschichtigen Konditionierung des menschlichen Geistes auf unterschiedliche Weise interpretieren läßt. Es kann eine Bestätigung, den Willen zur Zusammenarbeit, gefühlsmäßige oder sexuelle Anziehung, konspiratives Einverständnis mit einer Unredlichkeit (ähnlich den hinter dem Rücken gekreuzten Fingern) oder auch eine Herausforderung signalisieren. Erwiderungen, die wir bewußt entwickelt haben, besitzen diesen willkürlichen Charakter jedoch nicht. Vielmehr dienen sie der Auflösung von Konfusionen und führen auf den klaren Weg zum Herzen.

Vielleicht ist es die Selbstverliebtheit des menschlichen Geistes – seine Unfähigkeit, den Blick von seinem Spiegelbild abzuwenden und all die wundervollen Kreaturen zu sehen, die sich in der Abenddämmerung eingefunden haben, um vom klaren Urquell zu trinken – die dazu geführt hat, daß Erwiderungen, die Mißverständnisse und Gewalttaten beenden, nicht so tief in unserem Erbgut verankert sind, wie es bei einigen Tierarten der Fall ist.

Als wir erkannten, daß Erwiderungen vorzüglich dazu geeignet sind, Geschäfte in einer Beziehung in Fluß zu halten, begannen wir zu experimentieren. Zuerst einmal versuchten wir bewußt, den Raum, durch den Erwiderungen zum Tragen kommen, völlig transparent zu machen. Um unsere Fähigkeit zu vertiefen, bei jeder erwarteten oder unerwarteten Veränderung im Augenblick präsent zu bleiben, begannen wir mit einer Gesicht-zu-Gesicht-Übung zu arbeiten/spielen. Wir bedienten uns zuerst einer Form der weitherzigen Partner-Meditation und konnten „den gemeinsamen Raum" bald in unseren täglichen Prozeß integrieren. Wenn sich am Tage unsere Blicke begegneten und wir nicht gerade mit einer schwierigen Aufgabe beschäftigt waren, lösten wir uns völlig von dem, was wir taten, und „starben" in die Augen des anderen hinein. Ob wir nun Pflanzen eintopften, den Wald durchwanderten oder vor dem Fernseher saßen – sobald wir uns umwandten und sich unsere Blicke flüchtig streiften, ergaben wir uns ganz und gar diesem klaren Raum. Es war eine Übung, bei der jeder spontan für den anderen offen war. Zwischen uns lag nicht mehr die Distanz, die Herzen voneinander trennen kann, sondern nur der Raum, in dem sie sich begegneten. Wenn ich gerade Geschirr abwusch und Ondrea Staub saugte, tauchten unsere Blicke minutenlang ineinander ein, während der Staubsauger munter weitersummte und die Seifenlauge plätscherte – wir lösten uns von allen Dringlichkeiten, die uns unter Umständen wichtiger erschienen wären als dieser einzigartig kostbare Prozeß. Darauf ließen wir auch diese Übung des Loslassen los und wandten uns mit sanftem Zwinkern, feuchten Augen und versunkenem Lächeln wieder unserer Arbeit zu. Diese Übung bedeutet nicht, daß wir uns anstarren und verbissen jedes unsichere Blinzeln vermeiden, sondern daß sich unsere sanften Blicke intuitiv im Augenblick treffen. Und durch ein ebenso intuitives Blinzeln wird die Übung dann sacht beendet. Diese Bereitschaft, sich von seinem momentanen Tun zu lösen, seine Aufmerksamkeit voll und ganz dem Partner zu widmen und ihm gleichzeitig völlig zur Verfügung zu stehen, entwickelte sich für Ondrea und mich zu einer sehr soliden/weiträumigen Basis für noch subtilere Ebenen verbaler und körperlicher Kommunikation.

Als wir mit dieser Übung begannen und unsere Blicke mehrmals am Tag ineinander verschmelzen ließen, zeigte sich recht schmerzhaft, wieviel Selbst wir ausstrahlten und wie wenig wir darüber hinaus empfingen, solange wir den Wunsch hatten, gesehen zu werden. Oder zumindest teilweise gesehen zu werden. Denn schon hinter den Augen wurde alles ausgefiltert, was wir an heimlichen Gedanken nicht zu offenbaren wagten. Die Konturen kleingeistiger Sehnsucht nach Anerkennung zerfließen. Sanfte Augen begegnen sich im großen Raum. Als uns „der Raum" leichter zugänglich wurde, entwickelten sich verschiedene Erwiderungen. Wenn einer von uns „auf Automatik" schaltete und *über* den anderen zu sprechen begann, ergaben sich subtile Gesten, um den Raum zu klären – vielleicht eine Berührung des Herzens oder die zum Friedensgruß erhobenen Finger. Oder wir malten mit einer schwungvollen Gebärde den Zen-Kreis in die Luft, um unsere Bereitschaft zu symbolisieren, loszulassen und das Ganze zu erfahren. Erwiderungen sind eine Alternative zur Reaktion. Oft deuten sie einen Umschwung vom kleinen zum großen Geist an. Sie fördern das Vertrauen in unsere Fähigkeit, loszulassen und sein zu lassen. Sie repräsentieren die in jeder Beziehung einzigartigen tieferen Ebenen der Kommunikation.

Erwiderungen stellen subtile, harmonische Verbindungen her, die den zarten Berührungspunkt der Herzen verfeinern. Dabei erkennen wir die Ebene, wo ein defensiver Wortschwall seine allzu vertraute Macht der Abgrenzung ausspielen will, und wenden uns von solch alten Reaktionen ab. Wir spüren die Abwesenheit des anderen Herzens – die gerunzelte Stirn, die zusammengebissenen Zähne, den angespannten Bauch, den verwirrten Blick – und entspannen uns, lächeln ein wenig und zeigen die geöffneten Hände. Wir würdigen die Kraft des Ungesagten, um unsere Angst durch Liebe zu ersetzen und unsere Mutlosigkeit im großen Herzen aufzulösen.

Bekanntlich gibt es in unserer Kultur, die sich eher der Reaktion als der Erwiderung ergeben hat, seit alters her verschiedene Gebärden, die der Geist als Herausforderung oder Drohung interpretiert, aber vom Herzen einfach als schmerzhafte Abgrenzung der Seelen empfunden werden. Kinder strecken sich gegenseitig die Zunge heraus, um ihre Verachtung auszudrücken. Als Erwachsene setzen wir ein wenig karmischen Dampf dahinter und stoßen über die symbolisch ausgestreckte Zunge ein paar deftige Beleidigungen aus. Solche Signale des Schmerzes öffnen uns die Augen für das Potential anderer Alternativen: den gesenkten Kopf, die dankbar erhobenen Hände, die zum Lob ausgestreckten Arme, den an die Schulter des Liebesgefährten geschmiegten Kopf.

Eine derartige Neuorientierung kann manchmal auch eine Erwiderung illustrieren, wie sie in der Schilderung eines jungen

Mannes auftauchte, der mit einem Freund durch die Straßen von Taos spazierte. Einige jugendliche „Rüpel" fuhren mit dem Auto vorbei und zeigten ihnen „den Finger". Er erinnerte sich, wie die Reaktion des alten Geistes seinen Bauch angespannt habe. Sein Freund aber blieb entspannt und rief, während der Wagen vorüberrollte: „Ja, dem Einen entgegen!" Er hatte eine neue Erwiderung auf alte Reaktionen geschaffen. Durch das Rekonditionieren seiner Furcht erlebte er seine Freude.

Als wir uns in die Wälder zurückzogen, um unseren beziehungs-experimentellen Lebensstil verwirklichen zu können, meinten wir, daß unsere Hunde vielleicht einen Wolf als Spielgefährten begrüßen würden. Uns jedenfalls gefiel der Gedanke, und so kauften wir eine Timberwölfin. Ihre ruhigen, bernsteinfarbenen Augen und ihre Kommunikationsfreude haben uns in jener Zeit ungemein bezaubert. Sie war zweifellos das intelligenteste und liebevollste Tier, mit dem wir je zusammenlebten. Außerdem brachte sie uns das Heulen bei. An manchen Abenden saßen Ondrea, ich, unsere drei Hunde und Emmie die Wölfin auf der hinteren Veranda, reckten unsere Hälse zum klaren Himmel empor und heulten den Mond an. Ein Chor verwobener Herzen ließ den Himmel erglänzen. Unser abendlicher Gesang vermischte sich mit dem Summen der Sterne und entspannte den Bauch der Nacht. Wir fühlten uns in dieser Runde genauso als eine Familie wie in den Familienkreisen früherer Tage. Emmie lehrte uns, zum Wohle aller fühlenden Wesen zu heulen.

In all den Jahren danach haben wir bewußt darauf verzichtet, den Teilnehmern unserer Workshops einen „Gruppenschrei" vorzuschlagen, um sich von Spannungen zu befreien. In dieser traurigen Welt wird schon genug geschrien. Statt dessen haben wir die Gruppen zum Heulen ermuntert – das bringt das tiefe Verlangen nach liebevollem Wechselspiel im süßen Gesang des Augenblicks besser zum Ausdruck.

Diese Heulen ist eine manchmal geradezu ideale Erwiderung für uns geworden. Es vermag sowohl den größten Jammer als auch die größte Freude auszudrücken. Während wir auf das Glück eines geliebten Wesens mit Tränen mitfühlender Freude antworteten, beklagten wir seinen Tod oder sein Mißgeschick mit ausgedehntem Heulen.

Unvergleichlich sind stets die ersten ein oder zwei Tage der einwöchigen Besuche unserer Kinder, wo wir heulend zusammensitzen, um den Familienclan wieder zu festigen. Eine Familie, die zusammen heult, knurrt sich erfahrungsgemäß nicht an. Wenn eines unserer Kinder hört, wie Ondrea und ich Musik machen, verliert eine alte Videokomödie schnell ihren Reiz, und aus dem Nachbarzimmer ertönt ein Heulen, in dem milde Ablehnung und innige Liebe widerklingt. Einer unserer Söhne, der frisch in die High-School eingetreten war, kam vor Jahren einmal mit einem Nasenring nach Hause. Als Ondrea und ich diesen schmalen, goldenen Ring sahen, der einen seiner Nasenflügel durchbohrte und zweifellos eine Menge Aufmerksamkeit erregen sollte, antworteten wir darauf mit schlichtem Geheul. Und nach einigen weiteren Heulern ließen wir in dieser Sache nichts mehr verlauten. Sobald wir in den nächsten Tagen aber im Haus mit ihm zusammentrafen, entlockte uns der Anblick des Ringes jedesmal ein neues Geheul. Zehn Tage später war der Ring verschwunden. Und innerhalb eines Monats war die kleine Narbe an seinem Nasenflügel ebenso vollständig geheilt wie die temporäre Absicht des Geistes, Aufsehen zu erregen. Als ich ihn nach einigen Monaten fragte, was aus seinem Nasenring geworden sei, lächelte er nur, bog seinen Kopf zurück und heulte. Und darauf folgte eine lange Umarmung.

Unsere innige Liebe zu Wölfen wie auch die Lehren, die wir aus ihrer unvergleichlichen Intelligenz und Herzenswärme ziehen konnten, erinnern mich an Clarissa Pinkola Estes Buch *Die Wolfsfrau – Die Kraft der weiblichen Urinstinkte*, das mir ein Freund einmal zusandte. Und ich habe immer noch die Silhouette vor Augen, wenn Ondrea an der Seite der Wölfin und der Hundemeute über die Hügel jenseits unseres Hauses rannte. Einen Augenblick lang hatte ich sogar geglaubt, daß sie die Heldin dieses Buches sei. Und in mancherlei Hinsicht war sie es auch.

Sobald sich in einer Beziehung einige simple Erwiderungen zum Verfeinern der Kommunikation entwickelt haben, werden sie zu einem organischen Bestandteil ihrer lebendigen Dynamik, welcher stets wandlungsfähig bleibt. Einige Monate lang kann ein bestimmtes Zeichen, wie beispielsweise das Berühren des Herzens, Offenheit und aufmerksames Zuhören andeuten. Zu anderer Zeit drückt man dies vielleicht durch die „Ganzheitsgeste" aus, bei der Daumen und Zeigefinger einen geschlossenen Kreis bilden. Gebärden, die Hingabe, Zorn, Furcht oder Verwirrung symbolisieren, werden sich mit der wachsenden Empfindsamkeit für subtilere Kommunikationsebenen im Lauf der Jahre wandeln. Während dieser Abstimmungsprozeß auf nichtverbale Signale fortschreitet, entsteht allmählich eine „Zeichensprache des Herzens", die das Gefühl der Verbundenheit außerordentlich vertieft.

Was vielleicht als einfache Geste zur Klärung einer momentanen Situation begann, entwickelt sich schrittweise zu einer subtilen, vielschichtigen Sprache, die uns − selbst quer durch den Raum − zum Lachen oder Weinen bringen kann.

Je individueller eine Beziehung ausgeprägt ist, desto individuellere Erwiderungen werden auch benötigt. Je gleichartiger Beziehungen sind, desto eher wird jede Erwiderung, die das Herz durchdringt, zu einem Pfad des Erwachens.

Entwickelt Erwiderungen, die eurer einzigartigen Beziehung und euren individuellen Temperamenten entsprechen. Experimentiert behutsam und unermüdlich mit ihnen, um den Raum zu finden, in dem sich eure Beziehung ungehindert entfalten kann. Erwidert alles, was hemmt und reagiert. Laßt euer Heulen im Chor des Göttlichen Geliebten erklingen − stimmt in den heiligen Rundgesang der Menschheit ein.

Aaaahhhhhhh ooooooooooo.

Kapitel 47
Wahrnehmungen

Nur selten erfahren wir die Welt, geschweige denn diesen Augenblick ihrer Entfaltung. Wir träumen die Welt. Wir stellen sie uns vor. Wir interpretieren sie. Wir nehmen sie wahr.

Was wir Wahrnehmung nennen, ist eine höchst subjektive Qualität. Sie ist kein direktes Erfahren der dynamischen Welt, sondern eine Personalisierung, ein Umformen der vielschichtigen Soheit zu einer flachen Erdscheibe, deren Rand wir aus Angst vor einem Absturz um jeden Preis zu meiden suchen.

Wahrnehmung ersinnt die Welt eher, als daß sie sie erlebt. Sie trinkt nicht direkt aus der Tasse, sondern saugt ihren Inhalt durch den langen Strohhalm der Konditionierung, transferiert *die* Welt in *unsere* Welt. Leider verändert sich so deren Temperatur. Ihr Perlen und Schäumen geht verloren.

Nur wenige Situationen verursachen einen größeren Konflikt als jene, in der zwei Menschen dasselbe Objekt auf unterschiedliche Weise wahrnehmen. Wird eine Wahrnehmung in Zweifel gezogen, ist das Selbstbild bedroht. Wenn zwei Personen in ein und demselben Ereignis verschiedene Realitäten erkennen, tauchen in ihrem Windschatten Himmel und Hölle auf. Wohl nie stehen wir in einem so tiefen Widerspruch zueinander wie dann, wenn wir dieselbe Situation unterschiedlich interpretieren. Wir reden uns ein, daß unsere Meinungen über die Realität auseinandergingen, in Wahrheit aber gehen sie über *unsere* Realitäten auseinander.

Als wir einmal im Sommer zu einem Workshop fuhren und die Wälder Oregons durchquerten, nahmen Ondrea, der Fahrer und ich eine Bewegung am Straßenrand wahr. Es war ein großer Vogel, der etwas im Schnabel hatte. Ich meinte, er habe eine Tarantel erbeutet. Ondrea sah einen Frosch. Der Fahrer hielt es für eine Schlange. Hinterher gab jeder seine Bemerkungen zu dem Tier ab, das seiner Beobachtung nach zur Beute des Raubvogels geworden war. Aber jeder nahm ungläubig die „Fehlinterpretation" der anderen zu Kenntnis. Jeder gestand den anderen gönnerhaft zu, sicherlich richtig beobachtet zu haben – natürlich ohne eine Sekunde zu glauben, daß man sich selbst geirrt habe. Es war eine sehr diffizile Situation freundlicher Unehrlichkeit. Nach einer kurzen, nachdenklichen Schweigepause gewann die Achtsamkeit wieder die Oberhand, und wir lachten alle drei. Uns allen war klar geworden, daß uns, solange wir unseren Wahrnehmungen „treu" bleiben wollten, aufrichtige Zustimmung gar nicht möglich war. In dieser „Treue zu unseren Wahrnehmungen" hatte wir uns dem kleinen Geist ausgeliefert, der keinen größeren Bezugspunkt kannte.

Seit jenem Tag benutzen Ondrea und ich eine Formel, mit der wir die Ichbezogenheit unserer Wahrnehmungen oft durchbrechen, wenn wir eine Situation unterschiedlich wahrnehmen oder interpretieren. Einer sagt: „Es ist ein Frosch!" Und der andere: „Nein, es ist eine Tarantel!" Und dann sagen wir im Chor: „Nein, es ist eine Schlange!"

Wenn es aussichtslos erscheint, hinsichtlich einer Wahrnehmung zu einer Übereinstimmung zu kommen, erinnern wir uns an Alice in ihrem gigantischen Wunderland, die vor der winzigen Tür steht und um Durchlaß bittet, dann aber bemerkt: „Ach, das ist ja ausweglos!" Worauf die Tür erwidert: „Nichts ist ausweglos. Ich bin einfach nur weglos." Mögen wir auch gelegentlich keinen Ausweg erkennen, wenn für jeden etwas anderes offensichtlich ist, so kann sich doch jeder, wenn er die Grenzen bedingter Wahrnehmung erkennt, dem Weg nähern, der jenseits aller Bedingungen liegt und in die bedingungslose Liebe führt.

Zu keiner Zeit ist das Loslassen angebrachter als dann, wenn ein Streit über persönliche Wahrnehmungen entsteht. Dieser Situation kann nur ein weitherziges „Ich weiß es nicht" gerecht werden. Das erweckt die Bereitschaft, das Wahrnehmen lieber zu erforschen als zu rechtfertigen. Wenn man die

Natur des Wahrnehmens zu verstehen beginnt, kann man sich über einen Fehlschluß nicht mehr wundern.

Der Anblick einer Rose kann uns manche Einsicht in das Wesen der Wahrnehmung vermitteln. Wenn das Herz offen und der Geist still ist, hat die Rose eine liebliche Gestalt, einen üppigen Duft und leuchtende Farben. Betrachten wir diese Rose aber mit erregtem Gemüt, in einer anderen Geistesverfassung, in einem anderen Wahrnehmungszustand, so verkörpert sie Unzufriedenheit. Dann sehen wir nur ihre Dornen und welken Blütenränder. Dieselbe Rose – verschiedene Ansichten. Keine ist richtig. Beide sind einfach ein Moment. Thich Nhat Hanh sagt: „Ist die Blume wirklich, bist auch du wirklich." Wenn wir die ganze Blume sehen, sehen wir mit dem ganzen Sein. Und wenn wir die Rose jenseits unserer bedingten Art des Sehens betrachten, werden wir eins mit ihr.

Sobald die Wahrnehmung selbst zum Objekt des Beobachtens wird, sind wir dem Leben jenseits des Wahrgenommenen schon einen Schritt näher. Achtsam gegenüber dem Prozeß verlassen wir die schwankende Position, in der wir unsere begrenzten Wahrnehmungen zu rechtfertigen suchen.

Wir glauben, daß Wahrnehmen das sei, „was man sehen kann". Doch was wir sehen, ist nur ein Ausschnitt dessen, was vorhanden ist. Es ist das, was wir zu sehen dachten. Der Schritt von der Netzhaut zur Wahrnehmung durchquert unsere gesamte persönliche Geschichte, erschafft sie fortwährend neu, projiziert sie auf die Leinwand der Sinne.

Unser Wahrnehmen der Gegenwart wird konditioniert durch die Art und Weise, wie wir die Vergangenheit wahrgenommen haben. Es schlängelt sich durch die Labyrinthe der himmlischen Erscheinungen und wohlvertrauten Dämonen, derer wir uns vage entsinnen. Es stellt eher ein Aneinanderreihen von Erinnerungen dar als ein Registrieren der Sinne. Der kurze Moment zwischen Geschehen und Erkennen offenbart die große Lüge – die Illusion unserer Kleinheit – in aller Deutlichkeit. Wird ein Ereignis erst einmal vom Geist erkannt, ist es bereits aus seiner universalen Weite zu einer winzigen Gedanken-Seifenblase geschrumpft. Es hat seine Seligkeit verloren. Das ewig Neue ist unendlich alt geworden.

Anders das direkte Wahrnehmen. Es ist ein Eintritt in das Sinnesbewußtsein ohne eine Interpretation oder Übertragung, die das Wirkliche in etwas verwandelt, das wir für wirklich halten. Direktes Wahrnehmen ergibt sich aus unbefangenem Erforschen der Wahrnehmung selbst. Es entsteht aus der Abneigung gegen Erfahrenes aus zweiter Hand, aus dem Verstandesgeist. Aus der Unzufriedenheit mit bloßem „Verstehen". Indem wir die Wahrnehmung direkt beobachten, lernen wir das direkte Wahrnehmen. Wir „hören" nicht einfach, sondern erforschen den Klang bereits bei seiner allerersten Berührung mit unserem Trommelfell. Wir verfolgen, wie der Geist ihn als Vogel oder Auto oder Musik bezeichnet. Wir registrieren, wie er sich auf eine bestimmte Seite stellt, wie dieses Konzept den Ton ersetzt. Der kleine Geist wird mit dem barmherzigen Gewahrsein beobachtet, das ihn zum großen Geist macht. Und wir sehen nicht mehr eine Welt der Angst, des Zweifels oder der Schamgefühle, sondern einfach nur die Welt. Wenn sich die Wahrnehmung des großen Geistes entwickelt, kannst du beobachten, wie die Welt von Augenblick zu Augenblick an der Schwelle der Schöpfung entsteht, während sie sich vom Augapfel in die Sphären der Phantasie und Mythologie verlagert. Du kannst verfolgen, wie das Wahrnehmen die Welt in seine Gestalt, in sein Ebenbild überführt. Wahrnehmung ist die Traumleinwand, auf die wir unser Erkennen und unser Nichterkennen der Welt projizieren. Narziß ist unsere fehlerhafte Sicht auf die Wahrnehmung selbst.

Unser Forschen lehrt uns, daß das seit langem konditionierte Denken für ein Erkennen der Wahrheit nicht ausreicht. Daß der kleine Geist seine Wahrheiten umgrenzt und verteidigt, während der große Geist sich weitet, um Narziß das Tor zum Herzen offenzuhalten.

Jeder Mensch hat eine individuelle sensorische Abstimmung. Jeder Wesensart ist eine besondere Tugend zu eigen: ein bestimmter Sinn ist für direktes Wahrnehmen weiter geöffnet als die anderen. Im Buddhismus wird jeder Bodhisattva beispielsweise mit einer bestimmten „Sinnespforte" in Verbindung gebracht. Und so ist es auch bei jedem werdenden Bodhisattva. Ich bin höchst feinfühlig, was das Hören betrifft, und kann die sich entfaltende Natur des Geistes am leichtesten erkennen, wenn ich mich auf den Prozeß des Hörens konzentriere. Ondrea wiederum ist vorwiegend auf das Sehen abgestimmt. Sie erlebt den Strom des Bewußtseins und die begleitenden Einsichten am deutlichsten, wenn sie sieht, wie „das Sehen" zu einem schimmernden Schleier elementarer Partikel zerfällt. Sie ist buchstäblich in der Lage, einen Augenblick nach dem anderen zu sehen.

Es ist überaus wichtig, die dominierende Sinnespforte des Partners zu erfassen und zu erforschen. Wenn ich „ein Hörer" bin und meine Partnerin „eine Seherin", muß ich hören, wie sie sieht. Und sie muß sehen, wie ich höre. Die sensorische Terminologie, die wir verwenden, bringt dem Partner den Sinn zum Bewußtsein, in dem wir vorwiegend verankert sind. Durch das unmittelbare Wahrnehmen seiner Erfahrung – wie es durch die Übung gegenseitiger Achtsamkeit oder die Bindungsmeditationen möglich ist – sind wir fähig, die Sprache innerhalb der Sprache zu erfassen. Jemand drückte es einmal so aus: „Wir stimmen stets in allem überein, nur nicht immer zur gleichen Zeit."

Ondrea und ich konnten lange keine Übereinstimmung erzielen, wenn es um das Wahrnehmen einer Farbe ging, die ich als Blau, sie aber als Grün bezeichnete. In einem türkis getönten Zimmer verfielen unsere vergleichenden Gemüter geradezu in Raserei, wenn wir sie nicht bremsten. Ich weiß genau, daß es blau ist. Sie ist sicher: es ist grün. Ich habe recht. Sie ist verwirrt. Himmel und Erde rücken unendlich weit auseinander.

Ondrea, die gerade am benachbarten Schreibtisch sitzt und meine letzten Zeilen liest, blickt mich an und fragt: „Sind die Mauern in diesem Himmel blau oder grün?" – während ein Hauch von Versuchung durch das Zimmer weht. Sind wir uneinig, so sind wir uns zumindest über die Natur der Uneinigkeit einig. Es ist höchst erheiternd, wenn wir absolut die gleichen Hemden tragen und uns trotzdem über ihren Farbton streiten. Das nicht unterscheidende Herz scheint manchmal beim besten Willen nicht entscheiden zu können, ob wir nun verschieden sind oder gleich – das eben ist die grenzenlose Natur des Herzens, bevor es vom Schleier der kleinen Wahrnehmungen überlagert wird.

Die Top Forty

Der Geist ist wie eine alte Wurlitzer.

Wir sind eine Jukebox
persönlicher Vergangenheit.
Drücke einfach 2B, und seine Geschichte
spielt sich automatisch ab –
die Hitparade mit ihren Oldies but Goodies.

Jeder von uns hat die Geschichten der anderen
schon ein dutzendmal gehört.
Bleiben wir entspannt. Wunderbarerweise
sind wir alle hier zusammen.

Kapitel 48
Wer hat hier die Kontrolle?

Was nach Macht strebt, ist einzig unser Gefühl der Machtlosigkeit. Wir möchten unsere tiefe Verlegenheit verbergen, daß es
in uns eigentlich niemanden gibt, der so solide und gefestigt
ist, wie es alle Welt von sich beteuert. Und so tarnen wir unser
Gefühl, daß irgendetwas mit uns nicht stimmen könne, weil ja
schließlich kein anderer diese Verlegenheit erkennen läßt. Wir
greifen nach Macht, um etwas zu verbergen, das uns wie eine
wilde, ungebändigte Flut zu durchströmen scheint. Wir versuchen, aus den Untiefen des reißenden Stromes eine Landschaft
zu formen.

Im Kleinkindalter hielt uns eine anerzogene Kontrolle davon
ab, unsere Kleidung zu beschmutzen. Während wir heranwuch-
sen, wurde das Unkontrollierbare durch feste Grenzen definiert.
Hineingeboren in eine unbeherrschbare Unbeständigkeit zwang
uns die Verschwörung der Angst, die Oberhand zu gewinnen.
Sooft wir aber versuchen, den Augenblick zu kontrollieren,
entzieht er sich unserem Zugriff. Wir bleiben enttäuscht, mißtrauisch und ängstlich zurück – und daher umso mehr bestrebt,
uns ein sicheres Territorium zu schaffen, wo wir uns verschan-
zen können. Sobald wir dieses sichere Territorium verlassen,
überkommt uns das Gefühl, „die Kontrolle zu verlieren." Sind
wir erwachsen, läßt uns die Identifikation mit der Machtlosigkeit, die nach Kontrolle trachtet, unversehens altern. Unser
Verlangen nach Kontrolle definiert Himmel und Hölle. Den

Himmel stellen wir uns wohlgeordnet und bestens beaufsichtigt vor, als ein Territorium höchster Sicherheit. Und damit rufen wir die unkontrollierte Hölle auf den Plan. Sartre definierte die Hölle als das, was *keinen Ausgang* hat, was sich nicht beherrschen läßt. Auch in Dantes Inferno steht über dem Torweg, der in die Unterwelt führt, die Inschrift: „Laßt, die ihr hier eintretet, alle Hoffnung fahren." Aber sie bezeichnet keinen Fluch, sondern einen Segen, der die Hölle in einen Himmel verwandeln kann. Sie fordert zu einem Loslassen auf, das uns ein Seinlassen erlaubt. Und uns erkennen läßt, daß jener bedrückende Zustand, den wir salopp „Hoffnung" nennen, in Wahrheit eine hoffnungslose Reaktion unserer Hilflosigkeit ist – ein Gefühl, daß sich die Dinge unserer Kontrolle entziehen, ein Mißtrauen gegenüber der Gegenwart, das sich nach einer anderen Zukunft sehnt. Die auf Angst beruhende Hoffnung jedoch aufzugeben und sich dem zu nähern, was in der Zuversicht, im Vertrauen zum Prozeß gründet, läßt uns selbst das Höllische in das Göttliche verwandeln.

Loszulassen und dem nächsten Millischritt über unsere Grenzen hinaus zu vertrauen, heißt entdecken, wie sich die lebendige Wahrheit im großen „Nichtwissen" entfaltet. Es bedeutet, vom kleingeistigen Mißtrauen gegenüber den Unwägbarkeiten hinter der nächsten Straßenecke in den großen Geist fortzuschreiten, der von jeder außergewöhnlichen Entfaltung bezaubert ist. Der kleine Geist fleht um Macht. Für den großen Geist aber ist dies Einmischung. Indem wir ein „nichtwissendes" Vertrauen entwickeln, wird uns vielleicht eine Ahnung des gewaltigen Prozesses zuteil, aus dem heraus jeder Gedanke und jede Spezies hervorgeht. Es gibt uns das Selbstvertrauen, über unser Machtbestreben hinausgehen und gänzlich in die Angst eindringen zu können, die hilflos nach der Herrschaft über die Unbeständigkeit trachtet.

Eine faszinierende Einsicht in die Natur des Leidens, wie es dem Machtbestreben folgt, läßt sich in der direkten Auseinandersetzung mit körperlichem Schmerz gewinnen.

Wenn wir versuchen, unseren Schmerz zu kontrollieren, gefühllos gegen ihn zu werden und ihn aus dem Körper zu verdrängen, wird unser Leben zu einer Notlage. Unser Schmerz verwandelt sich in Leid. Viele Jahre lang haben wir in Workshops eine Übung durchgeführt, bei der wir die Teilnehmer in eine äußerst unbequeme Körperstellung dirigierten und baten, fünf Minuten lang darin zu verharren. Wenn sich dann die ersten Beschwerden und Muskelverspannungen bemerkbar machten, forderten wir zunächst ausdrücklich: „Kämpft gegen den Schmerz an! Versucht um jeden Preis, ihn abzuwehren. Vertreibt ihn! Laßt ihn nicht zu!" Die Leute strengten sich über die Maßen an, ihren Schmerz zu beherrschen, und das schmerzvolle Stöhnen im Raum steigerte sich zu einem Chor der Angst und Beklemmung. Das Bemühen, Kontrolle über den Schmerz zu gewinnen, brachte nur unkontrollierbares Leid. Dann sagten wir zu den Teilnehmern: „Nun entspannt euch. Laßt jetzt los. Klammert euch nicht an den Schmerz. Wehrt ihn nicht ab. Laßt ihn einfach existieren. Ohne ihn kontrollieren zu wollen. Laßt ihn einfach sein." Und der Chor der Schmerzen wurde zu einem tiefen Seufzer der Erleichterung. Weil sich alle in ihrem Schmerz entspannten, weil sie losließen – und weich auf eine harte Empfindung antworteten – ließ sich der Schmerz durchaus handhaben, ohne Leid nach sich zu ziehen.

Realistischerweise müssen wir anerkennen, daß wir nicht immer die Möglichkeit einer physischen Kontrolle haben – daß es zu einer plötzlichen Verletzung oder zu einem Unfall kommen kann. Deshalb warnen uns die Zen-Meister: „Achte auf deine Schritte." Im allgemeinen aber besteht diese Möglichkeit, und unser Streben nach Kontrolle vollzieht sich eher auf der geistigen als auf der körperlichen Ebene, verschließt einfach das Herz und trennt uns von dem, was wir lieben. Wenn wir ein Feedback mit dem weichen Bauch durchführen und die dort schwebende Härte erkennen, werden wir der Spur der Tränen gewahr, die unser unangemessenes Kontrollbestreben im Körper gefrieren ließ. Wir entspannen uns und lassen los. Wir entspannen uns und lassen endlich sein. Niemand übt Kontrolle aus. Es gibt kein Ziel. Nichts ist zu tun. Wir müssen niemand sein. Wir erlauben einfach dem Sein, sich gänzlich in der Unermeßlichkeit unserer wahrhaftigsten Natur zu entfalten.

Wenn wir schließlich die mentalen Überlegenheitsspiele und die physischen Anspannungsposen aufgeben, wenn wir endlich Atem schöpfen, erkennen wir all diese Machtspiele als das, was sie sind: eine Tyrannei gegenüber dem Herzen, deren Qual sich kaum ertragen läßt, wenn wir uns an sie klammern – und deren Weiträumigkeit nahezu unfaßbar erscheint, wenn wir uns von ihnen lösen.

Manchmal veranlaßt uns ein Machtbedürfnis, das aus unserem Gefühl der Hilflosigkeit entspringt, zu subtilen Übergriffen, bei denen wir den anderen in die Enge treiben oder all seiner Möglichkeiten berauben, um unserem Selbstgefühl eine größere Realität zu verleihen. Wie oft verlieren wir doch die Kontrolle über unser Verlangen nach Kontrolle und fügen dem anderen Schmerzen zu! Oder uns selbst?

Natürlich ist es leichter gesagt als getan, die Kontrolle aufzugeben. Es ist ein langsamer Prozeß, bei dem wir lernen, dem Boden unter unseren Füßen zu vertrauen. Bei dem wir gewillt sind, unseren Griff nach den Resultaten unserer lange einstudierten, vermeintlichen Spontaneität allmählich zu lockern – auch wenn wir dazu vielleicht noch gar nicht fähig sind. Wir erforschen das Verlangen nach Macht und erleben seine Ursprünge in unserem unsagbaren Schrecken darüber, in einer Welt stetiger Veränderungen zu leben, die sich total unserer Kontrolle entzieht. Indem wir direkt in diese Angst eindringen, nähern wir uns einer Freiheit, die so wild und ungezügelt ist wie das Herz der Göttlichen Geliebten, wie die Unermeßlichkeit selbst.

Eine der Eigenschaften des wahrhaft Liebenden ist seine tiefe Bereitschaft, einfach für den Partner präsent zu sein – unter allen Umständen, die sich aus der Erkundung des Herzens ergeben.

Ein gründliches und häufiges Beobachten der Angst in unserem eigenem Prozeß hat uns gezeigt, daß das Loslösen vom Machtbedürfnis ein tieferes Gefühl für die gegenseitige Abhängigkeit und Wechselbeziehung erweckt, die zwischen uns und allen anderen Menschen, letztlich also zwischen allen fühlenden Wesen besteht. Wenn Angst ein autoritäres Verhalten hervorrief, merkten wir, wie sich unser Herz nicht nur gegen andere Menschen, sondern auch gegen sich selbst verschloß. Nie fühlten wir uns so hilflos wie in Momenten, in denen wir glaubten, die Kontrolle behalten zu müssen.

So haben wir durch Achtsamkeit und verschiedene Bewußtseinsexperimente im Lauf der Jahre Möglichkeiten gefunden, mit diesem grundlegenden Bedürfnis zu arbeiten und uns davon zu lösen.

Eine der ersten Übungen zu einem Weg der Ergründung und Heilung dieser altgewohnten Unsicherheit ergab sich, als wir eines Tages zusammen tanzten und Ondrea probeweise die Rolle des Führenden übernahm. Ganz plötzlich wußte ich ich nicht mehr, wie ich tanzen sollte, und stolperte über meine eigenen Füße. Ich war so daran gewöhnt, die Richtung vorzugeben, daß ich nicht wußte, wie man dem anderen folgt. Wir lachten Tränen, weil uns die „synaptische" Bindung an diese Rollen völlig absurd erschien. (Übrigens hatte Ondrea keinerlei Schwierigkeiten.) Wir können diese Übung nur weiterempfehlen. Laßt einmal den, der normalerweise beim Tanzen führt, dem anderen folgen. Laßt los und bleibt im Fluß. Beobachtet, wie der Geist auf den Rollentausch regiert, wie das aufflackernde Gefühl einer Machtlosigkeit das gewohnte Machtbedürfnis weckt.

Nebenbei bemerkt erschien es uns immer recht merkwürdig, daß es Leute gibt, die Präsident werden wollen. Muß man nicht eine tiefe Machtlosigkeit in sich fühlen, um eine solche Autorität anzustreben? Vielleicht ist dies der Grund, warum wir uns Politiker und nicht etwa Führer wählen. Wir wählen von allen die Ängstlichsten – jene, die der Macht bedürfen, um ihr zerbrechliches Selbstbild aufrechtzuerhalten. Ich frage mich zuweilen, wie es Bill Clinton gehen mag, wenn Hillary ihn führt. Macht es ihn nervös, beflügelt es ihn, die präsidiale Rolle zu spielen?

Würde ich, so sagte ein Lehrer einmal zu mir, all jene Punkte auflisten, wo ich „alles im Griff" hätte, wo ich meine „Stärken" ausspielen und alles steuern könne, so erhielte ich ein Kompendium der Punkte, die mich vom Göttlichen Geliebten abgeschnitten hätten. Und er fügte hinzu, daß seiner Erfahrung nach den meisten Leuten, die behaupten, ihren Kram beisammen zu haben, dieser Kram bis zum Hals stünde. Er hatte erkannt, daß der Verzicht auf Macht nicht zur Machtlosigkeit, sondern zu einem Gefühl der Verbundenheit, der Nichtabgrenzung, der Wechselbeziehung führt. Daß Hingabe keine Niederlage darstellt, sondern ein Loslassen des Widerstandes gegen den nächsten, perfekten Augenblick. Und daß, wenn du alle Momente deiner Beziehung in jene Liste aufnehmen würdest, wo du „alles unter Kontrolle" hattest, wo du der Planer von Lebensstrategien, der alleinige Initiator der Ereignisse warst, wahrscheinlich eine Aufzählung deiner Ängste vor dem Tod und vor dem völligen Lebendigsein dabei herauskäme.

Wenn sich der Wechsel der Führungsrolle beim Tanzen als nützlich für das Definieren und Loslassen von Machtbedürfnissen erweist, könnt ihr auch andere Bewußtseinsexperimente durchspielen, um „Rangordnungen zu durchbrechen". Damit derjenige, der oftmals den Visionen des anderen folgt und Vorschub leistet, selbst die Perspektiven und Leitlinien bestimmen kann, könnt ihr als nächstes damit experimentieren, daß der gewohnheitsmäßig Aktive durch völlige Reglosigkeit und das Stillhalten seiner Arme Hilflosigkeit übt, während er vom anderen mit dem Löffel gefüttert wird. Du wirst bemerken, wie sich deine Hand erheben will, um die Suppe vom Kinn zu wischen. Du wirst den Wunsch registrieren, daß diese Prozedur möglichst bald enden möge. Du wirst die Mischung aus Konfusion und Entsetzen angesichts der Frage beobachten, ob dies einmal zur normalen Lebensweise werden könne. Du wirst die aufsteigende Angst vor dem Altwerden, das Verlangen nach Kontrolle bemerken, wenn dir der Partner die Lippen abwischt oder einen Rest Spaghetti aus dem Mundwinkel zieht. Und was für ein Gefühl hast Du, wenn er dir die laufende Nase putzt?

Eine ausgezeichnete Vorbereitung auf ein tieferes Eintauchen in dieses Experiment ist die Meditation der Achtsamkeit auf den Prozeß, wo wir dem Atem erlauben, sich selbst zu atmen. Dabei lernen wir, die Kontrolle über den Atem ganz und gar aufzugeben und einfach dem Prozeß zu vertrauen. Den Atem auch nicht im geringsten zu formen oder gar zu zügeln. Die meisten werden merken, daß sie nicht einmal dem nächsten Atemzug vertrauen. Sie haben den Eindruck, den Atem beherrschen zu müssen, um überhaupt weiteratmen zu können.

Wir vertrauen nicht einmal dem nächsten Atemzug! Wir fürchten, daß wir sterben müssen, wenn wir nicht die Kontrolle behalten. Im Loslassen jedoch, im schlichten Vertrauen auf den selbständigen Atemprozeß entspannt sich der Bauch, klärt sich der Geist und öffnet sich das Herz. Weil wir unsere Angst bis an ihre Wurzeln erkundet haben und mit ihr vertraut geworden sind, können latente Neigungen keinen Einfluß mehr entwikkeln. Wir haben das Gefühl, an diesem Prozeß teilhaben zu können, ohne ihn steuern zu müssen. Wenn Achtsamkeit dies Streben nach Kontrolle barmherzig und bewußt akzeptiert, unterbricht sie seinen zwanghaften Impuls. Es ist nicht so, daß das Kontrollbestreben und die Gefühle der Hilflosigkeit verschwunden wären, aber sie erscheinen in einer Weiträumigkeit, die keinen Zwang zum Handeln, geschweige denn zum Reagieren spürt. Sie akzeptiert einfach von ganzem Herzen, daß diese Bestrebungen noch als Teil des vorüberziehenden Schauspiels alter Konditionierung vorhanden sind.

So ist es auch im Tanz-Experiment – du stolperst über die eigenen Füße, verlierst die Kontrolle – Lachen erklingt, wo früher Tränen flossen. Du fühlst den weichen Bauch, wo früher Härte regierte. Den großen Geist, wo früher Kleinheit wohnte. Eine weitere Übung des Bindungsspiels, der Hingabe und des Vertrauens nennen wir das „blinde Gehen". Begib dich mit deinem Partner in den Hinterhof oder ins Wohnzimmer, verbinde dir die Augen und laß dich von ihm führen. Ein neuer Test für Hilflosigkeit und Vertrauen, eine neue Wonne, die sich nicht beschreiben läßt. Vielleicht ein paar blaue Flecke am Schienbein, weil wir den Boden unter unseren Füßen entdeckten.

Eine weniger intensive, doch ebenso gewohnheitsüberschreitende Übung ist das „unkontrollierte Zuhören". Einer der Partner übernimmt die Verpflichtung, „ohne die leiseste Spur einer Reaktion" allem zuzuhören, was der andere innerhalb einer bestimmten Zeitspanne zu sagen hat. Er erlaubt dem anderen, all seine heimlichen Gefühle zu äußern, ohne ein Richtigstellen oder Unterbrechen befürchten zu müssen. Vielleicht sollte man diese Übung auch nicht als „Zuhören" bezeichnen, sondern etwas präziser als ein „Hören" des anderen. Auch das Zuhören repräsentiert eine bestimmte Dualität, welche jede Information erst durchlaufen muß. Hören aber ist Gegenwart, Offenheit und Aufnahmefähigkeit ohne Interpretation oder Bewertung. Es kann sein, daß du dem anderen lange zuhören mußt, bevor du ihn wirklich hören kannst. Zuhören ereignet sich zwischen mir und dem anderen. Hören ereignet sich im Jetzt. Kleiner Geist hört zu. Großer Geist hört.

Unser unbefangenes Vertrauen in den Prozeß zu vertiefen, heißt, mit intuitiver Freude die Punkte zu erkunden, wo wir uns um Kontrolle bemühen. Und hier beginnt für viele der Sex.

Der nächste Schritt in diesem Prozeß, die Kontrolle aufzugeben, mag wohl für die meisten in der Konzentration auf die Sexualität bestehen. In bewußter sexueller Aktivität lassen sich viele Taktiken des alten Geistes und Gefühle der Machtlosigkeit entdecken. Manche tief verwurzelten Macht- und Ohnmachtsgefühle können wir erforschen, indem wir das Muster und den Ablauf unseres oft gewohnheitsmäßigen Liebesspiels ändern. Auch hier können wir mit vertauschten Rollen experimentieren. Wer normalerweise die Initiative zum Sex ergreift, übergibt diese Rolle an seinen Partner. Wenn es beispielsweise gewöhnlich der Mann ist, der den ersten Schritt tut, erhält jetzt die Frau alle Macht der Entscheidung über das Wann, Wo und Wie. Es dürfte in jeder Beziehung leicht zu erspüren sein, in welcher Weise dieses Experiment der Wahrheit nützlich ist.

Es entsteht eine neue Form der Sexualität: anstatt den Partner zu wechseln, wechselt man die Art der Partnerschaft. In eine solche Beziehung kann sich auch nicht die leiseste Ähnlichkeit mit einer Versklavung einschleichen. Dabei ist diese Praxis gleichermaßen interessant, wenn man sie nur zeitweise durchführt. Ob man einige Tage, eine Woche oder auch einen Monat lang damit experimentiert, richtet sich nach dem Gefühl der Balance in den verbliebenen Machtstrukturen, das man mit ihr erreicht hat. Solche Experimente sind eine wirksame Methode der Beobachtung unseres Verlangens und unserer allzu unbewußten Sucht nach privater Befriedigung.

Je überzeugter ihr davon seid, daß solche Übungen für euch nicht geeignet sind, desto mehr kommen sie euch wahrscheinlich zugute!

In einer bewußten Beziehung führt nicht einer den anderen, sondern wir sind Partner, die ihren Aufstieg als Tandem unternehmen. Folglich muß jede Tendenz der Kontrolle schon bei ihrer Entstehung – eventuell durch eine Erwiderung – anerkannt werden, bevor das, was zwei Menschen bei dieser Kletterpartie verbindet, so extrem gedehnt wird, daß es, angespannt und starr, eher eine Fessel darstellt als eine Sicherheitsleine.

Ein Freund sagte einmal: „Wenn du meinst, daß Gott die Kontrolle hat, dann irrst du dich! Niemand hat die Kontrolle. Sei deshalb wie Gott, verzichte auf Kontrolle, grenze dich von nichts ab."

Kapitel 49
Furcht vor...

Wir können zwar sagen, wir fürchteten uns vor einer Bindung, vor dem Vertrauen, vor der Verwundbarkeit oder der Monogamie – aber das Problem besteht nicht in der Bindung oder Monogamie, sondern in der Furcht. So wichtig es ist, daß wir die *Objekte* unserer Furcht innerlich erfassen, indem wir ihren magnetischen Einfluß auf unser Bewußtsein achtsam erkunden – noch viel wichtiger ist es, die Furcht selbst zu erforschen.

Wir beschränken uns nicht auf ihren Inhalt, sondern sind, wenn wir der Furcht als der Furcht an sich begegnen, offen für ihren Prozeß – im Augenblick ihres Entstehens und noch bevor sie von den Objekten reflektiert wird, die wir fürchten. Ein Strauch, so sagte Buddha, dem wir Tag für Tag seine Blätter abreißen, wird dennoch weiterwachsen und immer wieder neue Blätter hervortreiben – bis wir dem ein Ende bereiten und ihn „mitsamt der Wurzel ausreißen".

Furcht ist ein Wachstums-Hemmer. Er hält uns in unseren Grenzen gefangen. Wir sind unfähig, auch nur einen einzigen Schritt über unser sicheres Territorium hinauszuschreiten und das Große Unbekannte unserer tiefsten Natur zu betreten. Eine solche Furcht verdunkelt die Sonne und erzeugt die „dunkle Nacht der Seele", von der Johannes vom Kreuz spricht – das Alte ist vergangen, aber das Neue hat sich noch nicht vollständig manifestiert. Im Angesicht der Gnade, die nicht immer angenehm sein mag, uns aber immer näher an unsere wahre

Natur heranführt, opfern wir unsere Furcht und vertrauen etwas Freundlicherem. Furchtlos antwortet der große Geist der Furcht des kleinen Geistes. (Für den kleinen Geist gibt es große Ängste, für den großen Geist hingegen gibt es nur kleine Ängste.) Der schrecklichen Zwangsvorstellung gewahr, sofort flüchten zu müssen, verankern wir uns in der Beobachtung des Dranges zum Leiden, der Verhaftung an unserer Furcht. Und lassen leichtherzig los in die Weite, in der sich ihr Prozeß entfaltet.

Zweifellos ist die Furcht ein vertrauter Gast bei jeder Arbeit, die so eminent wachstumsfördernd ist wie eine Beziehung. Wie der Groll ergibt sie sich auf natürliche, wenn auch schmerzhafte Weise aus jeder Distanz, die zwischen Herz und Geist entstanden ist. Furcht kommt auf, wenn wir uns unseren Grenzen nähern, jenem Bereich, in dem sich alles Wachstum vollzieht. In der Psychodynamik des Wachstums kann Furcht ein Signal dafür sein, daß wir uns dem Unbekannten, dem gänzlich Neuen nähern. Dabei steht unser Wachstum in einem direkten Verhältnis zu unserer Fähigkeit, die Furcht loszulassen und den nächsten Schritt zu wagen.

Weil wir ein vermeintliches Selbst besitzen, meinen wir, es verteidigen zu müssen. Leider ist unser Selbstbild schnell beleidigt, und wenn wir nicht achtsam sind, beschäftigt uns diese Verteidigung den ganzen Tag. Ein Lehrer sagte: „Die Wahrheit ist wirklich eine Beleidigung nach der anderen."

Wenn wir einen anderen Menschen absichtlich beleidigen, erschaffen wir Leid. Beleidigen wir uns selbst, brauchen wir nur aufrichtig zu sein. Das ist vielleicht der Grund, warum die Arbeit in einer Beziehung zu den schwierigsten spirituellen Praktiken gehört. Vierundzwanzig Stunden täglich und sieben Tage in der Woche gibt es kein Entrinnen vor der Wahrheit. Wir sind verpflichtet, uns mit unseren Schatten zu konfrontieren und unser Licht zu akzeptieren. Diese Praxis bedeutet nichts geringeres, als die Furcht und das Leid loszulassen. Sie ist die schwerste Arbeit, die wir je zu vollbringen haben.

Vielleicht ist es auch die Furcht, die das eigentliche Fundament unserer unerledigten Geschäfte bildet. Wir fürchten uns, nicht geliebt zu werden oder nicht lieben zu können, fürchten uns vor der Herzlosigkeit oder vor Mißverständnissen. Furcht ist die Muskulatur unserer Verklammerung. Eine Beziehung gibt uns die einzigartige Möglichkeit, an diesen Muskeln zu arbeiten. Der Mensch, den du am meisten liebst, ist wahrscheinlich auch der, den du am meisten fürchtest. Er hat dein Selbstbild völlig in der Hand. Er kennt dich wie niemand sonst, und vielleicht entsteht aus dem Widerhall paranoider Eskapaden in dunklen Geistesregionen sogar die Furcht, daß er aller Welt verkünden wird, was für ein Dummkopf du wirklich bist. Du erlebst die perfekte Hilflosigkeit der Liebe. Die enorme Verwundbarkeit des ungeschützten Geistes, wenn das Herz den Vortritt hat.

Furcht befleckt, was wir lieben. Wenn wir eine schöne Blume betrachten, genießt unser Herz dankbar ihre Form und Farbe, ihren Duft und ihr Wesen, und wir sehnen uns nach der Bewahrung dieser Schönheit – doch zugleich fürchten wir, daß sie vergehen wird. Auch in Zuständen der Ekstase kann uns die bange Sorge befallen, daß dieses Wunder nicht fortdauern werde.

Eine bewußte, verpflichtete Partnerschaft bedeutet, inmitten des Laboratoriums unserer Angst und Gier, unseres Mißtrauens und Zweifels, unserer Sehnsucht und Freude zu leben. Wir können mit unserer Furcht vor einem Mangel an Liebe, vor Mißverständnissen, vor Menschen desselben Geschlechts, vor Menschen des anderen Geschlechts experimentieren, können unseren furchtsamen Widerstand gegen das tatsächlich Gegebene wie auch unser enormes Bedürfnis erforschen, den Partner unseren Vorstellungen und der Kehrseite unseres Ebenbildes anzupassen. Das Untersuchen unserer Verhaftung an der Furcht wird uns zeigen, daß wir lebenslange Ängste analysieren können, ohne allzu tiefe Einsicht in die eigentliche Natur der Angst zu gewinnen. Wir mögen uns noch so intensiv mit einem Objekt beschäftigen – es wird ständig ein neues Objekt erscheinen. Das Arbeiten mit den Objekten der Furcht vermindert nicht die Neigung, Furcht zu empfinden. Wir verändern nur das Objekt, welches sie reflektiert. Besser ist es, mit der Furcht selbst zu arbeiten. Statt einfach nur zu fragen „Warum empfinde ich Furcht?" konfrontieren wir uns mit den *wirklichen* Fragen. Was ist Furcht? (Alle Geisteszustände, auch die bedrükkendsten Emotionen, lassen sich erforschen.) Wie fühlt sie sich im Körper an? Wie ist ihre physische Struktur beschaffen? Was bewirkt sie im Bauch? Macht sich sich auf einer Körperseite deutlicher bemerkbar als auf der anderen? Was geschieht im linken, was geschieht im rechten Knie? Was macht der Kiefer? Wie liegt die Zunge im Mund? Drückt sie gegen die obere oder gegen die untere Zahnreihe, biegt sie sich zum Gaumen hoch, wandert sie von einer Seite zur anderen, bleibt sie ruhig? „Was ist Furcht?" bedeutet ein tiefes Forschen, das uns über die Furcht hinausführen kann. „Warum empfinde ich Furcht?" ist eine oberflächliche Analyse, die uns vor manchem vorüberziehenden Schatten erzittern läßt. „Was ist Furcht?" dient einer großen Erforschung des Kleinen. „Warum?" dagegen ist eine kleine Untersuchung großer Verwicklungen, die uns zwar hilft, aber nicht heilt.

Nachdem wir die körperliche Struktur erkundet haben, die mit der Furcht einhergeht, dringen wir in ihre geistigen Muster ein – in ihren Tonfall, in ihr Vokabular, in ihre Absichten, in die mit ihr verknüpften mentalen Zustände. Furcht und Freude weisen ganz unterschiedliche Merkmale auf, an denen wir sie unterscheiden können. Welches sind die Merkmale jenes Zustandes, den wir als Furcht bezeichnen? Wenn wir zur Furcht in Beziehung treten anstatt auf sie bezogen zu sein, ist schon die bloße Bereitschaft, in sie einzudringen und sie zu erforschen, ein Akt der Furchtlosigkeit. Die Heilung ist bereits auf dem Weg, um das Unerforschte zu erforschen. Um an die Grenzen vorzudringen und einen weiteren Schritt in jenen Raum zu vollziehen, der jenseits der Mauern unserer Furcht beginnt.

Wenn wir direkt mit der Furcht arbeiten statt die Ursache unseres Unbehagens auf einen anderen Menschen zu projizieren, erkennen wir die Natur der Furcht als einen ungewollten, ichlosen und mechanischen Prozeß, der sich auf bestimmte Auslöser hin ganz von selbst entfaltet. Während wir Furcht zuerst als Inhalt, als kleingeistige Grübeleien beobachten, nehmen wir allmählich ihren Prozeß im Raum des großen Geistes wahr: *die* Furcht in *dem* Geist. Sie stellt nichts dar, was wir bewerten oder wovor wir uns zurückzuziehen versuchen. Statt dessen nähern wir uns ihr mit einem barmherzigen Gewahrsein, einem sanften Verständnis dessen, daß uns das im Geist Beobachtete trotz seines unangenehmen Charakters erkennen läßt, *wer wir nicht sind* – und so den Weg in unsere wahre Natur erleichtert.

Wenn wir davon sprechen, „über den Geist hinauszugehen", heißt das, unser Gewahrsein auf Ebenen des Bewußtseins auszudehnen, die jenseits unserer konditionierten Ängste liegen. Über den Geist hinauszugehen bedeutet, über das Alte hinauszugehen. Es bedeutet nicht, das Denken zum Stillstand zu bringen, sondern sich nicht durch altes Denken zum Stillstand bringen zu lassen. Es bedeutet, aus der inneren Weite heraus die erworbenen Kleinigkeiten zu betrachten, die wir immer wieder mit unserem Leben verwechseln. Erst jenseits des konditionierten Geistes liegt das, was wir jenseits von Zorn und Hoffnung, Liebe und Haß, Gewinn und Verlust, Ruhm und Schmach, Name und Form, Geburt und Tod zu ergründen suchen.

Wenn wir über die verführerischen Inhalte unserer Furcht hinausgehen, treten wir furchtlos in den Prozeß ihrer Entfaltung ein und erfahren unmittelbar – jenseits der Kleinheit oder Größe des Geistes – die Unermeßlichkeit des Herzens, in dem diese Konzepte und Ängste schweben.

Wenn wir zur Furcht in Beziehung stehen statt auf sie bezogen zu sein, ändert sich die Musik. Zwar dringen von Zeit zu Zeit noch die alten Melodien an unser Ohr, aber unsere latenten Neigungen fühlen sich nicht mehr verpflichtet, danach zu tanzen. Die Top Forty laufen noch im Hinterzimmer weiter – Furcht, Zorn, Mißtrauen, Zweifel, Sehnsucht sind noch vorhanden – aber man fühlt sich nicht genötigt, darauf mit wildem Gewirbel zu reagieren. Gelegentliches Wippen mit dem Fuß reicht aus. Vielleicht steigt noch Furcht aus alten Impulsen auf, aber man begegnet ihr in einer solchen Güte und Bewußtheit, daß man sich ihretwegen nicht fürchtet. Eher ist man innerlich fasziniert und freut sich darüber, nicht mehr in alten Gewohnheiten gefangen zu sein, sich nicht einmal mehr vor der Furcht zu fürchten, sondern das Leben noch einmal neu zu beginnen und in diesem Augenblick ganz und gar lebendig zu sein.

Wenn keine Furcht mehr im Geist vorhanden ist, existiert nur noch der natürliche Zustand der Istheit, der von keiner Verhaftung verdunkelt wird. Und dieser natürliche Zustand ist die Herzensgüte.

Ist es nicht überaus kurios, daß das Ergründen der Furcht uns furchtlos macht? Genauso wirkt das Erforschen des Zornes, das Liebe in uns weckt, oder das Erkunden der Unwissenheit, welches uns zur Weisheit führt. Wir lernen zu lieben, indem wir erkunden, was wir ohne Liebe empfinden. Wir lernen, gütig zu sein, indem wir untersuchen, auf welche Weise die Herzlosigkeit Geist und Körper konditioniert.

Wenn uns die Göttliche Geliebte in die Arme nimmt und wir uns selbst mit dem Herzen betrachten, bieten wir der Furcht einen weiten Raum zum Sein und sind mit ihren Spielarten so vertraut, daß sie unser Inneres nicht mehr verschließt. Statt dessen macht sie uns das Leid im Herzen jedes fühlenden Wesens bewußt und ermutigt uns, die Heilung zuzulassen, an der wir alle teilhaben können.

Eine Meditation über bedrückende Gefühle

Dies ist eine Meditation zum Erkunden der Identifikation mit dumpfen Gemütszuständen – wie Furcht, Zweifel, Zorn oder Stolz – die den Geist verengen und den Zugang zum Herzen beschränken können.

Suche dir einen bequemen Platz zum Sitzen und atme einige Male tief und ruhig in den Körper hinein.

Auch wenn sich viele Stimmen im Geist erheben – laß seine Worte einfach fließen. Beobachte, wie sich der innere Impuls entfaltet.

Überlasse das Denken einfach den Gedanken, während der gleichmäßige Strom des Atems den Körper nach und nach entspannt.

Entspanne den Bauch, damit er diesen Augenblick in sich aufnehmen kann. Im sanften Bauch haben wir für alles Raum. Erlaube es in dieser Sanftheit dem Gewahrsein, frei durch den Körper zu streifen und Empfindungen zu studieren.

Achte auf alle Bereiche der Anspannung oder Verdichtung.

Achte auf Bereiche der Schwere oder Aktivität. Der Hitze oder Kälte.

Nimm das Kribbeln, das Gefühl des Vibrierens wahr.

Erlaube dem Gewahrsein voller Ruhe, den Körper zu erfahren.

Steht dieser Gemütszustand in einer Wechselbeziehung zum Körper? Hat diese Emotion eine körperliche Struktur?

Fühle, wie die Empfindungen, welche diesen Geisteszustand begleiten, in den Muskeln, Knochen und Geweben spürbar werden. Fühle den körperlichen Eindruck dieses seelischen Zustandes.

Erkunde die Empfindungen in Magen und Bauch. Läßt sich dort eine Anspannung wahrnehmen? Eine Verklammerung? Ein Widerstand?

Laß das Gewahrsein ganz sanft in den Brustraum wandern. Schnürt irgendetwas den Atem ein? Bekundet sich ein Verlangen nach Kontrolle, das den Atem steuern oder beherrschen will?

Laß die Aufmerksamkeit allen hervortretenden Empfindungen folgen. Erforsche die körperliche Struktur dieses Geisteszustands.

Wie hat der Geist diese Gefühle bezeichnet?

Nennt er sie Angst?

Nennt er sie Zorn?

Nennt er sie Freude?

Erkenne den Zustand an. Registriere ihn. Jeder Geisteszustand hat seine eigenen, besonderen Merkmale. Welches sind die Merkmale dieses Augenblicks?

Laß das Gewahrsein den konstanten Prozeß dieser Gefühle im Körper erforschen.

Verändern sich diese Empfindungen?

Bewegen sie sich von einem Bereich zum anderen?

Äußert sich die körperliche Struktur dieses Zustandes in einem Bereich deutlicher als in einem anderen?

Zum Beispiel im Rücken oder im Hals?

Oder im Bauch?

Welche Empfindungen treten in der Zunge auf? Drückt sie gegen die Zähne? Preßt sie sich an den Gaumen? Welche Verklammerung zeigt sich hier?

Was geschieht am Scheitelpunkt des Kopfes?

Beobachte in einem Bereich nach dem anderen den Ausdruck des Geistes im Körper.

Untersuche den stetigen Prozeß des Denkens, der sich gegen diese lautlose Präsenz im Brennpunkt der Wahrnehmung abzeichnet.

Welche Stimmen sind in Geist und Körper zu hören? Lausche einfach. Du brauchst nicht zu antworten. Nimm einfach wahr.

Registriere den Tonfall dieser Stimmen, ihre Intensität. Erlaube dem Gewahrsein, sich noch tiefer auf dieses Lauschen zu konzentrieren.

Ist es eine verärgerte Stimme?

Eine ängstliche Stimme?

Eine verwirrte Stimme?

Lausche ihrem Klang.

Schwingt eine erkennbare Absicht in der Stimme mit? Worauf zielt diese Emotion, dieser geistig-körperliche Zustand ab?

Fühlst du dich durch ihn besser oder schlechter?

Ist er auf dein Wohlergehen gerichtet? Bringt er dich deiner wahren Natur näher? Akzeptiert er dich so, wie du bist?

Welchen Einfluß mögen Vergebung oder Liebe auf diesen Geist und Körper haben? Würde er sich weigern, sein Leid loszulassen?

Ist es eine Stimme, von der wir einen Rat annehmen würden? Führt sie uns zur Ganzheit oder zur Niederlage?

Spricht Selbstfürsorge aus dieser Stimme? Geht es ihr um Bewertung, Selbstmitleid oder Mißtrauen?

Lausche einfach und erfahre diesen Moment so, wie er ist.

Nehmen diese Gefühle einen Standpunkt ein, drängen sie dich auf deinem Weg in eine bestimmte Richtung? Wo ist die Liebe? Wo sind das Erbarmen und die Güte? Wo ist die Heilung, die diese Gefühle dir bieten?

Laß die Aufmerksamkeit jetzt in die tiefere Strömung dieses Zustandes eindringen. Fühle seine Energie, seine Veränderlichkeit, seinen Prozeß, der sich im Raum entfaltet.

Besteht der Zustand aus einer einzigen Emotion oder setzt er sich aus unterschiedlichen Gefühlen zusammen? Offenbart er eine einzelne Stimmung oder verändert sich sein Erscheinungsbild fortwährend? Eventuell lassen sich viele Gefühle beobachten. Vielleicht geht ein Moment des Stolzes in einen Moment des Zornes über.

Ein Moment der Aggression wandelt sich in Selbstmitleid.

Ein Moment der Bewertung löst sich in einem Moment der Hoffnungslosigkeit auf.

Jedes Gefühl zerrinnt, geht von einem Zustand in den nächsten über. Zentriere dich mehr und mehr in diesem Prozeß, nicht einfach nur in seinen Inhalten.

Nimm das Merkmal der Veränderung in diesem scheinbar so stabilen Zustand wahr. Konzentriere dich auf dieses innere Strömen.

Laß das Gewahrsein Augenblick für Augenblick die einzelnen Elemente erforschen, die den Strom dieser Erfahrung bilden. Durchschaue die vielfachen, winzigen Gedanken, die das Gerüst dieser Erfahrung formen.

Registriere das unpersönliche Wesen dieser Zustände, die wir so persönlich genommen haben. Beobachte, wie sie ihren Standpunkt zu verteidigen suchen. Beobachte, wie sie darauf beharren, real und absolut dauerhaft zu sein, obwohl sie sich doch fortwährend verändern.

Beobachte ihre Tendenz, sich ständig zu wiederholen. Beobachte, wie jede Stimme, jede Wahrnehmung, jede Empfindung ganz automatisch in die nächste übergeht.

Nimm wahr, wie jeder Gedanke von selbst endet. Nimm wahr, wie spontan der nächste Gedanke erscheint.

Registriere die nächste Stimme, das nächste aufkommende Gefühl. Beobachte, wie sich jeder dieser geistig-körperlichen Zustände entwickelt — wie er sich bildet und im nächsten Zustand auflöst.

Beobachte, wie sich dieser Prozeß unaufhörlich entfaltet.

Laß dies alles im Gewahrsein schweben. Laß es Augenblick für Augenblick zur Entfaltung kommen.

Beobachte, wie impulsiv jeder Zustand erscheint. Es ist ein beständiges Kommen und Gehen. Betrachte die unaufhörlichen Geburten und Tode der Gedanken.

Beobachte, wie sich das Leben fortwährend aus sich selbst heraus entfaltet. Die Gedanken denken sich selbst. Die Gefühle fühlen sich selbst.

Gib diesen stetig wechselnden Empfindungen und Gedanken ein wenig mehr Raum – gib ihnen mehr Freiheit, sich in einem sanften Körper und in einem offenen Herzen zu entfalten.

Laß den Bauch ganz von allein atmen. Die Brust ist frei. Der Hals gelöst. Die Zunge liegt weich und ruhig im Mund.

Du erlebst jeden Augenblick schon in seinem Entstehen, ohne dich im geringsten an ihm zu verhaften oder ihn zu beurteilen.

Es gibt nichts zu verändern.

Du brauchst niemand zu sein.

Es gibt nur diesen barmherzigen Raum der Erforschung, in dem sich der Prozeß von Augenblick zu Augenblick entfaltet.

Du erkennst, daß all das, was so stabil erschien, fortwährend im Raum zerrinnt. Du erschaffst den Augenblick nicht, du nimmst ihn einfach wahr.

Du erkennst, wie sich all dies als Prozeß entfaltet, beobachtest vorbehaltlos das, was *ist*.

Jeder Augenblick der Erfahrung kann völlig frei im weiträumigen Gewahrsein erscheinen. In ihm schweben. Sich fortwährend im unermeßlichen Raum entfalten. Du beobachtest das Kommen und Gehen der Gedanken in der Weite des Geistes.

Laß die Empfindungen im sanften Körper entstehen und vergehen. Laß sie sein.

Der weiche Bauch erspürt auch die leiseste Verhaftung. Der sanfte Atem öffnet sich auch der leichtesten Spannung.

Erfahre. Beobachte. Ruhe im Sein.

Laß es kommen. Laß es sein. Laß es los.

Für alles ist Raum.

Dieser Augenblick bietet die Möglichkeit der Befreiung und Heilung.

Wie kostbar, wie tief erfahrbar ist doch diese Entfaltung – das Leben selbst.

Was einen Anfang hat, hat auch ein Ende

Kapitel 50
Trennung, Tod und bewußte Scheidung

Was einen Anfang hat, hat auch ein Ende. Das Ende ist bereits im Anfang enthalten. Schon im Augenblick der Geburt schließen wir einen Vertrag mit dem Tod. Irgendwann wird jeder den Tod des anderen erleben.

Öffnen wir uns der Unbeständigkeit unserer Beziehung schon jetzt, wird dieser Augenblick groß und weit. Sich von der Furcht vor der Zukunft motivieren zu lassen, ist niemandem dienlich. Sich jedoch von der Dankbarkeit für die Gegenwart motivieren zu lassen, gibt uns den Raum, jetzt und hier zu lieben – in dieser zarten Millisekunde, in der wir zusammensein dürfen.

Ondrea sagt, es gebe drei „Quasi-Koans" in einer Beziehung. Ein Koan ist ein Weisheitsrätsel, das in der Zen-Schulung verwendet wird, um den Geist zu verwirren und das unmittelbare Herz zu offenbaren.

Sie sagt, das erste dieser Beziehungsrätsel sei: „Wer ist dieser Mensch?" Seine Lösung erfordert Zeit und Aufmerksamkeit.

Wenn dann eine Bindung entsteht, lautet das Koan: „Wie kann ich mit diesem Menschen zusammenleben?"

Durch das Vertrauen in den Prozeß kommt es zur rätselhaftesten aller Vereinigungen – zwei Menschen finden in der Liebe zu ihrer wahrhaftigen Menschlichkeit.

Wenn sich treue Herzen vereinen, so sagt Ondrea weiter, dann heißt das Koan: „Wie kann ich ohne diesen Menschen leben?" Der thailändische Zen-Meister Achaan Chah gab uns die Lehre: „Das Glas ist schon zerbrochen." Als ihn nämlich ein Schüler fragte, wie man in dieser Welt der unvorhersehbaren Zufälle und der Unbeständigkeit jemals glücklich werden könne, hielt Achaan Chah ein feines, kristallenes Kelchglas empor, das man ihm einmal geschenkt hatte. Er sagte, er schätze dieses Kelchglas sehr, denn es zaubere Regenbögen aufs Wasser, wenn es von der Sonne durchstrahlt werde, und außerdem klinge es beim Antippen so schön und zart. Wenn es aber vom Ärmel seiner Robe vom Tisch oder durch einen Windstoß vom Regal gefegt werde, in seiner neuen Inkarnation auf dem Boden läge und sein Licht in hundert schimmernde Scherben zersprungen sei, dann wäre er nicht überrascht oder enttäuscht. Denn er wisse, daß dies Glas schon jetzt zerbrochen sei. Schon als er das Glas zum ersten Mal gesehen habe, habe er seine Vergänglichkeit erkannt und es um seines „ganzen" Wertes willen gewürdigt. Gerade wegen seines stetigen Wandlungspotentials wisse er es für die Dauer seiner gegenwärtigen Form zu schätzen. Und er erkenne, daß „Kelchglas" nur ein einziger Augenblick seines Prozesses sei – ein einziger Name in der Reihe tausender Formen und Inkarnationen seines Weges vom Staub zur Perle.

Ebenso ist die Beziehung, in der du jetzt lebst, bereits zerbrochen. Wenn sie nicht schon zuvor ein karmischer Windstoß vom Regal bläst, wird der Tod schließlich Einfluß auf sie nehmen. Jeder Beziehung steht zu ihrer Vollendung nur ein einziger weiterer Augenblick zur Verfügung. Diese Kontemplation der Endpunkte ist es, die uns besonders schmerzlich lehrt, unter den Konsequenzen der Liebe zu leben. Je tiefer die Bindung zweier Partner, desto tiefer auch der Verlust, wenn man allein am Frühstückstisch sitzt. Wenn uns Menschen von der so qualvollen Zeit berichten, in der ihr Partner starb, erwähnen manche, daß sie in gewisser Hinsicht erleichtert gewesen wären, daß der Mensch, den sie liebten, als erster gestorben sei. Um ihrem Liebespartner in seinem Sterben zur Seite stehen zu können, waren sie gerne bereit, auf ihrem eigenen Sterbebett allein zu sein. Ihre Bereitschaft, den Weg allein fortzusetzen, war Teil ihrer Verpflichtung gegenüber dem Prozeß ihres Partners. So offenbart sich das Herz des wahrhaft Liebenden, das allem offensteht, was der Erleichterung des Leidens seines Liebesgefährten dient.

Natürlich repräsentiert der Tod nicht den einzigen Schlußakt einer Partnerschaft. Nur ein einziger Gefährte aus der Reihe romantischer oder auch harmonischer Liebesverbindungen, die du eingegangen bist, wird, sofern die Beziehung so lange besteht, an deinem Sterbebett sitzen. All deine früheren Beziehungen hat bereits eine Art der Trennung betroffen. Meist haben sie sich wie Narziß in den dichteren Sphären des Bewußtseins verloren. Selbst der Tod vermag einen Bund nicht so tief zu spalten wie die Trennung zweier Herzen. Der Verlust einer bewußt begonnenen Partnerschaft durch eine Scheidung kann, weil ihn zusätzlich ein Element des Alleinlassens beschwert, noch schmerzhafter sein als ein Verlust durch den Tod. Und eine Scheidung ist endgültiger als der Tod. Eine Scheidung beendet die Beziehung. Trennt sie hingegen der Tod, so halten viele Menschen sie auf der einen oder anderen Ebene aufrecht, längst nachdem ihr Gefährte ins Jenseits / in ihre Seele übergegangen ist. Der Tod zerbricht das menschliche Herz, Verlassen aber reißt es in Stücke.

Als wir einmal zwei Frauen in ihren Sechzigern begegneten, die um ihre Männer trauerten, konnten wir diese beiden Arten des Verlustes zu gleicher Zeit miterleben. Die eine Frau saß im Warteraum eines Krankenhauses und hatte soeben erfahren, daß ihr Mann den beim Schneeschaufeln in der Hauseinfahrt erlittenen Herzanfall nicht überlebt habe. Die Gefühle, die aus ihr hervorbrachen, öffneten die Herzen und schmolzen die Verhärtungen aller, die in ihre Nähe kamen. In ihrer hilflosen Klage lag das Weinen um alle verlorenen Lieben seit Anbeginn der Zeit.

Zwei Stunden später – Ondreas Bluse war noch immer ganz fleckig von den Tränen der Witwe – kam uns auf dem Parkplatz eine grauhaarige Frau entgegen, die wir aus einem unserer Workshops kannten. Sie umarmte uns zitternd und erzählte, daß ihr Mann nach fast vierzig Ehejahren mit seiner Sekretärin durchgebrannt sei. Ihre erdrückende Wehklage und wütende Hilflosigkeit verhärtete jedoch die Gefühle und beunruhigte die Herzen all derer, die sich in Hörweite befanden. Was diese verlassene Ehefrau betrauerte, war einzig die Ablehnung und

Gefühlskälte ihres Mannes, die, wie sie sagte, „wie ein Pfeil nach meinem Herzen" zielte.

Die erste Frau errichtete im Laufe des folgenden Jahres zu Hause einen Altar für ihren Mann. Sie zündete regelmäßig Kerzen an. Sprach oft mit ihm. Hörte ihn jeden Tag. Träumte von ihm, spielte mit ihm, war zärtlich mit ihm. Die Beziehung hatte nichts von ihrer Intensität verloren. Weil sie weiterhin eine ununterbrochene Verbundenheit erlebte, die auch der Tod nicht zerstören konnte, wäre sie niemals auf die Idee gekommen, sich als alleinstehend zu bezeichnen. „Er ist ständig bei mir, und obwohl ich mich manchmal allein fühle, bin ich nie einsam." Als sie ihren fünfundvierzigsten Hochzeitstag feierte, tanzte sie in der Abenddämmerung mit ihm auf der Veranda, die sie gemeinsam gebaut hatten, und lebte das Mysterium ihrer Eintracht fort. Sie war offen für den nächsten Moment, war ganz und gar lebendig im unerschöpflichen „Ich weiß es nicht".

Die andere Frau, übervoll von zerstörten Hoffnungen und brennendem Argwohn, durchlebte im Verlauf des folgenden Jahres grenzenlosen Kummer und entfernte aus ihrem Heim alles, was sie an ihren Mann erinnerte. Sie sagte: „Als Witwe würde ich um den Tod meines Mannes bekümmert sein, als geschiedene Frau aber muß ich meinen eigenen Tod betrauern." Sie veränderte das Haus nach ihren eigenen Vorstellungen, um sich ein heilendes Umfeld zu schaffen. Während ihr Herz implodierte und ihr Atem kaum noch spürbar war, trachtete sie nicht danach, zu lieben oder zu träumen. Doch als sie wenigstens sich selbst soweit zu vertrauen lernte, daß sie ihren Kummer akzeptieren konnte, umarmte sie ihr verwundetes Herz und brachte sich selbst die Herzensgüte entgegen, von der sie so wenig erfahren hatte. Sie sagte, ihr sei bewußt geworden, daß niemand außer ihr selbst ihr Leben retten könne. Sie ließ ihren betrübten Geist im heilenden Herzen versinken, ließ ihren Schmerz in den Dienst an anderen Menschen und in den Raum zwischen den Atemzügen strömen.

Sie bekannte, je tiefer sie den Zorn erforsche, der sie von ihrem Mann trenne, und je mehr Vergebung sie in diese Kluft fließen lasse, desto leichter sei es, Dankbarkeit für die schönen Zeiten zu empfinden und sich in den schwierigen Zeiten als Göttliche Geliebte zu betrachten.

Jede der beiden Frauen lebte allein und akzeptierte die Konsequenzen der Liebe, so gut sie konnte. Jede folgte ihrem eigenen, einzigartigen Pfad durch ihren eigenen, besonderen Schmerz, um dicht unter den hilflosen Trennungen des kleinen Geistes das untrennbare Herz zu finden. Jede sagte dem Göttlichen Geliebten vor dem Einschlafen gute Nacht. Die eine ihrem verschiedenen Ehemann, die andere sich selbst.

Die meisten unserer Beziehungen enden nicht mit dem Tod, sondern werden von den Extravaganzen des Geistes unterbrochen. Daß eine Beziehung – wie es der Prämisse dieses Buches entspricht – ein reiches Feld der Arbeit an sich selbst eröffnet, besagt noch nicht, daß dies auch in jeder Beziehung funktioniert. Im Idealfall bleibt jeder der beiden Beziehungspartner zu jeder Zeit achtsam gegenüber den Prioritäten des Herzens. Doch leider tritt dieser Idealfall nicht immer ein.

Mit jemandem eine Weile zu arbeiten, der überhaupt nicht an sich arbeiten möchte, kann uns eine Menge Arbeit an uns selbst bescheren. Es erfordert vielleicht einen gründlichen Yoga des Lösens von Verhaftungen an Resultaten oder an der Erwartung, für erwiesene Güte oder Rücksichtnahme Dankbarkeit zu ernten. Wenn sich das Gefühl der Trennung jedoch unablässig fortsetzt und offenbar keine Chance einer geistigen Begegnung besteht – wenn sich das Herz aus der Balance zurückgezogen hat – dann werden sich wohl beide mit einem tiefen Seufzer der Enttäuschung und einem gewissen Gefühl der Selbstachtung eingestehen, daß sie nicht willens sind, weitere Energie in diese „permanente Ausweglosigkeit" ihrer schwindenden Gemeinsamkeit zu investieren. Doch selbst wenn die beiden keine gemeinsame geistige Grundlage finden, teilen sie vielleicht immer noch den gemeinsamen Wunsch, daß ihre Trennung nicht noch weitere Gräben in ihrer Seele aufreißen möge. Sie teilen vielleicht die Bereitschaft, diese Trennung zur *letzten Trennung* zu machen, zu einer Heilung all dessen, was vorher war.

Natürlich wird jeder, der in einer sich stetig entwickelnden Beziehung lebt, hin und wieder das Gefühl haben, daß es nicht so recht funktioniert. Auch in den ausgeglichensten Beziehungen kann gelegentlich das Bedürfnis zum Rückzug aufkommen, wenn unser Narziß sich gegen das Loslassen sträubt oder sich von der überhellen Klarheit seines eigenen Spiegelbildes bedroht fühlt. Aufgrund dieser Neigung, die Ursachen unseres Leidens – das Selbstbild, unsere Ängste und Verlangen – zu verteidigen, empfehlen wir den meisten Paaren, die eine erfolgreiche Beziehung aufgenommen hatten und nun an eine Trennung denken, zu erwägen, wenigstens noch drei Monate lang gemeinsam die Ursachen und möglichen Heilmittel für alles zu erkunden, was zu einem Ende der Partnerschaft führen könnte. Daß sie auf ein vereintes Getrenntsein hinarbeiten sollten. Denn das Wesen einer bewußten Scheidung oder Trennung ist das Vergeben.

Eine der Gefahren, welche ein Buch wie dieses birgt, besteht darin, daß sich aus unserer Verhaftung an diesem Prozeß eine ausgeprägte Neigung zu Zwei-Personen-Gemeinschaften ergeben kann. Es scheint zu implizieren, daß eine engagierte Zweierbeziehung „besser" sei als alle anderen mannigfaltigen Variationen dieses Themas – einschließlich des Single-Daseins. Dem ist nicht so. Wir wurden nicht einzig deshalb geboren, um eine Partnerbeziehung einzugehen. Wir wurden geboren, um unser wahres Herz zu finden – „mit allen verfügbaren Mitteln".

Wir haben einfach nur zu vermitteln versucht, welche inneren Möglichkeiten Menschen haben, die sich intuitiv zu einer partnerschaftlichen Praxis hingezogen fühlen. Auch will dieses Buch nicht erreichen, daß Paare zusammenbleiben. Es möchte nur dazu auffordern, absolut lebendig zu sein. Wach für den Prozeß zu sein und sich nicht in „magischem Denken" zu verlieren, sondern sich der mystischen Vereinigung anzuvertrauen. Eine immer tiefere Dankbarkeit für diesen Augenblick zu spüren, wo alles in einem Zustand entweder des Wachstums oder der Rückentwicklung ist. Zu verstehen, daß auch das, was als bewußte Beziehung begann, ohne sorgfältige Pflege zu einer wirren, egoistischen Zweiheit oder kaltherzigen Stagnation degenerieren kann – und letztlich zu einem angstvollen Rückzug. Wie sagte jemand? „Wenn wir nicht gerade mit dem Geborenwerden beschäftigt sind, so beschäftigen wir uns mit dem Sterben."

Selbst ein mystischer Bund kann zerbrechen, wenn die feine Balance zwischen wesensmäßig getrennten Seelen und wesensmäßig gleichen Herzen nicht mehr aufrechterhalten wird. Dies kann passieren, wenn Selbstzufriedenheit den Brennpunkt schwächt. Oder die Partner treten zu weit aus sich heraus, gehen so tief „ineinander hinein", daß sie ihre persönliche Praxis außer acht lassen und die Erforschung trennender Faktoren zugunsten oberflächlicher Rituale der Zusammengehörigkeit hinausschieben. Oder es tritt eine Wendung ein, weil beide Partner so tiefgreifend zu „Kindern Gottes" werden, daß sie wie Bruder und Schwester zueinander stehen – sie werden zu Geschwistern des Menschengeschlechts, sind ungemein sensibel und liebevoll, absolut offen füreinander und dabei frei von jeglicher Verhaftung oder Begierde.

Trotz aller Gnade, die Ondrea und ich erfahren haben, gab es auch sehr schmerzhafte Lehrzeiten in unserer Beziehung. Auch wir haben die Kunst der Partnerschaft durch die Praxis des Hinfallens gelernt. Wir mußten lernen, uns immer wieder leichten Herzens hochzurappeln. Dies ist meine dritte Ehe, bei Ondrea ist es die zweite. Irgendwann hat man es eben kapiert! Meine erste Ehe ging auseinander, weil es nichts gab, was sie zusammenhielt. Als unser beiderseitiges Interesse an diversen unzuträglichen Aktivitäten schwand, existierte keine gemeinsame Grundlage mehr. Wir drifteten buchstäblich auseinander, sie nach Mexiko, ich in eine neue Beziehung. Dennoch bekam ich nach zehn Jahren Post von ihr, und wir nahmen wieder Kontakt zueinander auf. Seitdem schreiben wir uns gelegentlich und versuchen, uns gegenseitig bei unseren „Kletterpartien" zu unterstützen.

Meine zweite Ehe kam, wie Ondreas erste, ohne Zielsetzung und allzu großes Gewahrsein zustande. Sie repräsentierte eine Verpflichtung, allerdings weniger der Liebespartnerin als vielmehr den wundervollen Kindern gegenüber, die aus dieser körperlich-geistigen Verbindung (sicherlich mehr aus ersterem) hervorgingen. Die nach fünf Jahren ausgesprochene Scheidung beruhte auf „unvereinbaren Gegensätzen". Sie hinterließ aber die machtvolle Lehre, daß sich selbst aus einer „sinn-losen" Beziehung sinnvolle Arbeit an sich selbst ergeben kann, wenn man achtsam ist und mit dem Herzen lauscht (wozu ich aus heutiger Sicht damals nicht allzu häufig imstande gewesen war). Eine Menge Zorn und gefühllose Schauspielerei bestimmten die Tagesordnung. Im Unterschied zu der natürlichen Trennung meiner ersten Ehe stand hier am Ende weniger der Wunsch, „im Leben weiterzukommen", als vielmehr eine tiefe Enttäuschung, ein grundlegender Zweifel an den Möglichkeiten einer Beziehung. Ich mußte einsehen, daß diese Jahre der Isolation die zahlreichen, vernachlässigten Wunden und Kümmernisse widerspiegelten, die unserer wohl niemals aufrichtigen Begegnung vorausgegangen waren. Die im Grunde nur ein verzweifelter Versuch war, eine Beziehung „herzustellen", für die es keine natürliche Grundlage gab. In der sich keine Wertigkeiten herausbildeten. Unsere Meinungen gingen immer auseinander – ob es sich nun um den Sinn des Lebens oder die genaue Kochzeit eines Drei-Minuten-Eies handelte. Die Freude an unseren Kindern war das einzige, worin wir übereinstimmten. Ich konnte die Aura des Grolls, die mich und sie oft umgab, kaum ertragen. Indes vermochten wir – wenn schon nicht als Liebende, so doch wenigstens als Freunde – in kurzen Augenblicken geistiger Klarheit zu erkennen, daß zur Aufrechterhaltung dieser Partnerschaft eine gewaltige Anstrengung notwendig gewesen wäre, die wir aber als sinnlos empfanden. Beide fühlten wir, daß unsere Beziehung zu einem Abladeplatz für unseren emotionalen Schutt geworden war. Der Rest von Weisheit, der uns geblieben war, führte uns zu der Einsicht, daß wir die Güte und Rücksichtnahme, an der es in unserer Ehe oft gefehlt hatte, wenigstens in ihrer Scheidung aufbringen mußten. Und so konzentrierten wir uns während der Trennungszeit bewußt auf das Wohlergehen und die Akklimatisierung der Kinder. Unsere Scheidung verlief in mancherlei Hinsicht bewußter als unsere Ehe. Da unsere Triangulation stets eher auf die Kinder als auf die Beziehung oder gar auf den Partner gerichtet gewesen war, ging die Scheidung sehr glatt und freundschaftlich vonstatten. Und weil wir im Geist der Vergebung erkannten, daß der letzte Schritt ebenso wichtig ist wie der erste, blieben wir noch eine ganze Weile in regelmäßigem Gedankenaustausch. Güte und gegenseitige Fürsorge hatten ein Band zwischen uns geknüpft, wie es in all den früheren Jahren nur selten zu spüren gewesen war.

Als für meine geschiedene Frau anderthalb Jahre später eine neue Ehe begann, wurde ich von ihr und ihrem Mann – einem alten Freund von mir – als Begleiter des Bräutigams auf die Hochzeit eingeladen. Und als dem Paar nach einem weiteren Jahr Zwillinge geboren wurden, bat man mich, die Rolle des Patenonkels ihrer kleinen Tochter zu übernehmen.

Das heilsame Verhältnis, das mich nach wie vor mit meinen beiden ersten Frauen verbindet, mag teilweise darauf beruhen, daß alle qualvolle Isolation, alle schmerzhafte Wut und Kritik zwar Gefühle seelischer Erschöpfung in uns geweckt hatten, niemals jedoch die Absicht, dem anderen weh zu tun. Außerdem entwickelte sich in beiden Fällen nach und nach eine intuitive Hinwendung zum Vergeben und zum Verarbeiten der Vergangenheit. Und weil niemals auch nur leiseste Drohung oder gar Nötigung vorgefallen waren, blieben auch keine unüberwindlichen Gräben. Die seelische Mißhandlung reichte uns vollauf! Wenn irgendeine Form körperlicher Mißhandlung stattfindet, hebt dies natürlich alle Abmachungen auf. Schon *ein* solches Verhalten ist ein Akt der Scheidung. Selbst nach einem Verzeihen ist es fast immer ein Fehler, die Beziehung fortzusetzen und zu glauben, man könne sich auf frühere Versprechen noch verlassen.

Es ist sehr schwierig, Schmerz in Heilung zu verwandeln, wenn man das Vertrauen in den Prozeß verloren hat. Wenn frühere Mißhandlung, Unehrlichkeit oder Untreue den Zugang zum Herzen verengt und den Schutzschild über dem Schmerzpunkt verfestigt haben, kann es notwendig sein, sich einige Schritte vom Feuer zurückzuziehen und abzukühlen. Solange der Versuch, eine Beziehung in einer Atmosphäre des Mißtrauens aufrechtzuerhalten, eher dem Überlebenskampf in einem lodernden Buschfeuer gleicht als der Wärme eines Lagerfeuers in heiliger Runde, sollte man einen angemessenen Abstand zueinander einnehmen, still am Feuer sitzen und über seine kreativen oder destruktiven Fähigkeiten nachdenken.

Es sei hier erwähnt, daß das Wort „Retreat" (Rückzug) in spirituellen Gemeinschaften eine Zeit der Ruhe und Kontemplation bezeichnet, aus der man weiter und größer in die Welt zurückkehrt. Manche Beziehungen erfordern ein solches Retreat – nicht im Sinne eines Ausstiegs, sondern eines zurückgezogenen Eindringens in unser Leiden und unsere Furcht. Ein solches Retreat stellt keine Aufgabe oder Flucht dar. Es ist ein Versuch, den Geist zu stabilisieren und das Herz zu ermutigen. Wenn eine Trennung schon fast unausweichlich erscheint, vermag uns eine solche Periode stiller Selbstbeobachtung zu helfen, den Boden unter unseren Füßen wiederzuentdecken und allmählich die Einsicht und Vergebung zur Heilung der Vergangenheit zu entwickeln. Bevor wir aber den Versuch zur Vergebung wagen, sollte uns klar sein, daß wir den Prozeß nicht beschleunigen, sondern uns ihm nur öffnen können. Manchmal müssen wir uns sogar von der Vergebung lösen, um das „Unverziehene" in uns selbst zu ergründen, bevor der nächste Schritt auf diesem neuen Boden möglich wird. Wenn sich das Vergeben von selbst entwickelt und von der Bereitschaft unterstützt wird, nicht zu leiden oder Leid zu schaffen, dann setzt sich der Prozeß unserer Heilung unablässig fort.

Eine bewußte Scheidung oder Trennung kann die Bedingungen, die so viele Probleme aufwarfen, völlig ändern. Das liebevolle Herauslösen aus einer oftmals lieblosen Partnerschaft stimmt die Möglichkeiten der nächsten Partnerschaft neu ab. Es erlaubt uns das Loslassen und Seinlassen. Es bietet uns die Alternative, in einer sehr weitherzigen Weise *zu* den lieblosen Wesenszügen in uns selbst und in anderen in Beziehung zu treten. Uns selbst und dem anderen in einem einzigen Atemzug zu vergeben. Den Fuß zum nächsten Schritt zu schwingen, ohne Schleifspuren zu hinterlassen.

So wie es zu empfehlen ist, die beiderseitigen Erwartungen in einer Beziehung zu definieren und sich in einem Partnerschafts- oder Ehevertrag über die Prioritäten zu einigen, so ist es auch nützlich, bei einer Trennung die Grundlage für ein gemeinsames Abkommen zu finden, das einem Scheidungsvertrag nahekommt. Solche Abkommen scheinen den Heilungsprozeß des Loslassens zu erleichtern. Das vielleicht wichtigste Mittel, das unseren kleinen Geist vor der paranoiden Verstrickung in Probleme des Verlassenseins, des Grolls und des bedrohten Selbstbildes bewahrt, ist die klare Abmachung, nicht an den Geheimnissen des Partners Verrat zu begehen. Das erste Gebot einer solchen Verpflichtung zu bewußter Trennung sollte ein Stillschweigen über alles vertraulich Mitgeteilte sein. Um kein Mißtrauen zu schaffen und die Intimität der „Kopfkissen-Gespräche" nicht zu mißbrauchen, sollten uns jene Momente, in denen sich das Herz offenbarte, heilig sein. Dies bedeutet, ein ganzer Mensch zu sein, auch wenn diese Ganzheit in Frage gestellt wird. Es bedeutet, die Macht der Angst und Beschämung zu opfern, die jeder über den anderen besitzt. Gütig zu sein. Ein gewisses Niveau „allgemeiner Höflichkeit" zu wahren.

Weil während eines Trennungsprozesses neurotische Fixierungen ihren kleingeistigen Höhepunkt erreichen können, lautet das nächste Gebot, all das, was in materieller, emotionaler und spiritueller Hinsicht aus der Beziehung hervorgegangen ist, komplett zu definieren und aufrichtig miteinander zu teilen. Die Trennung sollte eher dazu dienen, „sein eigenes (Selbst) zu finden" als „seinem *anderen* (Selbst) etwas zu entreißen".

Wenn Kinder vorhanden sind, sollte sich jeder Partner gleichermaßen dazu verpflichten, ihnen seine Zeit und Energie zu widmen. Niemals dürfen die Kinder zu Geiseln auf einem Schlachtfeld werden, wo die Partner im Hinterhalt liegen und sich belauern. Bei jedem bewußten Scheidungsvertrag geht aus dem aufgehobenen Beziehungsdreieck eine neue Triangulation hervor, an deren Scheitelpunkt die Kinder stehen.

Die dritte Verpflichtung müßte darin bestehen, für sich allein den Kummer zu erforschen, den man nicht rückhaltlos miteinander teilen konnte, der aber in anmaßenden Gesten und subtilen Aggressionen zum Ausdruck kam. Weil der kleine Geist angesichts des Gefühls, nicht geliebt zu werden, eine große Raffinesse entwickeln und Narziß sehr zuwendungsbedürftig sein kann, ist die Arbeit am Kummer in einer solchen Situation vielleicht effizienter als sonst. Sie bildet das Vorspiel der Vergebung, die alle Geschäfte vollständig bereinigt.

Es ist für Ondrea und mich nicht entscheidend, daß wir „die Arbeit" perfekt ausführen, sondern daß wir sie überhaupt verrichten! Ondreas erste Ehe vor achtundzwanzig Jahren und meine beiden Scheidungen gaben uns zum Lernen reichlich Gelegenheit. Nichts bringt uns so viel über die Liebe bei wie ihre Abwesenheit. Die Fehlschläge in unseren früheren Beziehungen erwiesen sich in den reichlich fünfzehn Jahren unseres Zusammenlebens als eine überaus heilsame Lehre im Bewahren des Herzens, selbst in Zeiten flauer Achtsamkeit. Sie lehrten uns, wie man trotz Narzissens ständiger Klagen liebevoll sein kann.

Und weil wir unseren früheren Liebespartnern mit Achtung und Dankbarkeit begegneten, erkannten wir allmählich, daß uns all die melancholischen Hoffnungen und Enttäuschungen, die einst eine tiefere Beziehung verhindert hatten, heute aber einfach in Beziehung zu uns stehen, neue Möglichkeiten bewußt machten und in diesen Moment hineinführten, wo nichts unmöglich ist.

Es gibt zwei Fragen, die uns immer wieder von Paaren gestellt werden, welche an eine Scheidung denken. Die erste ist: „Woher weiß ich, wann meine gemeinsame Arbeit mit diesem Menschen beendet ist?" Unsere Antwort ist oft, daß deine Arbeit mit dieser Person möglicherweise niemals endet, sondern nur die Zeit des Zusammenlebens mit ihr. Wenn du erklärst, daß deine Arbeit mit dieser Person erledigt sei, dann würden wir dich fragen: Hegst du noch irgendwelchen Groll? Versuchst Du, ein bestimmtes Bild, das der andere von dir hat, in irgendeiner Weise zu verteidigen? Laufen noch Posen bei dir ab, in denen du dich vor ihm versteckst? Listet ihr noch unerledigte Geschäfte auf? Wenn ja, dann ist eure gemeinsame Arbeit noch nicht erschöpft – allenfalls eure Bereitschaft. Bestünde in diesem Fall die Möglichkeit der Vergebung? Wenn ihr jetzt eine Trennung erwägt – wie gedenkt ihr, die als unerledigt empfundenen Dinge zu bereinigen? In Wahrheit ist unsere Arbeit mit dem anderen solange nicht beendet, bis wir ihm und uns selbst vergeben haben. So lautet die Fragestellung eigentlich nicht „Woher weiß ich, wann unsere Arbeit erledigt ist?", sondern „Wie können wir diese Situation so nutzen, daß sie unsere Heilung fördert?" Dies beantwortet uns allein unsere innere Stimme, die uns zuflüstert, daß nur Achtsamkeit und Herzenswärme die Welt wieder heilen können. Nur der große Geist hat Raum für den Augenblick, in dem „das Beten nicht mehr möglich und das Herz zu Stein geworden ist."

Die zweite der häufig gestellten Fragen lautet: „Wie schlimm muß es werden, bevor man davon ausgehen kann, daß eine Trennung oder Scheidung sinnvoll wäre?" Gewöhnlich antworten wir darauf, daß eine Scheidung im Falle drohender Gewalt auf jeden Fall schon längst überfällig wäre. Bei subtileren Übergriffen, wenn man sich „mit Worten foltert", stellt sich die Frage, wieviel Leid man noch ertragen kann, bevor sich die Fähigkeit des Gebens und Nehmens erschöpft. Wie lange kannst du noch ohne Erbarmen leben? Ist der Geist schon so aufgewühlt von Klagen und Urteilen, daß er sein Herz nicht mehr hören kann? Ist es Zeit, einen Schritt zurückzutreten und darüber nachzudenken, ob diese Beziehung wirklich nicht mehr weiter vorstellbar ist oder einfach nur eines größeren Einsatzes deiner Energie bedarf? Oder hast du „nun wirklich alles versucht" und bist trotzdem noch hilflos und verzweifelt? Und auf welche Weise willst du die Nachwirkungen dieser Beziehung heilen, bevor du eine neue eingehst?

Wenn eine Beziehung im Hinblick auf die Arbeit an einem bestimmten Problem eingegangen wurde, welches beide Partner inzwischen schon zur Hälfte gelöst haben, entschließen sich manche zu einem „begrenzten Partnerschaftsvertrag". Ihre Verpflichtung läuft eher auf einen gemeinsamen Prozeß als auf eine langfristige Beziehung hinaus. Wenn sich dieser heilende Prozeß seiner Vollendung nähert und keine weiteren gemeinsamen Aufgaben warten, dann werden sich ihre Wege wahrscheinlich trennen. Ihre Herzen haben sich nicht füreinander verschlossen, aber sie befinden sich einfach nicht im Verhältnis einer engagierten, triangulierten Partnerschaft. Auch befristete Beziehungen können ein sehr effektives Zusammenarbeiten ermöglichen, wenn sie als ein gemeinsamer Schritt zur Vollendung betrachtet werden. Wenn sie sich wieder lösen, werden sie gewöhnlich nicht von den vorher erwähnten Konfusionen und Fragen begleitet. Die Partner gleichen eher Künstlern, die gemeinsam an einem Werk gearbeitet haben. Sie hatten sich für ein bestimmtes Projekt zusammengefunden, und wenn sie ihre Arbeit – die vielleicht im Ausweiten ihrer Vertrautheit, im gemeinsamen Heilen einer Krankheit oder im Festigen eines tieferen Lebensvertrauens bestand – abgeschlossen haben, setzt jeder seinen eigenen, individuellen Lebensweg fort. In diesem Fall bestimmt die Klarheit des ersten Schrittes – die ursprüngliche Vereinbarung einer „begrenzten Partnerschaft" – die Klarheit des letzten.

Zweifellos ist unser Lernprozeß zumindest schwierig, wenn nicht sogar schmerzhaft – und gelegentlich auch verwirrend. Um aber zu verstehen, was ein offenes Herz bedeutet, ist nichts so lehrreich wie ein Herz, das verschlossen ist. Das Entscheidende klärt sich nur langsam. Wo jedoch die Hingabe an den Partner das Herz ahnen läßt, daß lösbar ist, was früher unlösbar erschien, entspannt sich der Bauch, und der Geist öffnet sich für die Möglichkeiten der Lebensfreude und Heilung, die unseren Eintritt in tiefere Ebenen des Bewußtseins begleiten.

Man sagt, daß die längste Reise mit dem ersten Schritt beginnt – aber sie wird auch mit dem letzten beendet. Und dieser letzte Schritt ist ebenso wichtig wie der erste. Er ist der Aufbruch zur nächsten Reise. Wie wir eine Beziehung beenden, beeinflußt unseren Weg in die nächste. Es ist eine Lehre der Kontinuität. So wie ein Scheidungsabkommen ebenso ausschlaggebend sein kann wie ein Ehevertrag, so ist eine Scheidungszeremonie ebenso wichtig wie eine Hochzeitsfeier. Beide sind Rituale des Übergangs. Eine leise Trauer, eine hohe Erwartung. Beides hat die Macht, uns zu heilen oder zu versklaven. Eine Scheidungszeremonie ist jedoch keine Umkehrung einer Hochzeitsfeier. Sie ist ein neuer, völliger Augenblick der Geburt. Eine neue Gelegenheit zur Erhellung und Erleichterung. Eine triangulierte Scheidung opfert alle Verstimmung und Verwirrung der „nicht-wissenden" Unermeßlichkeit des Heiligen und schafft wieder neuen Boden unter den Füßen. Sie ist ein Ausbalancieren von Himmel und Hölle. Sie ist der nächste Augenblick des Lebens, nach dem du dich so sehnst.

Innerhalb der letzten zwanzig Jahre haben wir verschiedene Trauungen, Trauerfeiern und Scheidungszeremonien geleitet. Sie alle wiesen Ähnlichkeiten auf: das Gefühl bevorstehender Veränderung, eine in größeren Gruppen seltene Gleichgestimmtheit des Herzens und die Ahnung, daß das Leben nie mehr so sein würde wie früher. Jedesmal wurden die Teilnehmer im gemeinsamen Herzen zusammengeführt, um dem Alten Lebewohl zu sagen und völlig in das Neue einzutauchen. Bei einer der Scheidungszeremonien versammelten wir uns im prächtigen Garten hinter dem Haus des Paares. In der Mitte des Gartens brannte in einem perfekten Kreis aus Steinen ein kleines Feuer. Um das Feuer herum standen ihre engsten Freunde. Eine schöne afrikanische Schnitzerei – einst ein bedeutungsvolles Hochzeitsgeschenk – wurde quer in die Flammen gelegt, und als der über einen Meter lange Holzstab in der Mitte zu brennen begann, spielten die beiden „ihr Lied". Es herrschte keine Feindseligkeit. Allen war inmitten dieser sanften Würdigung tiefer Unvereinbarkeit ein wenig zum Weinen zumute. Während die Mitte des Schnitzwerkes glühte und die Flammen an ihm emporzüngelten, standen die beiden auf entgegengesetzten Seiten des Feuers und sprachen durch den Rauch hindurch von der Dankbarkeit und Anerkennung, in der sie ihrer gemeinsamen Erfahrungen gedachten. Sie gestanden sich ein, daß die schweren Zeiten vorüber seien, und wünschten sich über das Feuer hinweg alles Gute. Als das Holz in der Mitte auseinandergebrochen war, nahmen wir die schwelenden Teile aus dem Feuer, gingen damit zu einem Felsen und gaben den beiden, die nun keine Liebesgefährten mehr waren, die Hälften in die Hand. Und jeder zeichnete mit seinem glimmenden Holzstück Rauchringe in die Luft – den Zen-Kreis. Dann verneigten sie sich voreinander, und jeder warf seinen Rest des geschnitzten, hölzernen Stabes ins Feuer. Ihre Partnerschaft wurde symbolisch von den Flammen verzehrt, die sie voneinander getrennt hatten. Als nun Musik einsetzte, wurden sie von all ihren Freunden beglückwünscht. Jeder in diesem

Garten konnte die Liebe spüren. Ihre Beziehung war vorüber, aber die Welt der Liebe war noch immer lebendig.

Nach der Feier gestand uns einer der Anwesenden, daß ihm nicht einmal seine Trauung ein solches Gefühl des Verbundenseins vermittelt habe wie diese Trennungszeremonie. Eine Menge unerledigter Geschäfte waren auf dieser Feier, die sich noch bis tief in die Nacht fortsetzte, bereinigt worden. Man musizierte, tanzte und hielt ein Festmahl, zu dem alle einen Beitrag leisteten, die seit den ersten Tagen an den Freuden und Verwirrungen dieser Beziehung Anteil genommen hatten und nun ebenso engagiert an ihrer endgültigen Entfaltung teilnehmen wollten.

Ähnlich war es in der Geschichte, die jemand auf einem Partner-Workshop erzählte. „Meine Frau und ich führten jahrelang eine ziemlich unbewußte Beziehung. Wir bemerkten kaum, ob der andere im Zimmer war oder nicht. Was noch mit einem bestimmten Maß an Liebe begonnen hatte, war zu einem lästigen Konkurrenzkampf geworden. Durch eine unbegreifliche Gnade ‚packten wir es' aber in allerletzter Sekunde, bevor unsere Beziehung völlig zerbrach, und fällten die bewußte Entscheidung, bei unserer Trennung ein ganzes Stück achtsamer zu sein als in der Zeit davor. Wir verpflichteten uns bewußt zu einer bewußten Scheidung. Wir vergaben einander. Das ist jetzt einige Jahre her. Seitdem leben wir beide in neuen Beziehungen, die ideal für uns sind. Früher war sie meine Frau, jetzt ist sie meine Schwester."

Eine Trennungszeremonie ist eine Vergebungszeremonie. Man sagt sich „goodbye" und ist sich bewußt, daß dies „Gott sei mit dir" bedeutet. Es ist ein Segnungsritual, das den Geist entwirrt und die Herzen wieder zusammenführt. Eine solche ritualisierte Klärung ermöglicht eine Heilung, in der die Verletzungen und diffusen Grausamkeiten, die Gefühllosigkeiten und Täuschungen der Vergangenheit von einem barmherzigen Gewahrsein empfangen werden. Sie führt, auch wenn die Herzen getrennt sind, zu einer Begegnung der Seelen, die uns nicht nach Strafe trachten läßt, sondern nur den Wunsch erweckt, weder Ursache noch Objekt von Demütigung oder Herzlosigkeit zu sein. Dieses heilende Gewahrsein vermittelt uns Einsicht in die Natur des „Ungeheilten", bevor dieses sich auf weitere Beziehungen auswirken kann. Es ist ein evolutionärer Schritt zur Einheit.

Wie viele Beziehungen auf der Entwicklungsleiter, wie viele unangenehme Trennungen wir auch hinter uns haben mögen – ein Freund sagte: „Gib in der Liebe niemals auf!" Die Göttliche Geliebte kann schon an der nächsten Wegkreuzung stehen. Wie im sonstigen Leben können wir auch in einer Partnerschaft wiedergeboren werden, bevor uns überhaupt zum Bewußtsein kommt, daß wir am Leben sind. Das Herz kann sich früher offenbaren, als es der Geist erwartet. Liebe ist eine beständige Möglichkeit, doch der Geist merkt dies manchmal als letzter. Das Herz aber wird quer durch den Raum, quer durch die Welten spüren, daß der Göttliche Geliebte naht und eine neue Lebensreise ihren Anfang nimmt.

Kapitel 51
Wenn ein Liebesgefährte stirbt

Unlängst trafen wir auf einem Wochenend-Workshop einen Mann, dessen Gesicht uns bekannt vorkam. Er sagte, er habe vor einigen Jahren mit seiner Frau an einem Partner-Workshop teilgenommen, doch nun sei es an der Zeit, einen Sterbe-Workshop zu besuchen – allein. Er fragte uns, ob er etwas berichten dürfe. Und er erzählte uns von seiner engen und harmonischen Beziehung zu seiner Frau, die er über alles liebte. Nachdem die beiden jahrelang mit großer Begeisterung Trekkingtouren und Kletterpartien in den Bergen unternommen hatten, faßten sie den Entschluß, zu ihrem zehnten Hochzeitstag nach Hawaii zu fliegen und den wunderbaren Wasserfall zu besteigen, den ein Foto in ihrem Schlafzimmer zeigte. Es war ein Traum, der sie an kalten Winterabenden oft innerlich erwärmt hatte: ein vielstufiger Wasserfall, der sich inmitten des Dschungels über eine Treppe silberglänzender Katarakte und smaragdgrüner Wasserbecken herabstürzte. So reisten sie nach Hawaii, um in seinen glitzernden Regenbogenschleiern ihre zehn gemeinsamen Jahre zu feiern.

Langsam und vorsichtig erstiegen sie die felsigen Stufen, erfreuten sich an jedem Augenblick dieses Traumes und machten auf zwei Dritteln der Höhe des Wasserfalls halt, um zu verschnaufen und diese atemberaubende Aussicht in sich aufzunehmen. „Wir waren hingerissen und total durchnäßt." Er betrachtete die tosenden Fluten voller Dankbarkeit und Ehr-

346

furcht und wandte sich zur Seite, um diesen Eindruck mit seiner Frau zu teilen. Aber sie war nicht mehr da. Sie war einfach von diesem gewaltigen, moosbedeckten Felsen verschwunden. Noch als er uns dies erzählte, blickte er uns ungläubig an und sagte: „Ich drehte mich um, und sie war weg!" Sie war unbemerkt von der glatten, wasserbesprengten Felsplatte abgerutscht, und das Brausen des Wasserfalls hatte ihre letzten Laute übertönt. Innerhalb einer Nanosekunde war ihm die Geliebte eines Jahrzehnts entglitten. Die „Liebe meines Lebens" war ins Unbekannte verschwunden.

Ihre besondere Wesenart, ihr seltsamer Humor, ihr beständiger Blick, ihr Mitgefühl, ihre klugen Worte, ihr strahlendes Lächeln, ihr einzigartiger Duft – vorbei. Und plötzlich Leere in jedem Atemzug, in jedem Schritt dieser steinernen Füße auf hohler Erde.

„Ich drehte mich um, und sie war weg!" Was wäre, wenn du dich jetzt umdrehen würdest, und deine Liebste, dein Liebster wäre nicht mehr da? Was wäre ungesagt geblieben? Was hättet ihr euch nicht gegeben? Was alles hättet ihr euch selbst verwehrt?

Nachdem wir inzwischen viele Menschen an die Schwelle des Todes begleitet haben, ist uns bewußt geworden, daß die Loslösung, die uns auf dem Sterbebett am schwersten fällt, das Lösen von der Verhaftung an einer Beziehung ist. Ich erinnere mich, daß ich einmal zu einer Koma-Patientin gerufen wurde, die einige Wochen zuvor zum Sterben in ein Hospiz gebracht worden war. Es hieß, sie hinge fest und könne einfach nicht loslassen. Die Hospizmitarbeiter beteuerten, daß sie alles richtig gemacht, „das Rezept" befolgt und ihr auch versichert hätten, daß es völlig in Ordnung wäre, wenn sie sterben würde. Als ich ins Zimmer kam, spürte ich aber, daß da noch etwas ungeklärt war. Man hatte ihr zwar gesagt, daß es in Ordnung sei, wenn sie ihren Körper verließe, aber sie empfand es anders. Für sie war es nicht in Ordnung. In der Sorge, was nach ihrem Tod aus ihren sechs Kindern und ihrem alkoholkranken Mann werden würde, klammerte sie sich verzweifelt an ihren ausgemergelten Körper und seine so deutlich schwindende Lebenskraft. Wie wir es gewöhnlich tun, sprach ich mit ihr über ihre Verfassung und ihre Situation, obgleich sie sich in einem tiefen Koma befand. Ich erklärte ihr, ich sei mir bewußt, welche Angst sie davor habe, daß ihre Kinder einen so immensen

Schock vielleicht nicht überstehen könnten – und wie sehr sie daran zweifele, daß ihr Mann in der Lage sei, sich um die Familie zu kümmern. Auf der anderen Seite, so sagte ich, hätte ich diese Situation schon sehr oft miterlebt. Mir seien Familien bekannt, wo eine Mutter mehrere Kinder zurücklassen mußte, denen es bemerkenswert gut gelungen sei, ihre tiefe Trauer zu verarbeiten und sich durch sie zu entwickeln. Jeder habe dem anderen mit großem Elan beigestanden. Ich berichtete ihr von meinen Erfahrungen mit mehreren Familien, die sich durch eine solche Situation hindurchgearbeitet und bewiesen hatten, daß Kinder sehr einfallsreich sein können, daß Menschen oftmals gerade durch solche traumatischen Erfahrungen ihre innere Stärke entdeckt hätten. Tränen traten aus ihren geschlossenen Augen und rannen über ihre Wangen. Und als ich ihr sagte, ich wisse, daß es für sie nicht leicht sei, zu sterben, daß dies aber in Ordnung sei und ihre Kinder und ihr Mann sicherlich auf irgendeine Weise damit fertig werden würden, war deutlich zu erkennen, wie sich eine große Spannung in ihrem Körper löste. Sie starb zwei Stunden später. Selbst im Koma hatte ihre Sorge um die Familie nicht nachgelassen. Selbst im Koma wußte sie, daß Liebe mächtiger ist als Furcht. Aber nun wußte sie auch, daß sie vertrauensvoll Zuflucht zur Göttlichen Geliebten nehmen und ihren Körper wie auch ihre Familie dem Erbarmen des Universums überlassen konnte.

Kürzlich erhielten wir den Brief einer sterbenden Frau, die im Begriff war, sich innerlich von ihrer Familie zu trennen. Ondrea schrieb ihr zurück:

Ja gewiß, Dein Herz zerbricht. Das ist ganz natürlich, und Du mußt nicht davor zurückschrecken. Erlaube ihm, sich gänzlich preiszugeben. Sage alles, was zu sagen ist. Höre alles, was zu hören ist.

Es ist nun Zeit für die Heilung, die über alle Gesundheit hinausgeht. Gib Dich jedem Tag mit Deinem ganzen Wesen hin. Realisiere die Tonband- und Videoaufnahmen, an die Du schon so lange denkst. Hinterlasse Dich selbst. Lege für die kommenden Jahre Dein Herz, Deine Stimme, Dein Bildnis in sie hinein. Verschone nichts. Tauche ganz in Dein Leben ein. Laß es Deine Kinder ein ganzes Leben lang begleiten.

Strahle jeden Tag Herzensgüte auf Dich selbst aus. Gewähre dem Körper Vergebung. Erwarte keine Vernunft von den Gefüh-

len. Das wäre unvernünftig. Beobachte die alten Urteile und die Erbarmungslosigkeit, die in Deine Schmerzen strahlen. Übe Erbarmen an Dir selbst. Behandle Dich so, als wärst Du selbst Dein einziges Kind. Laß auch Deine Kinder zu einer solchen Erfahrung gelangen. Erinnere sie an ihre Stärke und Schönheit. Und erinnere Dich auch an die Deine. Dies ist der Prozeß, für dessen Vollendung jeder von uns geboren wurde. Gehe sanft mit der Enttäuschung um. Sei Dir bewußt, daß jedes Deiner Gefühle natürlich ist. Sei barmherzig. Und wenn sich ein wenig Klarheit einstellt, dann tritt zu diesen Gefühlen in Beziehung statt nur auf sie bezogen zu sein und sie als Furcht oder Schwäche zu empfinden. Du hast ein einzigartiges Leben geführt. Vertraue dem Prozeß.

Wir haben viele Menschen erlebt, die ihre Lieben verloren haben – Kinder, Eltern, Liebesgefährten, Ehemänner, Ehefrauen – und konnten immer wieder beobachten, daß ihr Herz durch diese Erfahrung erweitert und geläutert wurde. Es ist eine harte Lehre, der wir dennoch sanft zu begegnen lernen. Vertraue ihrem Prozeß. Der Göttliche Geliebte, Deine eigene große Natur, erwartet Dich und auch Deine Lieben gleich jenseits des Körpers.

Achte Dich selbst. Ich weiß, das ist nicht einfach – aber Dein Herz kennt den Weg auswendig. Ruhe im Sein.

Ondrea

Ondrea und ich mußten lange Jahre mit dem Tod rechnen. Mehr als einmal drohten Krebs und später der Lupus, Ondrea aus meiner Welt zu reißen. Zu Zeiten sah ich den Geist vor Schmerzen erstarren. Die ersten beiden von Buddhas Edlen Wahrheiten über die Verhaftung und das aus ihr resultierende Leid durchglühten das Innerste. Wogen der Hilflosigkeit erdrückten alles – außer der Liebe. Das Experiment zweier Herzen am Rande der Auflösung. Ich sitze im leeren Wohnzimmer und bin nicht fähig, das Leben meiner Liebsten zu erhalten, während sie im Schlafzimmer ruht, draußen in der Ferne die Sonne versinkt, Philosophien in den Schatten zerrinnen. Bleierne Schwere legt sich über den Körper. Wilde Panik springt im Verstand hin und her. Kämpft, um wieder Achtsamkeit zu gewinnen, sich hingeben zu können und das Jetzt dem Erbarmen zu überlassen. So opfern wir unser Leid dem Herzen der Göttlichen Geliebten, heißen die Krankheit und den Kummer, der sie umgab, willkommen, und ein Spielraum bleibt offen, gerade groß genug, um der Gnade Einlaß zu gewähren und Heilungen geschehen zu lassen, die unerklärlich sind. Oder besser gesagt, die nur im Mysterium „erklärbar" sind.

Krebs und Lupus haben sich inzwischen aus Ondreas Körper zurückgezogen. Es ist schwierig, völlig zu erfassen, was zu einer Heilung führt – es scheint zu gleichen Teilen aus Weisheit und „Nichtwissen" zu bestehen. Was hingegen unsere Beziehung so feinfühlig machte und mich schon nach dem Aufwachen spüren ließ, in welcher Verfassung sich Ondrea jeweils befand, war zweifellos die Liebe und Achtsamkeit, die jeder sich *selbst* und dem *anderen* entgegenbrachte. Sie erlaubte uns mehr und mehr, dem Unangenehmen mit Güte und Gewahrsein zu begegnen und die Offenheit unserer Herzen inmitten der Hölle zu bewahren.

Neben Tod und Ehescheidung gibt es aber auch all die Barrieren und kleinen Tode, die auf einen radikalen Umschwung im Leben des Partners zurückzuführen sind und fast unendlich viele Ursachen haben können – sei es eine Verletzung, eine Erkrankung, ein Schlaganfall, Altersschwäche, Alzheimer-Krankheit oder der emotionale Schock eines aufgedeckten Kindheitstraumas. Vergessen wir auch nicht die betäubenden Nachwirkungen brutaler Gewalt oder tiefer Depressionen. Manche sagen: „Das ist nicht die Person, die ich geheiratet habe." Ihr Engagement beginnt zu wanken, und das zurechtgezimmerte Idealbild des anderen verflüchtigt sich in ihren Schmerzen, Verwirrungen oder Ängsten. Je offener wir früher unserem eigenen Schmerz und Kummer begegnen konnten, desto eher sind wir in der Lage, die Kümmernisse der gegenwärtigen Entwicklungen zu akzeptieren. Desto leichter können wir uns von der Vergangenheit lösen, um dort präsent zu sein, wo man uns jetzt braucht. Manchmal müssen wir dem Partner in der Dunkelheit das Licht halten. Manchmal müssen wir den Gefährten durch die Hölle begleiten. Das ist nicht einfach, und gewiß nicht das, womit wir gerechnet haben. Aber die Zeit des Rechnens ist vorüber. Allein auf das Sein kommt es nun an. Allein auf das Überschreiten unserer Grenzen, auf das Eindringen ins Feuer unserer unerfüllten Wünsche und unserer Liebe.

Ich erinnere mich an das Workshop-Gespräch mit einer Frau, die infolge einer Hirnverletzung ihres Mannes mit einem solchen „Idealbild-Verlust" konfrontiert war. Sie erzählte von ihrer nicht enden wollenden Liebe und sagte, daß sie es „unter allen Umständen durchstehen" werde, obwohl es wahnsinnig schwierig sei. Ich schilderte ihr andere Fälle, in denen sich Ehepartner mit großer Achtsamkeit und Nachsicht durch diese prekäre Lage hindurcharbeiteten, und bemerkte am Ende: „Nun, wie dem auch sei – hat denn irgendjemand behauptet, es würde einfach sein?" Worauf eine junge Frau im hinteren Teil des Raumes rief: „Oh, Entschuldigung. Ich glaube, das war ich!" Und das Paar kam aus dem Lachen gar nicht mehr heraus...

Wir reisen alle auf dem gleichen Fluß und schöpfen mit all unserer Kraft, um unser „Boot zu leeren". Alles um uns her ist unbeständig, und niemand kann uns sagen, welcher nächste Schritt der richtige ist. Der Segen einer „aussichtslosen Lage" ist, daß sie uns für neue Alternativen öffnet. Und das Dienen erhält einen Sinn von sehr unmittelbarer Bedeutung. Jeder tut sein Bestes – so, wie er es am besten kann. Manchmal vielleicht, indem er sich auf den Göttlichen Geliebten besinnt.

Wenn der Tod das gemeinsame Herz zerbricht, geht die Welt in Flammen auf. Alle Wege erscheinen versperrt. Und wir können nichts anderes tun, als uns hinzusetzen und die Bilder und den Schmerz des Verlustes in uns brennen zu lassen. Haben unsere Tränen die Flammen gelöscht, bleibt eine schwelende Welt zurück. Und wenn sich die Rauchschwaden nach Monaten oder Jahren schließlich verzogen haben, sprießen vielleicht schon ein paar Halme jungen Grases aus der Asche empor. Das zerbrochene Herz vereint sich allmählich wieder, in einer tiefen Dankbarkeit für alles, was einmal war. Das gemeinsame Herz gesundet in der Einheit. Während der Geist der Trauer im Herzen der Heilung versinkt, geht die absolute Ferne des anderen in endgültige Unzertrennlichkeit über. In ein einziges, ungeteiltes Herz verwandelt, setzt sich die Beziehung fort – innerhalb oder außerhalb des Körpers.

Und wenn wir unsere „Geschäfte" mit der Vergangenheit derart vollständig bereinigt haben, sind wir in einer neuen Beziehung, wenn sie sich ergibt, vielleicht zu tiefster Hingabe und Bindung fähig.

Auf diesem Pfad der Partnerschaft gibt es immer neue Schritte und neue Stufen. Immer führt ein Schritt noch näher zum Herzen. Wir gehen diesen Schritt im Besinnen auf Suzuki

Roshis Worte: „Alles ist perfekt, aber es gibt noch genügend Spielraum für Verbesserungen." Es ist der nächste, perfekte Schritt vom kleinen zum großen Geist – und vom großen Geist zum unermeßlichen Mysterium des Herzens.

Die Lehre könnte kaum klarer sein: Verliere keinen einzigen Augenblick, vergeude kein einziges Leben!

Über die Autoren

Stephen und Ondrea Levine, weithin bekannt für ihre initiativen Heilmethoden, widmen sich gemeinsam dem Weg der Selbsterforschung und der täglichen Reise zur Gnade. Seit sie ihre Kinder aufgezogen haben und vor sieben Jahren in die tiefen Wälder übergesiedelt sind, haben sie sich einem „Beziehungsexperiment von außerordentlicher Poesie und Intensität" verschrieben. Sie konzentrieren fast ihre gesamte Energie auf die Erkundung der körperlichen, emotionalen und spirituellen Aspekte partnerschaftlicher Heilung. All denen, die tiefer in diesen Prozeß eindringen wollen, bieten die Levines Audio- bzw. Videocassetten der Techniken und geleiteten Meditationen an, die den Oberbau dieser Arbeit bilden. Ein Gesamtkatalog kann angefordert werden bei

Warm Rock Tapes
P.O. Box 108
Chamisal, NM 87521

Zur Zeit folgen Stephen und Ondrea dem Prozeß weiter und lernen Tag für Tag.

Stephen Levine
Geleitete Meditationen
Orientierung und Heilung

*Ein Buch voll von Anleitungen
zu Meditationen, die uns der
Wahrheit gegenüber öffnen
und uns die subtilen Aspekte
des Seins erfahren lassen.*

340 Seiten
Qualitätsbroschur
ISBN 3-926257-20-2

Es werden derzeit viele bemerkenswerte
psychologische Therapien und Heilmethoden
angeboten, doch keine von ihnen kann dasselbe
bewirken wie eine Meditationspraxis, die zur
tiefsten Wahrheit führt.

Wir können endlos daran arbeiten, dem Gewirr
der Konditionierungen, die unser Leben so
verfälschen und komplizieren, in unserem Geist
entgegenzuwirken.

Aber das psychologische Dilemma, das unsere
Aufmerksamkeit an das von ihm selbst produzier-
te Leid fesselt, kann leichter im Herzen des
Erbarmens als im Geist der Furcht und Bewertungen geheilt werden.

Mit den in diesem Buch vorgestellten heilenden Meditationen, die uns durch die Wechselfälle
des Lebens begleiten wollen, öffnen wir den Geist
für die Kraft des Herzens.

Denke einen Augenblick darüber nach, was das Wort „Vergebung" bedeuten mag. Was ist Vergebung? Was würde es bedeuten, unser Leben, unseren Geist mit Vergebung zu erfüllen?

Führe dir zunächst einen Menschen vor Augen, gegen den du eine Abneigung verspürst. Laß sanft und ruhig ein Bild, ein Gefühl, eine Empfindung von dieser Person in dir entstehen. Heiße sie freundlich in deinem Herzen willkommen – einfach nur für diesen Augenblick.

Beobachte jede Angst, jede Erbitterung, die sich in dir erheben mag, um diesen Eintritt zu erschweren oder zu verwehren. Löse diese Spannung ganz sanft auf. Übe keinen Druck aus. Dies ist nur ein Experiment der Wahrheit, bei dem die gedachte Person zu Gast geladen wird.

Sage nun in der Stille deines Herzens zu dieser Person: „Ich vergebe dir."

Öffne dich einem Gefühl ihrer Gegenwart und sage: „Ich vergebe dir alles, wodurch du mir in der Vergangenheit Leid zugefügt hast, sei es wissentlich oder unwissentlich, sei es durch deine Worte, Gedanken oder Taten. Auf welche Weise du mir auch Schmerz bereitet haben magst – ich vergebe dir."

Spüre für einen Augenblick diese Weite des Herzens, in der immerfort die Möglichkeit der Vergebung besteht.

Löse dich von jenen Mauern, jenen Schleiern des Unwillens, damit dein Herz Befreiung findet – damit dein Leben leichter wird.

„Ich vergebe dir alles, wodurch du mir in der Vergangenheit Leid zugefügt hast, sei es wissentlich oder unwissentlich, sei es durch deine Handlungen, durch deine Worte oder durch deine Gedanken. Durch alles, was du getan hast und was du unterlassen hast. Welches Leid ich auch immer durch dich erfahren habe – ich vergebe dir. Ich vergebe dir."

Es ist so schmerzvoll, jemanden aus dem Herzen zu verstoßen. Laß diesen Schmerz los. Laß den anderen in diesem Augenblick wenigstens die Möglichkeit deiner Vergebung spüren.

„Ich vergebe dir. Ich vergebe dir."

Erlaube es dieser Person, einfach in der Stille, in der Wärme und Geduld des Herzens zu verweilen. Laß sie Vergebung empfangen. Laß die Distanz zwischen euch in Erbarmen und Mitgefühl übergehen.

Laß es so sein.

(Seite 62f)

Stephen Levine

Schritte zum Erwachen
Meditation der Achtsamkeit

Dieses Buch über die Meditation der Achtsamkeit (Vipassana) ist simpel und einfach – es ist klar und wohltuend spontan. Es ist einfach so, wie die Dinge sind.

170 Seiten
Qualitätsbroschur
ISBN 3-926257-17-2

„**D**ies ist das einfach und liebevoll geschriebene Buch eines Mannes, der uns an seinen persönlichen Erfahrungen und Einsichten in die Wirkungsweise der Meditation und der menschlichen Bewußtseinswerdung teilhaben läßt. Ein wundervolles Buch, das allen zu empfehlen ist, die an ihrer inneren Weiterentwicklung interessiert sind."

Elisabeth Kübler-Ross

Schritte zum Erwachen wird für diejenigen von großem Nutzen sein, die sich der inneren Reise bewußt geworden sind und sich auf den Weg gemacht haben.

Es ist in den USA in weit mehr als einem Dutzend Auflagen erschienen und wurde neben **Wege durch den Tod** zu einem fundamentalen Lehrbuch in Meditationszentren, Krankenhäusern, Hospizen, Gesundheitsprojekten sowie Krebs- und Aids-Initiativen.

Stephen Levine
Sein lassen
Heilung im Leben und im Sterben

Ein teilnahmsvoller, sanfter und zeitloser Führer für all jene, die nach körperlicher, psychologischer, emotionaler oder spiritueller Heilung suchen.

365 Seiten
Qualitätsbroschur
ISBN 3-926257-14-8

Stephen Levine:

Dieses Werk kann auf vielerlei Art Verwendung finden. Man kann es wie ein Buch lesen, gerade so, als würde man müßig an einem Flußufer sitzen – man kann aber auch hineintauchen, aktiv an ihm teilhaben und in ihm schwimmen wie in einem heilenden Strom.

Sicher werden wir dabei nicht die Geschichte jenes aufgeweckten jungen Mannes vergessen, der glaubte, alles aus Büchern lernen zu können. Er las viel über die Sterne und wurde zum Astronomen. Er las viel über Geschichte und wurde zum Historiker. Er las viel über Schwimmen und – ertrank.

Manche Dinge können wir nur lernen, indem wir uns allmählich durch sie hindurcharbeiten und tatsächlich erleben, wie die Wellen des Ozeans gegen unseren Körper schlagen. Unmittelbar in diesen Prozeß einzutreten heißt, der Heilung teilhaftig zu werden, um derentwillen wir Geburt annahmen – und es heißt, ganz und gar lebendig zu werden.

Stephen Levine
Wege durch den Tod

*Das erste Buch, das uns zeigt,
wie die Beschäftigung mit
dem Prozeß des Sterbens uns
für die Unermeßlichkeit des
Lebens öffnet.*

400 Seiten
Qualitätsbroschur
ISBN 3-926257-11-3

Stephen Levine, Dichter und Meditationslehrer, früher enger Mitarbeiter von Elisabeth Kübler-Ross, führt uns einfühlsam und voller Poesie auf den Weg des vollkommenen Gewahrseins am Leben als perfekte Vorbereitung für alles, was unerwartet auf uns zukommen kann: Trauer oder Freude, Verlust oder Bereicherung, Tod oder ein anderes neues Lebenswunder.

Das Buch umfaßt zwei Hauptteile,
die Arbeit an uns selbst:

> Levine ermutigt uns, unsere eigenen Gedanken, Ängste, Sorgen und Verlangen – ohne Bewertung – zu erforschen und unser Herz für uns selbst zu öffnen. So erkennen wir, wie wir durch unseren eigenen Widerstand gegen das, was ist, uns unsere eigene ‚Hölle' schaffen.

und die Arbeit mit dem Anderen:

> Bei der Begleitung Sterbender lösen sich die Hindernisse zwischen unseren Herzen auf, wenn wir uns der Einzigartigkeit des Anderen gegenüber öffnen und Gedanken und Bewertungen loslassen.

Eine wertvolle Hilfe für alle auf ihrem Lebensweg, seien sie erkrankt oder gesund, ‚Helfer' oder ‚Betroffene'.

SADHANA VERLAG

Ram Dass & Paul Gorman

WIE KANN ICH HELFEN?

Segen und Prüfung mitmenschlicher Zuwendung

Spirituelle Praktik, die sich nicht auch in fordernden Situationen des Alltags bewährt, stellt ein schwaches Fundament dar. In diesem Buch haben Ram Dass und Paul Gorman unzählige faszinierende Geschichten aus aller Welt (zum Teil aus eigener Erfahrung) und allen Lebenslagen gesammelt, in denen Menschen beschreiben, wie sie geholfen haben, wie ihnen geholfen worden ist und mit welchen äußeren und inneren Hindernissen sie sich dabei auseinandersetzen mußten. Fragen wie: „Werde ich damit fertig?", „Wann habe ich genug gegeben?" und „Was hilft denn wirklich?" werden von den Autoren in einem die Geschichten begleitenden Text interpretiert und kommentiert, bei dem die Praxis der „nicht-beurteilenden Achtsamkeit" im Vordergrund steht.

| Kartoniert | 240 Seiten | DM 29,80 |

Ram Dass
mit Stephen Levine

SCHROT FÜR DIE MÜHLE

Vorträge über den Dharma

Der Autor von SEI JETZT HIER, SUBTIL IST DER PFAD DER LIEBE und WIE KANN ICH HELFEN? bietet hier ein noch tieferes Verständnis des Seins und des Wachstums an, durch die wir entdecken, wer wir wirklich sind. Der Text ist von Ram Dass´ Freund Stephen Levine aus vielen öffentlichen Vorträgen zusammengestellt und für die schriftliche Form verfeinert worden, ohne daß ihm dabei die Unmittelbarkeit und Intensität der öffentlichen Rede entzogen wurde.

„Diese Worte werden von euch aus mir hervorgeholt. Ich identifiziere mich nicht mit ihnen. Ich bin einfach das Sprachrohr eines Prozesses. Wenn wir dieses Buch lesen, berühren wir unser Selbst. Vergeßt mich, ich bin eine vergängliche Erscheinung. Wir berühren uns selbst." - Ram Dass

| Kartoniert, überarbeitete Neuausgabe | 240 Seiten | DM 29,80 |

Ernesto & Daniela Tausch-Flammer (Hg)

STERBEN - DAS EINTAUCHEN IN EINE GRÖSSERE WIRKLICHKEIT

Ein Lesebuch für Zeiten des Abschieds vom Leben und von geliebten Menschen

Die Herausgeber haben eine reichhaltige Sammlung von Aufsätzen und Texten gesammelt, die wirkliche Kostbarkeiten zum Thema Sterben und Tod darstellen. Sie möchten mit diesen Beiträgen Menschen ansprechen, die vor der größten und endgültigen Herausforderung dieses Lebens stehen, und ihnen Mut machen, den Prozeß des Sterbens als Möglichkeit eines profunden spirituellen Erwachens zu erkennen. Enthalten sind Texte von Elisabeth Haich, Ram Dass, Jidhu Krishnamurti, Paul Tillich, Ramana Maharshi, Elisabeth Kübler-Ross, Stephen Levine, Dietrich Bonnhöfer, Sogyal Rinpoche, u.v.a.

| Kartoniert | 240 Seiten | DM 29,80 |

Diese Titel sind auch portofrei direkt vom Verlag per Postkarte, Telefon oder Fax erhältlich (Sendung erfolgt mit Rechnung und Zahlschein). Einen ausführlichen Versandkatalog oder einzelne Prospekte senden wir auf Anfrage gerne zu. Namasté.

SADHANA VERLAG & VERSAND

BUNDESALLEE 123, D-12161 BERLIN, TEL: (030) 852 74 25 - FAX (030) 851 94 98